Angular

Gregor Woiwode ist angestellter Softwareentwickler und Trainer bei der Firma co-IT.eu GmbH. Er fokussiert sich auf die Erstellung von Webportalen. Nebenbei engagiert er sich in der Community, indem er Coding-Dojos und Konferenzen an den Standorten Leipzig und Berlin organisiert.

Ferdinand Malcher arbeitet als selbstständiger Softwareentwickler und Trainer mit Schwerpunkt auf Webanwendungen mit Angular, Node.js und TypeScript. Viele seiner Projekte verbindet er mit seiner Leidenschaft für Fotografie, Film und Medientechnik.

Danny Koppenhagen ist angestellter Entwickler im Bereich Systems Engineering. Er beschäftigt sich mit der Entwicklung, Anpassung und Integration von Softwarelösungen im Zusammenspiel mit maßgeschneiderten Hardwarekomponenten. Weiterhin arbeitet er leidenschaftlich als freiberuflicher Softwareentwickler für Webapplikationen auf Basis von Angular, Node.js und TypeScript.

Johannes Hoppe arbeitet als selbstständiger IT-Berater, Softwareentwickler und Trainer für .NET und Angular. Für seine Community-Tätigkeit rund ums Web wurde er mehrfach als Telerik Developer Expert (TDE) ausgezeichnet. Johannes ist Leiter der .NET User Group Rhein-Neckar und unterrichtet als Lehrbeauftragter.

Papier plus+ PDF. Zu diesem Buch – sowie zu vielen weiteren dpunkt.büchern – können Sie auch das entsprechende E-Book im PDF-Format herunterladen. Werden Sie dazu einfach Mitglied bei dpunkt.plus+:

www.dpunkt.plus

Gregor Woiwode · Ferdinand Malcher · Danny Koppenhagen · Johannes Hoppe

Angular

Grundlagen, fortgeschrittene Techniken und Best Practices mit TypeScript – ab Angular 4, inklusive NativeScript und Redux

team@angular-buch.com

Lektorat: René Schönfeldt
Lektoratsassistenz: Stefanie Weidner
Projektkoordination: Miriam Metsch
Copy-Editing: Annette Schwarz, Ditzingen
Satz: Da-TeX, Leipzig
Herstellung: Susanne Bröckelmann
Umschlaggestaltung: Helmut Kraus, www.exclam.de
Druck und Bindung: M.P. Media-Print Informationstechnologie GmbH, 33100 Paderborn

Bibliografische Information der Deutschen Nationalbibliothek
Die Deutsche Nationalbibliothek verzeichnet diese Publikation in der Deutschen Nationalbibliografie;
detaillierte bibliografische Daten sind im Internet über http://dnb.d-nb.de abrufbar.

ISBN:
Print   978-3-86490-357-1
PDF   978-3-96088-205-3
ePub   978-3-96088-206-0
mobi   978-3-96088-207-7

1. Auflage 2017
Copyright © 2017 dpunkt.verlag GmbH
Wieblinger Weg 17
69123 Heidelberg

Die vorliegende Publikation ist urheberrechtlich geschützt. Alle Rechte vorbehalten. Die Verwendung der Texte und Abbildungen, auch auszugsweise, ist ohne die schriftliche Zustimmung des Verlags urheberrechtswidrig und daher strafbar. Dies gilt insbesondere für die Vervielfältigung, Übersetzung oder die Verwendung in elektronischen Systemen.

Es wird darauf hingewiesen, dass die im Buch verwendeten Soft- und Hardware-Bezeichnungen sowie Markennamen und Produktbezeichnungen der jeweiligen Firmen im Allgemeinen warenzeichen-, marken- oder patentrechtlichem Schutz unterliegen.

Alle Angaben und Programme in diesem Buch wurden mit größter Sorgfalt kontrolliert. Weder Autor noch Verlag können jedoch für Schäden haftbar gemacht werden, die in Zusammenhang mit der Verwendung dieses Buches stehen.

5 4 3 2 1 0

»It's just ›Angular‹«
Igor Minar

Vorwort

Angular ist ein Framework für die Entwicklung von Single-Page-Applikationen. Mit Angular können Webapplikationen sowie native Apps für Mobil- und Desktopgeräte entwickelt werden. Das Framework ist modular aufgebaut und stellt eine Vielzahl an Funktionalitäten bereit, um wiederkehrende Standardaufgaben zu lösen. Somit kann bei der Nutzung des Frameworks der Fokus auf die eigentliche Businesslogik gelegt werden. Das Framework steht für eine komponentenbasierte Entwicklung, mithilfe derer sich Teile von Anwendungen einfach austauschen und kombinieren lassen. Mit Angular können Sie mit wenig Aufwand strukturierte, modulare und gut wartbare Applikationen erstellen.

Cross-Platform Framework

Sie werden in diesem Buch lernen, wie Sie eine komponentenbasierte Single-Page-Applikation erstellen. Wir werden Ihnen vermitteln, wie Sie Abhängigkeiten und Asynchronität mithilfe des Frameworks behandeln. Weiterhin erfahren Sie, wie Sie durch Routing die Navigation zwischen verschiedenen Teilen der Anwendung implementieren. Sie werden lernen, wie Sie komplexe Formulare mit Validierungen in Ihre Anwendung integrieren und wie Sie Daten aus einer REST-Schnittstelle konsumieren können.

Grundlegende Konzepte

Wir entwickeln mit Ihnen gemeinsam eine Anwendung, anhand derer wir Ihnen all diese Konzepte von Angular beibringen. Dabei führen wir Sie Schritt für Schritt durch das Projekt – vom Projektsetup über das Testen des Anwendungscodes bis zum Deployment der fertig entwickelten Anwendung.

Beispielanwendung

Ihnen wird weiterhin eine Reihe geeigneter Tools vorgestellt, mit denen Sie Ihre Arbeitsabläufe optimieren und somit Ihre Produktivität steigern können. Zusätzlich erhalten Sie in diesem Buch immer wieder praxisorientierte Tipps, die die Autoren im Laufe ihrer Zeit als Entwickler sammeln konnten und Ihnen gern mit auf den Weg geben möchten.

Vorstellung von Tools

Praxistipps

Sie sind nach dem Lesen des Buchs in der Lage:

- das Zusammenspiel der wichtigsten Funktionen von Angular sowie das Konzept hinter dem Framework zu verstehen
- modulare, strukturierte und wartbare Webanwendungen mithilfe des Angular-Frameworks zu entwickeln
- durch die Entwicklung von Tests qualitativ hochwertige Anwendungen zu erstellen

Namenskonvention und Versionen: Angular vs. AngularJS

Das Angular-Framework, welches in diesem Buch beschrieben wird, hat die Versionsnummer 4. Damit ist es der Nachfolger von AngularJS. Da das Framework ab der Version 2 von Grund auf neu entwickelt wurde, lässt sich nur mit Hilfsmitteln eine Kompatibilität zu AngularJS herstellen. Die Entwickler des Frameworks entschieden sich dazu, als offizielle Bezeichnung den Namen *Angular* zu führen.

It's just »Angular«.

Um Verwechslungen auszuschließen, hat sich die folgende Konvention durchgesetzt:

- **AngularJS** – Das Angular-Framework in der **Version 1.x.x**
- **Angular** – Das Angular-Framework ab **Version 2** (Dieses Buch ist durchgängig auf dem Stand von Angular 4.)

Semantic Versioning

Die Versionsnummer *x.y.z* basiert auf *Semantic Versioning*.[1] Der Release-Zyklus von Angular ist kontinuierlich geplant. So soll im Rhythmus von sechs Monaten eine neue Major-Version *x* erscheinen. Die Minor-Versionen werden monatlich herausgegeben, nachdem eine Major-Version erschienen ist.

Auch wenn Sie möglicherweise eine neuere Angular-Version verwenden, behalten die in diesem Buch beschriebenen Konzepte ihre Gültigkeit.

An wen richtet sich das Buch?

Webentwickler mit JavaScript-Erfahrung

Dieses Buch richtet sich an Webentwickler, die einige Grundkenntnisse mitbringen. Wir setzen allgemeine Kenntnisse in JavaScript voraus. Wenn Sie bereits ein erstes JavaScript-Projekt umgesetzt haben

---

[1] https://ng-buch.de/x/1 – Semantic Versioning 2.0.0

und Ihnen Frameworks wie jQuery, AngularJS oder Dojo Toolkit vertraut sind, werden Sie an diesem Buch sehr viel Freude haben. Mit Angular erwartet Sie das modularisierte Entwickeln von Single-Page-Applikationen in Kombination mit Unit- und UI-Testing.

Das Angular-Framework lässt sich sowohl mit reinem JavaScript, TypeScript als auch der Dart-Programmiersprache nutzen. In diesem Buch wird die Entwicklung mittels TypeScript verfolgt, da dieser Weg in der Praxis die meiste Anwendung findet. Doch keine Angst: TypeScript ist eine Erweiterung von JavaScript, und die neuen Konzepte sind sehr eingängig und schnell gelernt.

TypeScript-Einsteiger und Erfahrene

In diesem Buch wird ein praxisorientierter Ansatz verfolgt. Sie werden anhand einer Beispielanwendung sukzessiv die Konzepte und Funktionen von Angular kennenlernen.

Praxisorientierte Einsteiger

Möchten Sie Ihren Kunden qualitativ hochwertige Webanwendungen ausliefern? – Dann tauchen Sie mit uns in das Angular-Framework ein. Sie werden nicht enttäuscht.

Was sollten Sie mitbringen?

Da wir Erfahrungen in der Webentwicklung mit JavaScript voraussetzen, ist es für jeden Entwickler, der auf diesem Gebiet unerfahren ist, empfehlenswert, sich die nötigen Grundlagen zu erarbeiten. Darüber hinaus sollten Sie Grundkenntnisse im Umgang mit HTML und CSS mitbringen. Der *dpunkt.verlag* bietet eine große Auswahl an Einstiegsliteratur für HTML, JavaScript und CSS an. Sollten Sie über keinerlei TypeScript-Kenntnisse verfügen: kein Problem! Alles, was Sie über TypeScript wissen müssen, um die Inhalte dieses Buchs zu verstehen, wird in einem separaten Kapitel vermittelt.

Grundkenntnisse in JavaScript, HTML und CSS

Sie benötigen *keinerlei* Vorkenntnisse im Umgang mit Angular bzw. der Vorgängerversion AngularJS. Ebenso müssen Sie sich nicht vorab mit benötigten Tools und Hilfsmitteln für die Entwicklung von Angular-Applikationen vertraut machen. Das nötige Wissen darüber wird Ihnen in diesem Buch vermittelt.

Keine Angular-Vorkenntnisse nötig!

Für wen ist dieses Buch weniger geeignet?

Um Inhalte des Buchs zu verstehen, werden Erfahrungen im Webumfeld vorausgesetzt. Entwicklern ohne Vorkenntnisse in diesem Umfeld wird der Einstieg schwerer fallen. Sie sollten sich zunächst die grundlegenden Kenntnisse in den Bereichen HTML, JavaScript und CSS aneignen.

Unerfahrene Webentwickler

Weiterhin ist dieses Buch nicht als Nachschlagewerk zu verstehen. Es werden nicht alle Möglichkeiten und Konzepte von Angular bis in

Kein Nachschlagewerk

jedes Detail erläutert. Anhand des Beispielprojekts werden die wichtigsten Funktionalitäten praxisorientiert vermittelt. Um alle Facetten des Frameworks kennenzulernen, sollten Sie sich jedoch mit zusätzlicher Literatur ausstatten. Um Details zu den einzelnen Framework-Funktionen nachzuschlagen, empfehlen wir die offizielle Dokumentation für Entwickler.[2]

Offizielle Angular-Dokumentation

Wie ist dieses Buch zu lesen?

Einführung, Tools und Schnellstart

Wir beginnen im ersten Kapitel des Buchs mit einer Einführung. Hier erfahren Sie alles über verwendete Tools und benötigtes Werkzeug. Weiterhin beinhaltet das Kapitel einen Schnellstart. Dieser soll Ihnen einen schnellen Einstieg in das Framework zeigen. Der Leser soll hier ein Gefühl dafür bekommen, warum sich die Entwicklung einer Anwendung mit dem Angular-Framework lohnt. In diesem Kapitel werden noch nicht alle Details und Hintergründe vermittelt.

Einführung in TypeScript

Das zweite Kapitel vermittelt Ihnen einen Einstieg in TypeScript. Sie werden hier mit den Grundlagen dieser typisierten Skriptsprache vertraut gemacht und erfahren, wie Sie die wichtigsten Features verwenden können. Entwickler, die bereits Erfahrung im Umgang mit TypeScript haben, können dieses Kapitel überspringen.

Beispielanwendung

Das dritte Kapitel ist der Hauptteil des Buchs. Hier möchten wir mit Ihnen zusammen eine Beispielanwendung entwickeln. Die Konzepte und Technologien von Angular wollen wir dabei direkt am Beispiel vermitteln. So stellen wir sicher, dass das Gelesene angewendet wird und jedes Kapitel automatisch einen praktischen Bezug hat.

Iterationen

Nach einer Projekt- und Prozessvorstellung haben wir das Buch in mehrere Iterationen eingeteilt. In jeder Iteration gilt es, Anforderungen zu erfüllen, die wir gemeinsam mit Ihnen lösen.

- Iteration I: Komponenten & Template-Syntax (S. 63 ff.)
- Iteration II: Services & Routing (S. 117 ff.)
- Iteration III: HTTP & reaktive Programmierung (S. 169 ff.)
- Iteration IV: Formularverarbeitung & Validierung (S. 207 ff.)
- Iteration V: Pipes & Direktiven (S. 259 ff.)
- Iteration VI: Module & fortgeschrittenes Routing (S. 301 ff.)
- Iteration VII: Internationalisierung (S. 351 ff.)

Storys

Eine solche Iteration ist in mehrere Storys untergliedert, die jeweils ein Themengebiet abdecken. Eine Story besteht immer aus einer theoreti-

---

[2] https://ng-buch.de/x/2 – Angular Docs

schen Einführung und der praktischen Implementierung im Beispielprojekt.

Neben Storys gibt es Optimierungsvorschläge. Dabei handelt es sich um technische Anforderungen, die die Architektur oder den Codestil der Anwendung verbessern.

Optimierungsvorschläge

Haben wir eine Iteration abgeschlossen, prüfen wir, ob wir unseren Entwicklungsprozess vereinfachen und beschleunigen können. In den *Powertipps* demonstrieren wir hilfreiche Werkzeuge, die uns bei der Entwicklung zur Seite stehen.

Powertipps

Nachdem alle Iterationen erfolgreich absolviert wurden, wollen wir das Thema *Testing* genauer betrachten. Hier erfahren Sie, wie Sie Ihre Angular-Anwendung testen und so die Softwarequalität sichern können. Dieses Kapitel kann sowohl nach der Entwicklung des Beispielprojekts als auch parallel dazu bestritten werden.

Testing

Schließlich gehen wir auf einige weiterführende Themen ein. Hier werden Sie erfahren, wie Sie eine fertig entwickelte Angular-Anwendung fit für den Produktiveinsatz machen. Weiterhin werden wir Ihnen mit dem Framework NativeScript und der Redux-Architektur zwei Ansätze näherbringen, die über das bisher Gelernte hinausgehen. Sie werden erfahren, wie Sie *NativeScript* einsetzen können, um mobile Anwendungen für verschiedene Zielplattformen (Android, iOS etc.) zu entwickeln. Zum Schluss werden wir Ihnen in diesem Kapitel das *Redux*-Pattern vorstellen. Sie erfahren, wie Sie mithilfe des Patterns Ihren Anwendungsstatus zentral verwalten können.

Deployment

NativeScript

Redux

Im letzten Kapitel des Buchs finden Sie weitere Informationen zu wissenswerten und begleitenden Themen. Unter anderem erfahren Sie hier, welche Schritte Sie gehen sollten, um erfolgreich von einer früheren Angular-Version zu migrieren.

Upgrade von AngularJS

Umgang mit Aktualisierungen

Alle Beispiele aus diesem Buch sowie zusätzliche Links und Hinweise können Sie über eine zentrale Seite erreichen:

Die Begleitwebsite zum Buch

https://angular-buch.com

Auf dieser Seite finden Sie einen Link zu den im Buch enthaltenen Codebeispielen sowie zu weiterführender Literatur. Weiterhin stellen wir Ih-

Infos zu neueren Versionen

nen dort Änderungen sowie ggf. auftretende Korrekturen bereit. Das Angular-Framework wird stetig weiterentwickelt, und neuere Versionen werden folgen. In diesen Versionen können Änderungen auftreten, die die Arbeitsweise des Frameworks und auch die Implementierung von Features beeinflussen. Wir empfehlen Ihnen aus diesem Grund, unbedingt einen Blick auf die Begleitwebsite des Buchs zu werfen, bevor Sie beginnen, sich mit den Inhalten des Buchs zu beschäftigen.

Beratung und Workshops

Wir, die Autoren dieses Buchs, arbeiten seit Langem als Berater und Trainer für Angular. Wir haben die Erfahrung gemacht, dass man Angular in kleinen Gruppen am schnellsten lernen kann. In einem Workshop kann auf individuelle Fragen und Probleme direkt eingegangen werden – und es macht auch am meisten Spaß!

Schauen Sie auf https://angular.schule vorbei. Dort bieten wir Ihnen Angular-Workshops in den Räumen Ihres Unternehmens oder in offenen Gruppen an. Das Angular-Buch verwenden wir dabei in unseren Einstiegskursen zur Nacharbeit. Haben Sie das Buch vollständig gelesen, so können Sie direkt in die individuellen Kurse für Fortgeschrittene einsteigen. Wir freuen uns auf Ihren Besuch.

Die Angular-Schule: Workshops und Beratung

https://angular.schule

Danksagung

Wir danken besonders **Michael Kaaden** und **Matthias Jauernig** für ihre unermüdlichen Anregungen und kritischen Nachfragen. Matthias und Michael haben das gesamte Buch immer wieder auf Verständlichkeit und Fehler abgeklopft, alle Codebeispiele mehrfach nachvollzogen und viel wertvollen Input geliefert. **Julian Steiner** hat uns mit seiner Expertise zu NativeScript bei der Entwicklung der BookMonkey-Mobile-App unterstützt. Wertvolles Feedback zum Buch haben uns außerdem **Silvio Böhme**, **Nils Frohne**, **Johannes Hamfler**, **Stephan Hartmann**, **Johannes Hofmeister**, **Alexander Szczepanski** und **Daniel Vladut** (in alphabetischer Reihenfolge) zukommen lassen.

Dem Team vom dpunkt.verlag, insbesondere **René Schönfeldt**, danken wir für die persönliche Unterstützung und die guten Anregungen zum Buch. Außerdem danken wir dem **Angular-Team** dafür, dass es eine großartige Software geschaffen hat, die uns den Entwickleralltag angenehmer macht.

Inhaltsverzeichnis

Vorwort vii

I Einführung   1

1   Haben Sie alles, was Sie benötigen?   3
1.1   Visual Studio Code   3
1.2   Google Chrome mit Augury   6
1.3   Paketverwaltung mit Node.js und NPM   6
1.4   Codebeispiele in diesem Buch   9

2   Schnellstart 11
2.1   Die erste Angular-Anwendung aufsetzen 11
2.2   HTML-Grundgerüst erstellen 12
2.3   Den Modul-Loader konfigurieren 13
2.4   Die Startdatei für das Bootstrapping anlegen 15
2.5   Das zentrale Angular-Modul anlegen 16
2.6   Eine erste Komponente anlegen 17
2.7   Den Webserver starten 18
2.8   Retrospektive 19

3   Angular CLI: Der Codegenerator für unser Projekt 21
3.1   Vorstellung 21
3.2   Installation 22
3.3   Die wichtigsten Befehle 23

II TypeScript   25

4   Einführung in TypeScript 27
4.1   Was ist TypeScript und wie setzen wir es ein? 27
4.2   Variablen: `const`, `let` und `var` 30
4.3   Getter und Setter 31
4.4   Die wichtigsten Basistypen 32

4.5	Klassen	34
4.6	Interfaces	38
4.7	Operatoren und Funktionen	40
4.8	Dekoratoren	42

III BookMonkey 2: Schritt für Schritt zur App — 45

5	**Projekt- und Prozessvorstellung**	**47**
5.1	Unser Projekt: Der BookMonkey 2	47
5.2	Projekt mit Angular CLI initialisieren	51
5.3	Style-Framework Semantic UI einbinden	59
6	**Komponenten & Template-Syntax: Iteration I**	**63**
6.1	Komponenten: Die Grundbausteine der Anwendung	63
	6.1.1 Komponenten	64
	6.1.2 Komponenten in der Anwendung verwenden	69
	6.1.3 Template-Syntax	70
	6.1.4 Den BookMonkey erstellen	79
6.2	Property Bindings: Mit Komponenten kommunizieren	88
	6.2.1 Komponenten verschachteln	88
	6.2.2 Eingehender Datenfluss mit Property Bindings	89
	6.2.3 Andere Arten von Property Bindings	93
	6.2.4 DOM-Propertys in Komponenten auslesen	95
	6.2.5 Den BookMonkey erweitern	96
6.3	Event Bindings: Auf Ereignisse in Komponenten reagieren	101
	6.3.1 Native DOM-Events	101
	6.3.2 Eigene Events definieren	104
	6.3.3 Den BookMonkey erweitern	106
7	**Powertipp: Styleguide**	**115**
8	**Services & Routing: Iteration II**	**117**
8.1	Dependency Injection: Code in Services auslagern	117
	8.1.1 Abhängigkeiten anfordern	119
	8.1.2 Eingebaute Abhängigkeiten	120
	8.1.3 Abhängigkeiten bereitstellen	120
	8.1.4 Den BookMonkey erweitern	124
8.2	Routing: Durch die Anwendung navigieren	128
	8.2.1 Routen konfigurieren	129
	8.2.2 Routing-Modul einbauen	130
	8.2.3 Komponenten anzeigen	132
	8.2.4 Root-Route	133
	8.2.5 Routen verlinken	134

	8.2.6	Routenparameter	135
	8.2.7	Verschachtelung von Routen	137
	8.2.8	Routenweiterleitung	139
	8.2.9	Aktive Links stylen	141
	8.2.10	Route programmatisch wechseln	141
	8.2.11	Den BookMonkey erweitern	143

9 Powertipp: Chrome Developer Tools **157**

10 HTTP & reaktive Programmierung: Iteration III **169**
10.1 HTTP: Ein Server-Backend anbinden 169
    10.1.1 Das HTTP-Modul einbinden 170
    10.1.2 Einfache Requests mit der `Http`-Klasse 171
    10.1.3 Benutzerdefinierte Anfragen mit der `Request`-Klasse . 173
    10.1.4 Request erweitern: Zusätzliche Header 173
    10.1.5 Den BookMonkey erweitern 175
10.2 RxJS: Reaktive Programmierung 186
    10.2.1 Observables 187
    10.2.2 Operatoren 190
    10.2.3 Den BookMonkey erweitern 193

11 Powertipp: Augury **203**

12 Formularverarbeitung & Validierung: Iteration IV **207**
12.1 Angulars Ansätze für Formulare 208
12.2 Template Driven Forms 209
    12.2.1 Template Driven Forms verwenden 209
    12.2.2 NgModel und NgModelGroup 211
    12.2.3 Eingaben validieren 214
    12.2.4 Den BookMonkey erweitern 215
12.3 Reactive Forms 227
    12.3.1 Reactive Forms verwenden 227
    12.3.2 Den `FormBuilder` verwenden 231
    12.3.3 Vorhandene Validatoren nutzen 232
    12.3.4 Den BookMonkey erweitern 233
12.4 Custom Validators 245
    12.4.1 Validatoren für einzelne Formularfelder 245
    12.4.2 Validatoren für Formulargruppen und -Arrays 247
    12.4.3 Asynchrone Validatoren 249
    12.4.4 Den BookMonkey erweitern 252

13 Pipes & Direktiven: Iteration V ... 259
13.1 Pipes: Daten im Template formatieren ... 259
- 13.1.1 Pipes verwenden ... 259
- 13.1.2 Die Sprache einstellen ... 260
- 13.1.3 Integrierte Pipes für den sofortigen Einsatz ... 261
- 13.1.4 Eigene Pipes entwickeln (Custom Pipes) ... 271
- 13.1.5 Pipes in Komponenten nutzen ... 273
- 13.1.6 Den BookMonkey erweitern ... 274

13.2 Direktiven: Das Vokabular von HTML erweitern ... 282
- 13.2.1 Was sind Direktiven? ... 282
- 13.2.2 Eine erste eigene Direktive schreiben ... 283
- 13.2.3 Attributdirektiven ... 285
- 13.2.4 Strukturdirektiven ... 290
- 13.2.5 Den BookMonkey erweitern ... 293

14 Module & fortgeschrittenes Routing: Iteration VI ... 301
14.1 Die Anwendung modularisieren: Das Modulkonzept von Angular ... 301
- 14.1.1 Module in Angular ... 301
- 14.1.2 Grundaufbau eines Moduls ... 302
- 14.1.3 Bestandteile eines Moduls deklarieren ... 302
- 14.1.4 Anwendung in Feature-Module aufteilen ... 304
- 14.1.5 Aus Modulen exportieren: Shared Module ... 307
- 14.1.6 Den BookMonkey erweitern ... 309

14.2 Lazy Loading: Angular-Module asynchron laden ... 318
- 14.2.1 Warum Module asynchron laden? ... 318
- 14.2.2 Lazy Loading verwenden ... 319
- 14.2.3 Module asynchron vorladen: Preloading ... 321
- 14.2.4 Den BookMonkey erweitern ... 322

14.3 Guards: Routen absichern ... 327
- 14.3.1 Grundlagen zu Guards ... 328
- 14.3.2 Guards implementieren ... 328
- 14.3.3 Guards verwenden ... 330
- 14.3.4 Den BookMonkey erweitern ... 331

14.4 Resolver: Asynchrone Daten vorladen ... 337
- 14.4.1 Warum Resolver verwenden? ... 337
- 14.4.2 Resolver aufsetzen ... 338
- 14.4.3 Resolver in Routen verwenden ... 339
- 14.4.4 Daten in einer Komponente abrufen ... 340
- 14.4.5 Den BookMonkey erweitern ... 341

14.5	Routing: Wie geht's weiter?		347
	14.5.1	Routenparameter asynchron laden	347
	14.5.2	Mehrere RouterOutlets verwenden	348
	14.5.3	Darstellung der URLs ändern: LocationStrategies	349

15 Internationalisierung: Iteration VII ... 351

15.1	i18n: Mehrere Sprachen und Kulturen anbieten		351
	15.1.1	Was bedeutet Internationalisierung?	351
	15.1.2	Nachrichten mit dem `i18n`-Attribut markieren	352
	15.1.3	Nachrichten extrahieren und übersetzen	353
	15.1.4	Feste IDs vergeben	354
	15.1.5	JIT: Die App mit Übersetzungsdatei laden	354
	15.1.6	AOT: Die App statisch mit Übersetzungsdatei bauen	356
	15.1.7	Den BookMonkey erweitern	357

16 Powertipp: POEditor ... 363

17 Qualität fördern mit Softwaretests ... 369

17.1	Softwaretests		369
	17.1.1	Arten von Tests	369
	17.1.2	Test-Framework Jasmine	371
	17.1.3	Test-Runner Karma	373
	17.1.4	E2E-Test-Runner Protractor	373
17.2	Tests mit Karma		376
	17.2.1	Die Testbibliothek von Angular	376
	17.2.2	Isolierte Unit-Tests (Services und Pipes testen)	376
	17.2.3	Shallow Unit-Tests: Einzelne Komponenten testen	380
	17.2.4	Integrationstests: Mehrere Komponenten testen	382
	17.2.5	Abhängigkeiten durch Stubs ersetzen	383
	17.2.6	Abhängigkeiten durch Mocks ersetzen	386
	17.2.7	HTTP-Requests testen	388
	17.2.8	Komponenten mit Routen testen	391
	17.2.9	Asynchronen Code testen	394
	17.2.10	Fazit	396
17.3	Tests mit Protractor		397
	17.3.1	Auf die Balance kommt es an	397
	17.3.2	Protractor verwenden	398
	17.3.3	Elemente selektieren: Locators	399
	17.3.4	Aktionen durchführen	400
	17.3.5	Asynchron mit Warteschlange	400
	17.3.6	Redundanz durch Page Objects vermeiden	402
	17.3.7	Eine Angular-Anwendung testen	403
	17.3.8	Fazit	404

IV Das Projekt ausliefern: Deployment — 407

18 Das Projekt ausliefern: Deployment — 409
18.1 Umgebungen konfigurieren — 409
   18.1.1 Umgebungen am Beispiel: BookMonkey — 412
18.2 Produktivmodus aktivieren — 414
18.3 Build erzeugen — 414
18.4 Die Templates kompilieren — 418
   18.4.1 Just-In-Time-Kompilierung (JIT) — 419
   18.4.2 Ahead-Of-Time-Kompilierung (AOT) — 420
18.5 Webserver konfigurieren und die App ausliefern — 423
18.6 Ausblick: Automatisches Deployment — 427

V Weiterführende Themen — 429

19 NativeScript: Mobile Anwendungen entwickeln — 431
19.1 Mobile Apps entwickeln — 431
19.2 Was ist NativeScript? — 432
19.3 Warum NativeScript? — 433
19.4 Hinter den Kulissen — 434
19.5 Plattformspezifischer Code — 435
19.6 Widgets und Layouts — 437
19.7 Styling — 438
19.8 NativeScript und Angular — 439
19.9 Angular als Native App — 440
19.10 Den BookMonkey mit NativeScript umsetzen — 441

20 Powertipp: Android-Emulator Genymotion — 457

21 Redux: Den Application State verwalten — 461
21.1 Was ist Redux? — 462
21.2 Was sind Reducer? — 463
21.3 Reducer verwalten den Anwendungsstatus — 463
21.4 Actions — 465
21.5 Angular-Services und Actions — 467
21.6 Redux im Projekt einbinden — 468
21.7 Components mit Redux verwenden — 470
21.8 Container und Presentational Components — 473
21.9 Weiterführendes — 473
21.10 Den BookMonkey mit Redux umsetzen — 475

22 Powertipp: Redux DevTools — 495

23	**Wissenswertes**	**499**
23.1	Plattformen und Renderer	499
23.2	Lifecycle-Hooks	500
23.3	Change Detection	503
23.4	Transklusion: Inhalt des Host-Elements verwenden	513
23.5	Eigenes Two-Way Binding	514
23.6	Else-Block für die ngIf-Direktive	516
23.7	Upgrade von Angular 1.x	519
24	**Nachwort**	**525**

VI Anhang 527

A	**Befehle der Angular CLI**	**529**
B	**Matcher von Karma**	**535**
C	**Abkürzungsverzeichnis**	**537**
D	**Linkliste**	**539**

Index 545

Literaturverzeichnis 551

Teil I

Einführung

1 Haben Sie alles, was Sie benötigen?

> »Angular's best feature is its community.«
> Dave Geddes
> (Organisator der Konferenz ng-conf)

Bevor wir beginnen, möchten wir sicherstellen, dass Sie für die Entwicklung mit Angular bestmöglich gewappnet sind. Darum widmen wir uns zunächst der Einrichtung aller erforderlichen Werkzeuge. Wir geben Ihnen in diesem Kapitel außerdem Tipps zur Konfiguration der Programme mit.

Falls Sie bereits über eine integrierte Entwicklungsumgebung (IDE) für die Webentwicklung verfügen und mit Begriffen wie *Node.js* und *NPM* vertraut sind, können Sie dieses Kapitel überspringen.

1.1 Visual Studio Code

Visual Studio Code (VS Code)[1] ist eine quelloffene Entwicklungsumgebung unter der MIT-Lizenz. Der Editor ist unter den Betriebssystemen Windows, macOS und Linux lauffähig. VS Code lässt sich leicht durch neue Pakete erweitern und verändern. Weiterhin verfügt der Editor nicht nur über eine moderne Oberfläche, sondern unterstützt auch zahlreiche Programmiersprachen. Da die TypeScript-Integration sehr ausgereift ist, verwenden wir diesen Editor für die Entwicklung von Angular-Anwendungen. VS Code bringt weiterhin eine sehr gute automatische Codevervollständigung und Codedokumentation mit sich. Außerdem besitzt der Editor von Haus aus eine *Git*-Integration.[2] Somit lassen sich Änderungen am Projektcode über die grafische Oberfläche des Editors gut nachvollziehen.

Unser empfohlener Editor für Angular

---

[1] https://ng-buch.de/x/3 – Visual Studio Code
[2] Git ist ein Tool zur Versionsverwaltung von Quellcode.

1 Haben Sie alles, was Sie benötigen?

Abb. 1–1
Die Oberfläche von
Visual Studio Code

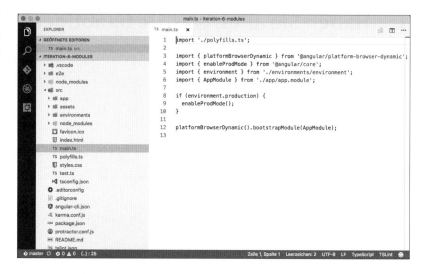

Erweiterungen für VS Code

Wir empfehlen zusätzlich noch die Installation einiger Erweiterungen (*Extensions*). Mit Erweiterungen lassen sich Funktionalitäten des Editors optimal ausnutzen und die Produktivität bei der Entwicklung mit Angular kann gesteigert werden. Erweiterungen für VS Code können über den *Marketplace* von Visual Studio bezogen werden.[3] Die Installation der Plugins erfolgt am einfachsten über den in den Editor integrierten *Extensions Browser* (Abbildung 1–2). Hier können wir den

Abb. 1–2
Erweiterungen in
VS Code

---

[3] https://ng-buch.de/x/4 – »Extensions for the Visual Studio family of products«

1.1 Visual Studio Code

Erweiterung	Kurzbeschreibung
Auto Import[4]	Generiert automatisch Import-Anweisungen für TypeScript
EditorConfig for VS Code[5]	Verarbeitet Informationen einer `.editorconfig`-Datei und konfiguriert entsprechend den Editor. Somit können editorenübergreifende Einstellungen für die Anzahl von Leerzeichen, verwendete Zeichencodierung etc. geschaffen werden.
TSLint[6]	Ist eine Integration des Tools TSLint[7]. Verstöße gegen festgelegte Codestil-Richtlinien (festgelegt in der Datei `tslint.json`) werden grafisch im Editor dargestellt.
angular2-inline[8]	Darstellung von Syntax-Highlighting bei Verwendung von Inline-Templates bzw. -CSS innerhalb von Komponenten in Angular
vscode-icons[9]	Verbessertes Iconset für Dateien und Ordner im Dateibaum

Tab. 1–1
Empfohlene Erweiterungen für Visual Studio Code

Marketplace nach Plugins durchsuchen und die installierten Erweiterungen verwalten.

Tabelle 1–1 zeigt eine Liste von Erweiterungen, die wir für die Entwicklung mit Angular empfehlen. Alle Erweiterungen lassen sich mit folgenden Befehlen installieren:

```
$ code --install-extension steoates.autoimport
$ code --install-extension EditorConfig.EditorConfig
$ code --install-extension eg2.tslint
$ code --install-extension natewallace.angular2-inline
$ code --install-extension robertohuertasm.vscode-icons
```

---

[4] https://ng-buch.de/x/5 – Visual Studio Code: Auto Import
[5] https://ng-buch.de/x/6 – Visual Studio Code: EditorConfig for VS Code
[6] https://ng-buch.de/x/7 – Visual Studio Code: TSLint
[7] https://ng-buch.de/x/8 – TSLint
[8] https://ng-buch.de/x/9 – Visual Studio Code: angular2-inline
[9] https://ng-buch.de/x/10 – Visual Studio Code: vscode-icons

1.2 Google Chrome mit Augury

Zur Darstellung der Angular-Anwendung und für das Debugging nutzen wir Google Chrome[10]. Wir setzen auf diesen Browser, weil er bereits ein umfangreiches Set an Debugging-Tools mitbringt. Diese *Chrome Developer Tools* schauen wir uns im Powertipp ab Seite 157 genauer an.

Mit der Erweiterung *Augury*[11] steht uns außerdem ein umfangreiches Debugging-Tool für Angular-Anwendungen zur Verfügung. Augury ist allerdings nur als Chrome-Erweiterung erhältlich. Wir werden im Powertipp auf Seite 203 mehr über dieses Tool erfahren und lernen, wie wir es effizient einsetzen können.

1.3 Paketverwaltung mit Node.js und NPM

JavaScript ohne Browser

Das Angular-Tooling setzt auf Node.js.

Node.js[12] ist eine Laufzeitumgebung zur Ausführung von JavaScript auf dem Server. Es basiert auf der Google V8 Engine[13], die auch in Google Chrome zum Einsatz kommt. Mit Node.js können serverbasierte Dienste mit JavaScript implementiert werden. Das hat den Vorteil, dass JavaScript für die Entwicklung von Backends *und* Frontends eingesetzt werden kann. Das Anwendungsspektrum ist nicht auf Webserver und REST-Schnittstellen begrenzt, sondern es können viele weitere skalierende Szenarien abgebildet werden. Seine Stärke zeigt Node.js bei der Arbeit mit asynchronen Operationen, die ein elementares Paradigma bei der Entwicklung mit dieser Laufzeitumgebung sind. Node.js wird von vielen Tools verwendet, die die Webentwicklung für den Programmierer komfortabler gestalten. Automatisierungen mit Grunt oder Gulp, CSS-Präprozessoren wie LESS oder SASS, Tests mit Karma oder Protractor und noch vieles mehr – alle basieren auf Node.js. Wir verwenden Node.js in diesem Buch nur zum Betrieb jener Tools, die wir für die Entwicklung mit Angular benötigen. Das REST-Backend, welches wir im Kapitel zu HTTP ab Seite 169 vorstellen, basiert auch auf Node.js.

NPM-Pakete

Die Plattform Node.js bietet eine Vielzahl von Paketen, die sich jeder Entwickler zunutze machen kann. Um dieser Menge Herr zu wer-

---

[10] https://ng-buch.de/x/11 – Google Chrome
[11] https://ng-buch.de/x/12 – Angular Augury
[12] https://ng-buch.de/x/13 – Node.js
[13] https://ng-buch.de/x/14 – Google V8

den, ist der hauseigene Paketmanager Node Package Manager (NPM)[14] das richtige Werkzeug. Damit kann auf die Online-Registry aller Node.js-Module zugegriffen werden. Wer möchte, kann mit der Webseite http://npmjs.org nach den passenden Paketen suchen.

Pakete lassen sich sowohl *lokal* als auch *global* installieren. Die lokalen Pakete werden je Projekt installiert. Dazu werden sie auch im jeweiligen Verzeichnis gespeichert. Damit wird erreicht, dass ein Paket in verschiedenen Versionen parallel auf dem System existieren kann.

Globale Pakete werden von NPM in einem zentralen Verzeichnis[15] auf dem Computer gespeichert. Darin befinden sich meist CLI-Pakete (CLI steht für Command Line Interface), die von der Konsole aufgerufen werden können. Bekannte Beispiele dafür sind: `@angular/cli`, `typescript`, `webpack`, `gulp`, `grunt-cli`. All diese Pakete sind dazu da, andere Dateien auszuführen, zu verarbeiten oder umzuwandeln.

Node.js und NPM installieren

Node.js bietet auf der Projektwebseite Installationspakete für die verbreitetsten Betriebssysteme zum Download an. Einige Linux-Distributionen führen Node.js auch in den offiziellen Paketquellen, allerdings zum Teil nicht in aktueller Version. Wir empfehlen die Verwendung der offiziellen Installationspakete[16] bzw. Repositorys von Node.js. Hier sollten Sie die *LTS*-Variante wählen, denn sie wird breitflächig von den meisten Paketen unterstützt.

Nach der Installation prüfen wir auf der Kommandozeile, ob `node` und `npm` richtig installiert sind, indem wir die Versionsnummer ausgeben:

Installation prüfen

```
$ node -v
$ npm -v
```

*Listing 1–1
Versionsnummer von
Node.js und NPM
ausgeben*

Achten Sie darauf, dass Node.js und NPM stets aktuell sind, denn manche Tools funktionieren mit alten Versionen nicht.

NPM-Pakete installieren

Stehen `node` und `npm` ordnungsgemäß bereit, so können wir NPM zur Installation von Paketen verwenden. Dabei ist zu unterscheiden, ob ein Paket *lokal* oder *global* installiert werden soll.

---

[14] https://ng-buch.de/x/15 – npm

[15] Aktuellen globalen Pfad ausgeben: `npm config get prefix`. Unter Windows ist dies normalerweise `%AppData%\Roaming\npm`.

[16] https://ng-buch.de/x/16 – Node.js Downloads

Lokale Installation

Installieren wir NPM-Pakete *lokal*, wird im aktuellen Verzeichnis ein Unterordner mit der Bezeichnung 🗀node_modules erstellt. Darin befinden sich die installierten Pakete. Diese Variante empfiehlt sich zur Installation von Abhängigkeiten oder Befehlen, die wir innerhalb des aktuellen Projekts benötigen. Das gilt unabhängig davon, ob wir Angular oder eine andere Technologie einsetzen. Im Hauptverzeichnis eines Projekts existiert häufig eine Datei mit dem Namen package.json, in der alle NPM-Abhängigkeiten verzeichnet sind. Darauf gehen wir auf Seite 53 noch ausführlicher ein, wenn wir unser Beispielprojekt anlegen.

Generell gilt, dass eine lokale Installation der globalen vorzuziehen ist. Stellen wir uns vor, dass auf unserem System mehrere Softwareprojekte entwickelt werden. Jedes Projekt setzt NPM-Pakete in verschiedenen Versionen ein. Wenn nun alle Pakete global installiert sind, kann es zu Versionskonflikten, also unerwartetem Verhalten unserer Projekte kommen. Aus diesem Grund bevorzugen wir die lokale Installation.

Listing 1–2
NPM-Pakete installieren

```
$ npm install <paketname>
```

Globale Installation

Bei der globalen Installation ist das entsprechende Paket aus allen Node-Anwendungen heraus erreichbar. Diese Variante bietet sich dann an, wenn die Pakete ausführbare Kommandozeilenbefehle beinhalten. Die Befehle sind bei einer globalen Installation aus jedem Arbeitspfad heraus aufrufbar. Ein häufiger Anwendungsfall für globale Pakete ist, Tools für die Kommandozeile bereitzustellen. Später in diesem Buch werden wir die Angular CLI kennenlernen (ab Seite 21). Sie vereinfacht die Erstellung von Angular-Projekten und steigert die Produktivität des Entwicklers.

Listing 1–3
NPM-Pakete global installieren

```
$ npm install -g <paketname>
```

Zusammenfassung

Unsere Arbeitsumgebung ist nun eingerichtet, und wir sind startklar, um mit Angular zu beginnen. Die vorgestellten Tools greifen uns bei der Arbeit mit Angular unter die Arme, sodass wir viele Dinge nicht von Hand erledigen müssen. Vor allem ein robuster und featurereicher Editor kann uns viel Tipparbeit abnehmen. *Los geht's!*

1.4 Codebeispiele in diesem Buch

Dieses Buch enthält viele Beispiele, um die Funktionen der Angular-Plattform zu demonstrieren. Die dazugehörigen Projekte haben wir Ihnen zentral zur Verfügung gestellt.

Unter

Hosting auf GitHub

https://ng-buch.de/app

erhalten Sie Zugriff auf eine Online-Demo des Beispielprojekts *Book-Monkey 2*. Alle Projekte sind in der Entwicklerplattform GitHub[17] gehostet. Wenn Sie mit Git[18] arbeiten, können Sie jedes GitHub-Repository direkt über folgende Kurzlinks klonen und verwenden.

```
$ git clone https://ng-buch.de/app-code.git
```

Listing 1–4
Beispielprojekt als Komplettpaket klonen

```
$ git clone https://ng-buch.de/it1-comp.git
$ git clone https://ng-buch.de/it1-evt.git
$ git clone https://ng-buch.de/it1-prop.git
$ git clone https://ng-buch.de/it2-di.git
$ git clone https://ng-buch.de/it2-nav.git
$ git clone https://ng-buch.de/it3-http.git
$ git clone https://ng-buch.de/it3-rxjs.git
$ git clone https://ng-buch.de/it4-forms.git
$ git clone https://ng-buch.de/it4-reactive.git
$ git clone https://ng-buch.de/it4-validators.git
$ git clone https://ng-buch.de/it5-directives.git
$ git clone https://ng-buch.de/it5-pipes.git
$ git clone https://ng-buch.de/it6-guards.git
$ git clone https://ng-buch.de/it6-lazy.git
$ git clone https://ng-buch.de/it6-modules.git
$ git clone https://ng-buch.de/it6-resolver.git
$ git clone https://ng-buch.de/it7-i18n.git
```

Listing 1–5
Beispielprojekt in verschiedenen Stadien klonen

```
$ git clone https://ng-buch.de/start.git
$ git clone https://ng-buch.de/bm-native.git
$ git clone https://ng-buch.de/bm-rdx.git
$ git clone https://ng-buch.de/two-way.git
```

Listing 1–6
Alle weiteren Codebeispiele klonen

---

[17] https://ng-buch.de/x/17 – GitHub
[18] https://ng-buch.de/x/18 – Git

Des Weiteren ist ein Download als ZIP-Archiv möglich. Rufen Sie dafür einfach einen der vielen QR-Code-Links auf, z. B. diesen:

Demo und Quelltext:
https://ng-buch.de/app-code

…und laden Sie das ZIP-Archiv entsprechend der Abbildung 1–3 herunter.

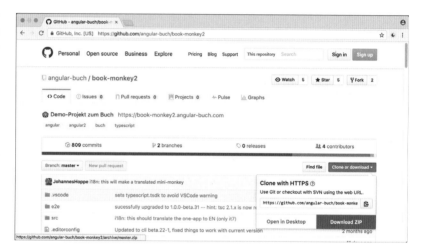

Abb. 1–3
Codebeispiele dieses Buchs von GitHub als ZIP herunterladen

2 Schnellstart

»*2016: the year that setting up the tooling for a project takes longer than coding the actual product.*«

Todd Motto
(Gründer von Ultimate Angular)

Am besten wird man mit einem neuen Framework vertraut, wenn man die Konzepte und Beispiele direkt selbst ausprobiert. Hierfür wollen wir eine sehr minimale Angular-Anwendung aufsetzen. Wir wollen an diesem Beispiel zunächst nur betrachten, wie eine solche Anwendung aufgebaut ist. Danach gehen wir im Beispielprojekt ausführlich auf alle Details des Angular-Frameworks ein.

Bitte beachten Sie, dass das hier vorgestellte Setup zwar gut zum Experimentieren mit Angular, aber aufgrund fehlender Optimierungen **nicht für einen produktiven Betrieb geeignet ist!**

Der Schnellstart ist nicht für den Produktivbetrieb geeignet.

2.1 Die erste Angular-Anwendung aufsetzen

Zum Beginn wollen wir eine erste prototypische Angular-Anwendung aufsetzen, um zu sehen, wie die Grundstruktur aufgebaut ist. Ganz bewusst wollen wir in diesem Kapitel alle Schritte manuell machen. Später werden wir die Angular CLI kennenlernen, die uns beim Aufsetzen eines Projekts einen Großteil der Arbeit abnimmt.

In der offiziellen Dokumentation gibt es einen ähnlichen Schnellstart.[1] Wir haben die originale Anleitung noch einmal gehörig gekürzt. Lediglich die folgenden sechs Schritte sind nun notwendig:

1. Das HTML-Grundgerüst anlegen (`index.html`)
2. Den Modul-Loader konfigurieren (`systemjs.config.js`)
3. Die Startdatei für das Bootstrapping anlegen (`main.ts`)
4. Das zentrale Angular-Modul anlegen (`app.module.ts`)
5. Eine erste Komponente anlegen (`app.component.ts`)
6. Den Webserver starten

---

[1] https://ng-buch.de/x/19 – Angular Docs: Quickstart

Ordner anlegen

Bevor wir beginnen, erstellen wir für unsere neue Anwendung einen leeren Ordner, z. B. 🗁 schnellstart. Und dann geht's auch schon los!

2.2 HTML-Grundgerüst erstellen

Für unsere erste Anwendung benötigen wir ein HTML-Grundgerüst, denn die Anwendung soll im Browser ausgeführt werden. Wir legen hierzu die Datei index.html an, wie sie im Listing 2–1 abgebildet ist.

Listing 2–1
Die Datei index.html

```
<!DOCTYPE html>
<html>
  <head>
    <title>Angular Schnellstart</title>

    <script
      ↪ src="https://unpkg.com/core-js/client/shim.min.js"></script>
    <script
      ↪ src="https://unpkg.com/zone.js@0.8.5?main=browser"></script>
    <script
      ↪ src="https://unpkg.com/systemjs@0.19.47/dist/system.src.js">
        ↪ </script>
    <script src="systemjs.config.js"></script>
    <script>
      System.import('./app/main')
    </script>
  </head>

  <body>
    <my-app>Loading...</my-app>
  </body>
</html>
```

Die ersten zwei Script-Tags binden Polyfills ein, welche für die Ausführung von Angular unverzichtbar sind. Die Polyfills müssen als Erstes bereit sein und stehen deswegen an erster Stelle.

> **Shim bzw. Polyfill**
>
> Als Shim oder Polyfill bezeichnet man in der Webwelt eine Softwarebibliothek, die fehlende Funktionalitäten im Browser zur Verfügung stellt. In der Vergangenheit ging es bei Polyfills häufig darum, standardisierte Funktionen in alten Versionen des Internet Explorers nachzurüsten. Mithilfe von Polyfills können aber auch Funktionen hinzugefügt werden, die gerade erst standardisiert wurden bzw. noch ein Vorschlag sind und daher noch von keinem Browser vollständig unterstützt werden.

In den »wilden JavaScript-Tagen« hatte man alle Dateien per Script-Tag geladen und Objekte im globalen Gültigkeitsbereich definiert. Dieses Vorgehen führte zu schwer wartbarem Code und gilt heutzutage als schlechte Praxis. Wir entwickeln hingegen modularen JavaScript-Code, entsprechend dem ECMAScript-2015-Standard. Im Prinzip geht es bei modularem JavaScript-Code darum, alle Abhängigkeiten klar zu definieren. Ein sogenannter Modul-Loader hat dann die Aufgabe, jene Abhängigkeiten für die Ausführung bereitzustellen.

Modulares JavaScript

Für den Schnellstart setzen wir auf *SystemJS*[2], um JavaScript-Module im Browser zu laden und auszuführen. SystemJS lässt sich schnell einrichten und ist vollständig im Browser ausführbar, daher verwenden wir zunächst diesen Loader. Im weiteren Verlauf des Buchs setzen wir jedoch auf die Angular CLI und damit auf *Webpack*[3], weil dieser Loader sehr viel mächtiger ist.

Modul-Loader: SystemJS und Webpack

Damit SystemJS die Abhängigkeiten auflösen kann, müssen einige Ressourcen konfiguriert werden. Dies geschieht in der Datei `systemjs.config.js`. Die Startdatei `main.ts` kann dann mittels SystemJS geladen werden.

2.3 Den Modul-Loader konfigurieren

Einen Modul-Loader kann man in der Regel vielfältig konfigurieren und so das Verhalten oder den generierten Code auf die exakten Anforderungen anpassen. Unsere Konfiguration sieht wie folgt aus:

```
var version = '4.0.0';

System.config({
  transpiler: 'ts',
```

Listing 2–2
Die Datei systemjs.config.js

---

[2] https://ng-buch.de/x/20 – GitHub: SystemJS
[3] https://ng-buch.de/x/21 – webpack

```
                        typescriptOptions: {
                          'experimentalDecorators': true
                        },
                        packages: {
                          app: { defaultExtension: 'ts' },
                          rxjs: { }
                        },
                        meta: {
                          'typescript': { 'exports': 'ts' }
                        },
                        paths: { 'npm:': 'https://unpkg.com/' },
                        map: {
                          '@angular/common': 'npm:@angular/common@' + version +
                            ↪ '/bundles/common.umd.js',
                          '@angular/compiler': 'npm:@angular/compiler@' + version +
                            ↪ '/bundles/compiler.umd.js',
                          '@angular/core': 'npm:@angular/core@' + version +
                            ↪ '/bundles/core.umd.js',
                          '@angular/forms': 'npm:@angular/forms@' + version +
                            ↪ '/bundles/forms.umd.js',
                          '@angular/http': 'npm:@angular/http@' + version +
                            ↪ '/bundles/http.umd.js',
                          '@angular/platform-browser': 'npm:@angular/platform-browser@'
                            ↪ + version + '/bundles/platform-browser.umd.js',
                          '@angular/platform-browser-dynamic':
                            ↪ 'npm:@angular/platform-browser-dynamic@' + version +
                            ↪ '/bundles/platform-browser-dynamic.umd.js',
                          '@angular/router': 'npm:@angular/router@' + version +
                            ↪ '/bundles/router.umd.js',
                          'rxjs': 'npm:rxjs',
                          'ts': 'npm:plugin-typescript/lib/plugin.js',
                          'typescript': 'npm:typescript/lib/typescript.js'
                        }
                      });
```

Empfehlung: TypeScript   Die Programmiersprache unserer Wahl ist TypeScript. Dies ist unsere klare Empfehlung bei der Verwendung von Angular. Doch keine Angst – Sie müssen keine neue Sprache lernen, denn TypeScript ist eine Erweiterung von JavaScript. Wenn Sie noch nie mit TypeScript gearbeitet haben oder sich unsicher fühlen, freuen Sie sich auf die ausführliche TypeScript-Einführung ab Seite 26. Bis dahin wollen wir noch nicht weiter auf TypeScript eingehen.

Zunächst instruieren wir SystemJS, dass wir alle Dateien mit der Dateiendung .ts mittels TypeScript zur Laufzeit nach JavaScript umwandeln (»transpilieren«) wollen. Die Umwandlung zur Laufzeit ist natürlich nicht sehr performant, wir müssen dafür aber auch nicht TypeScript installieren und konfigurieren. Hierdurch sparen wir ein paar Schritte im Schnellstart ein.

TypeScript wird im Schnellstart zur Laufzeit kompiliert.

Die hauptsächliche Konfigurationsarbeit besteht darin, dem Modul-Loader aufzuzeigen, wo die benötigten Bibliotheken zu finden sind. Wir verwenden ein Setup, bei dem alle Bibliotheken von einem Content Delivery Network (CDN)[4] geladen werden. Sehr praktisch ist das CDN *unpkg.com*, über das wir alle Pakete aus der NPM-Registry einbinden können.[5] Wir müssen durch diesen Trick weder Node.js installieren noch Pakete mittels des Befehls npm install herunterladen. Der offensichtliche Nachteil besteht allerdings darin, dass der Schnellstart nicht offline funktioniert. Einen äquivalenten Dienst bietet übrigens auch *jspm.io* an.

Bibliotheken über ein CDN beziehen

2.4 Die Startdatei für das Bootstrapping anlegen

Und schon befinden wir uns in der Angular-Welt. Entsprechend dem Angular-Styleguide[6] beginnen wir mit der Datei main.ts. Wir legen diese Datei in das Verzeichnis 📁app, damit wir alle Dateien, welche die Anwendung ausmachen, an einem Ort wiederfinden.

```
import { platformBrowserDynamic } from '@angular/platform-browser-
    ↪ dynamic';

import { AppModule } from './app.module';

const platform = platformBrowserDynamic();
platform.bootstrapModule(AppModule);
```

Listing 2–3
Die Datei app/main.ts

Die einzige Aufgabe der Datei ist es, das zentrale Angular-Modul AppModule zu starten. Das Starten der Anwendung nennt man in der Angular-Welt »Bootstrapping«. Das Bootstrapping ist spezifisch für die Ziel-

Bootstrapping: Komponenten zum Leben erwecken

---

[4] Ein Content Delivery Network (CDN) ist ein verteiltes Netzwerk, über das Inhalte bereitgestellt werden, z. B. Standardbibliotheken. Entwickler können diese Bibliotheken direkt aus dem CDN in ihre Anwendung einbinden, ohne dass die Pakete separat installiert werden müssen.
[5] https://ng-buch.de/x/15 – npm
[6] mehr zum Styleguide auf Seite 115

plattform (z. B. Web/Hybrid/Nativ) und sollte daher in einer eigenen Datei stattfinden, um die Anwendung unabhängig von der Plattform zu halten.

Wir wählen zunächst nur die Plattform `platformBrowserDynamic`. Sie ist für den Browser geeignet und wertet die Templates dynamisch zur Laufzeit aus. Später im Kapitel zum Deployment ab Seite 409 werden wir noch weitere Plattformen kennenlernen.

> **Achtung: Bootstrap hat nichts mit CSS zu tun!**
>
> Auch wenn wir im Zusammenhang mit Webanwendungen schnell an das *Frontend-Framework Bootstrap* denken, besteht kein Zusammenhang mit dem *Bootstrapping einer Angular-Anwendung*.

2.5 Das zentrale Angular-Modul anlegen

Als Nächstes erstellen wir das zentrale Angular-Modul in der Datei `app.module.ts`. Angular-Module sind ein Konzept, um alle Bestandteile einer Angular-Anwendung zu bündeln. Man erkennt sie daran, dass sie mit dem Decorator `NgModule()` markiert sind. Durch Angular-Module lassen sich Funktionen leicht in die Anwendung integrieren, etwa Routing, Formulare oder HTTP. Angular-Module stellen ebenso einen IoC-Container (Inversion of Control) dar. Mehr zu IoC erfahren wir im Abschnitt zu Dependency Injection ab Seite 117.

Der Decorator @NgModule()

Listing 2–4
Die Datei app/app.module.ts

```
import { NgModule } from '@angular/core';
import { BrowserModule } from '@angular/platform-browser';

import { AppComponent } from './app.component';

@NgModule({
  imports:       [BrowserModule],
  declarations:  [AppComponent],
  bootstrap:     [AppComponent]
})
export class AppModule { }
```

Wie man sehen kann, wird die Komponente `AppComponent` importiert. Durch die Deklaration (`declarations: [AppComponent]`) können wir die Komponente dann in unserer Anwendung verwenden. Wir geben die Komponente als diejenige an, welche für das »Bootstrapping« verwendet werden soll.

> **Achtung: JavaScript-Modul ≠ Angular-Modul**
> Der Begriff *Modul* ist leider doppelt besetzt. Zur besseren Unterscheidung reden wir von JavaScript-Modulen, wenn wir modularen JavaScript-Code nach dem ECMAScript-2015-Standard meinen. Mit dem Begriff »Modul« meinen wir also immer ein Angular-Modul.

2.6 Eine erste Komponente anlegen

Alle bisherigen Schritte gehören zum notwendigen Setup einer jeden Angular-Anwendung. Ein großer Spielraum für individuelle Änderungen ist nicht vorgesehen. Dies ändert sich mit der Datei `app.component.ts`.

```
import { Component } from '@angular/core';

@Component({
  selector: 'my-app',
  template: '<h1>{{ title }}</h1>'
})
export class AppComponent {
  title = 'app works!';
}
```

Listing 2–5
Die Datei app/app.component.ts

Wir definieren hier die Hauptkomponente (engl. *Root Component*) unserer Anwendung. Eine Angular-Anwendung wird aus einer Vielzahl von Komponenten zusammengesetzt. Sie sind damit die wichtigsten Bausteine bei der Entwicklung mit Angular. Die genaue Bedeutung all dieser Aussagen betrachten wir bald. Wir werden im weiteren Verlauf dieses Buchs immer wieder mit Komponenten arbeiten und alle Aspekte klären. Doch auch ohne Vorkenntnisse ist die Aufgabe dieser simplen Komponente leicht ersichtlich: Es soll der Text »*app works!*« in einer Überschrift erscheinen.

AppComponent ist die Hauptkomponente der Anwendung.

Eine Angular-Anwendung startet allerdings nicht automatisch, nur weil eine passende Komponente vorhanden ist. Stattdessen muss die Verarbeitung der ersten Komponente explizit angestoßen werden. Dies haben wir durch das *Bootstrapping* getan. Nun fehlt nur noch die Stelle, an der die Komponente im Dokument gerendert werden soll. Dies legt der CSS-Selektor `my-app` fest.

Wir erinnern uns: In der `index.html` haben wir bereits ein Element `<my-app></my-app>` angelegt. Dieses Element wird von Angular automatisch durch die Komponente ersetzt. Der zuvor enthaltene Text

Die Hauptkomponente ins HTML einbinden

»Loading...« verschwindet und wird durch die Überschrift mit dem Text »*app works!*« ausgetauscht.

2.7 Den Webserver starten

Leider können wir die HTML-Datei nicht direkt vom Dateisystem heraus öffnen. Das dynamische Nachladen von Skripten wird aus Sicherheitsgründen vom Browser blockiert. Wir benötigen einen Webserver, um unser Ergebnis zu betrachten.

Webserver mit NPM installieren

Wir können Webserver per NPM installieren, das geht am schnellsten. Eine Vielzahl von minimalen Webservern steht zur Auswahl, z. B. `lite-server`, `live-server` oder `http-server`. In unserem einfachen Fall funktionieren alle Kandidaten gleich gut. Wir müssen lediglich auf der Kommandozeile die folgenden Befehle ausführen. Wichtig ist, dass wir uns in unserem Arbeitsverzeichnis befinden, wenn wir den Webserver starten.

Listing 2–6
Webserver lite-server installieren und starten

```
$ npm install lite-server -g
$ lite-server
```

Nun wird unsere Anwendung im Browser angezeigt!

Abb. 2–1
Ausgabe im Browser

Zusammenfassung

Glückwunsch! Es ist geschafft, der Schnellstart mit Angular ist uns gelungen! Wir haben gelernt, wie eine Angular-Anwendung grundsätzlich aufgebaut ist und welche Abhängigkeiten wir benötigen.

Die Anwendung wird im Browser ausgeführt, deshalb ist die Datei `index.html` der Einstiegspunkt. Über die Datei `main.ts` wird unser zentrales Angular-Modul `AppModule` geladen (»gebootstrappt«). Von dort aus wird die erste Komponente eingebunden. Wir haben gelernt, dass Komponenten die wichtigsten Bausteine unserer Webprojekte sind und in ihnen die Logik der Anwendung ruht.

Unser Quellcode wird in JavaScript-Modulen organisiert, die von einem Modul-Loader geladen werden. Wir haben außerdem einen ersten Blick auf den »JavaScript-Dialekt« TypeScript geworfen. Für alle Einsteiger befindet sich im Abschnitt ab Seite 27 eine Einführung in TypeScript.

Demo und Quelltext:
https://ng-buch.de/start

2.8 Retrospektive

Wir haben nun zwar eine funktionierende Angular-Anwendung, allerdings genügt diese Lösung noch nicht unseren wachsenden Ansprüchen. Das vorgestellte Setup lädt ausschließlich Bibliotheken über ein CDN. Die Anwendung ist dadurch stark von der Erreichbarkeit eines fremden Systems abhängig. Je nach Qualität der Internetanbindung vollzieht sich der Start der Anwendung leider auch sehr langsam. Außerdem ist das Aufsetzen der Grundstruktur sehr aufwendig: Wir mussten verhältnismäßig viele Dateien anlegen, nur um einen simplen Text auszugeben.

Das Setup im Schnellstart ist nicht optimal.

In einem fortgeschrittenen Szenario benötigen wir unter anderem ebenso:

- stilistische Vorgaben und Konventionen, wie der Code zu strukturieren ist
- ein Build-Tool, um wiederkehrende Aufgaben zu automatisieren (kompilieren, testen, Bundling, ...)
- Infrastruktur, die sich um die Ausführung von Unit-Tests und Oberflächentests kümmert
- Editor-Unterstützung, die dem Entwickler Arbeit abnimmt, z. B. durch Autovervollständigung

Alle diese Anforderungen hat das Angular-Team adressiert und stellt uns hierfür das Tool *Angular CLI* zur Verfügung. Wir werden im Verlauf des Buchs sehen, wie uns das Tool einen Großteil der zuvor beschriebenen Arbeit abnimmt.

3 Angular CLI: Der Codegenerator für unser Projekt

»*Angular 1 is a framework. Angular 2 is a platform.*«

Brad Green
(Angular Team Manager)

Wir haben im Schnellstart gesehen, wie wir eine minimale Projektumgebung für die Entwicklung mit Angular einrichten. Zugegeben, eine »rohe« Angular-Anwendung braucht verhältnismäßig viele Vorbereitungen, die wir uns als Entwickler nicht merken möchten. Außerdem sind die Schritte für die meisten Einsatzzwecke immer gleich.

Wir wollen deshalb auf ein Tool zurückgreifen, das uns die Arbeit mit Angular erheblich erleichtern wird: die *Angular CLI*. In diesem Kapitel werden wir die Installation und die wichtigsten Befehle des Tools kennenlernen.

3.1 Vorstellung

Die Angular CLI[1] beinhaltet Vorlagen und Befehle für alle wiederkehrenden Aufgaben, vom Anlegen eines Projekts bis hin zum finalen Deployment. Die Vorlagen geben eine Struktur vor, die leicht verständlich und standardisiert ist. Der generierte Code orientiert sich dabei am offiziellen Angular-Styleguide.[2]

Angular CLI ist ein Kommandozeilentool auf Basis von Node.js. Die Transformation der TypeScript-Dateien und Stylesheets sowie viele weitere Schritte werden mithilfe von Webpack durchgeführt.[3] Webpack ist ein Modul-Loader und Bundler und ist dafür verantwortlich, alle Teile unserer Anwendung zu verpacken, bevor sie an den Client ausgeliefert werden.

Die Angular CLI setzt auf Webpack.

---

[1] https://ng-buch.de/x/22 – GitHub: Angular CLI
[2] Dem Styleguide widmen wir uns auf Seite 115.
[3] https://ng-buch.de/x/21 – webpack

Die CLI verwendet stets fest definierte Vorlagen und Dateipfade, was für die Erzeugung und Bewahrung einer einheitlichen Struktur im Projekt sehr hilfreich ist. Beim Anlegen eines neuen Projekts wird alles vorbereitet: Dateien werden angelegt, NPM-Pakete installiert und es wird sogar das Projekt unter Versionsverwaltung (Git) gestellt. Später können wir die Grundgerüste für unsere Komponenten, Services, Pipes und Direktiven automatisch generieren lassen. Wiederkehrende Aufgaben wie das Bauen des Projekts oder die Ausführung von Unit- und Oberflächentests sind bereits eingerichtet. Eine Überwachung des Dateisystems (kurz: *watch*) sorgt dafür, dass der TypeScript-Code der Anwendung bei jedem Speichervorgang automatisch in JavaScript umgewandelt wird. Ein integrierter Webserver sorgt ebenso gleich für die Präsentation der Anwendung im Browser. Ähnlich wie beim lite-server aus dem Schnellstart löst auch der integrierte Webserver bei jeder Änderung automatisch eine Aktualisierung im Browser aus.

Die Angular CLI übernimmt das Tooling für die Entwicklung.

Die Angular CLI kann uns also einen Großteil der wiederkehrenden Arbeit abnehmen. Lassen Sie uns das Tool kurz ausprobieren.

3.2 Installation

Um die Angular CLI nutzen zu können, müssen wir das Tool als globales NPM-Modul installieren. Die Angular CLI basiert wiederum auf nativen Node-Modulen, die das »Node.js native addon build tool« (*node-gyp*) voraussetzen. Das Setup von *node-gyp* unter Windows war in der Vergangenheit häufig mit Frustration verbunden, doch zum Glück stehen uns jetzt die *Windows-Build-Tools* zur Verfügung.

node-gyp

> **Tipp: Windows-Build-Tools installieren**
>
> Für Windows-Nutzer empfehlen wir dringend die Installation der *Windows-Build-Tools*:
>
> ```
> npm install -g windows-build-tools
> ```
>
> Führen Sie diesen Befehl als Administrator aus.

Anschließend sollte die Installation der Angular CLI problemlos vonstatten gehen:

```
$ npm install -g @angular/cli
```

Die Angular CLI lässt sich nach der Installation einfach mit dem Befehl ng auf der Kommandozeile ausführen.

3.3 Die wichtigsten Befehle

Möchten wir ein neues Projekt beginnen, so generieren wir dieses mit dem new-Befehl.

```
$ ng new my-first-project
```

Listing 3-1
Neues Projekt generieren

Das neue Projekt wird in einem eigenen Unterordner angelegt. Wir wechseln in den neuen Ordner und können gleich weitermachen – z. B. noch eine zusätzliche Komponente generieren.

```
$ ng generate component my-first-component
```

Listing 3-2
Komponente erstellen

Hilfreich ist es, die vielen Parameter zu kennen und einordnen zu können. Im Anhang A sind daher alle Befehle aufgelistet. Wir können uns auch ein wenig Tipparbeit sparen, wenn wir statt der ausgeschriebenen Parameter deren Aliase verwenden. Der folgende Befehl ist äquivalent zum vorherigen.

```
$ ng g c my-first-component
```

Listing 3-3
Komponente erstellen mit dem Kurzbefehl

Die Angular CLI dient vor allem dazu, uns an vielen Stellen Arbeit abzunehmen. Wir sind schon jetzt auf demselben technischen Stand wie zum Ende des Schnellstarts. Die Anwendung lässt sich bereits mit ng serve oder npm start ausführen. Wie es sich für professionelle Software gehört, wurden auch gleich Unit-Tests für die Komponenten angelegt. Natürlich hat die Anwendung noch keine wirklichen Funktionen, sodass auch die angelegten Unit-Tests entsprechend kurz ausfallen. Wir können aber dennoch schon einmal prüfen, ob die automatisch erzeugten Tests fehlerfrei durchlaufen.

```
$ ng test
```

Listing 3-4
Unit-Tests ausführen

Sie sehen: Einfacher geht es kaum! Mehr zur Angular CLI erfahren wir ab Seite 51, wenn wir unser Beispielprojekt aufsetzen.

Teil II

TypeScript

4 Einführung in TypeScript

> »TypeScript is a language for application-scale
> JavaScript development.«
>
> Anders Hejlsberg
> (Chefentwickler der Programmiersprachen C# und TypeScript)

Für die Entwicklung mit Angular werden wir die Programmiersprache *TypeScript* verwenden. Doch keine Angst – Sie müssen keine neue Sprache erlernen, um mit Angular arbeiten zu können, denn TypeScript ist eine Obermenge von JavaScript.

Wenn Sie bereits erste Erfahrungen mit TypeScript gemacht haben, können Sie dieses Kapitel getrost überspringen. Viele Eigenheiten werden wir auch auf dem Weg durch unsere Beispielanwendung kennenlernen. Wenn Sie unsicher sind oder TypeScript für Sie noch Neuland ist, dann ist dieses Kapitel das Richtige für Sie. Wir wollen in diesem Kapitel die wichtigsten Features von TypeScript erläutern, damit Sie für den Einstieg in Angular bestens gewappnet sind. Wir werden die wichtigsten Sprachelemente von TypeScript kennenlernen, sodass es uns im weiteren Verlauf des Buchs leichtfällt, die gezeigten Codebeispiele zu verstehen.

Sie können dieses Kapitel später als Referenz verwenden, wenn Sie mit TypeScript einmal nicht weiterwissen. *Auf geht's!*

4.1 Was ist TypeScript und wie setzen wir es ein?

Wenn wir Anwendungen mit Angular entwickeln wollen, haben wir die Qual der Wahl. Wir können das in allen Browsern verfügbare JavaScript verwenden. Außerdem stehen das von Microsoft entwickelte *TypeScript* und Googles Skriptsprache *Dart* zur Auswahl.

Für die Entwicklung von Angular-Anwendungen ist *TypeScript* unsere klare Empfehlung bei der Wahl der Programmiersprache. Als erfahrener JavaScript-Entwickler brauchen Sie allerdings keine Sorge zu

Unsere Empfehlung: TypeScript

TypeScript ist eine Obermenge von JavaScript.

TypeScript integriert Features aus kommenden JavaScript-Standards.

haben! TypeScript zu verwenden bedeutet nicht, dass Sie eine komplett neue Programmiersprache lernen müssen. Tatsächlich ist es so, dass Ihr bestehendes Wissen zu JavaScript weiterhin anwendbar bleibt, denn TypeScript erweitert lediglich den JavaScript-Sprachstandard. Jedes Programm, das in JavaScript geschrieben wurde, funktioniert auch in TypeScript. Dabei haben wir jedoch einen sehr wichtigen Vorteil, den uns ein Transpiler wie TypeScript bietet. Wir kennen das genaue Set an Sprachfeatures und können uns darauf verlassen, dass alle verwendeten Features in allen gängigen Browsern unterstützt werden. Wir müssen also nicht lange darauf warten, dass ein Sprachfeature irgendwann einmal direkt vom Browser unterstützt wird, und können stattdessen sofort loslegen. Damit die neuen Features im Browser auch lauffähig sind, wird der TypeScript-Code vor der Auslieferung wieder in reines JavaScript umgewandelt.

Abbildung 4–1 zeigt, wie TypeScript die bestehenden JavaScript-Versionen erweitert. Der Standard ECMAScript 2016 hat keine nennenswerten Features gebracht, sodass dieser nicht weiter erwähnt werden muss. Viele Features wie die Dekoratoren oder der Spread-Operator werden wahrscheinlich in den nächsten Standard für das Jahr 2017 aufgenommen. In TypeScript stehen die Features bereits zur Verfügung.

Abb. 4–1
TypeScript und ECMAScript

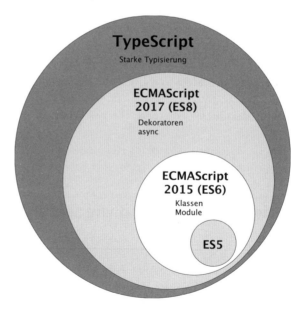

4.1 Was ist TypeScript und wie setzen wir es ein?

> **Verwirrung um die ECMAScript-Versionen**
>
> Der JavaScript-Sprachkern wurde über viele Jahre hinweg durch die European Computer Manufacturers Association (ECMA) weiterentwickelt. Dabei wurden die Versionen zunächst fortlaufend durchnummeriert: ES1, ES2, ES3, ES4, ES5.
>
> Noch während die nächste Version spezifiziert wurde, war bereits der Name *ES6* in aller Munde. Kurz vor Veröffentlichung des neuen Sprachstandards entschied sich jedoch das technische Komitee der ECMA dazu, eine neue Namenskonvention einzuführen. Da fortan jährlich eine neue Version erscheinen soll, wurde die Bezeichnung vom schon vielerseits etablierten *ES6* zu *ECMAScript 2015* geändert.
>
> Aufgrund der parallelen Entwicklung vieler Polyfills und Frameworks findet man in einschlägiger Literatur und auch in vielen Entwicklungsprojekten noch die Bezeichnung *ES6*. Vereinzelt trifft man auch noch auf die Begriffe *ES7* bzw. *ES8*. Lassen Sie sich davon nicht beirren, dabei handelt es sich natürlich um ECMAScript 2016 bzw. 2017.

TypeScript ist ein Open-Source-Projekt von Microsoft.[1] Es verfügt in Ergänzung zu JavaScript über ein stärkeres Typsystem, wie man es aus Programmiersprachen wie Java oder C# kennt. Durch die starke Typisierung kann der Compiler Funktionsaufrufe besser prüfen und es können Fehler bereits zur Compilezeit erkannt werden. Außerdem können Tools den Code genauer analysieren. Dies ermöglicht Komfortfunktionen wie automatische Vervollständigung, Navigation zwischen Methoden und Klassen sowie eine solide Refactoring-Unterstützung. TypeScript kompiliert in reines JavaScript (unter anderem nach ES5) und ist dadurch in allen Browsern und auf allen Plattformen ausführbar.

Typisierung

```
 8   if (environment.production) {
 9     enableProdMode();
10   }
11
12   platformBrowserDynamic().bootstrapModule(AppModule);
13
         (method) PlatformRef.bootstrapModule<AppModule>(moduleType: Type<Ap
         pModule>, compilerOptions?: CompilerOptions | CompilerOptions[]): P
         romise<NgModuleRef<AppModule>>

         Creates an instance of an @NgModule for a given platform using the given runtime
         compiler.
```

Abb. 4–2
Unterstützung durch den Editor: Type Information On Hover

Bei Interesse können Sie mithilfe einer Kompatibilitätstabelle[2] einen guten Überblick erhalten, welche Features der verschiedenen Standards bereits implementiert wurden. TypeScript bietet viele der Features bereits jetzt.

Neue JavaScript-Features auf einen Blick

---

[1] https://ng-buch.de/x/23 – TypeScript
[2] https://ng-buch.de/x/24 – ECMAScript compatibility table

4.2 Variablen: const, let und var

Dass Variablen in JavaScript mit var eingeleitet werden, ist uns bekannt. Vielen dürften hingegen die Variablentypen const und let noch unbekannt sein. Diese sind zunächst kein TypeScript-Feature, sondern bereits im ECMAScript 2015 enthalten. Wir wollen dennoch kurz auf die Verwendung eingehen.

Warum nicht einfach nur var verwenden?

Mit dem Schlüsselwort var eingeleitete Variablen sind jeweils in der Funktion gültig, in der sie auch deklariert wurden. Das folgende Codebeispiel zeigt zwei Implementierungen, die exakt zum selben Ergebnis führen:

```
// declaration inside of 'if'
function foobar(foo){
  if(foo){ var bar = 'angular'; }
  // bar = 'angular'
};

// declaration outside of 'if'
function foobar(foo){
  var bar;
  if(foo){ bar = 'angular'; }
  // bar = 'angular'
};
```

In beiden Fällen enthält bar nach Abarbeitung der Prüfung noch immer den Wert angular, da die Variable innerhalb der gesamten Funktion gültig ist. Was aber, wenn wir nicht möchten, dass bar auch außerhalb der Verzweigung gültig ist? In diesem Fall müssten wir einen kleinen Trick anwenden:

```
function foobar(foo){
  if(foo){
    (function(){
        var bar = 42;
    })();
  }
  // bar = undefined
};
```

IIFE Die Variable bar wird an dieser Stelle in eine Funktion gekapselt, die sofort ausgeführt wird (eine sogenannte Immediately-Invoked Function

Expression (IIFE)). Durch die Verschachtelung ist bar nur innerhalb dieser Funktion gültig und es kann nicht mehr von außerhalb darauf zugegriffen werden.

Blockgebundene Variablen

Mit Einführung von ECMAScript 2015 erhielt der Variablentyp let Einzug in die Webentwicklung. Mit let lassen sich blockgebundene Variablen definieren. Sie sind nicht in der gesamten Funktion gültig, sondern lediglich innerhalb ihrer Kontrollstruktur. Im nachfolgenden Beispiel wäre also die Variable i nur innerhalb der for-Schleife gültig:

```
for(let i = 0; i < 4; i++){
  // ...
}
// i = undefined
```

Konstanten

Variablen, die mit var oder let eingeleitet werden, lassen sich jederzeit überschreiben. In manchen Fällen wollen wir jedoch Variablen verwenden, deren Wert nicht mehr verändert werden kann. Für solche Fälle gibt es Konstanten. Sie werden mit dem Schlüsselwort const eingeleitet. Wird eine Konstante einmal festgelegt, so lässt sich der Wert nicht mehr überschreiben. Konstanten müssen deshalb auch immer mit einem Wert initialisiert werden:

```
const foo = 'angular';

// error: Left-hand assignment expression cannot be a constant
foo = 'angularjs';

// error: 'const' declarations must be initialized
const bar;
```

4.3 Getter und Setter

In der objektorientierten Programmierung kennt man das Prinzip der Getter- und Setter-Methoden. Diese Methoden haben die Aufgabe, Eigenschaften des Objekts zu lesen bzw. zu setzen. Bei Bedarf kann zusätzlich einfache Logik in den Methoden implementiert werden. Die Schlüsselwörter get und set verstecken diese beiden Methoden, indem eine Eigenschaft an diese gebunden wird. Wird die Eigenschaft gelesen, so wird die dazugehörige Getter-Methode aufgerufen. Dasselbe geschieht beim Befüllen der Eigenschaft mit Werten. In dem Fall wird die dazugehörige Setter-Methode aufgerufen. Folgende Klasse demonstriert die Verwendung:

```
class Foo {
  private _bar: boolean = false;

  get bar(): boolean {
    return this._bar;
  }
  set bar(baz: boolean) {
    this._bar = baz;
  }
}
```

Im nachfolgenden Codebeispiel sehen wir, dass der Setter bar() den übergebenen Wert in der Eigenschaft _bar speichert. Beim anschließenden lesenden Zugriff auf das Objekt erhalten wir über den Getter mit dem Aufruf foo.bar den Wert wieder zurückgeliefert:

```
let foo = new Foo();
console.log(foo.bar) // false
foo.bar = true
console.log(foo.bar) // true
```

4.4 Die wichtigsten Basistypen

Die starke Typisierung ermöglicht es, die API eines Moduls genau zu beschreiben. Bereits während der Entwicklung können dem Entwickler Informationen und Warnungen bereitgestellt werden, wenn die API falsch verwendet wird.

Number

Der Typ number legt den zu verwendenden Wert einer Variable auf eine Ganz- oder Kommazahl fest.

Listing 4–1
Typ number

```
let age: number = 5;
let height: number = 10.5;
```

Durch die Verwendung von TypeScript ist die folgende Zuweisung nicht erlaubt:

4.4 Die wichtigsten Basistypen

```
let age: number = '26';
```
Listing 4–2
Ungültige Zuweisung

In diesem Fall wird der TypeScript-Compiler folgenden Fehler ausgeben:

Fehler `Type 'string' is not assignable to type 'number'.`

String

Zeichenketten werden mithilfe von `string` zur Verfügung gestellt.

```
let firstname: string = 'Max';
```
Listing 4–3
Typ string

Template-String

TypeScript bietet auch die Möglichkeit, *Template-Strings* im Code zu nutzen. Damit können Ausdrücke direkt in einen String eingebettet werden. Die bis dahin in JavaScript übliche Konkatenation von Zeichen und Variablen ist dadurch nicht mehr notwendig.

Ausdrücke in Strings einbetten

Ein Template-String wird mit schrägen Hochkommata ` (auch *Accent grave* oder *Backtick*) eingeleitet und beendet, nicht mit Anführungszeichen. Ausdrücke werden wie folgt in den String eingebettet:

Backticks, keine Anführungszeichen

```
let output: string = `${firstname} is ${age} years old.`;
```
Listing 4–4
Template-String mit eingebetteten Ausdrücken

Ein weiterer Vorteil der Template-Strings ist die Möglichkeit, mehrzeilige Wertzuweisungen festzulegen.

```
let template: string = `
  <strong>${firstname}</strong>
  <span>${age}</span>`;
```
Listing 4–5
Mehrzeiliger String

Boolean

Wenn ein Wert nur logische Wahrheitswerte (*true* oder *false*) annehmen soll, empfiehlt sich der Typ `boolean`.

```
let programsTypeScript: boolean = true;
```
Listing 4–6
Typ boolean

Array

In JavaScript ist es möglich, einem Array verschiedene Typen hinzuzufügen.

Listing 4–7
JavaScript-Array mit unterschiedlichen Typen

```
let differentValueTypes = [
    0,                                              // Zahl
    { firstname: 'Max' },                           // Objekt
    function() { console.warn('No types.')}        // Funktion
];
```

JavaScript bietet uns hier ein hohes Maß an Flexibilität. Solche untypisierten Arrays können aber auch schnell zu ungewolltem Verhalten führen. Eine mögliche Gefahr besteht dann, dass ein Entwickler bei einem Methodenaufruf einen Fehler macht. Selbst wenn der aufgerufene Code prüft, ob der übergebene Wert ein Array ist – die Prüfung jedes einzelnen Werts ist sehr unüblich. Solche Bugs sind schwer zu finden, und im schlimmsten Fall führt der Fehler zum Abbruch der gesamten Anwendung. Mit TypeScript können Arrays typisiert werden. Dadurch sind innerhalb des Arrays nur Elemente desselben Typs zulässig. Der Compiler prüft bereits während der Transpilation auf eine korrekte Verwendung.

Typisierte Arrays

Listing 4–8
Typ Array

```
let fibonacci: Array<number> = [0, 1, 1, 2, 3, 5, 8];
// Kurzschreibweise
let fibonacci2: number[] = [0, 1, 1, 2, 3, 5, 8];
```

Any

Wenn ein Datentyp nicht genau bekannt ist, kann any Abhilfe schaffen. Dieser *Rückfallwert* kann jeden beliebigen Datentyp annehmen und entspricht somit dem üblichen Verhalten von JavaScript-Variablen.

Listing 4–9
Typ any

```
response: any;
```

4.5 Klassen

Mit ECMAScript 2015 können in JavaScript auch Klassen definiert werden. In früheren Versionen von JavaScript war es üblich, mittels geschickter Entwurfsmuster oder ganzer Frameworks Klassen und Vererbung zu emulieren. Das Problem bestand darin, dass im gesamten Team über die exakte Verwendung Konsens herrschen musste. Um in einer modernen JavaScript-Umgebung eine Klasse zu beschreiben, müssen wir hingegen lediglich das Schlüsselwort class und einen Klassennamen angeben. Mit Klassen können einfache Datenobjekte oder auch komplexe objektorientierte Logik abgebildet werden.

Listing 4–10
Deklaration einer Klasse

```
class Athlete { }
```

Eigenschaften

Eigenschaften (englisch: *Properties*) erweitern eine Klasseninstanz mit zusätzlichen Informationen. Beispielsweise können wir die Klasse Athlete durch die Eigenschaften name und fitnessLevel erweitern. Propertys können mit den Zugriffsmodifizierern public, private, static, protected oder readonly versehen werden. Fehlt die Angabe eines Zugriffsmodifizierers, so ist der Wert public.

```
class Athlete {
  name: string; // public
  private fitnessLevel: number;
}
```

Listing 4–11
Eigenschaften einer Klasse

Methoden

Methoden erweitern Klassen um Logik. In Ergänzung zu JavaScript erlaubt TypeScript es zudem, die Methodensignatur durch Parameter- und Rückgabetypen zu präzisieren. Somit kann die Schnittstelle einer Klasse explizit festgelegt werden und der Compiler kann die korrekte Verwendung sicherstellen.

```
class Athlete {
  // Eigenschaften...

  train(workoutHardness: number): number {
    this.fitnessLevel += workoutHardness;

    return this.fitnessLevel;
  }
}
```

Listing 4–12
Methodendefinition einer Klasse

Rückgabewert void

Der Typ void hat die gleiche Bedeutung wie in vielen weiteren Programmiersprachen, wie C# oder Java. void-Methoden haben keinen Rückgabewert.

```
class Athlete {
  train(): void { }
}
```

Listing 4–13
Methoden ohne Rückgabewert

Konstruktoren

Konstruktoren sind besondere Methoden, die während der Instanziierung einer Klasse aufgerufen werden. Die Konstruktormethode muss den Namen constructor tragen. Es können Werte übergeben werden, die für die spätere Verwendung benötigt werden.

Listing 4–14
Konstruktor

```
// Definition
class Athlete {
  name: string;
  fitnessLevel: number;

  constructor(name: string, fitnessLevel: number) {
    this.name = name;
    this.fitnessLevel = fitnessLevel;
  }
}

// Initialisierung
var john: Athlete = new Athlete('John', 200);
```

Kurzschreibweise für den Konstruktor

Für die vorherige Syntax existiert eine Kurzschreibweise. In der Signatur können wir den Zugriffsmodifizierer public oder private verwenden, um öffentliche bzw. private Eigenschaften automatisch anzulegen. Im folgenden Codebeispiel führt die Schreibweise des Konstruktors und die Zuweisung der Eigenschaften zum selben Ergebnis wie in Listing 4–14.

Listing 4–15
Konstruktor – Vereinfachte Initialisierung von Eigenschaften

```
class Athlete {
  constructor(private name: string, private fitnessLevel:
    number) { }
}
```

Diese Schreibweise ist dann empfehlenswert, wenn bei der Initialisierung einer Klasse keine zusätzliche Logik benötigt wird. Natürlich können wir auch beide Schreibweisen verwenden: die Kurzform, wenn nur ein Property angelegt werden soll, und die Langform, wenn wir einen Wert nur im Konstruktor benötigen.

> **Einschränkung: Nur ein Konstruktor pro Klasse**
>
> In TypeScript ist nur ein Konstruktor pro Klasse zugelassen. Es ist also nicht möglich, wie in Java oder C# einen Konstruktor mit unterschiedlichen Signaturen anzulegen.

Vererbung

Die Funktionalität einer Klasse kann auf andere Klassen übertragen werden. Dieses Konzept kommt aus der objektorientierten Programmierung und heißt *Vererbung*. Mit dem Schlüsselwort extends kann eine Klasse von einer anderen erben. Am Beispiel der Klasse Athlete wird die Spezifizierung CrossFitter erstellt.

```
// Definition
class CrossFitter extends Athlete {
  constructor(name: string, fitnessLevel: number) {
    super(name, fitnessLevel);
  }

  train(workoutHardness: number): number {
    return super.train(workoutHardness * 1.25);
  }
}

// Initialisierung
var john: Athlete = new CrossFitter('John', 200);
console.info(john.train());
```

Listing 4–16
Vererbung

Mit super() können sowohl der Konstruktor als auch die Methoden der Basisklasse ausgeführt werden. Wird eine Klasse von einer anderen abgeleitet, so können auch Methoden der Basisklasse überschrieben werden.

Wird eine abgeleitete Klasse instanziiert, so erhält man automatisch Zugriff auf Attribute und Methoden der übergeordneten Klassen (sofern diese nicht als *private* deklariert wurden).

Abbildung 4–3 zeigt beispielhaft eine solche Vererbungshierarchie anhand eines UML-Diagramms. Instanzen der Klassen CrossFitter und

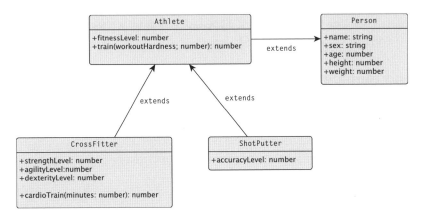

Abb. 4–3
Vererbung von Klassen

ShotPutter haben somit Zugriff auf die öffentlichen Attribute und Methoden der Oberklassen Athlete und Person.

Da abgeleitete Klassen auch immer alle Eigenschaften und Methoden der Oberklasse besitzen, können sie auch immer anstelle der Oberklasse verwendet werden.

4.6 Interfaces

Eines der Grundprinzipien von TypeScript ist die Typisierung von Attributen, Parametern und Variablen. Um diese Typisierung konsequent umzusetzen, stellt uns TypeScript sogenannte *Interfaces* bereit. Interfaces dienen dazu, eine öffentliche Schnittstelle zu definieren und die konkrete Implementierung zu verbergen. Wir können explizit bestimmen, welche Teile enthalten sein müssen und welche Typen sie besitzen sollen. Optionale Parameter werden durch ein Fragezeichen-Symbol gekennzeichnet. Im nachfolgenden Beispiel sehen wir, dass das Interface die Angabe eines Vornamens und Nachnamens im gekennzeichneten Objekt erfordert. Das Alter kann optional entweder in Form einer Zeichenkette oder als Zahl angegeben werden.

Format eines Konstrukts definieren

Listing 4–17
Ein Interface mit optionalem Parameter

```
interface Contact {
  firstname: string;
  lastname: string;
  age?: number | string;
}

let contact: Contact = {
  firstname: 'Max',
  lastname: 'Mustermann'
}
```

Würden wir dem Objekt eine zusätzliche Eigenschaft hinzufügen oder hätte einer der Werte nicht den Typen, der im Interface definiert wurde, so würden wir einen Fehler erhalten.

Indizierbare Interfaces

Interfaces können auch über einen indizierbaren Schlüssel definiert werden. Somit kann das Interface den Typen für alle Elemente eines Arrays bestimmen. Im folgenden Beispiel wird festgelegt, dass im Array authors nur Elemente vom Typ string enthalten sein dürfen.

```
interface StringArray {
  [index: number]: string;
}

let authors: StringArray;
authors = ['Hoppe', 'Koppenhagen', 'Malcher', 'Woiwode'];
```

Listing 4–18
Ein indizierbares Interface

Interface für Funktionen

Wir können ein Interface auch für die Beschreibung von Funktionen verwenden. Dazu geben wir als Schlüssel die Funktionssignatur an. Als Wert des Interface wird der Rückgabewert der Funktion angegeben (in diesem Fall void, da die Funktion keinen Wert zurückgeben soll).

```
interface FooBar {
  (foobar: string): void;
}

let fooBar: FooBar;
let foo = 'foo'
fooBar = function(foo) {
  // ...
};
```

Listing 4–19
Ein Interface für Funktionen

Interface für Klassen

Weiterhin lassen sich Interfaces auch in Klassen implementieren. Dafür wird nach dem Schlüsselwort class das Wort implements gefolgt vom Namen des Interface angefügt. Der Compiler wird uns nun anzeigen, dass die Implementierung des Interface verlangt, dass wir alle definierten Eigenschaften und Methoden des Interface implementieren. Die Typendefinitionen werden dabei vom Interface übernommen.

```
interface HumanInterface {
    age: number;
    height: number;
    weight: number;
}

class Person implements HumanInterface {
    age;
    height;
    weight;
}
```

Listing 4–20
Ein Interface für Klassen

4.7 Operatoren und Funktionen

Arrow-Funktionen/Lambda-Ausdrücke

Die *Arrow-Funktionen* sind eine Kurzschreibweise für eine normale function. Man bezeichnet diese gerne auch als »Fat-Arrow-Funktionen«, da der Operator wie ein fetter Pfeil aussieht =>. Auch die Bezeichnung *Lambda-Ausdruck* ist verbreitet.

Der Ausdruck function(){} verkürzt sich damit elegant zur Schreibweise () => {}. Erhält die Funktion genau einen Parameter, können die runden Klammern auf der linken Seite sogar weggelassen werden: foo => {}.

Der rechtsseitige Ausdruck dient als Rückgabewert.

Auch die geschweiften Klammern auf der rechten Seite können eingespart werden. Dabei kommt uns eine schöne Eigenschaft der Arrow-Funktionen zugute: Lässt man die Klammern weg, wird das Ergebnis des rechtsseitigen Ausdrucks als Rückgabewert für die Funktion verwendet. Wir müssen also kein return-Statement verwenden: foo => foo + 1.

Damit können anonyme Funktionen mit nur wenig Tipparbeit deklariert werden. Mit herkömmlichen Funktionsdeklarationen, wie wir sie aus ES5 kennen, würde man wie folgt vorgehen, um alle geraden Zahlen aus einer Liste zu ermitteln.

Listing 4–21
Herkömmliche Callback-Funktion

```
let numbers: Array<number> = [0, 1, 2, 3, 4];

let even = numbers.filter(
  function(value: number) {
    return value % 2 == 0;
  }
)
```

Die Arrow-Funktion ist an dieser Stelle kompakter. Es ist möglich, einen einzeiligen Ausdruck einzusetzen, um die Funktion zu deklarieren.

Listing 4–22
Arrow-Funktion als anonyme Callback-Funktion

```
let even: Array<number> = numbers.filter(
  value: number => value % 2 == 0
);
```

Bei komplexerer Logik kann auch ein mehrzeiliger Block verwendet werden. In diesem Fall muss der Rückgabewert allerdings mit return aus der Funktion herausgegeben werden.

```
let even: Array<number> = numbers.filter(
  value => {
    return value % 2 == 0;
  }
);
```

Listing 4–23
Blockschreibweise einer Arrow-Funktion

Ein weiterer Vorteil der Arrow-Funktionen ist, dass sich das Schlüsselwort this nicht unvorteilhaft verändern kann. In ES5 war es oft erforderlich, this in einer temporären Variable zu speichern, um in einer Callback-Funktion verlässlich darauf zugreifen zu können. Dies ist nun nicht mehr notwendig, denn bei Arrow-Funktionen wird this nicht gebunden. Das bedeutet, dass die Variable this aus dem übergeordneten Kontext verwendet wird. Dies entspricht genau dem, was man beim Programmieren gemeinhin benötigt.

this-Kontext

```
class Person {
  firstname: string;
  sports: Array<string>;

  constructor() {
    this.firstname = 'Max';
    this.sports = ['football', 'running'];
  }

  logSportarten(): void {
    var self = this;
    this.sports.forEach(function(sport) {
      console.info(`${self.firstname} trains ${sport}.`);
    });
  }
}
```

Listing 4–24
Zusätzlicher Code durch die Verwendung herkömmlicher Callback-Funktionen

Dieser Arbeitsschritt entfällt, wenn eine Arrow-Funktion verwendet wird.

```
class Person {
  // ...

  logSportarten(): void {
    this.sports.forEach(sport =>
      console.info(`${this.firstname} trains ${sport}.`);
    });
  }
}
```

Listing 4–25
Vereinfachung: Arrow Functions werden im Kontext der jeweiligen Klasse ausgeführt.

Spread-Operator – Arrays leichter verwenden

Der Spread-Operator ist ein sehr hilfreiches Werkzeug zum Expandieren von Array-Elementen. Wenn wir zum Beispiel eine Funktion haben, die mehrere Parameter als Übergabewerte erwartet, können wir den Spread-Operator verwenden:

```
var arr = ['arg1', 'arg2', 'arg3']
myFunction(...arr);
// äquivalent zu: myFunction(arr[0], arr[1], arr[2])
```

Der Operator »bricht« das zugehörige Array quasi auf, sodass die Funktion mit drei einzelnen Parametern aufgerufen wird. Ein weiteres Beispiel für die Verwendung des Spread-Operators ist das Einfügen von Array-Elementen an einer bestimmten Stelle eines anderen Arrays.

```
var arr1 = ['val2', 'val3']
var arr2 = ['val1', ...arr1, 'val4', 'val5']
// Wert in arr2: ['val1', 'val2', 'val3', 'val4', 'val5']
```

Wir können so Arrays komfortabel kombinieren. Würden wir dies ohne den Spread-Operator tun wollen, müssten wir auf ältere Methoden wie `Array.prototype.concat()` zurückgreifen.

4.8 Dekoratoren

Bei der Arbeit mit einem Framework muss man viele Dinge vorab konfigurieren und anpassen, damit sie ihren Zweck erfüllen können. Dies macht den Code unübersichtlich und erschwert zu einem späteren Zeitpunkt das Verständnis über die Anwendung. Irgendwann fällt es schwer, zwischen der wertvollen Geschäftslogik und dem notwendigen »Klebstoff« für das Framework zu unterscheiden.

Angular vermeidet dieses Dilemma durch den Einsatz von *Dekoratoren*. Dekoratoren sind ein Sprachfeature aus TypeScript 1.6 bzw. JavaScript ab ECMAScript 2017. Man erkennt sie stets am @-Zeichen zu Beginn des Namens:

```
@Component({
    // Konfigurations-Objekt
})
class MyComponent { }
```

Durch den Decorator `@Component()` fügen wir der Klasse *Metadaten* hinzu. Das Angular-Framework weiß dadurch, dass die Klasse als Komponente zu behandeln ist. Der ES2017-Vorschlag für Dekoratoren sieht auch einfache Ausdrücke wie @readonly vor (ohne Klammern). Diese Verwendung ist bei Angular nicht vorgesehen. Alle Dekoratoren von Angular sind Funktionen, daher darf man den Funktionsaufruf nicht vergessen.

Funktionsklammern nicht vergessen!

Zusammenfassung

TypeScript erweitert den JavaScript-Sprachstandard um viele Features, die wir bereits aus etablierten Sprachen wie C# oder Java kennen. Dadurch fällt auch der Umstieg von einer anderen objektorientierten Sprache nicht schwer. Auch für reine JavaScript-Entwickler ist der Umstieg auf TypeScript keine große Hürde, weil alle bekannten Features aus JavaScript weiterhin verwendet werden können.

Mit der Typisierung und Objektorientierung können wir die Schnittstellen unserer Klassen klar definieren. Der Editor kann uns bei der Arbeit mit TypeScript effizient unterstützen und schon zur Compilezeit auf Fehler hinweisen.

Damit unsere Anwendung später auch in jedem Browser lauffähig ist, wird TypeScript vor der Auslieferung immer in reines JavaScript umgewandelt (transpiliert). Damit werden auch Kompatibilitätsprobleme umgangen, denn die Umwandlung ist Sache des TypeScript-Compilers.

Teil III

BookMonkey 2: Schritt für Schritt zur App

5 Projekt- und Prozessvorstellung

*»For me Angular is much much more than some code, APIs or syntax.
It's the 'more' we wanted to preserve,
even if it means short term issues.«*

Igor Minar
(Angular Lead Developer)

Nachdem wir die Grundlagen zur Struktur unserer Anwendung und zu TypeScript gelegt haben, widmen wir uns nun dem größten Abschnitt dieses Buchs. Wir wollen das Angular-Framework anwenden und kennenlernen und nebenbei ein umfangreiches Beispielprojekt entwickeln. Dabei werden wir alle wichtigen Konzepte von Angular kennenlernen.

5.1 Unser Projekt: Der BookMonkey 2

Unser Projekt ist eine Webanwendung, mit der wir Bücher verwalten können. Die Software trägt den Namen *BookMonkey 2*. Wir wollen zunächst Bücher sowohl in einer Liste und einzeln darstellen. Außerdem wollen wir Möglichkeiten schaffen, den Buchbestand selbst zu verwalten.

Der BookMonkey wird in den folgenden Kapiteln Schritt für Schritt verändert und erweitert. Das anfänglich einfache Beispiel wird mit dem Reichtum an Funktionalitäten zunehmend komplexer. Diese stetige Entwicklung wird durch *Iterationen* dargestellt. In jeder Iteration wird ein neues großes Thema behandelt und in mehreren Schritten zur Umsetzung gebracht. Bevor wir den BookMonkey erweitern, erläutern wir jeweils zunächst die theoretischen Grundlagen. Anschließend wird das gelernte Wissen angewandt und im Projekt umgesetzt.

Iterative Entwicklung

Die einzelnen Iterationen haben die folgende Struktur:

```
Iteration
├── Teilproblematik I
│   ├── Erläuterung der Grundlagen
│   ├── Den BookMonkey erweitern
│   └── Zusammenfassung (Was haben wir gelernt?)
├── Teilproblematik II
│   └── ...
└── ...
```

Der BookMonkey online

Eine vollständige Demo des BookMonkeys ist auf der Webseite **https://ng-buch.de/app** verfügbar. Der gesamte Quelltext des Book-Monkeys wird auf GitHub gehostet.[1]

Demo und Quelltext:
https://ng-buch.de/app

Über diesen Zugang lassen sich auch die Teilschritte der einzelnen Iterationen als separate Apps abrufen, sodass stets nachvollziehbar ist, welche Änderungen von Schritt zu Schritt getätigt wurden.

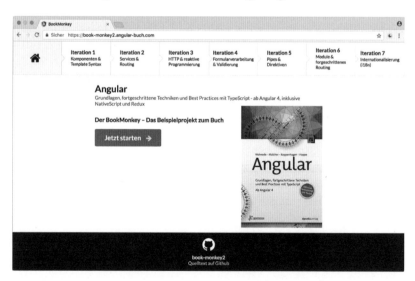

Abb. 5–1
Online-Version des BookMonkeys zum Ausprobieren

---

[1] https://ng-buch.de/app-code – GitHub: BookMonkey 2

Storys

Weiterhin verfügt jeder Abschnitt über eine sogenannte *User-Story*. User-Storys werden in der agilen Softwareentwicklung verwendet, um fachliche Anforderungen kurz und verständlich zu spezifizieren. Es sind möglichst wenige Sätze in natürlicher Sprache, um als Gedankenstütze für eine Anforderung zu dienen. Aufgrund der Kürze ist die beschriebene Anforderung recht vage, nur grob umrissen. Eine Idee, die es im Dialog zu durchleuchten gilt. Wir werden folgende bekannte Formulierung verwenden:

> Als *<Rolle>*
> möchte ich *<Ziel/Wunsch>*,
> um *<Nutzen>*.
>
> Ein Beispiel: *»Als Bibliothekar möchte ich eine Liste aller neuen Bücher ausdrucken können, um die Geschäftsführung über Neuzugänge zu informieren.«*

Da man nicht alle Details in einem einzigen Satz erläutern kann, werden die Anforderungen durch Akzeptanzkriterien weiter spezifiziert. Mögliche Akzeptanzkriterien für diese Story könnten lauten:

Akzeptanzkriterien

- Die Liste zeigt alle Bücher an, die innerhalb der letzten 30 Tage publiziert wurden.
- Die Liste ist nach Datum sortiert.
- Wenn keine neuen Bücher vorhanden sind, erscheint ein Hinweistext.

Die agile Gemeinde hat übrigens zu technischen User-Storys eine eher ablehnende Haltung. Es gilt als schlechter Stil, technische Belange in den Vordergrund zu stellen.[2] Stattdessen zeichnen fachliche Aspekte und damit neue Features eine gute User-Story aus. Dieses Buch behandelt allerdings ein Software-Framework, daher bitten wir alle agilen Experten um Nachsicht, falls die Storys etwas »gezwungen« wirken.

Skizzen

Für unsere Anwendung existieren bereits Skizzen, auf die wir zurückgreifen können. Zunächst widmen wir uns der Listenansicht. Hier werden nur die Basisdaten wie Titel, Untertitel und Coverbild dargestellt.

---

[2] https://ng-buch.de/x/25 – Kai Simons: »Technische User Stories gehören nicht ins Product Backlog«

Abb. 5–2
Skizze der Listenansicht

Klicken wir auf einen Listeneintrag, gelangen wir zur Detailansicht. Hier erweitern wir die Ansicht um eine Beschreibung und eine Bildergalerie. Außerdem ist eine Bewertung in Sternen sichtbar.

Abb. 5–3
Skizze der Detailansicht

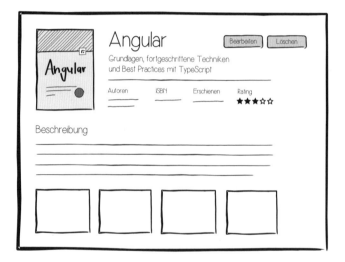

Die Eingaben zu einem Buch können auch ergänzt, aktualisiert und korrigiert werden. Dafür stellen wir ein Formular zur Verfügung. Abbildung 5–4 lässt gut erkennen, dass wir für die Bildergalerie auf bereits im Web gehostete Bilder zurückgreifen wollen. Das bedeutet, dass wir uns vorerst nicht selbst um das Speichern von Binärdaten zu kümmern brauchen, damit der Fokus des Buchs auf dem Angular-Framework bleibt.

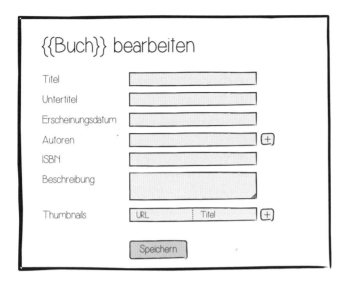

Abb. 5–4
Skizze des
Eingabeformulars

Die Idee des Projekts ist nun bekannt, und wir können als Nächstes die Grundstruktur für die Angular-Anwendung anlegen.

5.2 Projekt mit Angular CLI initialisieren

Wir wollen die Angular CLI verwenden, um die Grundstruktur des Projekts anzulegen. Das erspart uns den Aufwand, alle Dateien und Ordner von Hand anzulegen.

Wir verwenden den Befehl ng new, um ein Projekt zu initialisieren, und navigieren anschließend in den neu angelegten Ordner 📁BookMonkey.

```
$ ng new BookMonkey -p bm -is
$ cd BookMonkey
```

Listing 5–1
Ein neues Projekt für den BookMonkey anlegen

Der Parameter -p bm sorgt dafür, dass für unser Projekt das Präfix bm eingetragen wird. Was es genau damit auf sich hat, werden wir im weiteren Verlauf klären. Mit dem zusätzlichen Parameter -is verhindern wir, dass separate CSS-Dateien angelegt werden. Sie werden in unserem Fall nicht benötigt, da wir im weiteren Verlauf ein Style-Framework verwenden wollen, welches uns eine globale CSS-Datei bereitstellt.

Präfix festlegen

Keine separaten CSS-Dateien anlegen

Schauen wir uns an, was die Angular CLI für uns generiert hat:

```
BookMonkey
├── e2e ............................ Dateien für Ende-zu-Ende-Tests (E2E)
│   └── ...
├── node_modules ............................... Installierte NPM-Pakete
│   └── ...
├── src ........................ Beinhaltet den Code unserer Anwendung
│   └── ...
├── .angular-cli.json ............... Konfigurationsdatei der Angular CLI
├── .editorconfig ..................... Konfiguration für den Codeeditor
├── .gitignore .................... Von Git ignorierte Dateien und Ordner
├── karma.conf.js ....................... Konfigurationsdatei von Karma
├── package.json ................... NPM-Einstellungen und -Paketinfos
├── protractor.conf.js .............. Konfigurationsdatei von Protractor
├── README.md ........................................ Textdatei zur Hilfe
├── tsconfig.json ........ Projektweite Konfigurationsdatei von TypeScript
└── tslint.json ......................... Konfigurationsdatei von TSLint
```

Wie wir sehen, legt die Angular CLI sofort ein neues Git-Repository an[3] und erstellt alle notwendigen Konfigurationen, sodass wir direkt mit der Entwicklung einer Anwendung und zugehöriger Tests beginnen könnten. Ein paar der Konfigurationsdateien wollen wir uns jedoch ein bisschen näher ansehen.

.angular-cli.json

Die Datei .angular-cli.json beinhaltet die zentrale Konfiguration unserer Anwendung und verweist auf weitere Konfigurationsdateien des Projekts. Im ersten Teil finden wir einen Verweis auf eine Schema-Definition für die vorliegende Konfigurationsdatei sowie die Namensangabe des neu angelegten Projekts.

Das Array apps beinhaltet die Kernkonfiguration. Tabelle 5–1 zeigt die wichtigsten Parameter und deren Angaben im Überblick.

An dieser Stelle sehen wir, dass die Angular CLI beim Anlegen des Projekts das von uns festgelegte Präfix bm berücksichtigt und in die Konfiguration mit aufgenommen hat. In den weiteren Parametern e2e sowie test der Konfigurationsdatei werden verwendete Testing-Frameworks für Unit- und E2E-Tests konfiguriert. Unter defaults können zusätzliche Einstellungen wie zum Beispiel Angaben zur Art des verwendeten Styling-Formats (CSS, LESS, SASS, ...) oder eine Präfixeinstellung für Interfaces vorgenommen werden.

---

[3] Sofern Git auf dem System installiert ist. Die Initialisierung des Git-Repositorys kann mit dem Parameter --skip-git übersprungen werden. Ebenso kann mittels --skip-commit verhindert werden, dass nach dem Anlegen ein initialer Commit gemacht wird.

5.2 Projekt mit Angular CLI initialisieren

Parameter	Funktion
root	Verweis auf das Hauptverzeichnis der Anwendung, alle folgenden Angaben beziehen sich auf diesen Pfad
outDir	Pfad zum Ausgabeverzeichnis der kompilierten Anwendung
assets	Angabe von Verzeichnissen und Pfaden mit statischen Inhalten
index	Pfad zur HTML-Datei, mit der die Anwendung gestartet wird
main	Pfad zur initialen TypeScript-Datei, die den Bootstrapping-Prozess startet
polyfills	Pfad zur Datei mit importierten Polyfills
test	Pfad zur Konfigurationsdatei für die initiale Konfiguration von Tests
tsconfig	Pfad zur TypeScript-Konfigurationsdatei für die App
testTsconfig	Pfad zur TypeScript-Konfigurationsdatei für Tests
prefix	Angabe des Selektor-Präfixes für Komponenten
styles	Pfadangaben zu Stylesheets, die in der gesamten Anwendung verwendet werden sollen
scripts	Pfadangaben zu weiteren Bibliotheken, die in der gesamten Anwendung verwendet werden sollen
environmentSource	Angabe der Hauptkonfigurationsdatei für verschiedene Umgebungen
environments	Angaben zu weiteren Konfigurationsdateien für verschiedene Umgebungen

Tab. 5–1
Konfigurationsparameter für eine Anwendung in der Datei .angular-cli.json

package.json

In der Datei package.json befindet sich die Konfiguration für den Node Package Manager (NPM). Sie enthält Angaben zum Projektnamen, zur Version, zur Lizenz, unter der das Projekt stehen soll, sowie Angaben zu abhängigen Paketen. Die Angaben in scripts sorgen für die Ausführung bestimmter Befehle zum Starten der Anwendung oder zugehöriger Tests. Einen Anwendungsfall dafür sehen wir später im Kapitel zur Internationalisierung auf Seite 361.

Weiterhin gibt es die zwei wesentlichen Abschnitte dependencies und devDependencies. In dependencies werden alle abhängigen Module

Konfiguration für NPM

NPM-Skripte

Abhängigkeiten

mit den entsprechend installierten Versionen gelistet, die mittels NPM installiert wurden und direkt von der Anwendung verwendet werden. In `devDependencies` hingegen erscheinen die Pakete, die für die Entwicklung des Projekts benötigt werden. Dies sind zum Beispiel Test-Runner und deren Erweiterungen, Transpiler und natürlich auch die Angular CLI.

tslint.json

TSLint prüft den Code nach festgelegten Regeln.

Die Datei `tslint.json` beinhaltet eine Konfiguration für das Tool TSLint.[4] Mit diesem Tool und der zugehörigen Konfigurationsdatei können wir dafür sorgen, dass in unserem Projekt stets ein einheitlicher Codestil eingehalten wird. Das Tool prüft den Code anhand der Konfiguration und warnt uns, sobald wir gegen eine festgelegte Regel verstoßen. In der Konfiguration finden wir auch beispielsweise das von uns festgelegte Präfix wieder, denn es existiert eine Regel, die dessen Verwendung prüft. Ebenso finden wir Angaben dazu, dass Anweisungen jeweils mit einem Semikolon abgeschlossen werden sollen, Angaben zur Zeilenlänge u.v.m. Die in dieser Datei angegebenen Konventionen entsprechen gleichzeitig den festgelegten Regeln des Angular-Styleguides und sollten nicht verändert werden.[5] Sehen wir uns den Inhalt der Datei an, entdecken wir ebenso die folgenden Zeilen:

```
"directive-selector": [true, "attribute", "bm", "camelCase"],
"component-selector": [true, "element", "bm", "kebab-case"],
```

Namenskonventionen

Damit wird TSLint mitgeteilt, wie Komponenten und Direktiven aufgebaut sein sollen. Unter anderem findet sich hier die Konvention für die Namen der Elemente wieder (camelCase, kebap-case). Weiterhin teilen wir TSLint das Präfix `bm` für Komponenten und Direktiven mit, das wir beim Erstellen des Projekts festgelegt haben. Das Tool wird nach Ausführung prüfen, ob die im Projekt genutzten Komponenten und Direktiven mit diesem Präfix beginnen. Mehr dazu erfahren wir später, sobald wir unsere erste Komponente anlegen.

TSLint ausführen

Um den von uns geschriebenen Quelltext gegenüber dem Styleguide und damit auch gegenüber den festgelegten Regeln der `tslint.json` zu prüfen, rufen wir den folgenden Befehl auf:

```
$ ng lint
```

Die Angular CLI ruft damit für uns `tslint` auf und prüft unseren Code gegen die Regeln.

---

[4] https://ng-buch.de/x/8 – TSLint
[5] mehr zum Styleguide auf Seite 115

5.2 Projekt mit Angular CLI initialisieren

> **Tipp: TSLint für Visual Studio Code**
>
> TSLint ist auch als Erweiterung für Visual Studio Code verfügbar. Das Plugin lässt sich über den Extensions Browser finden und installieren. Nach der Installation werden direkt im Codeeditor Hinweise zur Konformität des Quellcodes angezeigt.

Der Inhalt des `src`-Ordners

Die Angular CLI hat uns unser Projekt mit einer ersten Komponente angelegt. Wir sehen uns die Dateien des Ordners 📁src näher an:

```
src
├── app ..................... Beinhaltet alle Module, Komponenten etc.
│   ├── app.component.html
│   ├── app.component.spec.ts
│   ├── app.component.ts
│   └── app.module.ts
├── assets ............ Verzeichnis für Dateien (Bilder, Videos, Sounds etc.)
│   └── ...
├── environments ....... Einstellen der Umgebung (Entwicklung/Produktiv)
│   └── ...
├── favicon.ico
├── index.html
├── main.ts
├── polyfills.ts ......... Muss angepasst werden für Support von älteren
│                          Browsern (vor allem IE 9–11)
├── styles.css
├── test.ts
├── tsconfig.app.json
├── tsconfig.spec.json
└── typings.d.ts
```

Die Konfigurationsdateien `tsconfig.app.json` und `tsconfig.spec.json`

In diesen Dateien sind Optionen angegeben, die vom TypeScript-Compiler gelesen und verarbeitet werden. Die Datei `tsconfig.app.json` konfiguriert den Kompiliervorgang der Hauptanwendung. In der Datei `tsconfig.spec.json` wird spezifiziert, wie die Unit-Tests kompiliert werden sollen (siehe Kapitel zum Testing ab Seite 369). Analog dazu wird die Datei `e2e/tsconfig.e2e.json` beim Kompilieren der Oberflächentests ausgewertet (siehe Seite 397). In all diesen Dateien werden z. B. Angaben zum vorliegenden Modulformat sowie zum Zielformat gemacht, das nach dem Kompilierungsvorgang ausgegeben werden soll. Eine

Konfiguration für den TypeScript-Compiler

detaillierte Auflistung der Compiler-Optionen ist auf der TypeScript-Website zu finden.[6] Normalerweise müssen wir an der Konfiguration allerdings nichts verändern.

Die Einstiegsseite `index.html`

Die Datei `index.html` ist die Einstiegsseite beim Aufruf der Anwendung im Browser. Das ist also der Teil unserer Anwendung, der vom Nutzer direkt angefordert wird. Die Angabe `<base href="/">` wird von Angular benötigt, um die URL korrekt aufzulösen. Im `<body>`-Teil des Templates finden wir das Element `<bm-root>`. An dieses Element bindet Angular die BookMonkey-Applikation, die wir in den folgenden Kapiteln entwickeln werden.

Listing 5–2
Die Datei index.html des BookMonkey-Projekts

```
<!doctype html>
<html>
  <head>
    <meta charset="utf-8">
    <title>BookMonkey</title>
    <base href="/">

    <meta name="viewport"
        ↪ content="width=device-width, initial-scale=1">
    <link rel="icon" type="image/x-icon" href="favicon.ico">
  </head>
  <body>
    <bm-root>Loading...</bm-root>
  </body>
</html>
```

Bootstrapping der Anwendung

Die Angular CLI hat automatisch die Datei `app.module.ts` angelegt, siehe Listing 5–3. In dieser Datei steckt das zentrale Modul unserer Anwendung, das `AppModule`. Hier werden alle Teile der Anwendung zusammengefasst und gebündelt. Das bringt den Vorteil, dass genau definiert ist, was zu unserer Anwendung gehört und welche Abhängigkeiten zu anderen Modulen bestehen.

Den Begriff des Moduls haben wir schon im Schnellstart auf Seite 16 kennengelernt. Ein Modul ist eine einfache Klasse, die mit einem Decorator geschmückt ist. Über den Ausdruck `@NgModule(...)` werden Metadaten an die Klasse angehängt. Unter `bootstrap` wird die Kompo-

---

[6] https://ng-buch.de/x/26 – TypeScript Handbook: tsconfig.json

nente angegeben, mit der unsere Anwendung starten soll, in unserem Fall die `AppComponent`.

Was die weiteren Abschnitte dieser Deklaration bedeuten und wie wir sie einsetzen, werden wir schrittweise im Verlauf dieses Buchs erläutern.

In der ersten Iteration ab Seite 63 widmen wir uns den `declarations`. Den Abschnitt `providers` betrachten wir im Kapitel zu Dependency Injection ab Seite 117. Im Kapitel zum Modulkonzept ab Seite 301 gehen wir noch ausführlicher auf das Modulsystem ein und betrachten auch, wie wir unsere Anwendung in mehrere Module aufteilen können.

Listing 5–3
Das zentrale AppModule unserer Anwendung (app.module.ts)

```
import { BrowserModule } from '@angular/platform-browser';
import { NgModule } from '@angular/core';
import { FormsModule } from '@angular/forms';
import { HttpModule } from '@angular/http';

import { AppComponent } from './app.component';

@NgModule({
  declarations: [
    AppComponent
  ],
  imports: [
    BrowserModule,
    FormsModule,
    HttpModule
  ],
  providers: [],
  bootstrap: [AppComponent]
})
export class AppModule { }
```

Wir sehen uns als Nächstes die Datei `main.ts` an (Listing 5–4). Die Datei besteht aus wenigen Zeilen Code. Ihre Aufgabe ist es ausschließlich, den Bootstrapping-Prozess von Angular mit unserem `AppModule` anzustoßen und die Anwendung damit zu starten. Dazu wird die Funktion `platformBrowserDynamic()` benötigt.

main.ts

Außerdem wird die Konstante `environment` geladen und geprüft. Im Verzeichnis 📁`environments` liegen Dateien mit Konfigurationen für verschiedene Umgebungen (Entwicklung, Produktion etc.). Befinden wir uns in der Produktionsumgebung, so wird die Angular-Funktion `enableProdMode()` aufgerufen. Was es genau damit auf sich hat, wollen wir

Environments

zunächst im Dunkeln stehen lassen. Im Abschnitt zum Deployment ab Seite 409 schauen wir uns das Umgebungskonzept noch im Detail an.

Listing 5–4
Das Bootstrapping der BookMonkey-App (main.ts)

```
import { enableProdMode } from '@angular/core';
import { platformBrowserDynamic } from '@angular/platform-browser-
    ↪ dynamic';

import { AppModule } from './app/app.module';
import { environment } from './environments/environment';

if (environment.production) {
  enableProdMode();
}

platformBrowserDynamic().bootstrapModule(AppModule);
```

Die Angular CLI hat uns ein Grundgerüst mit allen essenziellen Teilen einer Angular-Anwendung erstellt, sodass wir sofort mit der Implementierung unserer Komponenten beginnen können.

Den Webserver starten

Im Projektordner führen wir den Befehl `ng serve` aus, um den Webserver zu starten.

Listing 5–5
Den Webserver starten

```
$ ng serve
```

Webpack

Das Kommando sorgt dafür, dass der vorhandene TypeScript-Code transpiliert und die Anwendung von Webpack ausgeliefert wird. In der Kommandozeile wird der Status des Prozesses angezeigt. Erscheint die Meldung `webpack: Compiled successfully.`, ist der Build abgeschlossen.

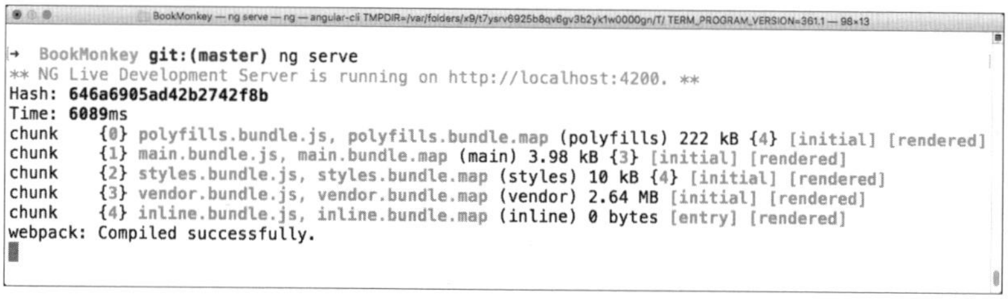
BookMonkey — ng serve — ng — angular-cli TMPDIR=/var/folders/x9/t7ysrv6925b8qv6gv3b2yk1w0000gn/T/ TERM_PROGRAM_VERSION=361.1 — 98×13
→ BookMonkey git:(master) ng serve
** NG Live Development Server is running on http://localhost:4200. **
Hash: 646a6905ad42b2742f8b
Time: 6089ms
chunk {0} polyfills.bundle.js, polyfills.bundle.map (polyfills) 222 kB {4} [initial] [rendered]
chunk {1} main.bundle.js, main.bundle.map (main) 3.98 kB {3} [initial] [rendered]
chunk {2} styles.bundle.js, styles.bundle.map (styles) 10 kB {4} [initial] [rendered]
chunk {3} vendor.bundle.js, vendor.bundle.map (vendor) 2.64 MB [initial] [rendered]
chunk {4} inline.bundle.js, inline.bundle.map (inline) 0 bytes [entry] [rendered]
webpack: Compiled successfully.

Abb. 5–5
Aufruf von ng serve *auf der Kommandozeile*

Die fertige Anwendung ist nun über die URL `http://localhost:4200` im Browser erreichbar. Rufen wir diese URL auf, so erscheint die Ausgabe *»bm works!«*

Live-Reloading

Solange der Server gestartet ist und wir Änderungen an Dateien des Projekts vornehmen und speichern, aktualisiert sich die geöffnete

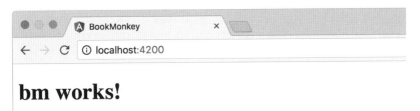

Abb. 5–6
Die Anwendung im Browser aufrufen

Website stets automatisch im Browserfenster, sodass wir immer eine korrekte Ansicht vom gerade erstellten Projektstand haben.

5.3 Style-Framework Semantic UI einbinden

Zu einer Webanwendung gehört natürlich noch mehr als nur Logik, Struktur und Templates. Wir wollen uns in diesem Buch aber vor allem auf die Arbeit mit Angular konzentrieren und nicht mit aufwendigen Style-Definitionen aufhalten. Trotzdem soll unsere Anwendung ein ansprechendes Layout besitzen.

Im Laufe der letzten Jahre haben sich viele CSS-Frameworks zur Gestaltung von responsiven Webseiten herausgebildet. Bootstrap[7], Pure.css[8] und Semantic UI[9] sind nur ein paar wenige. Für den Book-Monkey wollen wir *Semantic UI* verwenden. Das Paket ist leichtgewichtig und bringt schlichte und flache UI-Elemente mit. Wir verwenden eine schlanke Version von Semantic UI, die uns lediglich die CSS-Definitionen liefert. Das hat den Vorteil, dass wir in unserem Projekt zunächst keine zusätzlichen Abhängigkeiten zu anderen Frameworks haben (z. B. jQuery[10]).

Style-Framework Semantic UI

Zur Installation des Frameworks navigieren wir auf der Konsole in das Hauptverzeichnis 📁BookMonkey. Dort installieren wir das Paket über NPM:

```
$ npm i --save semantic-ui-css
```

Listing 5–6
Semantic UI über NPM installieren

Danach sind alle von uns benötigten Style-Dateien heruntergeladen und befinden sich im Ordner 📁node_modules/semantic-ui-css.

Damit die Angular CLI die CSS-Dateien beim Build berücksichtigt, müssen wir sie in unser Projekt einbinden. Für diesen Schritt stellt uns

---

[7] https://ng-buch.de/x/27 – Bootstrap
[8] https://ng-buch.de/x/28 – Pure.css
[9] https://ng-buch.de/x/29 – Semantic UI
[10] https://ng-buch.de/x/30 – jQuery

die Angular CLI schon das nötige Werkzeug bereit. In der Datei .angular-cli.json müssen wir lediglich unter styles auf die entsprechende Datei im Ordner 📁node_modules verweisen.

Listing 5–7
Globales CSS in die Anwendung einbinden

```
"styles": [
  "../node_modules/semantic-ui-css/semantic.css"
]
```

Wenn wir auf der Angular CLI den Build-Prozess anstoßen – z. B. mit ng serve –, wird das von uns angegebene Stylesheet von Webpack in die Anwendung eingebunden und ist dann global innerhalb des Angular-Projekts verfügbar.

Separate Komponenten-Styles global deaktivieren

Da wir das Framework im gesamten Projekt verwenden, können wir zusätzlich in der .angular-cli.json angeben, dass die Angular CLI im weiteren Verlauf keine separaten CSS-Dateien für Komponenten erzeugen soll. Benötigen wir doch einmal Style-Definitionen in separaten Dateien, können wir sie natürlich jederzeit manuell anlegen.

Listing 5–8
Inline-Styles global aktivieren

```
"defaults": {
  "styleExt": "css",
  "component": {
    "inlineStyle": true
  }
}
```

Als Test, ob Semantic UI erfolgreich eingebunden wurde, fügen wir direkt das erste UI-Element aus dem Framework ein. Wir wollen eine rotierende Ladeanzeige einblenden, solange die Angular-Anwendung geladen wird. So eine Ladeanzeige platzieren wir in der index.html innerhalb des Host-Elements für die AppComponent, hier <bm-root>:

Listing 5–9
Den Loader aus Semantic UI nutzen

```
<bm-root>
  <div class="ui active inverted dimmer">
    <div class="ui text loader large">Lade BookMonkey2...</div>
  </div>
</bm-root>
```

Laden wir die Seite neu, wird nun so lange ein Ladesymbol angezeigt, bis der Bootstrapping-Prozess von Angular erfolgreich war und die Komponente bm-root geladen wurde (Abbildung 5–7).

5.3 Style-Framework Semantic UI einbinden

Abb. 5–7
Ladestatus mithilfe von Semantic UI anzeigen

Geschafft! Wir haben nun alle Werkzeuge und Frameworks heruntergeladen, installiert und konfiguriert, die wir zur Entwicklung des BookMonkeys benötigen. Jetzt können wir mit der Entwicklung unserer Anwendung beginnen.

6 Komponenten & Template-Syntax: Iteration I

»To be or not to be DOM. That's the question.«

Igor Minar
(Angular Lead Developer)

Nun, da unsere Projektumgebung vorbereitet ist, können wir beginnen, die ersten Schritte bei der Implementierung des BookMonkeys zu machen. Wir wollen in dieser Iteration die wichtigsten Grundlagen von Angular betrachten. Wir lernen zunächst das Prinzip der komponentenbasierten Entwicklung kennen und tauchen in die Template-Syntax von Angular ein. Zwei elementare Konzepte – die Property und Event Bindings – schauen wir uns dabei sehr ausführlich an.
Die Grundlagen von Angular sind umfangreich, deshalb müssen wir viel erläutern, bevor es mit der Implementierung losgeht. Aller Anfang ist schwer, aber haben Sie keine Angst – sobald Sie die Konzepte verinnerlicht haben, werden sie Ihnen den Entwickleralltag angenehmer machen!

6.1 Komponenten: Die Grundbausteine der Anwendung

Wir betrachten in diesem Abschnitt das Grundkonzept der Komponenten. Auf dem Weg lernen wir die verschiedenen Bestandteile der Template-Syntax kennen. Anschließend entwickeln wir mit der Listenansicht die erste Komponente für unsere Beispielanwendung.

6.1.1 Komponenten

Komponenten sind die Grundbausteine einer Angular-Anwendung. Jede Anwendung ist aus vielen verschiedenen Komponenten zusammengesetzt, die jeweils eine bestimmte Aufgabe erfüllen. Eine Komponente beschreibt somit immer einen kleinen Teil der Anwendung, z. B. eine Seite oder ein einzelnes UI-Element.

Hauptkomponente

Jede Anwendung besitzt mindestens eine Komponente, die Hauptkomponente (engl. *Root Component*). Alle weiteren Komponenten sind dieser Hauptkomponente untergeordnet. Eine Komponente hat außerdem einen Anzeigebereich, die *View*, in dem ein Template dargestellt wird. Das Template ist das »Gesicht« der Komponente, also der Bereich, den der Nutzer sieht.

Eine Komponente besitzt immer ein Template.

An eine Komponente wird üblicherweise Logik geknüpft, die die Interaktion mit dem Nutzer möglich macht.

Komponente: Klasse mit Decorator @Component()

Das Grundgerüst sieht wie folgt aus: Eine Komponente besteht aus einer TypeScript-Klasse und wird immer mit dem Decorator `@Component()` eingeleitet. Das Listing 6–1 zeigt den Grundaufbau einer Komponente.

> **Was ist ein Decorator?**
>
> Dekoratoren dienen der Angabe von Metainformationen zu einer Komponente. Der Einsatz von Metadaten fördert die Übersichtlichkeit im Code, da Konfiguration und Ablaufsteuerung sauber voneinander getrennt werden. Wer mit der Verwendung von Dekoratoren noch nicht vertraut ist, sollte sich den Abschnitt »Dekoratoren« auf Seite 42 durchlesen.

Listing 6–1
Eine simple Komponente

```
@Component({
    selector: 'my-component',
    template: '<h1>Hallo Angular!</h1>'
})
export class MyComponent { }
```

Metadaten

Dem Decorator werden die *Metadaten* für die Komponente übergeben. Beispielsweise wird mit der Eigenschaft `template` das Template für die Komponente festgelegt. Im Property `selector` wird ein CSS-Selektor angegeben. Damit wird ein HTML-Element ausgewählt, an das die Komponente gebunden wird.

Selektor

6.1 Komponenten: Die Grundbausteine der Anwendung

> **Was ist ein CSS-Selektor?**
>
> Mit CSS-Selektoren wählen wir Elemente aus dem DOM aus. Es handelt sich um dieselbe Syntax, die wir in CSS-Stylesheets verwenden, um Elementen einen Stil zuzuweisen. In Angular nutzen wir den Selektor unter anderem, um eine Komponente an eine Auswahl von Elementen zu binden. In Tabelle 6–1 sind die geläufigsten Selektoren aufgelistet. Selektoren können kombiniert werden, um die Auswahl weiter einzuschränken. Die Möglichkeiten sind sehr vielfältig, und wir nennen an dieser Stelle nur einige Beispiele:
>
> - `div.active` – Containerelemente, die die CSS-Klasse `active` besitzen
> - `input[type=text]` – Eingabefelder vom Typ `text`
> - `li:nth-child(2)` – jedes zweite Listenelement innerhalb desselben Elternelements

Selektor	Beschreibung
`my-element`	Elemente mit dem Namen `my-element` Beispiel: `<my-element></my-element>`
`[myAttr]`	Elemente mit dem Attribut `myAttr` Beispiel: `<div myAttr="foo"></div>`
`[myAttr=bar]`	Elemente mit dem Attribut `myAttr` und Wert `bar` Beispiel: `<div myAttr="bar"></div>`
`.my-class`	Elemente mit der CSS-Klasse `my-class` Beispiel: `<div class="my-class"></div>`

Tab. 6–1
Geläufige CSS-Selektoren

Das Element stellt dann die Logik und das Template der Komponente bereit und wird deshalb als *Host-Element* bezeichnet. Wir betrachten noch einmal das Listing 6–1: Verwenden wir das DOM-Element `<my-component>` in unserem Template, so wird Angular den vorherigen Inhalt des Elements mit dem neuen Inhalt der Komponente ersetzen. Das Element `<my-component>` wird das Host-Element für diese Komponente, und es wird folgendes Markup erzeugt:

Host-Element

```
<my-component>
  <h1>Hallo Angular!</h1>
</my-component>
```

Listing 6–2
Erzeugtes Markup für die Komponente MyComponent

Wir können dieses Element an beliebiger Stelle in unseren Templates verwenden – es wird immer durch die zugehörige Komponente ersetzt. Auf diese Weise können wir Komponenten beliebig tief verschachteln, indem wir im Template einer Komponente das Host-Element einer anderen einsetzen usw. Diese Praxis schauen wir uns im nächsten Kapitel ab Seite 88 genauer an.

Komponenten sollten nur auf Elementnamen selektieren.

Es ist eine gute Praxis, stets nur Element*namen* zu verwenden, um Komponenten einzubinden. Das Prinzip der Komponente – Template und angeheftete Logik – kann durch ein eigenständiges Element am sinnvollsten abgebildet werden. In manchen Fällen ist es allerdings nicht zu vermeiden, Komponenten über Attribute oder CSS-Klassen an ein Element zu binden. Diesen Fall werden wir im Verlauf des Buchs auch noch kennenlernen.

Wenn wir auf die Attribute eines Elements selektieren wollen, sollten wir allerdings vorrangig *Attributdirektiven* einsetzen. Wie das funktioniert und wie wir eigene Direktiven implementieren können, schauen wir uns ab Seite 282 an.

Das Template einer Komponente

Eine Komponente ist immer mit einem Template verknüpft. Das Template ist der Teil der Komponente, den der Nutzer sieht und mit dem er interagieren kann. Für die Beschreibung wird meist HTML verwendet[1], denn wir wollen unsere Anwendung ja im Browser ausführen. Innerhalb der Templates wird allerdings eine Angular-spezifische Syntax eingesetzt, denn Komponenten können weit mehr, als nur statisches HTML darzustellen. Diese Syntax schauen wir uns im Verlauf dieses Kapitels noch genauer an.

Um eine Komponente mit einem Template zu verknüpfen, gibt es zwei Wege:

- **Component Inline Template:** Das Template wird als (mehrzeiliger) String im Quelltext der Komponente angegeben (`template`).
- **Template-URL:** Das Template liegt in einer eigenständigen HTML-Datei, die in der Komponente referenziert wird (`templateUrl`).

Eine Komponente besitzt genau ein Template.

In beiden Fällen verwenden wir die Metadaten des `@Component()`-Decorators, um die Infos anzugeben. Im Listing 6–3 sind beide Varianten zur Veranschaulichung aufgeführt. Es kann allerdings immer nur einer der beiden Wege verwendet werden, denn eine Komponente besitzt nur ein einziges Template. Das Template in eine externe Datei auszulagern ist besonders dann sinnvoll, wenn der Quelltext zu lang wird. Kurze Templates sollten inline definiert werden.

---

[1] Später im Kapitel zu NativeScript (ab Seite 431) werden wir einen Einsatzzweck ohne HTML kennenlernen.

6.1 Komponenten: Die Grundbausteine der Anwendung

```
@Component({

  // Als einzeiliger String mit Single Quotes
  template: '<h1>Hallo Angular!</h1>',

  // ODER: Als mehrzeiliger String mit Backticks
  template: `<h1>
          Hallo Angular!
  </h1>`,

  // ODER: Als Referenz zu einem HTML-Template
  templateUrl: './my-component.html',

  // [...]
})
export default class MyComponent { }
```

Listing 6–3
Template einer Komponente definieren

> **Inline-Templates mit der Angular CLI**
>
> Verwenden wir die Angular CLI, um eine Komponente zu erstellen, wird das Template standardmäßig in einer separaten Datei angelegt. Geben wir den Parameter `--inline-template` (Kurzform: `-it`) an, wird ein Inline-Template angelegt.
>
> `ng g component foo-bar -it`

Template und Komponente sind eng miteinander verknüpft und können über klar definierte Wege miteinander kommunizieren. Der Informationsaustausch findet über sogenannte *Bindings* statt. Damit »fließen« die Daten von der Komponente ins Template und können dort dem Nutzer präsentiert werden. Umgekehrt können Ereignisse im Template abgefangen werden, um von der Komponente verarbeitet zu werden. Diese Kommunikation ist schematisch in Abbildung 6–1 dargestellt.

Bindings für die Kommunikation zwischen Komponente und Template

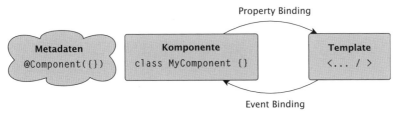

Abb. 6–1
Komponente, Template und Bindings im Zusammenspiel

Um diese Bindings zu steuern, nutzen wir die Template-Syntax von Angular, die wir gleich noch genauer betrachten. In den beiden folgenden Storys dieser Iteration gehen wir außerdem gezielt auf die verschiedenen Arten von Bindings ein.

Der Style einer Komponente

Um das Aussehen einer Komponente zu beeinflussen, werden Cascading Style Sheets (CSS) eingesetzt, wie wir sie allgemein aus der Webentwicklung kennen. Normalerweise verwendet man eine große, globale CSS-Datei, die alle gestalterischen Aspekte der Anwendung definiert. Das ist nicht schön, denn hier kann man leicht den Überblick verlieren, welche Selektoren wo genau aktiv sind oder womöglich gar nicht mehr benötigt werden. Außerdem widerspricht eine globale Style-Definition dem modularen Prinzip der Komponenten.

Stylesheets von Komponenten sind isoliert.

Angular zeigt hier einen neuen Weg auf und ordnet die Styles direkt den Komponenten zu. Diese direkte Verknüpfung von Styles und Komponenten sorgt dafür, dass die Styles einen begrenzten Gültigkeitsbereich haben und nur in ihrer jeweiligen Komponente gültig sind. Styles von zwei voneinander unabhängigen Komponenten können sich damit nicht gegenseitig beeinflussen, sind bedeutend übersichtlicher und liegen immer direkt am »Ort des Geschehens« vor.

> **Ein Blick ins Innere: View Encapsulation**
>
> Styles werden einer Komponente zugeordnet und wirken damit auch nur auf die Inhalte dieser Komponente. Die Technik dahinter nennt sich *View Encapsulation* und isoliert den Gültigkeitsbereich eines Anzeigebereichs von anderen. Jedes DOM-Element in einer Komponente erhält automatisch ein zusätzliches Attribut mit einem zufälligen Bezeichner, siehe Screenshot. Die vom Entwickler festgelegten Styles werden abgeändert, sodass sie nur für dieses Attribut wirken. So funktioniert der Style nur in der Komponente, in der er deklariert wurde. Es gibt noch andere Strategien der View Encapsulation, auf die wir aber hier nicht eingehen wollen.
>
> ```
> ▼<body>
>  ▼<bm-root _nghost-nwb-0>
>    ▶<div _ngcontent-nwb-0 class="ui sideba
>    ▶<div _ngcontent-nwb-0 class="pusher d
>  </bm-root>
> ```
>
> **Angular generiert zufällige Attribute für die View Encapsulation.**

Die Styles werden ebenfalls in den Metadaten einer Komponente angegeben. Dafür sind zwei Wege möglich, die wir auch schon von den Templates kennen:

- **Component Inline Styles:** Die Styles werden direkt in der Komponente definiert (`styles`).
- **Style-URL:** Es wird eine CSS-Datei mit Style-Definitionen eingebunden (`styleUrls`).

Im Listing 6–4 werden beide Wege gezeigt. Wichtig ist, dass die Styles und Dateien jeweils als Arrays angelegt werden. Kurze Style-Definitionen können inline eingebunden werden. Für längere Abschnitte empfiehlt es sich, eine eigene Datei anzulegen und der Komponente zuzuweisen.

Die herkömmlichen Varianten sind natürlich trotzdem weiter möglich: Wir können globale CSS-Dateien einbinden[2] oder Styles im Templates direkt für einzelne Elemente definieren.

```
@Component({
  styles: [
    'h2 { color:blue }',
    'h1 { font-size: 3em }'
  ],
  // ODER
  styleUrls: ['./stylesheet1.css','./stylesheet2.css'],
  // [...]
})
export default class MyComponent { }
```

Listing 6–4
Style-Definitionen in Komponenten

> **Inline-Styles mit der Angular CLI**
>
> Wenn wir mit der Angular CLI eine Komponente generieren, wird das Stylesheet standardmäßig in einer separaten Datei angelegt. Mit dem Parameter `--inline-style` (Kurzform: `-is`) werden Component Inline Styles verwendet.
>
> `ng g component foo-bar -is`

6.1.2 Komponenten in der Anwendung verwenden

Eine Komponente wird immer in einer eigenen TypeScript-Datei notiert. Dahinter steht das *Rule of One*: Eine Datei beinhaltet immer genau einen Bestandteil und nicht mehr. Dazu kommen meist ein separates Template, eine Style-Datei und eine Testspezifikation. Diese vier Dateien sollten wir immer gemeinsam in einem eigenen Ordner unter-

Rule of One

---

[2] Diesen Weg haben wir gewählt, um das Style-Framework Semantic UI einzubinden, siehe Seite 59.

bringen. So wissen wir sofort, welche Dateien zu der Komponente gehören.

Eine Komponente besitzt einen Selektor und wird automatisch an die DOM-Elemente gebunden, die auf diesen Selektor matchen. Das jeweilige Element wird das Host-Element der Komponente. Das Prinzip haben wir einige Seiten zuvor schon beleuchtet.

Komponenten im AppModule registrieren

Damit dieser Mechanismus funktioniert, muss Angular die Komponente allerdings erst kennenlernen. Die reine Existenz einer Komponentendatei reicht nicht aus. Stattdessen müssen wir alle Komponenten der Anwendung im zentralen `AppModule` registrieren.

Dazu dient die Eigenschaft `declarations` im Decorator `@NgModule()`. Hier werden alle Komponenten[3] notiert, die zur Anwendung gehören. Damit wir die Typen dort verwenden können, müssen wir alle Komponenten importieren.

Listing 6–5
Alle Komponenten müssen im AppModule deklariert werden.

```
import { NgModule } from '@angular/core';

import { AppComponent } from './app.component';
import { FooComponent } from './foo/foo.component';
import { BarComponent } from './bar/bar.component';

@NgModule({
  declarations: [
    AppComponent,
    FooComponent,
    BarComponent
  ],
  // ...
})
export class AppModule { }
```

6.1.3 Template-Syntax

Nachdem wir die Grundlagen von Komponenten kennengelernt haben, tauchen wir nun in die Notation von Templates ein.

Angular erweitert die gewohnte Syntax von HTML mit einer Reihe von leichtgewichtigen Ausdrücken. Damit können wir dynamische Features direkt in den HTML-Templates nutzen: Ausgabe von Daten, Reaktion auf Ereignisse und das Zusammenspiel von mehreren Komponenten mit Bindings.

---

[3] ... und Pipes und Direktiven, aber dazu kommen wir später!

6.1 Komponenten: Die Grundbausteine der Anwendung

> **Micro-Syntax**
>
> Die hier vorgestellte Schreibweise wird als *Micro-Syntax* bezeichnet, denn für jeden dieser Ausdrücke existiert auch eine Langform, die *kanonische Form*. Ob die Kurzschreibweise oder die lange Variante gewählt wird, ist reine Geschmackssache. In diesem Abschnitt verzichten wir allerdings bewusst auf die kanonische Form, denn sie wird im Alltag normalerweise nicht eingesetzt.

Wir stellen in diesem Abschnitt die Einzelheiten der Template-Syntax zunächst als Übersicht vor. Im Verlauf des Buchs gehen wir auf die einzelnen Konzepte noch gezielter ein.

{{ Interpolation }}

Bereits in AngularJS 1.x konnten wir Daten mit zwei geschweiften Klammern in ein HTML-Template einbinden. Dieses Konzept bleibt in Angular erhalten und wird mit dem etwas sperrigen Begriff *Interpolation* bezeichnet.

Zwischen den Klammern wird ein sogenannter *Template-Ausdruck* angegeben. Im einfachsten Fall ist das der Name einer Eigenschaft aus der aktuellen Komponentenklasse. Ausdrücke können aber auch komplexer sein und z. B. Arithmetik enthalten. Vor der Ausgabe werden die Ausdrücke ausgewertet und der Rückgabewert wird schließlich im Template angezeigt. Besonders interessant dabei: Ändern sich die Daten im Hintergrund, wird die Anzeige stets automatisch aktualisiert!

Template-Ausdruck

Die Daten werden bei der Interpolation automatisch aktualisiert.

```
{{ name }} (Property der Komponente)
{{ 'foobar' }} (String-Literal)
{{ myNumber + 1 }} (Arithmetik)
```

Die Werte `null` und `undefined` werden immer als leerer String ausgegeben. Doch wie sieht es bei komplexeren Datenstrukturen aus?

Der Safe-Navigation-Operator ?

Stellen wir uns vor, dass wir die Felder eines Objekts in unserem Template anzeigen möchten. Wenn das Objekt `undefined` oder `null` ist, erhalten wir einen Fehler zur Laufzeit der Anwendung, weil es nicht möglich ist, auf eine Eigenschaft eines nicht vorhandenen Objekts zuzugreifen.

An dieser Stelle hilft der *Safe-Navigation-Operator* aus. Er ist ein nützliches Instrument, um vor der Verwendung zu prüfen, ob ein Objekt vorhanden ist oder nicht. Falls nicht, wird der Ausdruck zum Binden der Daten gar nicht erst ausgewertet.

```
<p>{{ person?.hobbies }}</p>
```

Hier prüfen wir, ob das Objekt person überhaupt existiert. Wenn ja, werden die Hobbys der Person ausgegeben. Der ?-Operator funktioniert auch in komplexeren Objektbäumen:

Komplexere Objektbäume

```
<p>{{ person?.hobbies?.coding?.angular }}</p>
```

Der Operator bietet sich vor allem dann an, wenn Daten optional sind oder erst zu einem späteren Zeitpunkt gebunden werden, z. B. bei einem asynchronen HTTP-Request.

[Property Bindings]

Mit Property Bindings werden Daten von außen an ein DOM-Element übermittelt. Angegeben wird ein Template-Ausdruck, also wie bei der Interpolation z. B. ein Property der Komponente oder ein Literal. Ist das Element ein Host-Element einer Komponente, können wir die Daten innerhalb dieser Komponente auslesen und verarbeiten. Property Bindings werden ebenfalls automatisch aktualisiert, wenn sich die Daten ändern. Wir müssen uns also nicht darum kümmern, Änderungen an den Daten manuell mitzuteilen.

Property Bindings werden automatisch aktualisiert.

Das folgende Beispiel zeigt ein Property Binding im praktischen Einsatz. Wir setzen damit das Property href des Link-Elements auf den Wert der Komponenteneigenschaft myUrl.

```
<a [href]="myUrl">My Link</a>
```

Property Bindings werden im Abschnitt ab Seite 88 ausführlich behandelt.

> **Eselsbrücke**
>
> Um in JavaScript auf eine Eigenschaft eines Objekts zuzugreifen, verwenden wir ebenfalls eckige Klammern: obj[property].

(Event Bindings)

Event Bindings bieten die Möglichkeit, auf Ereignisse zu reagieren, die im Template einer Komponente eintreten. Solche Ereignisse können nativ von einem DOM-Element stammen (z. B. ein Klick) oder in einer eingebundenen Komponente getriggert werden. Event Bindings sind also das Gegenstück zu Property Bindings, denn die Daten fließen aus dem Template in die Komponentenklasse. Im folgenden Beispiel wird ein click-Event ausgelöst, wenn der Nutzer den Button anklickt. Das Ereignis wird mit der Methode myClickHandler() abgefangen und behandelt.

Gegenstück zu Property Bindings

6.1 Komponenten: Die Grundbausteine der Anwendung

```
<button (click)="myClickHandler()">Click me</button>
```

Wie wir Events in Komponenten auslösen und welche eingebauten Events abonniert werden können, schauen wir uns ausführlich ab Seite 101 an.

> **Eselsbrücke**
>
> In JavaScript verwenden wir runde Klammern für Funktionen: `function()`. Vor diesem Hintergrund lässt sich die Syntax für Event Bindings auch leicht merken, denn wir führen eine Funktion aus, nachdem ein Ereignis aufgetreten ist.

[(Two-Way Bindings)]

Mit Property Bindings haben wir »schreibende« und mit den Event Bindings »lesende« Operationen kennengelernt. Beide Varianten sind unidirektional, die Daten »fließen« also nur in eine Richtung.

> **Rückblick zu AngularJS 1.x**
>
> In AngularJS fand der Informationsaustausch standardmäßig in beide Richtungen (Two-Way Binding) statt. Dieses Prinzip wurde mit Angular ab Version 2 gebrochen und einzelne Bindings für beide Richtungen wurden eingeführt.
>
> Anwendungen mit AngularJS 1.x hatten die unangenehme Eigenschaft, mit zunehmender Größe immer schwerfälliger zu werden. Das lag vor allem daran, dass alle aktiven Two-Way Bindings kontinuierliche Überprüfungen verlangen. Erst mit AngularJS 1.3 haben die lang ersehnten einmaligen (One-Time) Databindings Einzug gehalten. Zum einen wird so die Syntax viel klarer, zum anderen ist es so technisch viel einfacher, eine gute Performance der Anwendung zu garantieren.

Vor allem bei der Formularverarbeitung ist es allerdings praktisch, wenn sich die Daten in beide Richtungen aktualisieren, denn Änderungen können sowohl von der Komponente an ein Formularfeld gehen als auch vom Formularfeld an die Komponente übermittelt werden. Mit der Direktive `ngModel` können wir deshalb ein Property an ein Formularfeld binden. Ändert sich der Inhalt des Propertys, wird das Formular automatisch aktualisiert. Wird der Inhalt des Formulars geändert, wird der neue Wert automatisch in das Property geschrieben. Die Syntax ist sehr einfach herzuleiten, denn es werden lediglich Property Bindings und Event Bindings miteinander kombiniert:

Die Direktive `ngModel`

```
<input [(ngModel)]="myProperty" type="text">
```

Mit den eckigen Klammern binden wir einen Wert aus der Komponente an das `<input>`-Element. Über die runden Klammern verarbeiten wir die Änderungen, die aus dem Element kommen.

In der Iteration IV ab Seite 207 schauen wir uns die Formularverarbeitung noch sehr ausführlich an. Dort werden wir Two-Way Bindings verwenden, um Formulareingaben zwischen Template und Komponente auszutauschen.

> **Eselsbrücke**
>
> Für diese Eselsbrücke ist etwas Phantasie nötig. Die Kombination von runden und eckigen Klammern (`[()]`) sieht ein wenig wie eine Banane in einer Kiste aus (»Banana Box«). Alternativ funktioniert auch eine Eselsbrücke aus dem Ballsport: *Das Runde muss ins Eckige.*

#Elementreferenzen

In einem Template können wir einzelne HTML-Elemente mit Namen versehen und diese Namen an anderer Stelle verwenden, um auf das Element zuzugreifen. Damit können wir aus dem Template heraus die Eigenschaften eines Elements verwenden, ohne den Umweg über die Komponentenklasse zu gehen. Solche Elementreferenzen werden mit einem Rautensymbol # notiert.

```
<input #id type="text" value="Angular">
{{ id.value }}
```

Input-Felder haben beispielsweise immer ein Property `value`, in dem der aktuelle Wert hinterlegt ist. Das Beispiel `{{ id.value }}` macht deutlich, dass die lokale Referenz tatsächlich auf das HTML-Element zeigt und nicht nur auf dessen Wert. Beim Start wird der Text `Angular` neben dem Formularfeld ausgegeben. Geben wir einen neuen Wert in das Input-Feld ein, aktualisiert sich der interpolierte Text allerdings nicht. Das ist kein Fehler, sondern ein erwünschtes Verhalten von Angular.[4]

*Strukturdirektiven

Wir haben gelernt, dass wir mit Property und Event Bindings den DOM und Komponenten beeinflussen können. Damit können wir zwar zwischen existierenden Elementen kommunizieren, allerdings fehlt uns noch ein Konstrukt, um Knoten im DOM-Baum neu zu strukturieren.

---

[4] Angular geht sparsam mit den Ressourcen um, und führt die sogenannte Change Detection erst dann aus, wenn sie durch ein Event ausgelöst wird. Das kann durch ein Event Binding geschehen oder durch ein Two-Way Binding.

6.1 Komponenten: Die Grundbausteine der Anwendung

So möchten wir zum Beispiel ein Element nur unter einer Bedingung hinzufügen oder sie mehrfach wiederholen können.

Hierfür gibt es spezielle HTML-Attribute, die zusammen mit dem Stern-Zeichen * verwendet werden. Sie werden *Strukturdirektiven* (Structural Directives) genannt. Diese Bezeichnung rührt daher, dass sie DOM-Elemente hinzufügen oder entfernen und somit die Struktur des Dokuments verändern. Das entsprechende DOM-Element bekommt im Zuge dessen neue Logik zugeordnet. Wir haben das Prinzip schon bei den Komponenten kennengelernt. Komponenten besitzen allerdings immer ein Template und können nur einmal auf ein Element angewendet werden. Bei Direktiven besteht diese Beschränkung nicht, und wir können ein Element mit mehreren Direktiven versehen.

Strukturdirektiven verändern die Struktur des DOM-Baums.

Die bekanntesten Vertreter der Strukturdirektiven sind `ngIf`, `ngFor` und `ngSwitch`. Schauen wir uns die wichtigsten eingebauten Direktiven einmal an:

Die Direktive `ngIf` fügt das betroffene Element nur dann in den DOM-Baum ein, wenn der angegebene Ausdruck wahr ist. Sie kann z. B. eingesetzt werden, um ein Element mit einem Warnhinweis nur dann anzuzeigen, wenn es nötig ist.

ngIf: Bedingungen zum Anzeigen von Elementen

```
<div *ngIf="true">Lorem ipsum</div>
```

Listing 6–6
ngIf verwenden

Ab Angular in der Version 4 verfügt die Direktive zusätzlich über einen optionalen Else-Zweig. Mehr dazu erfahren Sie im Kapitel »Wissenswertes« ab Seite 516.

Mit der Direktive `ngFor` können wir ein Array durchlaufen und für jedes iterierte Array-Element ein DOM-Element erzeugen. Damit können wir z. B. Tabellenzeilen oder Listen in HTML ausgeben. Im Beispiel durchlaufen wir das Array `names` aus der aktuellen Komponente. Das aktuelle Element ist bei jedem Durchlauf in der lokalen Variable `name` hinterlegt. Dieser Name ist frei wählbar.

ngFor: Listen durchlaufen

```
<ul>
  <li *ngFor="let name of names">{{ name }}</li>
</ul>
```

Listing 6–7
ngFor verwenden

Ist das Array `names` beispielsweise eine Liste mit vier Namen, so erzeugt Angular das folgende Markup:

```
<ul>
  <li>Gregor</li>
  <li>Ferdinand</li>
  <li>Danny</li>
  <li>Johannes</li>
</ul>
```

Listing 6–8
Erzeugtes Markup für Listing 6–7

Hilfsvariablen für ngFor

ngFor stellt eine Reihe von Hilfsvariablen zur Verfügung, die wir beim Durchlaufen der Liste verwenden können. Sie beziehen sich jeweils auf das aktuelle Element:

- index: Index des aktuellen Elements 0...n
- first: wahr, wenn es das *erste* Element der Liste ist
- last: wahr, wenn es das *letzte* Element der Liste ist
- even: wahr, wenn der Index *gerade* ist
- odd: wahr, wenn der Index *ungerade* ist

Diese Flags können wir dazu verwenden, um z. B. eine gestreifte Tabelle zu erzeugen oder nach jedem außer dem letzten Element ein Komma auszugeben. Die Variablen müssen vor der Verwendung jeweils auf lokale Variablen gemappt werden, z. B. index as i.

Das folgende Beispiel verwendet index, um vor jedem Namen eine fortlaufende Ziffer anzuzeigen. Die lokale Variable i wird vor der Anzeige jeweils um 1 erhöht, weil die Index-Zählung natürlich bei 0 beginnt.

Listing 6–9
ngFor *mit Hilfsvariablen*

```
<ul>
  <li *ngFor="let name of names; index as i">
    {{ i + 1 }}. {{ name }}
  </li>
</ul>
```

Das Beispiel erzeugt das folgende HTML:

Listing 6–10
Erzeugtes Markup für Listing 6–9

```
<ul>
  <li>1. Gregor</li>
  <li>2. Ferdinand</li>
  <li>3. Danny</li>
  <li>4. Johannes</li>
</ul>
```

ngSwitch: *Fallunterscheidungen*

Eine weitere wichtige Direktive ist ngSwitch. Damit lassen sich im Template Verzweigungen realisieren, wie sie sonst mit switch/case-Anweisungen möglich sind. ngSwitch wird immer zusammen mit zwei weiteren Direktiven eingesetzt: ngSwitchCase und ngSwitchDefault. Damit werden die Zweige für die Fallunterscheidung markiert. Die Direktiven sorgen dafür, dass immer der Zweig angezeigt wird, der dem Eingabewert entspricht.

Im folgenden Beispiel wird innerhalb des <div>-Elements über die Komponenteneigenschaft angularVersion entschieden. Je nachdem, ob der Wert 1, 2 oder 4 ist, wird das zugehörige <span>-Element in den

DOM-Baum eingefügt. Wenn keiner der Fälle eintritt, wird das Default-Element ausgewählt.

Das Schlüsselwort ngSwitch wird mit eckigen Klammern angegeben. Das kommt daher, dass ngSwitch tatsächlich eine Attributdirektive ist. Den Unterschied schauen wir uns gleich an.

```
<div [ngSwitch]="angularVersion">
  <span *ngSwitchCase="1">AngularJS</span>
  <span *ngSwitchCase="2">Angular</span>
  <span *ngSwitchCase="4">Angular</span>
  <span *ngSwitchDefault>Angular</span>
</div>
```

Listing 6–11
Einsatz von ngSwitch

Wir werden uns in der Iteration V ab Seite 259 noch genauer mit Direktiven auseinandersetzen.

[Attributdirektiven]

Eine weitere Form der Direktiven lernen wir mit den *Attributdirektiven* (Attribute Directives) kennen. Während Strukturdirektiven den Aufbau des DOM-Baums verändern, wirken sich Attributdirektiven nur auf das Element selbst aus. Alle Direktiven haben gemeinsam, dass sie einem DOM-Element Logik hinzufügen.

Attributdirektiven wirken nur auf das jeweilige Element.

In ihrer Verwendung unterscheiden sich Attributdirektiven nicht von Property Bindings. Sie werden meist mit eckigen Klammern angegeben und erhalten einen Ausdruck. Der einzige Unterschied ist, dass mit Attributdirektiven außerdem Logik an das Element geheftet wird.

Bekannte Vertreter sind ngSwitch, ngModel, ngClass und ngStyle. Die ersten beiden haben wir in diesem Kapitel bereits kennengelernt. Auf ngClass und ngStyle gehen wir schließlich auf den Seiten 93 und 94 noch gezielter ein, wenn wir über Class und Style Bindings sprechen.

Der Pipe-Operator |

Pipes werden genutzt, um Daten für die Anzeige zu transformieren. Das Konzept entspricht den Filtern aus AngularJS 1.x. Pipes nehmen Eingabeargumente entgegen und liefern das transformierte Ergebnis zurück. In einem Template-Ausdruck werden sie durch das Symbol | (das »Pipe-Zeichen«) eingeleitet:

```
<p>{{ name | uppercase }}</p>
```

Pipes können auch aneinandergehängt werden, um mehrere Transformationen durchzuführen:

Pipes verketten

```
<p>{{ name | uppercase | lowercase }}</p>
```

In der Iteration V ab Seite 259 widmen wir uns den Pipes noch sehr ausführlich. Dort lernen wir auch, wie wir eigene Pipes implementieren können.

Was hat das mit HTML zu tun?

Obwohl die vielen verschiedenen Klammern und Sonderzeichen zunächst ungewöhnlich sind, handelt es sich um syntaktisch gültiges HTML. Dazu ziehen wir die HTML-Spezifikation des W3C zurate. Hier heißt es:

> »Attribute names must consist of one or more characters other than the space characters, U+0000, NULL, «, ', >, /, =, the control characters, and any characters that are not defined by Unicode.«[5]

Auch mit der Angular-Syntax schreiben wir also valides HTML. Trotzdem kennt der Browser natürlich keine Event oder Property Bindings. Deshalb werden all diese Ausdrücke von Angular automatisch in »richtiges« HTML und JavaScript umgewandelt, mit dem jeder Browser umgehen kann.

Zusammenfassung

Die Template-Syntax von Angular ist ein simples, aber mächtiges Werkzeug, um ein dynamisches Zusammenspiel von Komponente und Template zu erreichen. Jedes Verfahren verfügt über eine eigene Schreibweise. Alle Bestandteile der Template-Syntax sind noch einmal überblicksweise in der Tabelle 6–2 dargestellt.

Auf den ersten Blick erscheint die neue Template-Syntax womöglich komplex und umständlich. Aber glauben Sie uns: Nachdem wir alle Konzepte in der Praxis behandelt haben, werden Sie die Notationen ohne Probleme anwenden können.

---

[5] https://ng-buch.de/x/31 – W3C: HTML 5 Syntax

Zeichen	Bezeichnung	Funktion
{{}}	Interpolation	Daten im Template anzeigen
[]	Property Binding	Eigenschaften eines DOM-Elements setzen
()	Event Binding	Ereignisse abfangen und behandeln
[()]	Two-Way Binding	Eigenschaften lesen und Ereignisse verarbeiten
#	Elementreferenzen	Direktzugriff auf ein DOM-Element
*	Strukturdirektiven	Direktiven, die den DOM-Baum manipulieren
|	Pipe-Operator	Transformation von Daten vor dem Anzeigen

Tab. 6–2
Template-Syntax: Übersicht

6.1.4 Den BookMonkey erstellen

> **Story – Listenansicht**
>
> Als Leser möchte ich einen Überblick über alle vorhandenen Bücher erhalten, um mir den nächsten Lesetitel heraussuchen zu können.
>   Jedes Projekt braucht einen einfachen Anfang. Es bietet sich an, für den *BookMonkey* im ersten Schritt eine einfache Listenansicht für unsere Bücher zu implementieren. Weitere Funktionen werden später folgen.
>
> - Ein Buch soll durch ein Vorschaubild dargestellt werden.
> - Es sollen sowohl der Titel, der Untertitel als auch die Autoren des Buchs dargestellt werden.

Wir müssen zunächst überlegen, wie die Entität *Buch* in unserer Anwendung repräsentiert werden kann. Dazu sammeln wir alle Eigenschaften, die ein Buch besitzen kann:

Die Entität »Buch«

- `isbn`: Internationale Standardbuchnummer (ISBN)
- `title`: Buchtitel
- `description`: Beschreibung des Buchs
- `authors`: Liste der Autoren
- `subtitle`: Untertitel
- `rating`: Bewertung
- `published`: Datum der Veröffentlichung
- `thumbnails`: Liste von Bildern

Die ISBN ist unser Primärschlüssel, das heißt, ein Buch ist durch seine ISBN eindeutig identifizierbar. Einem Buch können über die Eigen-

Die Entität »Thumbnail«

schaft thumbnails mehrere Bilder zugeordnet sein. Ein solches Bild besitzt die folgenden Eigenschaften:

- url: URL zur Bilddatei
- title: Bildtitel

Model-Klassen für Buch und Thumbnail

Es bietet sich an, für jede der beiden Entitäten eine eigene TypeScript-Klasse zu erstellen, aus der sich dann Buch- und Thumbnail-Objekte instanziieren lassen. Diese Model-Klassen sollen in einem gemeinsamen Ordner src/app/shared untergebracht werden. Nachdem wir den Ordner angelegt haben, verwenden wir die Angular CLI, um die Klasse zu generieren. Als Erstes erstellen wir die Klasse Thumbnail.

Listing 6–12
Klasse Thumbnail anlegen mit der Angular CLI

```
$ ng g class shared/thumbnail
```

Der Befehl verlangt als Argument den Namen und Pfad der neuen Klasse und legt im Ordner shared die TypeScript-Datei für die Klasse an. Das Präfix src/app müssen wir dabei nicht angeben, auch wenn wir uns im Hauptverzeichnis der Anwendung befinden. Die neue Klasse beleben wir mit dem Modell unseres Thumbnails, wie es das Listing 6–13 zeigt. Die Klasse besteht nur aus einem Konstruktor, dem alle Werte als Argumente übergeben werden. Das Schlüsselwort public erzeugt dabei in der Klasse automatisch Eigenschaften (Propertys) mit demselben Namen. Damit stellen wir schnell und einfach sicher, dass ein Thumbnail immer garantiert alle diese Eigenschaften besitzt. Die Angabe export sorgt dafür, dass wir die Klasse an anderer Stelle wieder importieren können.

Listing 6–13
Klasse Thumbnail (thumbnail.ts)

```
export class Thumbnail {
  constructor(
    public url: string,
    public title: string
  ) { }
}
```

Als Nächstes erstellen wir die Klasse Book im Pfad shared/book.ts.

Listing 6–14
Klasse Book anlegen mit der Angular CLI

```
$ ng g class shared/book
```

Optionale Argumente im Konstruktor

Auch hier übergeben wir alle Werte des Buchs an den Konstruktor. Bei einem Buch müssen allerdings nicht immer alle Eigenschaften gesetzt sein. Deshalb wird das Fragezeichen im Namen dazu verwendet, den Compiler auf einen optionalen Parameter hinzuweisen. Fehlt einer der normalen Parameter beim Aufruf des Konstruktors, so schlägt das Kompilieren fehl. Bei den optionalen Parametern ist dies hingegen nicht der Fall.

6.1 Komponenten: Die Grundbausteine der Anwendung

```ts
import { Thumbnail } from './thumbnail';
export { Thumbnail } from './thumbnail';

export class Book {
  constructor(
    public isbn: string,
    public title: string,
    public authors: string[],
    public published: Date,
    public subtitle?: string,
    public rating?: number,
    public thumbnails?: Thumbnail[],
    public description?: string
  ) { }
}
```

Listing 6–15
Klasse Book (book.ts)

Die Eigenschaft `thumbnails` ist eine Liste von `Thumbnail`-Objekten. Damit wir diesen Typ hier verwenden können, müssen wir die Klasse importieren (Zeile 1).

Wir wollen `Book` später in anderen Teilen der Anwendung einsetzen und dort auch ein Array von Thumbnails übergeben. Dazu brauchen wir in jedem Fall beide Klassen und müssten immer zwei Dateien importieren, denn `Book` tritt stets in Begleitung von `Thumbnail` auf. Dafür gibt es eine schönere Lösung: Mit dem Export-Befehl in Zeile 2 exportieren wir hier auch die Klasse `Thumbnail`. Später können wir dann beide Klassen `Book` und `Thumbnail` aus nur einer Datei importieren, z. B. in einer unserer Komponenten:

Klassen importieren und exportieren

```ts
import { Book, Thumbnail } from '../shared/book';
```

Listing 6–16
Import von Book und Thumbnail aus book.ts

> **import und export**
>
> Die Schlüsselwörter `import` und `export` sind die Grundlage für ECMAScript-2015-Module. Wir werden unseren Quellcode ausschließlich in diesem Modulformat definieren.

Wir haben zwei neue Klassen angelegt, und unser Projekt sollte jetzt die folgende Ordnerstruktur besitzen:

```
src
└── app
    └── shared
        ├── book.ts
        ├── thumbnail.ts
        └── ...
```

Jetzt, da die Grundlage für die Bücher geschaffen ist, wollen wir unsere Buchliste angehen. Die Anwendung verfügt bereits über eine Root-Komponente. Zusätzlich dazu wollen wir nun eine weitere Komponente anlegen, die nur die Buchliste beinhaltet. Wir wählen dafür den Namen `BookListComponent` und führen das folgende Kommando mit der Angular CLI aus, um die Komponente zu erzeugen (ausgehend vom Hauptverzeichnis der Anwendung):

Listing 6–17
Komponente BookListComponent mit der Angular CLI anlegen

```
$ ng g component book-list
```

Die Angular CLI legt für jede Komponente automatisch einen neuen Ordner an, in dem die Komponentenklasse, die zugehörige Testspezifikation und das Template untergebracht sind. Zu dem Klassennamen wird automatisch das Suffix `Component` hinzugefügt! Diese Konvention entspricht dem Angular-Styleguide.[6]

Wir erhalten die folgende Ordnerstruktur:

```
src
└── app
    ├── book-list
    │   ├── book-list.component.html
    │   ├── book-list.component.spec.ts
    │   └── book-list.component.ts
    ├── shared
    │   └── ...
    └── ...
```

Die Angular CLI hält die Namenskonvention ein.

Es fällt positiv auf, dass sich die Angular CLI an die Namenskonventionen aus dem Styleguide hält (siehe Kasten). Die Klasse heißt nun `BookListComponent`, der Ordnername lautet 📁`book-list`. Der eingegebene Name wurde also automatisch umgewandelt.

> **Namenskonventionen in Angular – kebap-case vs. CamelCase**
>
> In Angular wird eine strenge Namenskonvention verfolgt. Es werden grundsätzlich zwei verschiedene Formate genutzt:
>
> - **kebap-case**: Diese Konvention wird für Dateinamen und Selektoren genutzt.
> - **CamelCase**: Die CamelCase-Konvention wird für die Namensgebung von Klassen und Interfaces verwendet.

Entsprechend der Zielsetzung der ersten Iteration soll die Komponente eine Listenansicht von Büchern darstellen. Hierzu passen wir zunächst das generierte Template an. Wir legen das Grundgerüst für die Liste an

---

[6] https://ng-buch.de/x/32 – Angular Docs: Style Guide

6.1 Komponenten: Die Grundbausteine der Anwendung

und greifen dafür auf die Elemente des Style-Frameworks Semantic UI zurück.

Schließlich verwenden wir die Direktive ngFor, um durch die Liste der Bücher zu iterieren. ngFor wiederholt in unserem Fall das Element `<a class="item">` und dessen Inhalte für jedes Buch. In jedem dieser Blöcke werden der Titel, sofern vorhanden der Untertitel sowie die Autoren und die ISBN des Buchs ausgegeben. Wir verwenden die Interpolation, um Propertys der Komponentenklasse im Template auszugeben.

ngFor für die Buchliste

Die Liste der Autoren soll kommasepariert angezeigt werden. Wir verwenden hier ebenfalls ngFor und durchlaufen die Liste der Autoren. Um nach dem letzten Element kein Komma anzuzeigen, machen wir uns die Hilfsvariablen der Direktive zunutze: Die Variable last ist *true*, sobald die Schleife das letzte Element des Arrays erreicht hat. Wir können diesen Wert in eine lokale Variable l speichern und damit feststellen, wann der letzte Name ausgegeben wurde. Das Komma platzieren wir in einem `<span>`-Element, das wir mit der Direktive ngIf einblenden oder ausblenden, je nachdem, ob der letzte Name erreicht wurde oder nicht. Solange der letzte Wert nicht erreicht wurde, wird also hinter jedem Autor ein Komma und ein Leerzeichen angefügt.

Autoren anzeigen mit ngFor

Außerdem wird das erste Bild aus der Liste der Thumbnails eingebunden. Dazu können wir direkt auf das Property src des Image-Elements zugreifen. Die Prüfung ist nötig, um das Element nur anzuzeigen, wenn auch wirklich ein Bild zum Buch hinterlegt ist.

Thumbnails anzeigen

```html
<div class="ui middle aligned selection divided list">
  <a *ngFor="let book of books" class="item">
    <img class="ui tiny image"
    *ngIf="book.thumbnails"
    [src]="book.thumbnails[0].url">
    <div class="content">
      <div class="header">{{ book.title }}</div>
      <div class="description"> {{ book.subtitle }} </div>
      <div class="metadata">
        <span *ngFor="let author of book.authors; last as l">
          {{ author }}<span *ngIf="!l">, </span>
        </span>
      </div>
      <div class="extra">ISBN {{ book.isbn }}</div>
    </div>
  </a>
</div>
```

Listing 6–18
Das Template der BookListComponent (book-list.component.html)

Beispieldaten

Damit wir auch sofort ein paar Bücher in der Liste sehen können, initialisieren wir in der Komponente ein Array mit Beispielbüchern (Listing 6–19). Wir geben hier alle Parameter an, die der Konstruktor von Book erwartet (auch die optionalen), denn im Template der Listenansicht werden ja auch alle diese Werte verwendet. Für das Coverbild des Buchs erzeugen wir ein Thumbnail-Objekt, das wir in einem Array übergeben.

Listing 6–19
BookListComponent (book-list.component.ts)

```
import { Component, OnInit } from '@angular/core';

import { Book, Thumbnail } from '../shared/book';

@Component({
  selector: 'bm-book-list',
  templateUrl: './book-list.component.html'
})
export class BookListComponent implements OnInit {
  books: Book[];

  ngOnInit() {
    this.books = [
      new Book(
        '9783864903571',
        'Angular',
        ['Johannes Hoppe', 'Danny Koppenhagen',
          ↪ 'Ferdinand Malcher', 'Gregor Woiwode'],
        new Date(2017, 3, 1),
        'Grundlagen, fortgeschrittene Techniken und Best Practices
          ↪   mit TypeScript - ab Angular 4, inklusive NativeScript
          ↪   und Redux',
        5,
        [new Thumbnail('https://ng-buch.de/cover2.jpg',
          ↪ 'Buchcover')],
        'Mit Angular setzen Sie auf ein modernes und modulares...'
      ),
      new Book(
        '9783864901546',
        'AngularJS',
        ['Philipp Tarasiewicz', 'Robin Böhm'],
        new Date(2014, 5, 29),
        'Eine praktische Einführung',
        5,
```

6.1 Komponenten: Die Grundbausteine der Anwendung

```
      [new Thumbnail('https://ng-buch.de/cover1.jpg',
        ↪ 'Buchcover')],
      'Dieses Buch führt Sie anhand eines zusammenhängenden
        ↪ Beispielprojekts...'    )
    ];
  }
}
```

Der Code für die Initialisierung der Daten soll ausgeführt werden, wenn die Komponente geladen wird. Man könnte dafür den Konstruktor der Klasse verwenden. In Angular kommt allerdings die Methode ngOnInit() zum Einsatz, wie im Listing 6–19 zu sehen ist. Diese Methode wird automatisch aufgerufen, wenn die Komponente vollständig initialisiert ist. Sie ist einer der sogenannten *Lifecycle-Hooks* von Angular. Details dazu finden Sie im Kasten auf Seite 85.

ngOnInit() für Initialisierung verwenden

> **ngOnInit() statt Konstruktor – die Lifecycle-Hooks von Angular**
>
> Eine Angular-Komponente hat einen definierten Lebenszyklus. Sie wird zunächst initialisiert und es werden ihre Bestandteile gerendert. Wird die Komponente nicht mehr benötigt, wird sie abgebaut und die Ressourcen werden freigegeben.
>
> Mit den Lifecycle-Hooks von Angular können wir gezielt in diesen Lebenszyklus einer Komponente eingreifen. Wechselt die Komponente in einen bestimmten Zustand, können wir Aktionen an dieser Stelle im Ablauf ausführen.
>
> Im Beispiel haben wir die Methode ngOnInit() eingesetzt. Sie wird automatisch ausgeführt, wenn die Komponente geladen wurde. Damit die Methode richtig definiert wird, muss eine Klasse immer das Interface OnInit implementieren.
>
> Es existieren noch weitere Lifecycle-Hooks, auf die wir an dieser Stelle aber gar nicht näher eingehen wollen. Stattdessen widmen wir uns dem Lebenszyklus von Komponenten ab Seite 500 ausführlicher.
>
> **Merke: Statt dem Konstruktor der Klasse sollten wir zur Initialisierung immer die Methode ngOnInit() einsetzen.**

Damit ist unsere Listenkomponente komplett. In der Hauptkomponente AppComponent muss die neue Komponente nun noch eingebunden werden. Dazu fügen wir ins Template das HTML-Element <bm-book-list> </bm-book-list> ein. An dieser Stelle finden wir auch das Präfix wieder, das wir beim Anlegen des Projekts angegeben haben.

Komponente ins Template einbinden

> **Ein Präfix verwenden**
>
> Die Selektoren von Komponenten und Direktiven sollten in Angular nach Möglichkeit immer mit einem Präfix versehen werden. Das Präfix soll vor allem dafür sorgen, dass Elemente der Anwendung gut von nativen HTML-Elementen unterschieden werden können. Wir beugen damit Konflikten mit anderen Elementen vor, die eventuell dieselbe Bezeichnung verdient hätten.
>
> Beim Anlegen des Projekts mit der Angular CLI haben wir die Option `-p bm` verwendet. Diese Angabe finden wir auch in der Datei `.angular-cli.json` wieder. Wenn wir Komponenten oder Direktiven mit der Angular CLI anlegen, wird das Präfix automatisch im Selektor verwendet.

Das Element wird von Angular durch die Komponente `BookList-Component` ersetzt, denn die Komponente besitzt ja dafür den passenden Selektor `bm-book-list`. Einen Konstruktor haben wir für die Hauptkomponente nicht angelegt, weil die gesamte Initialisierung in `ngOnInit()` vorgenommen wird.

Wir haben uns an dieser Stelle von der Vorgabe der Angular CLI entfernt und das Template *inline* notiert, weil es nur wenige Zeichen benötigt. Sobald das HTML komplexer wird, werden wir das Template wieder in die Datei `app.component.html` auslagern.

Listing 6–20
Hauptkomponente AppComponent (app.component.ts)

```
import { Component } from '@angular/core';

@Component({
  selector: 'bm-root',
  template: '<bm-book-list></bm-book-list>'
})
export class AppComponent { }
```

Bootstrapping

Damit die Anwendung funktioniert, muss die Root-Komponente `App-Component` von Angular gestartet werden. Die notwendige Anpassung hat die Angular CLI bereits für uns vorgenommen. So wird in der Datei `src/app/app.module.ts` per `@NgModule()` die Root-Komponente »gebootstrappt«. Sie ist dort in der Eigenschaft `bootstrap` in den Modulmetadaten eingetragen.

Wir können die Anwendung nun mit dem Befehl `ng serve` starten. Rufen wir die URL im Browser auf, wird die Liste der Bücher angezeigt.

6.1 Komponenten: Die Grundbausteine der Anwendung

Angular
Grundlagen, fortgeschrittene Techniken und Best Practices mit TypeScript
Johannes Hoppe, Danny Koppenhagen, Ferdinand Malcher, Gregor Woiwode
ISBN 9783864903571

AngularJS
Eine praktische Einführung
Philipp Tarasiewicz, Robin Böhm
ISBN 9783864901546

Abb. 6–2
Die Buchliste funktioniert.

Was haben wir gelernt?

Abschließend lässt sich feststellen, dass in Angular die Template-Syntax in mehrere Konzepte aufgebrochen wird. Der Datenfluss zwischen Komponenten wird dadurch konkret definiert, und es ist mit einem Blick auf ein Template möglich, zu erkennen, wie sich eine Komponente verhält. Somit können, im Gegensatz zur Vorgängerversion AngularJS, Templates in Angular differenzierter und genauer beschrieben werden.

- Komponenten sind die wichtigsten Bausteine einer Anwendung.
- Eine Komponente besteht immer aus einer TypeScript-Klasse mit Metadaten und einem Template.
- Komponenten werden an Elemente des DOM-Baums gebunden. Das ausgewählte Element wird das Host-Element der Komponente.
- Für die Auswahl der DOM-Elemente wird in der Komponente ein CSS-Selektor festgelegt.
- Angular verfügt über eine eigene Template-Syntax und eingebaute Direktiven, z. B. `ngFor` und `ngIf`.
- Alle Bausteine der Anwendung werden per `@NgModule()` in Angular-Module organisiert. Wir nutzen Imports und Exports, um die Bausteine zu verknüpfen.
- Eine Komponente muss immer in den `declarations` eines Moduls registriert werden.

Demo und Quelltext:
https://ng-buch.de/it1-comp

> **Defekte Unit-Tests**
>
> Die Angular CLI legt für jede Komponente und für viele weitere Bausteine eine Unit-Test-Datei an. Die enthaltenen Tests sind trivial und dienen lediglich als Einstiegsbeispiel. Wenn wir allerdings die im Buch beschriebenen Änderungen am Sourcecode vornehmen, so werden die automatisch angelegten Tests fehlschlagen. Ein Test prüft zum Beispiel, ob der Text »bm works!« erscheint. Da wir die Überschrift entfernt haben, ist die Prüfung ebenso obsolet geworden und kann entfernt werden.
>
> In anderen Fällen reicht es aus, die Konstruktoren mit sogenannten Stubs zu versorgen bzw. mittels NO_ERRORS_SCHEMA unbekannte Eigenschaften an Elementen zu erlauben. Da es sich bei Softwaretests um ein anspruchsvolles Thema handelt, widmen wir uns in einem dedizierten Abschnitt den Unit-Tests (ab Seite 369). Dort stellen wir die verschiedenen Testing-Strategien ausgiebig vor. Zusätzlich können Sie die mit dem QR-Code markierten Demos des Book-Monkeys studieren. In den Repositorys werden Sie viele zusätzliche Unit-Tests, Integrations- und Oberflächentests finden, auf die wir im Buch nicht eingegangen sind.

6.2 Property Bindings: Mit Komponenten kommunizieren

Im vorhergehenden Abschnitt haben wir eine erste Komponente eingeführt, mit der wir eine Listenansicht für unsere Buchbibliothek erstellt haben. Ihre wahre Stärke zeigen Komponenten allerdings dann, wenn sie verschachtelt werden. Wir wollen eine weitere Komponente einführen, die ein Element der Buchliste repräsentiert. Dabei werden wir das Prinzip der Property Bindings in der Praxis anwenden und lernen, wie Daten in eine Komponente hineinfließen können.

6.2.1 Komponenten verschachteln

Im ersten Teil dieser Iteration haben wir bereits gelernt, dass wir Komponenten über ihren Selektor an HTML-Elemente im Template binden können. Verwenden wir das Element <my-component>, so wird an dieser Stelle die Komponente mit ihrer Logik und ihrem Template eingesetzt.

Komponentenbaum aus verschachtelten Komponenten

Auf diese Weise können wir Komponenten beliebig tief verschachteln. Im Template der Komponente MyComponent können weitere Komponenten an DOM-Elemente gebunden werden usw. Die Komponenten unserer Anwendung referenzieren sich damit untereinander und bilden eine Baumstruktur (engl. *Component Tree*), wie sie beispielhaft in Abbildung 6–3 dargestellt ist.

6.2 Property Bindings: Mit Komponenten kommunizieren

Die allererste Komponente der Anwendung ist die *Root Component*. Sie wird beim Bootstrapping der Anwendung geladen. Alle darunterliegenden, eingebundenen Komponenten werden *Child Components* genannt.

Durch die Verschachtelung können wir unsere Anwendung modular gestalten. Wir können einzelne Teile der Anwendung in Komponenten auslagern, die einzeln wartbar, wiederverwendbar und testbar sind.

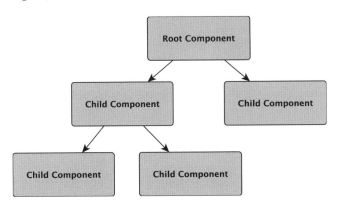

Abb. 6–3
Schema eines Komponentenbaums

6.2.2 Eingehender Datenfluss mit Property Bindings

Wenn wir eine Anwendung aus verschachtelten Komponenten aufbauen, müssen die Komponenten miteinander kommunizieren können. Die Übertragung von Daten in eine Komponente hinein funktioniert über Property Bindings. Damit können wir Daten im Komponentenbaum nach unten übertragen. Der grundsätzliche Weg ist dieser: Über HTML-Attribute des Host-Elements setzen wir Eigenschaften der angebundenen Komponente. Innerhalb der Komponente können wir diese Eigenschaften auslesen.

Das Beispiel zeigt, wie Daten an Eigenschaften gebunden werden.

```
<my-component [property]="expression"></my-component>
```

Die Propertys werden wie Attribute im HTML angegeben. Wir verwenden hier die Notation mit eckigen Klammern, die wir schon in der Einführung kennengelernt haben. Angular setzt diese Schreibweise automatisch in ein Binding um. Der Ausdruck expression wird ausgewertet und die Daten fließen über die Eigenschaft property in die Komponente hinein. Ändern sich die Daten, wird das Binding automatisch aktualisiert.

Tatsächlich sind Property Bindings gar nicht auf Komponenten beschränkt, sondern jedes Element des DOM-Baums besitzt Propertys, die sich mit Property Bindings schreiben lassen.

Abb. 6–4
Datenfluss von Eltern zu Kind mit Property Bindings

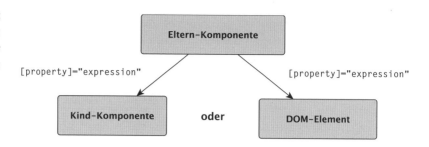

DOM-Eigenschaften

Dazu schauen wir uns zunächst an, was DOM-Propertys sind. Jeder Knoten im DOM-Baum ist ein Objekt. Wie jedes andere JavaScript-Objekt kann auch ein DOM-Element Eigenschaften und Methoden besitzen. Diese Eigenschaften können wir mit JavaScript auslesen und verändern:

Listing 6–21
DOM-Eigenschaften mit JavaScript schreiben

```
var myImg = document.getElementById('myImg');
myImg.src = 'angular.png';
myImg.style.border = '1px solid black';
```

Wir können nicht nur die nativen Propertys verwenden, sondern beliebige eigene Eigenschaften in ein DOM-Element schreiben, denn es ist ja ein einfaches JavaScript-Objekt.

DOM-Eigenschaften haben aber im Allgemeinen keine Auswirkung auf das HTML. Das bedeutet, dass der HTML-Quelltext sich nicht verändert, wenn wir ein DOM-Property ändern. Darin unterscheiden sie sich von Attributen: Attribute werden im HTML notiert und liegen immer als Text vor. Sie werden einmal festgelegt und ändern sich dann während der Laufzeit nicht. In den meisten Fällen schreiben Attribute aber einen Wert in ein DOM-Property.

Unterschied zwischen Attributen und DOM-Propertys

Listing 6–22
HTML-Element mit Attributen

```
<img src="angular.png" title="Angular">
```

Im Beispiel sind auf dem Element `img` die Attribute `src` und `title` gesetzt. Dadurch werden die gleichnamigen DOM-Propertys mit den angegebenen Daten gefüllt.

Die Propertys können wir über das JavaScript-Objekt ändern. Das ändert aber die Attribute im HTML-Quellcode nicht, sie bleiben immer gleich.

Propertys ohne Attribute

Es ist nicht immer der Fall, dass ein Attribut ein Property mit demselben Namen beeinflusst. Es gibt auch Propertys, die nicht von einem Attribut geschrieben werden, sondern nativ auf dem Element existieren. Zum Beispiel besitzt das Element `<p>` die Eigenschaften `textContent` und `innerHTML`, die sich auf den Inhalt des Elements beziehen, aber nicht im HTML als Attribute gesetzt werden können. Andersherum gibt es Attribute, die keine Auswirkung auf ein Property haben.

6.2 Property Bindings: Mit Komponenten kommunizieren

Obwohl sie eng miteinander verzahnt sind, ist es wichtig, zwischen Attributen und Propertys eines Elements zu unterscheiden. Property Bindings werden eingesetzt, um die DOM-Propertys eines Elements zu ändern.

Zwischen den eckigen Klammern geben wir den Namen der Eigenschaft an, die wir setzen wollen. Als Wert für dieses »Attribut« wird immer ein Ausdruck angegeben. Die Notation mit eckigen Klammern erscheint zunächst etwas gewöhnungsbedürftig, aber es handelt sich um valides HTML.

Für Property Bindings gibt es verschiedene Notationen, die im Wesentlichen alle dasselbe tun:

```
<element [property]="expression"></element>
```

Der Ausdruck `expression` wird ausgewertet und der Rückgabewert in die DOM-Eigenschaft `property` geschrieben.

Wollen wir einen String in eine Eigenschaft schreiben, können wir auch die Attributschreibweise verwenden. Es wird dann automatisch eine gleichnamige Eigenschaft angelegt.

Attributschreibweise

```
<element property="value"></element>
```

Für beide Schreibweisen gibt es alternative Formen. Wir können die beiden oben genannten Notationen mischen und einen Ausdruck mit der Interpolation in ein Attribut schreiben. Dieser Weg ist identisch zu dem ersten Beispiel.

Attribut und Interpolation

```
<element property="{{ expression }}"></element>
```

Genauso können wir auch Strings als Ausdruck angeben, indem wir sie in Anführungszeichen setzen. Diese Form ist äquivalent zum zweiten Beispiel.

```
<element [property]="'value'"></element>
```

Zur Veranschaulichung gibt es hier einige Beispiele:

Beispiele für Property Bindings

```
<img [src]="myUrl" [title]="myTitle">
```

Quelle und Titel für das Bild werden aus den Eigenschaften `myUrl` und `myTitle` der Komponente bezogen.

```
<button [disabled]="isDisabled">MyButton</button>
```

Der Button wird deaktiviert, wenn die Eigenschaft `isDisabled` der Komponente wahr ist.

```
<p [textContent]="'Foobar'"></p>
```

Der Text des `<p>`-Elements wird auf den Wert FooBar gesetzt.

```
<my-component [foo]="1+1"></my-component>
```

Rückblick zu AngularJS 1.x

Die Eigenschaft foo der Komponente MyComponent wird auf Wert 2 gesetzt. Der Ausdruck 1+1 wird vor der Übergabe ausgewertet. Property Bindings verschaffen uns einen großen Vorteil gegenüber AngularJS 1.x. Folgende Angabe war da nicht möglich:

```
<a href="{{ myUrl }}">Link</a>
```

Nach der Initialisierung des HTML kann der Wert eines Attributs nicht mehr geändert werden. Deshalb wurde das Attribut href niemals mit dem Wert gefüllt. Stattdessen mussten wir die Direktive ng-href verwenden, die dafür sorgt, dass das DOM-Property dynamisch angepasst wird:

```
<!-- Achtung: AngularJS 1.x -->
<a ng-href="{{ myUrl }}">Link</a>
```

AngularJS verfügt über mehr als 40 solcher Direktiven. Als Entwickler musste man alle diese Direktiven kennen und einsetzen können. In Angular entfällt das, denn wir können Daten direkt in die nativen DOM-Eigenschaften schreiben.

Propertys, Propertys, Propertys, ...

Die Begriffe *Property* und *Eigenschaft* werden synonym verwendet. Es ist allerdings Vorsicht geboten, denn wir haben es in diesem Buch mit zwei Arten von Eigenschaften zu tun:

DOM-Propertys sind Eigenschaften, die einem DOM-Element angehören. Sie sind Bestandteile des DOM-Baums und damit jeder HTML-Seite. Mit Property Bindings können wir in diese Eigenschaften schreiben.

Komponenten-Propertys sind alle Eigenschaften, die innerhalb der TypeScript-Klasse einer Komponente deklariert sind. Im Template der Komponente können wir diese Propertys in Ausdrücken verwenden, z. B. mit der Interpolation: {{ myProperty }}. Es sind damit immer die Eigenschaften der Komponente gemeint, in deren Template wir uns befinden.

Wir sprechen in diesem Buch in beiden Fällen von Propertys/Eigenschaften. Hier müssen wir Acht geben, um die beiden Konzepte nicht zu verwechseln!

6.2.3 Andere Arten von Property Bindings

Property Bindings können wir für noch viel mehr verwenden, als nur einfache Eigenschaften auf Elementen zu setzen. Es existieren drei Sonderformen, mit denen wir Elemente manipulieren können. Alle drei funktionieren wie Property Bindings, wir fügen allerdings ein Präfix an.

- **Attribute Bindings**: Setzen von Attributwerten [attr.colspan]
- **Class Bindings**: Zuweisen von CSS-Klassen [class.myCssClass]
- **Style Bindings**: Hinzufügen von CSS-Stilen [style.color]

Attribute Bindings

Wir haben gelernt, dass wir den Wert von Attributen nicht ändern können. Es gibt allerdings Attribute, die keine zugehörige DOM-Eigenschaft haben. Dazu gehören zum Beispiel alle aria-Attribute für Barrierefreiheit und auch die Attribute colspan und rowspan.

Attribute ohne Propertys

Hier können wir also keine normalen Property Bindings einsetzen, um die Werte zu verändern und dynamisch zu setzen, denn es gibt ja kein Property, das wir verändern können. Stattdessen gibt es die Attribute Bindings, mit denen wir die Attribute schreiben können. Wir verwenden das Präfix attr. und können den Wert eines Attributs direkt im HTML verändern.

```
<td [attr.colspan]="myColspan"></td>
<a [attr.role]="myRole">Link</a>
```

Listing 6–23
Attribute Binding

Class Bindings

Mit Class Bindings können wir CSS-Klassen auf ein Element anwenden. Die Zuweisung wird an eine Bedingung geknüpft: Nur wenn der angegebene Ausdruck wahr ist, wird die Klasse überhaupt angewendet.

Wir schreiben das Präfix class. gefolgt vom Klassennamen und geben den Ausdruck an, der geprüft wird.

```
<element [class.myClass]="hasMyClass"></element>
```

Listing 6–24
Class Binding

Im Beispiel wird dem Element element die CSS-Klasse myClass zugewiesen, falls die Komponenten-Eigenschaft hasMyClass wahr ist.

Um CSS-Klassen auf ein Element anzuwenden, können wir auch die Direktive ngClass einsetzen. Welchen Weg wir wählen, hängt vom Kontext ab. ngClass empfiehlt sich dann, wenn wir mehrere CSS-Klassen zuweisen wollen. Wir können dann in einem einzigen Ausdruck alle Klassen und ihre jeweiligen Bedingungen angeben:

Die Direktive ngClass

Listing 6–25
Mehrere CSS-Klassen setzen mit der Direktive ngClass

```
<div [ngClass]="{active: isActive, 'has-error': hasError,
    ↪ disabled: isDisabled, myClass: hasMyClass}"></div>
```

Dieses Snippet können wir auch mit Class Bindings notieren. Der Code wird dann allerdings länger und unübersichtlicher. ngClass ist dafür also die bessere Wahl. Class Bindings sollten wir nur dann verwenden, wenn wir einzelne CSS-Klassen zuweisen möchten.

Listing 6–26
Mehrere CSS-Klassen setzen mit Class Bindings

```
<div [class.active]="isActive" [class.has-error]="hasError"
    ↪ [class.disabled]="isDisabled"
    ↪ [class.myClass]="hasMyClass"></div>
```

Style Bindings

Wenn wir einem Element einen CSS-Stil zuweisen wollen, können wir das Attribut `style` verwenden und das CSS inline notieren. Wenn wir den Wert für eine Style-Definition dynamisch wählen wollen, scheint die folgende Idee plausibel zu sein:

Listing 6–27
Ansatz zum Setzen von CSS-Eigenschaften (funktioniert nicht)

```
<!-- Achtung: funktioniert nicht! -->
<element style="color: {{myColor}}"></element>
```

Dieser Weg funktioniert allerdings nicht, denn es wird aus Sicherheitsgründen verboten, in dieses Attribut zu schreiben. An dieser Stelle helfen uns die Style Bindings. Wir setzen das Präfix `style.` ein und können mit einem Property Binding auf Style-Eigenschaften des Elements zugreifen:

Listing 6–28
Style Binding

```
<element [style.color]="myColor"></element>
```

Genau genommen handelt es sich hierbei gar nicht um einen Sonderfall der Property Bindings, denn `style` ist tatsächlich eine native Eigenschaft eines jeden HTML-Elements. Das zeigt sich, wenn wir die Eigenschaft einmal auf der Konsole ausgeben (Abbildung 6–5). Hier sind die aktiven Style-Eigenschaften des Elements in einem Objekt hinterlegt. Die Werte setzen sich aus allen Styles zusammen, die auf das Element wirken, also Stylesheets, Inline-Styles und eigene Anpassungen über JavaScript. Mit einem Property Binding können wir diese Eigenschaften direkt überschreiben.

Die Direktive ngStyle

Für die Zuweisung von CSS-Eigenschaften zu einem Element können wir auch die Direktive `ngStyle` verwenden. Dabei übergeben wir der Direktive ein Objekt mit den zuzuweisenden CSS-Eigenschaften. Das Objekt kann direkt im Template angegeben werden oder auch in der Komponente hinterlegt sein:

6.2 Property Bindings: Mit Komponenten kommunizieren

Abb. 6–5
CSSStyleDeclaration
eines DOM-Elements

```
<div [ngStyle]="{ 'color': myColor, 'padding': '10px' }"></div>
<div [ngStyle]="myStyles"></div>
```

Listing 6–29
Die Direktive ngStyle
verwenden

Ob wir Style Bindings oder `ngStyle` verwenden, hängt wieder vom Kontext und persönlichen Stil ab. Für einzelne Zuweisungen empfiehlt es sich, Style Bindings einzusetzen. Für komplexere Styles ist die Verwendung der Direktive übersichtlicher.

6.2.4 DOM-Propertys in Komponenten auslesen

Wir können nun Daten an Eigenschaften von DOM-Elementen binden. Das funktioniert auch für Host-Elemente von Komponenten:

```
<my-component [myProperty]="'foo'"></my-component>
```

Listing 6–30
Property Binding auf
dem Host-Element
einer Komponente

Mit dem Property Binding schreiben wir den String `foo` in die DOM-Eigenschaft `myProperty`. Praktisch sinnvoll wird das Ganze dann, wenn wir die übergebenen Daten in der verknüpften Komponente `MyComponent` auslesen und verarbeiten können. Damit können wir Daten an Komponenten übermitteln, die im Komponentenbaum weiter unten liegen.

Wir schauen uns die Komponente `MyComponent` genauer an. Hier sehen wir, wie die DOM-Eigenschaft `myProperty` ausgelesen wird.

```
import { Component, Input } from '@angular/core';

@Component({
  selector: 'my-component',
  template: '...'
})
export class MyComponent {
  @Input() myProperty;

  constructor() { }
}
```

Listing 6–31
Propertys auslesen
mit dem
@Input()-Decorator

Input-Propertys mit dem Decorator @Input()

Wir importieren zunächst den Decorator `@Input()` und versehen die Eigenschaft `myProperty` unserer Komponente damit. Das führt dazu, dass das gleichnamige DOM-Property mit der Komponenten-Eigenschaft verknüpft wird. Die Daten (String `foo`), die wir mit dem Property Binding an das DOM-Property übergeben haben, werden automatisch in die Komponenten-Eigenschaft überführt.

Die Komponenten-Eigenschaft muss immer denselben Namen tragen wie das DOM-Property. In manchen Fällen ist es allerdings sinnvoll, nicht denselben Namen verwenden zu müssen. Wir können dem `@Input()`-Decorator als Argument deshalb den Namen des DOM-Propertys übergeben, an das wir binden wollen. Die Komponenten-Eigenschaft kann dann einen beliebigen Namen tragen.

Input-Propertys umbenennen

Listing 6–32
Input-Propertys umbenennen

```
@Input('myProperty') myProp;
```

Aber Achtung: Wenn wir die Bindings umbenennen, kann das Verwirrung stiften, weil die Namen unterschiedlich sind. Wir sollten diesen Weg also möglichst vermeiden und immer dieselben Namen verwenden. Das empfiehlt auch der Angular-Styleguide. Es gibt allerdings Ausnahmefälle, in denen es nicht anders geht, z. B. wenn der Name des DOM-Propertys einen Punkt enthält.

Umbenennung vermeiden

Listing 6–33
Input-Propertys umbenennen

```
@Input() foo.myProperty; // funktioniert nicht!
@Input('foo.myProperty') myProp;
```

Wir haben bis jetzt die Typisierung der Input-Propertys außer Acht gelassen. Geben wir keinen Typen an, wird dem Property implizit der Typ any zugewiesen. Das Verhalten entspricht dann dem einer JavaScript-Variable, und es können Werte von jedem Typ in die Eigenschaft geschrieben werden. Um das einzuschränken und damit die Schnittstelle unserer Komponente genauer zu beschreiben, können wir die Propertys explizit typisieren.

Input-Propertys typisieren

Listing 6–34
Input-Property mit expliziter Typangabe

```
@Input() myValue: string;
```

6.2.5 Den BookMonkey erweitern

> **Optimierungsvorschlag – Property Bindings**
>
> Um die Komplexität der Listenansicht zu verringern, soll eine Komponente geschaffen werden, die ein einzelnes Buch repräsentiert.
>
> ■ Jeder Listeneintrag der Bücherliste soll durch eine eigene Komponente repräsentiert werden.
>
> ■ Jedem Listenelement sollen die Daten eines Buchs übermittelt werden.

6.2 Property Bindings: Mit Komponenten kommunizieren

Im vorhergehenden Abschnitt haben wir ein Element der Listenansicht direkt im Template der Buchliste definiert. Das Listenelement war ein Link-Element <a>[7], in dem die Buchinfos angezeigt wurden. Dieses Template war relativ komplex, deshalb ist es sinnvoll, dafür eine eigene Komponente zu verwenden.

Wir wollen in diesem Schritt das Listenelement aus der Buchliste in eine separate Komponente auslagern. Das Template der neuen Komponente entspricht einem Listenelement, wie es zuvor in der BookListComponent definiert war. Dadurch wenden wir das Prinzip der Verschachtelung von Komponenten an und erreichen eine bessere Modularität der Anwendung.

Abb. 6–6
Die neue Item-Komponente in der Buchliste

Wir rufen uns zuvor noch einmal die Template-Struktur der Buchliste ins Gedächtnis, die wir schon im ersten Schritt verwendet haben:

```
<div class="ui middle aligned selection divided list">
  <a class="item">
    ... Buch 1 ...
  </a>
  <a class="item">
    ... Buch 2 ...
  </a>
  ...
</div>
```

Listing 6–35
Template-Struktur der Buchliste

Die grundlegende Struktur und die CSS-Klassen sind vom Style-Framework Semantic UI vorgegeben. Wir sind an diese Vorgaben also gebunden, wenn wir das Framework verwenden wollen.

Die Elemente a.item wollen wir durch unsere neue Item-Komponente ersetzen, anstatt den Inhalt direkt in der Buchliste anzugeben. Damit die Struktur erhalten bleibt, dürfen wir allerdings für das Listenelement kein DOM-Element mit einem neuen Namen einführen. Stattdessen müssen wir die Komponente an das vorgegebene <a>-Element binden. Selektoren in Komponenten sollten zwar immer auf Element*namen*

Welcher Selektor für die Item-Komponente?

---

[7] Wir haben hier einen Link gewählt, weil die Einträge der Listenansicht später klickbar sein sollen.

matchen, allerdings haben wir hier einen legitimen Sonderfall und müssen einen anderen Selektor einsetzen, der an eine CSS-Klasse oder ein Attribut des Elements bindet.

Wir erstellen zunächst eine neue Komponente `BookListItem-Component`. Zur Unterstützung können wir wieder die Angular CLI verwenden:

Listing 6–36
Komponente BookListItem mit der Angular CLI anlegen

```
$ ng g component book-list-item -is
```

Es ergibt sich die folgende Dateistruktur:

```
src
└── app
    ├── book-list
    │   └── ...
    ├── book-list-item
    │   ├── book-list-item.component.html
    │   ├── book-list-item.component.spec.ts
    │   └── book-list-item.component.ts
    ├── shared
    │   └── ...
    └── ...
```

Um die Item-Komponente an das vorhandene Link-Element zu binden, legen wir für die `BookListItemComponent` den Selektor `a.bm-book-list-item` fest. Damit wird die Komponente an alle Link-Elemente gebunden, die diese CSS-Klasse besitzen. Um den Inhalt der Item-Komponente kümmern wir uns später und schauen uns zunächst die `BookList-Component` an.

Hier verwenden wir nun die `BookListItemComponent` für die Darstellung der Listenelemente. Der bisherige Teil im Template soll durch die neue Komponente ersetzt werden. Wir binden die Komponente an das vorhandene Link-Element, indem wir die CSS-Klasse `bm-book-list-item` hinzufügen, die wir eben im Selektor festgelegt haben.

BookListItem in die BookList einbauen

Um der Item-Komponente mitzuteilen, welches Buch angezeigt werden soll, kommen Property Bindings zum Einsatz. Im »Attribut« `[book]` übergeben wir dazu das jeweilige Buch-Objekt. Mit `ngFor` durchlaufen wir alle Bücher und erzeugen dadurch für jedes Buch ein neues `<a>`-Element. Das anzuzeigende Buch liegt durch die Schleife dann jeweils in der Variable `b` vor. Dieses Objekt schreiben wir in das DOM-Property `book`. Damit fließen die Buchdaten in die Item-Komponente hinein und wir können sie innerhalb der Komponente wieder auslesen.

6.2 Property Bindings: Mit Komponenten kommunizieren

```
<div class="ui middle aligned selection divided list">
  <a class="bm-book-list-item item" *ngFor="let b of books"
  ↪ [book]="b"></a>
</div>
```

Listing 6–37
Template der Komponente BookListComponent (book-list.component.html)

Als Nächstes kümmern wir uns um die Komponente `BookListItem-Component`, die jetzt ein einzelnes Buch in der Liste darstellen soll. Die Komponente soll zunächst keine Logik implementieren, deswegen bleibt die Klasse leer. Sie ist eine sogenannte *Presentational Component*, denn sie ist nur für die Anzeige von Daten verantwortlich.

In der Klasse legen wir mit dem Decorator `@Input()` fest, welche Daten in die Komponente hineinfließen. Im DOM-Property `book` vom Host-Element liegt jeweils ein Buch-Objekt vor, das wir mit dem Property Binding im letzten Schritt übergeben haben. Wir erstellen dazu die passende gleichnamige Komponenten-Eigenschaft und versehen sie mit dem Decorator. Mit der Typbindung wird sichergestellt, dass hier tatsächlich `Book`-Objekte verarbeitet werden.

Item-Komponente mit Leben füllen

```
import { Component, Input } from '@angular/core';

import { Book } from '../shared/book';

@Component({
  selector: 'a.bm-book-list-item',
  templateUrl: './book-list-item.component.html'
})
export class BookListItemComponent {
  @Input() book: Book;
}
```

Listing 6–38
Komponente BookListItem-Component (book-list-item.component.ts)

Das Template der Komponente zeigt das jeweilige Buch an. Es entspricht im Wesentlichen dem HTML, das vorher in der `BookList-Component` vorlag, um die Bücher anzuzeigen. Wir haben diesen Teil nur an eine andere Stelle ausgelagert.

```
<img class="ui tiny image"
    *ngIf="book.thumbnails"
    [src]="book.thumbnails[0].url">
<div class="content">
  <div class="header">{{ book.title }}</div>
  <div class="description"> {{ book.subtitle }} </div>
```

Listing 6–39
Template der Komponente BookListItem-Component (book-list-item.component.html)

```
<div class="metadata">
  <span *ngFor="let author of book.authors; last as l">
    {{ author }}<span *ngIf="!l">, </span>
  </span>
</div>
<div class="extra">ISBN {{ book.isbn }}</div>
</div>
```

Das war's auch schon! Die Buchdaten fließen nun in die Item-Komponente hinein und werden dort angezeigt. Das Ergebnis hat sich für den Nutzer nicht verändert. Für den Entwickler ist diese Unterteilung der Komponenten aber ein wichtiger Schritt, um die Anwendung zu modularisieren. Das Listen-Item ist ab sofort unabhängig von der Liste und kann einzeln gewartet, wiederverwendet oder ausgetauscht werden.

Was haben wir gelernt?

- Komponenten können verschachtelt werden und bilden eine Baumstruktur.
- DOM-Propertys sind native Eigenschaften eines Elements, Attribute sind Bestandteile von HTML.
- Property Bindings verändern die DOM-Eigenschaften eines Elements.
- Bindings werden immer automatisch aktualisiert, wenn sich die Daten ändern.
- Es wird in der Regel die Notation mit eckigen Klammern verwendet. `<element [prop]="exp"></element>`
- Innerhalb einer Komponente können wir DOM-Propertys des Host-Elements mit dem Decorator `@Input()` auslesen.
- Damit können Daten in der Baumstruktur nach unten gereicht werden.

Demo und Quelltext:
https://ng-buch.de/it1-prop

6.3 Event Bindings: Auf Ereignisse in Komponenten reagieren

Im vorangegangenen Abschnitt haben wir gelernt, wie wir mit Property Bindings die Eigenschaften von DOM-Elementen manipulieren können. Wir können damit unter anderem Daten in eine Komponente hineingeben und dort verarbeiten. Auf diese Weise können wir Informationen im Komponentenbaum nach unten reichen.

Um Informationen durch die gesamte Baumstruktur hindurch austauschen zu können, brauchen wir noch ein Gegenstück dazu: Mit den sogenannten *Event Bindings* können wir Ereignisse auf einem DOM-Element abfangen und verarbeiten.

```
<element (myEvent)="myHandler()"></element>
```

Listing 6–40
Event Binding

Diese Ereignisse sind entweder native DOM-Events oder werden innerhalb einer Komponente getriggert.

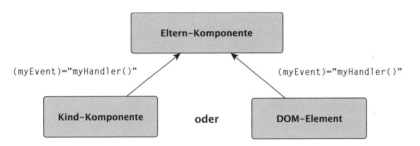

Abb. 6–7
Datenfluss von Kind zu Eltern mit Event Bindings

6.3.1 Native DOM-Events

Wir schauen uns zunächst die nativen DOM-Events an. Es handelt sich dabei um alle Ereignisse, die auf einem DOM-Element ausgelöst werden können, entweder durch Benutzeraktionen oder durch Statusänderungen im Browser. Wenn wir kein Web-Framework einsetzen, würden wir DOM-Ereignisse mit Event Handlern in JavaScript abfangen. Über on-Attribute auf einem HTML-Element geben wir eine Handler-Funktion an, die ausgeführt wird, wenn ein bestimmtes Ereignis eintritt. In diesem Beispiel wird die Funktion myClickHandler() aufgerufen, wenn der Benutzer auf den Button klickt:

Event Handler in JavaScript

```
<button onClick="myClickHandler()">My Button</button>
```

Listing 6–41
Event Handler in JavaScript

Nach dem gleichen Prinzip funktionieren auch die Event Bindings in Angular. Wir verwenden hier die Syntax mit runden Klammern, die wir im Kapitel zur Template-Syntax schon kennengelernt haben. Die angegebene Handler-Funktion ist eine Methode der Komponente, in deren Template wir uns befinden:

Listing 6–42
Event Bindings in Angular

```
@Component({
  template: `
    <button (click)="myClickHandler()">My Button</button>
  `
})
export class MyComponent {
  myClickHandler() {
    console.log('Button geklickt');
  }
}
```

Klickt der Benutzer auf den Button, wird die Methode `myClickHandler()` aus der Klasse `MyComponent` ausgeführt.

Payload übergeben

Häufig werden zu einem Event weitere Informationen mitgeliefert. Diesen sogenannten *Payload* können wir an die Handler-Funktion übergeben und verarbeiten. Mit klassischen Event Handlern in JavaScript verwenden wir die Variable event:

Listing 6–43
Event-Payload übergeben (JavaScript)

```
<input onKeyUp="myKeyhandler(event)" type="text">
```

In Angular wird dafür die Variable $event eingesetzt. Sie beinhaltet immer automatisch den Payload für das jeweilige Ereignis.

Listing 6–44
Event-Payload übergeben (Angular)

```
@Component({
  template: '<input (keyup)="myKeyhandler($event)" type="text">'
})
export class MyComponent {
  myKeyHandler(e) {
    console.log(e);
  }
}
```

Geben wir, wie im Beispiel, den Event-Payload auf der Konsole aus, erhalten wir die Ausgabe, die in der Abbildung 6–8 dargestellt ist.

Der Payload ist ein Objekt vom Typ `KeyboardEvent`. Es handelt sich um ein natives DOM-Ereignis, das vom W3C spezifiziert ist.[8] Das Objekt enthält viele Informationen, unter anderem, welche Taste gedrückt wurde, um das Event auszulösen. Im Beispiel wurde auf der Tastatur die Taste A ohne Verwendung der ⇧-Taste gedrückt.

Mit dem Wissen, welchen Typ das Event hat, können wir die Handler-Methode übrigens stärker typisieren. So können wir sicherstel-

---

[8] https://ng-buch.de/x/33 – W3C: UI Events

6.3 Event Bindings: Auf Ereignisse in Komponenten reagieren

len, dass der Handler wirklich nur Events vom Typ `KeyboardEvent` verarbeitet. Versuchen wir, Events mit anderem Typ zu behandeln, führt das zu einem Fehler.

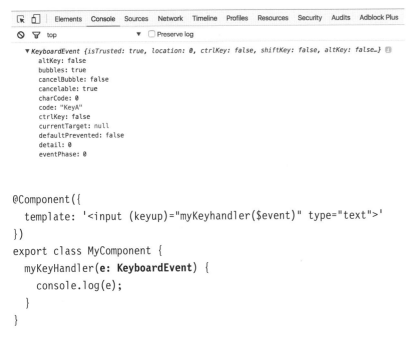

Abb. 6–8
Ausgabe des Payloads für das KeyboardEvent

```
@Component({
  template: '<input (keyup)="myKeyhandler($event)" type="text">'
})
export class MyComponent {
  myKeyHandler(e: KeyboardEvent) {
    console.log(e);
  }
}
```

Listing 6–45
Handler-Methode mit typisiertem Payload

Bis auf wenige Ausnahmen sind alle nativen DOM-Events auch in Angular eingebaut und können mit Event Bindings verarbeitet werden. Die Tabelle 6–3 zeigt die wichtigsten Events und wann sie ausgelöst werden.

> **Warum die Angular-Syntax verwenden?**
>
> Als Grundlage haben wir in der Einführung gezeigt, wie Event Handler in JavaScript eingesetzt werden, um native DOM-Events abzufangen. Aus Gewohnheit liegt es nahe, diesen Weg zu verwenden, anstatt die Angular-Syntax mit runden Klammern einzusetzen. **Leider funktioniert das nicht!** Nur wenn wir die eingebaute Angular-Syntax verwenden, wird die Handler-Funktion als Methode der Komponentenklasse angesehen. Würden wir Event Handler von JavaScript einsetzen, würde der Browser versuchen, die Methode im Gültigkeitsbereich des Templates zu suchen – wo sie nicht existiert.
>
> Es muss deshalb für Events *immer* die Angular-Syntax geschrieben werden. Das hat aber den Vorteil, dass wir uns grundsätzlich nur einen Weg merken müssen, egal ob für native oder selbst definierte Ereignisse.

Tab. 6–3
Native DOM-Events (Auswahl)

Event	wird ausgelöst beim…
`click`	Klick auf das Element
`dblclick`	Doppelklick auf das Element
`focus`	Fokussieren des Elements durch Auswählen (Maus oder Tastatur)
`blur`	Verlassen des Elements (z. B. Klick außerhalb)
`keydown`	Drücken einer Taste
`keyup`	Loslassen einer Taste
`mouseover`	Überfahren mit der Maus
`mouseout`	Verlassen mit der Maus
`contextmenu`	Aufrufen des Kontextmenüs
`select`	Auswählen von Text
`copy`, `paste`	Kopieren/Einfügen von Text
`submit`	Abschicken des Formulars

6.3.2 Eigene Events definieren

Wenn wir eine Komponente an ein DOM-Element binden, können wir aus der Komponente heraus Ereignisse triggern. Diese Ereignisse können wir auf dem Element abfangen und verarbeiten, wie wir es gerade gelernt haben.

EventEmitter

Dazu denken wir uns zunächst eine neue Komponente `EventComponent`. Wir wollen in dieser Komponente das Event `foo` triggern und aus der Komponente herausgeben. In der Klasse legen wir deshalb eine Eigenschaft `foo` an und initialisieren sie mit einem sogenannten `EventEmitter`. Dieses Objekt brauchen wir, um ein Ereignis auszulösen. Mit dem Typparameter in spitzen Klammern geben wir an, von welchem Typ der zurückgegebene Payload ist. Im Zweifel sollte hier any eingetragen werden.

Der Decorator `@Output()`

Um anzuzeigen, dass die Eigenschaft `foo` Ereignisse aus der Komponente herausgeben kann, verwenden wir den Decorator `@Output()`. Analog zum Decorator `@Input()` definieren wir damit die öffentliche Schnittstelle unserer Komponente und legen genau fest, welche Daten herein- und hinausfließen.

Die Methode `emit()`

Zum Auslösen von Events verfügt der `EventEmitter` über die Methode `emit(value)`. Das Argument `value` ist der Event-Payload und muss immer angegeben werden. Sollen keine zusätzlichen Daten übertragen werden, können wir z. B. `null` angeben.

6.3 Event Bindings: Auf Ereignisse in Komponenten reagieren

Im Template unserer `EventComponent` legen wir einen Button an. Das `click`-Event binden wir an eine Handler-Methode, die das Event `foo` auslöst und aus der Komponente »hinauswirft«.

```
import { Component, EventEmitter, Output } from '@angular/core';

@Component({
  selector: 'event-component',
  template: `
    <button (click)="handleClick()">foo auslösen</button>
  `
})
export class EventComponent {
  @Output() foo = new EventEmitter<any>();

  handleClick() {
    this.foo.emit();
  }
}
```

Listing 6–46
Eigene Events für eine Komponente definieren

Innerhalb unserer Hauptkomponente `MyComponent` binden wir die `EventComponent` ins Template ein. Damit verschachteln wir die Komponenten und es entsteht ein Komponentenbaum.

Auf dem DOM-Element können wir jetzt mit einem Event Binding das Ereignis `foo` abfangen und eine Handler-Methode aufrufen:

Eigenes Event abonnieren

```
<event-component (foo)="handleFoo()"></event-component>
```

Listing 6–47
Selbst definiertes Event einer Komponente mit einem Event Binding verarbeiten

Wenn wir beim Auslösen des Events in der `EventComponent` einen Payload übergeben haben, können wir diese Daten mit an die Handler-Methode übergeben:

```
<event-component (foo)="handleFoo($event)"></event-component>
```

Listing 6–48
Payload an die Handler-Methode übergeben

Die Kommunikation zwischen den verschachtelten Komponenten ist in der Abbildung 6–9 skizziert. Das Event `foo` fließt aus der `EventComponent` in die Hauptkomponente `MyComponent` und wird dort abgefangen und verarbeitet.

Wenn wir den Button in der `EventComponent` anklicken, wird in `MyComponent` die Methode `handleFoo()` ausgelöst.

Abb. 6–9
Kommunikation zwischen EventComponent und MyComponent

6.3.3 Den BookMonkey erweitern

> **Story – Event Bindings**
>
> Als Leser möchte ich Details eines Buchs abrufen können, um zu entscheiden, ob der Inhalt für mich von Interesse ist.
>
> - Bei Auswahl eines Listeneintrags soll die Bücherliste ausgeblendet und stattdessen eine Detailansicht mit Büchern angezeigt werden.
> - Es soll ein Button in der Detailansicht existieren, der dafür sorgt, dass die Detailansicht ausgeblendet und die Liste der Bücher wieder eingeblendet wird.

Die gelernte Theorie der Event Bindings wollen wir jetzt praktisch am BookMonkey anwenden. Bisher hat die Anwendung eine Listenansicht für die Bücher. Zusätzlich soll jetzt eine Detailansicht angelegt werden, in der man ein einzelnes Buch betrachten kann.

Buchliste und Detailseite sind jeweils eigenständige Komponenten, die in die Hauptkomponente `AppComponent` eingebunden sind. Damit nur immer eine der beiden Komponenten angezeigt wird, wollen wir die jeweils andere mit der Direktive `ngIf` ausblenden.

Beide Komponenten können ein Event an die Hauptkomponente übermitteln, um die jeweils andere Ansicht anzuzeigen. Damit kann man dann zwischen den beiden Ansichten umschalten. Das einzelne anzuzeigende Buch wird mit einem Property Binding an die Detailansicht übergeben.

Damit sieht die Kommunikation im Komponentenbaum so aus:

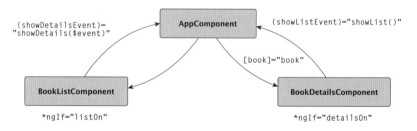

Abb. 6–10
Kommunikation zwischen Komponenten im BookMonkey

Komponente für die Detailansicht anlegen

Als Erstes legen wir die Komponente für die Detailansicht an. Für das Grundgerüst verwenden wir wieder die Angular CLI. Die neue Komponente soll `BookDetailsComponent` heißen und über kein externes Stylesheet verfügen.

6.3 Event Bindings: Auf Ereignisse in Komponenten reagieren

```
$ ng g component book-details -is
```

Listing 6–49
Komponente BookDetails-Component mit der Angular CLI anlegen

Es ergibt sich die folgende Ordnerstruktur im Projekt:

```
src
└── app
    ├── book-details
    │   ├── book-details.component.html
    │   ├── book-details.component.spec.ts
    │   └── book-details.component.ts
    ├── book-list
    │   └── ...
    ├── book-list-item
    │   └── ...
    ├── shared
    │   └── ...
    └── ...
```

Für die Komponente wird automatisch der Selektor `bm-book-details` vergeben. Die Eigenschaft `book` wird über ein Property Binding mit einem Buch-Objekt gefüllt, wie wir es schon von der Item-Komponente aus dem vorherigen Kapitel kennen.

```
import { Component, Input } from '@angular/core';

import { Book } from '../shared/book';

@Component({
  selector: 'bm-book-details',
  templateUrl: './book-details.component.html'
})
export class BookDetailsComponent {
  @Input() book: Book;

  getRating(num: number) {
    return new Array(num);
  }
}
```

Listing 6–50
BookDetails-Component (book-details.component.ts)

Das zugehörige Template stellt die Buchinfos ansprechend dar. Die Thumbnails werden am unteren Seitenrand klein dargestellt, noch dazu wird das erste Bild als Titelbild neben den Buchdaten angezeigt. Die Liste der Autoren und Thumbnails durchlaufen wir mit der Direktive `ngFor`. Für die Bewertung des Buchs sollen Sterne angezeigt werden. Die Methode `getRating(num)` gibt dazu ein Array mit leeren Elementen

Template für die Detailansicht

zurück. Es wird als Basis genutzt, um mit ngFor die Sterne mehrfach anzuzeigen.

Für das Styling bedienen wir uns wieder der Möglichkeiten des Style-Frameworks Semantic UI.

Listing 6–51
Template der Komponente BookDetails-Component (book-details .component.html)

```
<div class="ui grid" *ngIf="book">
  <div class="four wide column">
    <img class="ui large image" [src]="book.thumbnails[0].url">
  </div>
  <div class="twelve wide column">
    <h1 class="ui header">{{ book.title }}</h1>
    <h3 class="ui header">{{ book.subtitle }}</h3>
    <div class="ui divider"></div>
    <div class="ui grid">
      <div class="four wide column">
        <h4 class="ui header">Autoren</h4>
        <span *ngFor="let author of book.authors; last as l">
          {{ author }}<span *ngIf="!l">, </span>
        </span>
      </div>
      <div class="four wide column">
        <h4 class="ui header">ISBN</h4>
        {{ book.isbn }}
      </div>
      <div class="four wide column">
        <h4 class="ui header">Erschienen</h4>
        {{ book.published }}
      </div>
      <div class="four wide column">
        <h4 class="ui header">Rating</h4>
        <i *ngFor="let r of getRating(book.rating)" class="yellow star icon"></i>
      </div>
    </div>
  </div>
  <div class="sixteen wide column">
    <h3 class="ui header">Beschreibung</h3>
    {{ book.description }}
  </div>
```

6.3 Event Bindings: Auf Ereignisse in Komponenten reagieren

```
<div class="sixteen wide column">
  <div class="ui small images">
    <img *ngFor="let thumbnail of book.thumbnails"
    ↪ [src]="thumbnail.url">
  </div>
</div>
</div>
```

Der Screenshot in Abbildung 6–11 zeigt, wie die Detailansicht für ein Buch aussieht.

Abb. 6–11
Detailansicht

Als Nächstes binden wir die Buchliste und die Detailseite in die Hauptkomponente ein. Wir setzen beide Komponenten direkt untereinander, denn es wird ohnehin nur jeweils eine der beiden angezeigt.

Um das zu erreichen, werden beide Elemente mit der Direktive ngIf ausgestattet. In der Hauptkomponente führen wir außerdem zwei Statuseigenschaften ein: Die Buchliste soll nur angezeigt werden, wenn die Eigenschaft listOn wahr ist, die Detailkomponente nur dann, wenn detailsOn wahr ist. Für beide Eigenschaften vergeben wir Standardwerte, sodass beim Laden der Seite zuerst die Buchliste angezeigt wird.

Die Detailkomponente muss immer über das anzuzeigende Buch verfügen. Wir sorgen später dafür, dass dieses Objekt immer in der Komponenteneigenschaft book vorliegt. Von hier aus fließt das Objekt über ein Property Binding an die Detailkomponente.

Buchliste und Detailansicht in Hauptkomponente einbinden

Listing 6–52
AppComponent
(app.component.ts)

```
import { Component } from '@angular/core';
import { Book } from './shared/book';

@Component({
  selector: 'bm-root',
  template: `
    <bm-book-list *ngIf="listOn"></bm-book-list>
    <bm-book-details *ngIf="detailsOn" [book]="book">
        </bm-book-details>
  `
})
export class AppComponent {
  listOn = true;
  detailsOn = false;

  book: Book;
}
```

Wenn wir die Anwendung jetzt aufrufen, wird die Buchliste angezeigt und die Detailansicht ist ausgeblendet. Zum Wechseln der Ansichten müssen wir noch die Kommunikation zwischen den Komponenten herstellen.

Die Buchliste erweitern

Wir kümmern uns zunächst um die Buchliste. Wird ein Buch in der Liste angeklickt, soll ein Event nach oben zur Hauptkomponente gereicht werden. Hier werden die Statuseigenschaften geändert, sodass die Detailansicht eingeblendet wird.

In der Listenkomponente erstellen wir eine Eigenschaft showDetails-Event, die wir mit dem Decorator @Output() versehen. Wir erzeugen einen EventEmitter, mit dem wir das Event auslösen können.

Im Template der Buchliste fügen wir als Nächstes ein Event Binding für den Klick auf ein Buch hinzu. Wird ein Buch angeklickt, wird die Methode showDetails() aufgerufen und als Payload das jeweilige Buch aus der Liste übergeben. Dieses Buch-Objekt wird später in der Hauptkomponente gespeichert und von dort an die Detailkomponente übergeben.

Die Methode showDetails() in der Listenkomponente löst schließlich das Event aus.

Listing 6–53
Ausschnitt aus der Komponente BookListComponent (book-list.component.ts)

```
import { Component, OnInit, Output,
    EventEmitter } from '@angular/core';
import { Book, Thumbnail } from '../shared/book';
@Component({
  // ...
})
```

6.3 Event Bindings: Auf Ereignisse in Komponenten reagieren

```
export class BookListComponent implements OnInit {
  books: Book[];
  @Output() showDetailsEvent = new EventEmitter<Book>();

  ngOnInit() {
    // ...
  }

  showDetails(book: Book) {
    this.showDetailsEvent.emit(book);
  }
}
```

```html
<div class="ui middle aligned selection divided list">
  <a class="bm-book-list-item item"
     *ngFor="let b of books" [book]="b"
     (click)="showDetails(b)">
  </a>
</div>
```

Listing 6–54
Template der Komponente BookListComponent (book-list.component.html)

In der Detailansicht gehen wir ähnlich vor. Wir erstellen zunächst eine Eigenschaft showListEvent, in der wir einen EventEmitter initialisieren. Im Template der Detailansicht legen wir einen Button an, mit dem wir zur Listenansicht zurückgelangen sollen (Listing 6–56). Beim Klick auf den Button wird die Methode showBookList() ausgeführt, die wiederum das Event aus der Komponente hinauswirft.

Die Detailansicht erweitern

```typescript
import { Component, Input, Output,
    EventEmitter } from '@angular/core';
import { Book } from '../shared/book';

@Component({
  // ...
})
export class BookDetailsComponent {
  @Input() book: Book;
  @Output() showListEvent = new EventEmitter<any>();

  // ...

  showBookList() {
    this.showListEvent.emit();
  }
}
```

Listing 6–55
Ausschnitt aus der Komponente BookDetails-Component

Listing 6–56
Ausschnitt aus dem Template der Komponente BookDetails-Component

```
<div class="ui grid" *ngIf="book">
  ...
</div>

<button (click)="showBookList()" class="ui red button">Zurück zur
  ↪ Buchliste</button>
```

Unsere beiden Komponenten verfügen jetzt also über Output-Eigenschaften und können ein Event auslösen, wenn zur jeweils anderen Komponente gewechselt werden soll.

Events in der Hauptkomponente abfangen

Diese beiden Event-Typen müssen wir jetzt in der Hauptkomponente abfangen und die Statuseigenschaften ändern. Dazu führen wir in der Komponente `AppComponent` die zwei Methoden `showList()` und `showDetails()` ein. Sie tauschen die Zustände `listOn` und `detailsOn` aus. Die Methode `showDetails()` empfängt außerdem ein Buch-Objekt als Event-Payload und schreibt es in die Eigenschaft `book` der Komponentenklasse. Von hier aus fließt das Buch über ein Property Binding in die Detailansicht.

Die beiden neuen Methoden verwenden wir jetzt als Handler für die Events. Wird ein Event in einer der beiden Komponenten ausgelöst, werden also die Statuseigenschaften getauscht und die jeweils andere Komponente wird angezeigt.

Die komplette Komponente `AppComponent` ist im Listing 6–57 zu sehen.

Listing 6–57
Hauptkomponente AppComponent (app.component.ts)

```
import { Component } from '@angular/core';
import { Book } from './shared/book';

@Component({
  selector: 'bm-root',
  template: `
    <bm-book-list *ngIf="listOn"
      ↪ (showDetailsEvent)="showDetails($event)"></bm-book-list>
    <bm-book-details *ngIf="detailsOn"
      ↪ (showListEvent)="showList()"
      ↪ [book]="book"></bm-book-details>
  `
})
export class AppComponent {
  listOn = true;
  detailsOn = false;

  book: Book;
```

6.3 Event Bindings: Auf Ereignisse in Komponenten reagieren

```
showList() {
  this.listOn = true;
  this.detailsOn = false;
}

showDetails(book: Book) {
  this.book = book;
  this.listOn = false;
  this.detailsOn = true;
}
}
```

Fertig! Wir können nun zwischen den beiden Komponenten unserer Anwendung wechseln. Klicken wir ein Buch in der Listenansicht an, werden wir zur Detailansicht geleitet. Von dort aus gelangen wir mit einem Klick auf den Button wieder zurück zur Buchliste.

Retrospektive

In diesem Kapitel haben wir im BookMonkey zwei wechselbare Ansichten implementiert. Dazu haben wir zwei Komponenten angelegt, von denen jeweils nur eine angezeigt wird. Die Kommunikation zwischen den beiden Komponenten haben wir mit Events organisiert. Zugegeben, dieser Weg ist sehr umständlich und nicht gut in der Praxis einsetzbar. Das Prinzip hat noch ein paar Schwächen:

Die Lösung ist nicht optimal.

- keine URLs für Seiten, beim Neuladen wird immer die Buchliste angezeigt
- keine Navigation im Browser mit Vor/Zurück
- für mehrere Komponenten sehr aufwendig
- tiefere Verschachtelung von Komponenten sehr kompliziert
- nicht modular, weil Komponenten intern voneinander abhängen
- keine echten Links, sondern nur `click`-Events, dadurch keine Navigation mit der Tastatur möglich

Im Einzelfall mag diese Lösung einsetzbar sein, sie ist für mehr als zwei Komponenten aber viel zu umständlich. Es muss deshalb eine robustere Lösung her. Ab Seite 128 widmen wir uns deshalb ausführlich dem Prinzip des Routings, mit dem wir diese Probleme gezielt angehen können.

Was haben wir gelernt?

- Mit Event Bindings können Ereignisse auf DOM-Elementen abgefangen werden.
- Es wird die Syntax mit runden Klammern verwendet: `<element (event)="handler($event)"></element>`.
- Es gibt native Events, die duch Benutzeraktionen oder Statusänderungen ausgelöst werden, z. B. `click` oder `mouseover`.
- Ist eine Komponente an ein Element gebunden, können Ereignisse aus der Komponente heraus getriggert werden.
- Dazu werden in der Komponente ein `EventEmitter` und der Decorator `@Output()` eingesetzt.
- Mit Event Bindings können wir Daten im Komponentenbaum nach oben übermitteln.

Demo und Quelltext:
https://ng-buch.de/it1-evt

7 Powertipp: Styleguide

Verschiedene Entwickler bringen oft verschiedene Stile in ein Projekt. Dabei geht es häufig um syntaktische Fragen (»Einrücken mit Leerzeichen oder Tab?«), aber auch zu Softwarestruktur und Codestil muss man Einigungen finden. Bei der Arbeit mit einem Framework wie Angular kommen außerdem die plattformspezifischen Eigenschaften hinzu.

Um den Einstieg zu vereinfachen, bringt Angular eine offizielle Empfehlung zum Stil mit: den Styleguide.[1] In diesem Dokument sind Hinweise und Regeln zusammengefasst, die sich als Best Practice erwiesen haben. Alle Empfehlungen sind begründet, sodass der Leser sich mit den Argumenten auseinandersetzen kann.

Offizielle Empfehlung zum Codestil

Wir arbeiten in diesem Buch nach den Empfehlungen des Styleguides. Viele Hinweise, vor allem zur Benennung von Klassen und Dateien, verfolgt die Angular CLI schon automatisch für uns. Der Styleguide ist ein wertvolles Mittel, um bei der Arbeit mit Angular eine klare stilistische Linie zu verfolgen.

In diesem Zusammenhang ist das Projekt *Codelyzer* interessant.[2] Codelyzer führt eine syntaktische und semantische Prüfung des Codes durch, die sich nach dem Styleguide richtet. Das Tool wird automatisch von der Angular CLI installiert und integriert sich nahtlos mit TSLint. Ist also das Plugin für TSLint im Editor aktiviert, wird geprüft, ob der Code den Richtlinien des Styleguides entspricht. Visual Studio Code zeigt mit grünen Markierungen an, wenn eine Regel nicht eingehalten wurde.

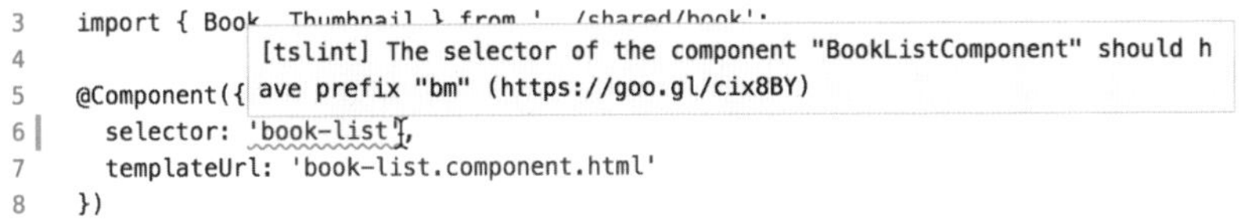

Codelyzer

```
3  import { Book_Thumbnail } from './shared/book';
      [tslint] The selector of the component "BookListComponent" should h
4  
5  @Component({ ave prefix "bm" (https://goo.gl/cix8BY)
6    selector: 'book-list',
7    templateUrl: 'book-list.component.html'
8  })
```

Abb. 7–1
TSLint mit Codelyzer zeigt an, wenn die Regeln aus dem Styleguide verletzt werden.

---

[1] https://ng-buch.de/x/32 – Angular Docs: Style Guide
[2] https://ng-buch.de/x/34 – GitHub: Codelyzer

8 Services & Routing: Iteration II

> »Managing state transitions is one of the hardest parts of building applications.«
>
> Victor Savkin
> (Ehemaliges Mitglied des Angular-Teams und Mitgründer von Nrwl.io)

8.1 Dependency Injection: Code in Services auslagern

In der ersten Iteration haben wir das Konzept der Komponenten kennengelernt und eine Listenansicht mit verschachtelten Komponenten erstellt. Bislang ist die komplette Buchliste statisch in der Komponente `BookListComponent` hinterlegt. Diese Herangehensweise ist natürlich keine gute Praxis, denn aktuell gibt es keine (saubere) Möglichkeit, auf die Bücherdaten von einer anderen Stelle aus zuzugreifen. Es wird Zeit, dass wir die Daten in einen eigenen Service auslagern!

> **Klärung des Begriffs »Service«**
>
> Eine Funktion oder Klasse, welche eine Funktionalität für eine andere Funktion oder Klasse bereitstellt, wollen wir als »Service« bezeichnen. Der Begriff wird sehr häufig in der Softwareentwicklung verwendet. Der »Service« ist zum Beispiel auch ein Baustein des *Domain Driven Designs*. Im aktuellen Fall ist ein Domänenmodell erkennbar, dies muss aber nicht immer der Fall sein. Ein Service kann auch sehr viel technischen Code und wenig fachliche Aspekte beinhalten. Wir wollen daher mit dem Begriff ausschließlich verdeutlichen, dass es sich um mehrfach verwendbaren Code handelt.

Unsere `BookListComponent` soll demnach die Klasse `BookStoreService` verwenden. Auch andere Komponenten, etwa `BookDetailsComponent`, sollen auf dieselbe Klasse zugreifen können. Das Prinzip des Inversion of Control (IoC) und das Entwurfsmuster Dependency Injection (DI) helfen uns dabei.

Inversion of Control

Warum Inversion of Control?

Wenn man an einer beliebigen Stelle im Programmcode eine Klasse verwenden möchte, so liegt es zunächst nahe, jene andere Klasse auch an Ort und Stelle zu initialisieren. Dieser Ansatz kann zum Beispiel wie folgt aussehen:

Listing 8–1
So sollte man keine Abhängigkeit initialisieren.

```
class BookDetails {
  constructor() {
    this.bookStoreService = new BookStoreService();
  }
}
```

Nun steht man vor einem Dilemma: Das direkte Erzeugen von Abhängigkeiten verursacht zunehmend unübersichtlichen und schwer wartbaren Code. Dies äußert sich unter anderem darin, dass kleine Anpassungen am Konstruktor einer Klasse weitreichende Änderungen in der ganzen Anwendung nach sich ziehen. Ein weiteres untrügbares Anzeichen für unsauberen Code ist der Aufwand, den man für das Aufsetzen eines Unit-Tests benötigt. Es liegt etwas im Argen, wenn ein beachtlicher Anteil der Entwicklungstätigkeit durch das Aufsetzen von Abhängigkeiten blockiert wird.

Angular bietet Inversion of Control per Dependency Injection.

Das Problem lässt sich von Beginn an vermeiden, indem man die Verantwortung für die Erzeugung von Abhängigkeiten an eine übergeordnete Stelle abgibt. Weder `BookDetailsComponent` noch `BookListComponent` dürfen daher mittels des Schlüsselworts `new` bzw. einer ähnlichen Operation eine Abhängigkeit erzeugen. Stattdessen erhalten sie die Abhängigkeit von einer übergeordneten Instanz. Genau das ist die Idee hinter dem Prinzip des IoC. Hierbei kehrt man die Verantwortlichkeit zum Erzeugen eines Objekts einfach um. Das Prinzip kann durch verschiedene Entwurfsmuster umgesetzt werden. Angular verwendet das Entwurfsmuster *Dependency Injection* (DI). Wer mehr zu IoC-Containern und dem DI-Pattern erfahren will, dem empfehlen wir die exzellente Erläuterung von Martin Fowler.[1]

---

[1] https://ng-buch.de/x/35 – Martin Fowler: »Inversion of Control Containers and the Dependency Injection pattern«

8.1 Dependency Injection: Code in Services auslagern

Abb. 8–1
Die wichtigsten Bausteine für DI in Angular

8.1.1 Abhängigkeiten anfordern

Angular setzt auf die sogenannte *Constructor Injection*. Durch den Einsatz von TypeScript-Typen lässt sich eine Abhängigkeit leicht anfordern:

```
@Component({
  // ...
})
class MyComponent {
  constructor(myDependency: MyDependencyType) {
    console.log('Abhängigkeit:', myDependency)
  }
}
```

Listing 8–2
Constructor Injection mit TypeScript

Alle Klassen, die bereits einen Decorator von Angular besitzen, können dieses Feature direkt nutzen. Bei Services ist dies nicht der Fall, da man hier ganz normale Klassen verwendet. Um bei Services ebenso Abhängigkeiten anfordern zu können, verwenden wir den Decorator @Injectable().

Services mit @Injectable() dekorieren

```
import { Injectable } from '@angular/core';

@Injectable()
export class MyService {
  constructor(myDependency: MyDependencyType) {
    console.log('Abhängigkeit:', myDependency)
  }
}
```

Listing 8–3
Constructor Injection bei Services

Primitive Datentypen wie Strings, Zahlen oder Booleans können wir nicht auf dieselbe Art verwenden. Der Typ aller Strings ist string, und so könnte der Injector keine zwei Strings voneinander unterscheiden. Um auch diese zu identifizieren, nutzen wir den Decorator @Inject(). Der Decorator @Inject() erwartet immer ein eindeutiges Token. Als Token können wir einen TypeScript-Typ[2] oder einen eindeutigen String verwenden.

@Inject() fordert jede Art von Abhängigkeit an.

---

[2] Einen Typ als Token einzusetzen wird selten benötigt, denn die kürzere TypeScript-Syntax aus Listing 8–2 führt zum selben Ergebnis.

Listing 8–4
Constructor Injection mit primitiven Datentypen

```
@Component({
  // ...
})
class MyComponent {
  constructor(@Inject("myConfig") myConfig: string) {
    console.log('Einfacher Wert:', myConfig)
  }
}
```

Wie im Listing 8–4 angedeutet, eignet sich `@Inject()` sehr gut dazu, Konfigurationswerte zu empfangen. Im Kapitel zum Deployment auf Seite 413 zeigen wir dazu eine konkrete Umsetzung für den BookMonkey.

8.1.2 Eingebaute Abhängigkeiten

Das Angular-Framework wird mit einer Reihe von »Injectables« ausgeliefert. Viele davon sind für Spezialfälle[3] gedacht und sollten nur bei tatsächlicher Notwendigkeit verwendet werden. Bedenkenlos lässt sich allerdings der injizierbare Service `Console` einsetzen. Dieser ist lediglich ein Wrapper um die native JavaScript-Console. Der Vorteil besteht aber darin, dass wir jederzeit den eingebauten Service durch unseren eigenen Console-Service ersetzen könnten.

Console injizieren

Listing 8–5
Constructor Injection mit dem Console-Service

```
@Component({
  // ...
})
class MyComponent {
  constructor(console: Console) {
    console.log('One example for a built-in injectable!');
  }
}
```

Wir werden später noch die injizierbaren Services `Router` (ab Seite 128) und `Http` (ab Seite 169) kennenlernen.

8.1.3 Abhängigkeiten bereitstellen

Die Abhängigkeiten in unserem eigenen Code sollten ebenso über das DI von Angular abgebildet werden. Hierfür können wir den Dekoratoren `@NgModule()`, `@Component()` und `@Directive()`[4] entsprechende Bau-

---

[3] etwa `ViewUtils`, `DomRenderer`, `NgZone` usw.
[4] Auf diesen Decorator gehen wir später noch ein!

8.1 Dependency Injection: Code in Services auslagern

anleitungen übergeben. Möchten wir z. B. den Service `MyService` bekannt machen, so schreiben wir Folgendes:

```
@NgModule({
  declarations: [AppComponent],
  imports:      [BrowserModule],
  providers:    [MyService],
  bootstrap:    [AppComponent]
})
export class AppModule { }
```

Listing 8-6
Dependency über @NgModule() bereitstellen

Das Property `providers` versteht mehrere Bauanleitungen. Die einfachste Anleitung besteht darin, einen TypeScript-Typ anzugeben. Von diesem wird dann eine Instanz erzeugt. Das Listing 8-6 kann auch in einer längeren Syntax ausgedrückt werden. Soll ein Token als Klasse aufgelöst werden, so verwenden wir `useClass`:

```
@NgModule({
  // ...
  providers: [{
    provide: MyService,
    useClass: MyService
  }]
})
export class AppModule { }
```

Listing 8-7
Verwendung von useClass

Ebenso kann ein Token auch zu einem einfachen Wert aufgelöst werden (`useValue`):

```
let providers = [{
  provide: 'myConfig',
  useValue: 'Configuration Value'
}]
```

Listing 8-8
Verwendung von useValue

Wie man hier gut sieht, kann ein Token nicht nur ein Typ, sondern auch ein String sein. Es kann so allerdings zu Namenskollisionen bei gleichlautenden Strings kommen. Diesen Umstand muss man vor allem dann beachten, wenn der Code als wiederverwendbare Bibliothek zur Verfügung gestellt werden soll. Um Kollisionen zu verhindern, können wir die Klasse `InjectionToken<T>` einsetzen. Wir müssen lediglich von `InjectionToken<T>` eine Instanz erzeugen, schon ist der Token erneut eindeutig:

Listing 8-9
Definition per InjectionToken<T> (token.ts)

```
import { InjectionToken } from '@angular/core';

export const MY_CONFIG_TOKEN
  = new InjectionToken<string>('myConfig');
```

Listing 8-10
Bereitstellung von InjectionToken<T> (z. B. app.module.ts)

```
import { MY_CONFIG_TOKEN } from './token';

let providers = [{
  provide: MY_CONFIG_TOKEN,
  useValue: 'Configuration Value'
}]
```

Listing 8-11
Verwendung von InjectionToken<T> (my.component.ts)

```
import { MY_CONFIG_TOKEN } from './token';

@Component({
  // ...
})
export class MyComponent {
  constructor(@Inject(MY_CONFIG_TOKEN) token: string) {
    console.log(token);
  }
}
```

Wie man sieht, kann der Token MY_CONFIG_TOKEN anstelle eines »magischen Strings« verwendet werden. Durch den Paramter T erhalten wir ein zusätzliches Level an Typsicherheit. Der InjectionToken<T> steht ab Angular 4 zur Verfügung.

Weiterhin kann eine Factory-Methode angegeben werden (useFactory). Fabriken bieten sich an, wenn das Objekt eine komplexere Initialisierung verlangt.

Listing 8-12
Verwendung von useFactory

```
let providers = [{
  provide: MyService,
  useFactory: (otherDependency: OtherDependency) => {
    return new MyService(otherDependency)
  },
  deps: [OtherDependency]
}]
```

8.1 Dependency Injection: Code in Services auslagern

Das Beispiel zeigt eine Fabrik, welche wiederum eine weitere Abhängigkeit anfordert. Werden keine weiteren Abhängigkeiten für die Fabrik benötigt, so kann das Property deps weggelassen werden.

> **Tipp**
> Die verschiedenen Bauanleitungen (Provider) sind vor allem auch für das Aufsetzen von Unit-Tests von Bedeutung. Mehr dazu im Abschnitt »Tests mit Karma« ab Seite 376.

Der große Vorteil des DI-Containers ist seine Fähigkeit, alle Abhängigkeiten als Baumstruktur aufzulösen. Hat unser Code weitere Abhängigkeiten und diese Abhängigkeiten wiederum Abhängigkeiten, so stellt dies kein Problem dar. Sogar zirkuläre Referenzen werden unterstützt (Klasse A benötigt Klasse B und B benötigt A). Für den seltenen Fall, dass eine solche zirkuläre Abhängigkeit nicht vermieden werden kann, hilft die Funktion forwardRef[5] aus @angular/core.

Baum von Abhängigkeiten

Wie in den Beispielen gezeigt, stellt man die Dependencys normalerweise per @NgModule() zur Verfügung. Möchte man allerdings eine spezielle Komponente (und die im Abhängigkeitsbaum darunter liegenden Komponenten) mit einer anderen Dependency versorgen, so kann man eine Bauanleitung auch direkt bei der Komponente angeben.

Provider in Komponenten registrieren

```
@Component({
  // ...
  providers: [Console]
})
class MyComponent {
  constructor(console: Console) {
    // ...
  }
}
```

Listing 8–13
Provider direkt in der Komponente angeben

Wir verwenden dieses Konstrukt im BookMonkey nicht.

---

[5] https://ng-buch.de/x/36 – Angular Docs: API Reference: forwardRef

8.1.4 Den BookMonkey erweitern

> **Optimierungvorschlag – Codekapselung per Service**
>
> Um die Komplexität der `BookListComponent` zu verringern, soll die Bereitstellung der Daten ausgelagert werden. Dadurch erreichen wir Code, der besser lesbar und wartbar ist. Außerdem sind wir künftig in der Lage, die Datenbereitstellung auszutauschen, ohne dass in der `BookListComponent` eine Änderung vorgenommen werden muss.
>
> - Buchinformationen, welche an unterschiedlichen Stellen in der Benutzeroberfläche dargestellt werden, sollen stets konsistent zueinander sein.
> - Daten eines Buchs sollen aus einer zentralen Quelle geladen werden.

Beispielbücher in Service auslagern

Es geht in dieser Iteration darum, ein wenig aufzuräumen. Die Komponente `BookListComponent` hat zu viele Aufgaben. Sie zeigt zum einen eine Liste von Büchern an, zum anderen verwaltet sie auch das Bücher-Array. Dies entspricht nicht dem Prinzip des »Separation of Concerns«. Wir wollen daher den Code mit dem Bücher-Array in die Klasse `BookStoreService` auslagern. Spätere Änderungen müssen dann lediglich an einer einzigen Stelle im Code durchgeführt werden. Dadurch wird ein höherer Grad an Abstraktion erreicht und eine Unabhängigkeit von der tatsächlichen Datenquelle geschaffen. Über den neuen Service können wir dann später Daten von einer REST-Schnittstelle anbieten. Vorerst genügt es uns jedoch, die Daten fix in den Service einzubetten.

Service generieren

Zum Anlegen des Service nutzen wir die Angular CLI:

Listing 8–14
Service anlegen mit der Angular CLI

```
$ ng g service shared/book-store
```

Es ergibt sich die folgende Dateistruktur:

```
src
└── app
    ├── book-details
    │   └── ...
    ├── book-list
    │   └── ...
    ├── book-list-item
    │   └── ...
    ├── shared
    │   ├── book-store.service.ts
    │   ├── book-store.service.spec.ts
    │   └── ...
    └── ...
```

8.1 Dependency Injection: Code in Services auslagern

Wir benötigen für die Serviceklasse zunächst nur eine Methode: getAll(). Wie der Name vermuten lässt, soll diese alle Bücher zurückgeben. Die verwendeten Buchdaten hinterlegen wir zunächst statisch in dieser Klasse, später wollen wir dafür natürlich den Webservice nutzen. Damit der Service als solcher erkennbar ist, sollten wir die Klasse mit dem Decorator @Injectable() annotieren.

Methode getAll()

> **Muss man Services immer mit `@Injectable()` markieren?**
>
> Streng genommen ist bei dem vorliegenden `BookStoreService` kein Decorator notwendig. Der Decorator wird aus technischer Sicht dafür benötigt, Abhängigkeiten über den Konstruktor anzufordern. Zum aktuellen Stand gibt es noch keine Abhängigkeiten, und so lässt sich der Service auch ohne `@Injectable()` problemlos in den Komponenten verwenden. Wir haben den Konstruktor jedoch trotzdem dekoriert, damit man die Klasse sofort als Service erkennt.

Listing 8–15
BookStoreService
(book-store.service.ts)

```typescript
import { Injectable } from '@angular/core';
import { Book, Thumbnail } from './book';

@Injectable()
export class BookStoreService {
  books: Book[];

  constructor() {
    this.books = [
      new Book(
        '9783864903571',
        'Angular',
        ['Hoppe', 'Koppenhagen', 'Malcher', 'Woiwode'],
        new Date(2017, 3, 1),
        'Grundlagen, fortgeschrittene Techniken und Best
          Practices...',
        5,
        [new Thumbnail('https://ng-buch.de/cover2.jpg',
          'Buchcover')],
        'Dieses Buch vermittelt einen Schnelleinstieg...'
      ),
      // ggf. weitere Einträge
    ];
  }

  getAll() {
    return this.books;
  }
}
```

8 Services & Routing: Iteration II

Provider für den Service registrieren

Der neue Service muss noch bekannt gemacht werden, dies geschieht im zentralen `AppModule`. Im aktuellen Fall wäre ebenso möglich, den Service nur in der `BookListComponent` zu registrieren. Für die nächsten Iterationen werden wir den Service jedoch mehrfach verwenden, daher ist das `AppModule` ein besser geeigneter Ort. Wir öffnen die Datei `app.module.ts` und tragen den Service in die Eigenschaft `providers` ein.

Listing 8–16 AppModule mit Provider (app.module.ts)

```typescript
// Hier fehlen mehrere Import-Statements!
import { BookStoreService } from './shared/book-store.service';

@NgModule({
  // ...
  providers: [
    BookStoreService
    // ...
  ]
})
export class AppModule { }
```

> **Achtung, hier fehlen mehrere Import-Statements!**
>
> Eine komplexere TypeScript-Datei besteht aus vielen Imports. Diese alle zu drucken, wäre sehr redundant. Wir zeigen in diesem Buch deshalb immer nur ausgewählte Imports, die für das Verständnis sinnvoll sind. Die Erweiterung *Auto Import*[a] für Visual Studio Code hilft Ihnen beim Einfügen der fehlenden Statements. In den GitHub-Repositorys zu den Iterationen sind die Imports natürlich vollständig aufgeführt.
>
> [a] https://ng-buch.de/x/5 – Visual Studio Code: Auto Import

Service verwenden

Nun können wir den Service in der Komponente `BookListComponent` verwenden. Wir fordern die Abhängigkeit über den Konstruktor an.

Listing 8–17 Service verwenden in der BookListComponent (book-list.component.ts)

```typescript
import { Component, OnInit, Output, EventEmitter } from
    '@angular/core';

import { Book } from '../shared/book';
import { BookStoreService } from '../shared/book-store.service';
```

```
@Component({
  selector: 'bm-book-list',
  templateUrl: './book-list.component.html'
})
export class BookListComponent implements OnInit {
  books: Book[];
  @Output() showDetailsEvent = new EventEmitter<Book>();

  constructor(private bs: BookStoreService) { }

  ngOnInit() {
    this.books = this.bs.getAll();
  }

  showDetails(book: Book) {
    this.showDetailsEvent.emit(book);
  }
}
```

Durch die Verwendung des Zugriffsmodifizierers private (siehe Seite 36) steht die Variable als Klassen-Property zur Verfügung. Zur Initialisierung des books-Arrays können wir nun in ngOnInit() auf die Servicemethode zurückgreifen. Die Komponente BookListComponent ist nun wieder viel kürzer und übersichtlicher geworden.

Was haben wir gelernt?

- Angular setzt auf das Entwurfsmuster »Dependency Injection«.
- Der hierarchische DI-Container wird über @NgModule(), @Component() oder @Directive() befüllt. Hierzu verwendet man stets das Property providers und eine Bauanleitung (Provider).
- Mittels Services kann man Code in eigenständige Klassen auslagern.
- Services werden mit @Injectable() dekoriert.
- Abhängigkeiten können über den Konstruktor einer dekorierten Klasse angefordert werden. Angular kümmert sich automatisch darum, die Abhängigkeiten bereitzustellen.

Demo und Quelltext:
https://ng-buch.de/it2-di

8.2 Routing: Durch die Anwendung navigieren

Wir haben für unseren BookMonkey einzelne Komponenten für die Listenansicht und die Detailansicht entwickelt. Im letzten Abschnitt haben wir die Buchdaten aus der Listenkomponente in einen Service ausgelagert. Das ist der Grundstein dafür, die Daten in verschiedenen Komponenten zur Verfügung zu haben.

Um beide Ansichten in der Anwendung sehen zu können, haben wir die beiden Komponenten gegeneinander ausgetauscht. Das Prinzip hatte seine Schwächen, vor allem wegen der Komplexität und weil der Zustand nicht persistiert werden kann.

Komponenten nach Zustand austauschen

An dieser Stelle kommt das Prinzip des *Routings* ins Spiel. Als Routing bezeichnen wir das Laden von Bereichen der Anwendung abhängig vom Zustand. Der Dienst, der den Zustand der Angular-Anwendung verwaltet, nennt sich *Router*. Er tauscht automatisch die geladene Komponente aus und ermöglicht uns damit die Navigation zwischen verschiedenen Bereichen.

Mittels Routing wollen wir nun eine Detailansicht und die Listenansicht gleichzeitig verfügbar machen. Alle Ansichten sollen vom Nutzer über URLs aufrufbar sein, wie wir es von herkömmlichen Webanwendungen kennen. Über klickbare Links wollen wir durch die Anwendung navigieren.

Warum Routing?

Mit Angular entwickeln wir Single-Page-Applikationen. Dieses Konzept besagt, dass es nur eine einzige HTML-Seite gibt, deren tatsächliche Inhalte dann asynchron nachgeladen werden. Dabei findet in der Regel gar kein »hartes« Neuladen der Seite statt. Das führt zu neuen Herausforderungen bei der Navigation mit dem Browser. Wie sollen einzelne Komponenten der Applikation verlinkt werden? Wie kann man die Navigation mit dem Vor-/Zurück-Knopf mit dem Zustand der Anwendung synchronisieren?

HTML5 History API

Die HTML5 History API, die in allen modernen Browsern implementiert ist, liefert die technische Grundlage, um diese Fragen adäquat anzugehen. Damit ist es möglich, den Browserverlauf per JavaScript zu verändern, ohne die Seite neu zu laden. Der Benutzer sieht das gewohnte Verhalten einer klassischen Website, doch hinter den Kulissen wird eine Single-Page-Applikation ausgeführt.

Zustände werden auf URLs abgebildet.

Der Angular-Router interagiert mit der HTML5 History API und verwendet URL-Pfade, um einzelne Zustände zu identifizieren.

Vorausgesetzt, es ist bereits eine Grundstruktur der Anwendung mit mehreren Komponenten vorhanden, sind drei Schritte nötig, um den Router zu verwenden:

- **Routen konfigurieren:** Wir weisen einem URL-Pfad eine zu ladende Komponente zu.
- **Routing-Modul einbauen:** Wir binden das Routing in unsere Anwendung ein.
- **Komponenten anzeigen:** Wir legen fest, wo die Komponente in das Template geladen wird.

8.2.1 Routen konfigurieren

In unserer Anwendung möchten wir beim Aufruf einer URL eine bestimmte Komponente anzeigen. Diese Zuordnung von URL zu Komponente erledigen wir mit sogenannten *Routendefinitionen*. Hier wird ein Zustand der Anwendung durch eine URL definiert. Für jeden Zustand wird angegeben, welche Komponente geladen werden soll.

Routendefinitionen

Eine solche Route wird als Objekt notiert und ist folgendermaßen aufgebaut:

```
{ path: 'mypath', component: MyComponent }
```

Listing 8–18
Eine Routendefinition

Im Objekt geben wir den URL-Pfad an (`path`) und die Komponente, die durch diese Route geladen werden soll (`component`). Wichtig ist, dass die Pfade in einer Route niemals einen Slash vorangestellt haben!

Übersetzt bedeutet diese Route also: Wird der Pfad `/mypath` aufgerufen, dann wird die Komponente `MyComponent` geladen.

Damit wir hier den Namen der Komponente direkt verwenden können, müssen wir den Typ aus der jeweiligen Datei importieren.

Außerdem befinden sich in einer Anwendung immer mehrere Routen. All diese Routendefinitionen legen wir deshalb in einem Array ab. Für das Array legen wir den Typ `Routes` fest, der aus dem Paket `@angular/router` importiert wird. Durch diese Typbindung wird sichergestellt, dass sich in dem Array nur wohlgeformte Routendefinitionen befinden.

Array von Routen

Im Listing 8–19 ist eine vollständige Konfiguration mit zwei Routen zu sehen.

```
import { Routes } from '@angular/router';

import { FirstComponent } from './first.component';
import { SecondComponent } from './second.component';
```

Listing 8–19
Mehrere Routendefinitionen mit Imports

```
const routes: Routes = [
  { path: 'first', component: FirstComponent },
  { path: 'second', component: SecondComponent }
];
```

8.2.2 Routing-Modul einbauen

Das Array mit den Routen müssen wir nun an geeigneter Stelle in unserer Anwendung unterbringen. Routen werden immer zentral definiert und gelten dann global für die gesamte Anwendung.

Wenn wir die Angular CLI verwenden, um unser Projekt aufzusetzen, können wir das Grundgerüst für die Routing-Konfiguration automatisch anlegen lassen. Dazu bietet die CLI den Schalter --routing an:

Listing 8–20
Neues Projekt mit Routing-Konfiguration anlegen

```
$ ng new MyProject --routing
```

Damit wird automatisch die Datei app-routing.module.ts erstellt. Hier befindet sich die Klasse AppRoutingModule[6], die mit @NgModule() dekoriert ist. Es handelt sich also um ein eigenständiges Angular-Modul.

> **Routing-Modul selbst anlegen**
>
> Wir haben unser Projekt in der ersten Iteration ohne die Option --routing angelegt. Deshalb müssen wir die Datei app-routing.module.ts jetzt ausnahmsweise manuell erstellen.

Im oberen Teil der Datei fügen wir unsere Routendefinitionen ein, sodass der Inhalt so aussieht:

Listing 8–21
Routing-Modul mit zwei Routen

```
import { NgModule } from '@angular/core';
import { Routes, RouterModule } from '@angular/router';

import { FirstComponent } from './first.component';
import { SecondComponent } from './second.component';

const routes: Routes = [
  { path: 'first', component: FirstComponent },
  { path: 'second', component: SecondComponent }
];
```

---

[6] Diese Klasse kann natürlich auch jeden anderen Namen tragen, allerdings entspricht diese Benennung den Empfehlungen aus dem Styleguide.

8.2 Routing: Durch die Anwendung navigieren

```
@NgModule({
  imports: [RouterModule.forRoot(routes)],
  exports: [RouterModule],
  providers: []
})
export class AppRoutingModule { }
```

Dieses »Mini-Modul« erfüllt nur wenige Aufgaben. Zunächst wird im oberen Teil zusätzlich der Typ `RouterModule` importiert. Damit machen wir die Schnittstelle zum Angular-Router in unserer Anwendung verfügbar.

Auf dem `RouterModule` rufen wir die Methode `forRoot()` auf und übergeben als Argument das Array mit den Routendefinitionen. Als Rückgabewert erhalten wir wiederum ein Modul, das mit unseren Routen initialisiert wurde. Da es sich um ein Modul handelt, kann es problemlos in das Mini-Modul importiert werden! Weil unser Mini-Modul `AppRoutingModule` allerdings alleinstehend keine Funktion hat, exportieren wir das `RouterModule` im gleichen Schritt wieder aus dem Modul.

RouterModule initialisieren

RouterModule aus dem »Mini-Modul« exportieren

Das sieht zunächst etwas umständlich aus, ist aber auf den zweiten Blick einleuchtend: Das Mini-Modul `AppRoutingModule` erstellt ein »fertiges Routing« mit unseren selbst definierten Routen und stellt dieses Modul nach außen zur Verfügung. Das hat den Vorteil, dass wir das Modul im nächsten Schritt in unser zentrales App-Modul importieren können. Die gesamte Konfiguration des Routings mit allen nötigen Abhängigkeiten ist in das Mini-Modul gekapselt.

»Mini-Modul« in die Anwendung importieren

Wir öffnen also als Nächstes das `AppModule` in `app.module.ts` und importieren das `AppRoutingModule` in unsere Anwendung:

```
import { NgModule } from '@angular/core';
import { BrowserModule } from '@angular/platform-browser';
import { AppRoutingModule } from './app-routing.module';

import { AppComponent } from './app.component';
import { FirstComponent } from './first.component';
import { SecondComponent } from './second.component';

@NgModule({
  declarations: [
    AppComponent,
    FirstComponent,
    SecondComponent
  ],
```

Listing 8–22
Das zentrale AppModule importiert das AppRoutingModule (app.module.ts).

```
  imports: [
    BrowserModule,
    AppRoutingModule
  ],
  bootstrap: [AppComponent]
})
export class AppModule { }
```

Geroutete Komponenten müssen auch im AppModule deklariert werden.

Es ist zu beachten, dass alle Komponenten weiterhin in den `declarations` unseres App-Moduls angegeben werden müssen.

Dieser Schritt ist damit geschafft. Wir haben das Routing global in der Anwendung aktiviert und können nun zum nächsten Teil übergehen: die geladenen Komponenten in unserer Anwendung anzeigen.

8.2.3 Komponenten anzeigen

Mit den Routendefinitionen haben wir am Anfang festgelegt, welche Komponente beim Aufruf welcher URL geladen werden soll. Wir erinnern uns an die Iteration I. Hier haben wir jeder Komponente einen Selektor gegeben, um sie an bestimmte HTML-Elemente zu binden. Wir konnten also z. B. `<bm-book-list></bm-book-list>` ins Template einsetzen, um die Buchliste an dieser Stelle einzubinden.

Durch das Routing werden die Komponenten nun allerdings dynamisch geladen. Wir müssen deshalb eine Stelle im Template festlegen, an der die geladene Komponente eingesetzt wird.

Platzhalter RouterOutlet

Zu diesem Zweck existiert die Direktive `RouterOutlet`. Sie ist ein Platzhalter und wird vom Router dynamisch durch die geladene Komponente ersetzt.

Wir erweitern also das Template unserer Hauptkomponente `AppComponent`, wie in Listing 8–23 zu sehen ist.

Listing 8–23 Template der Komponente AppComponent

```html
<!-- app.component.html -->
<h1>My App</h1>
<router-outlet></router-outlet>
```

Die Überschrift bleibt permanent sichtbar. Darunter wird die jeweils angeforderte Komponente eingebunden.

Geschafft! Sind alle drei Schritte vollständig – es wurden Routen definiert, das `RouterModule` wurde in die Anwendung importiert und das RouterOutlet wurde ins Template eingebunden –, ist das Routing grundsätzlich funktionsfähig. Die Anwendung reagiert nun, wenn wir eine URL eingeben, und lädt die entsprechende Komponente in den Platzhalter `<router-outlet>`.

Rufen wir z. B. im Browser die URL `http://localhost:4200/first` auf, wird die `AppComponent` mit der Überschrift *My App* geladen. Direkt darunter ist die `FirstComponent` zu sehen.

8.2.4 Root-Route

Unsere Anwendung hat jetzt zwei Routen: `first` und `second`. Rufen wir einen der beiden Pfade auf, wird die jeweilige Komponente in das RouterOutlet eingesetzt. Wenn ein Nutzer die Anwendung startet, wird allerdings normalerweise die Root-URL / aufgerufen.

Probieren wir es aus und rufen `http://localhost:4200` im Browser auf. Angular meldet, dass für den Pfad keine Route vorhanden ist!

Bei genauem Hinschauen ist das Problem naheliegend: Wir haben ein RouterOutlet angelegt und definiert, dass für zwei Routen eine Komponente in den Platzhalter geladen wird. Welche Komponente wird nun aber beim Aufruf der Root-URL geladen? Um die Anwendung mit dieser Info zu versorgen, müssen wir für eben diese URL eine Route anlegen, denn ein RouterOutlet darf nie leer sein.

Wir müssen also eine neue Komponente `StartComponent` anlegen, die für die Root-URL / in das Outlet geladen werden soll. Anschließend definieren wir eine weitere Route:

```
import { StartComponent } from './start.component';
import { FirstComponent } from './first.component';
import { SecondComponent } from './second.component';

const routes: Routes = [
  { path: '', component: StartComponent, pathMatch: 'full' },
  { path: 'first', component: FirstComponent },
  { path: 'second', component: SecondComponent }
])
```

Listing 8–24
StartComponent *als Standardroute festlegen*

Der angegebene Pfad ist leer, denn es ist ja die Root-URL / gemeint, und wir haben gelernt, dass Routenpfade stets ohne führenden Slash angegeben werden. Außerdem ist die Eigenschaft `pathMatch: 'full'` hinzugekommen. Damit legen wir fest, dass diese Route wirklich nur dann gilt, wenn / aufgerufen wird, nicht aber dann, wenn diese URL nur ein Präfix einer anderen ist.

pathMatch

Jetzt funktioniert das Routing wie erwartet: Beim Aufruf von `http://localhost:4200` wird die Komponente `StartComponent` geladen.

Wir betrachten in diesem Kapitel ab Seite 139 auch noch, wie wir Default-Routen festlegen, um z. B. vom Root-Pfad immer zu einer anderen Route weiterzuleiten.

8.2.5 Routen verlinken

Der Router verarbeitet nun schon eine aufgerufene URL und lädt entsprechend eine Komponente. Gut benutzbar wird das Routing allerdings erst mit klickbaren Links innerhalb der Anwendung.

Keine href-Attribute für Links auf Routen verwenden!

Man kommt schnell auf die Idee, `<a>`-Tags mit dem üblichen `href`-Attribut zu verwenden. Das führt allerdings zu einem ungewollten Verhalten: Beim Klick auf einen normalen HTML-Link wird die gesamte Seite neu geladen. Das entspricht nicht dem Prinzip der Single-Page-Applikation, immer nur die jeweils neue Komponente nachzuladen.

Die Direktive RouterLink

Angular bringt deshalb für Verlinkungen ein eigenes Werkzeug mit: die Direktive `RouterLink`. Damit wird beim Klick auf einen Link automatisch der Router informiert, eine neue Route zu laden. Der übrige Teil der Anwendung bleibt bestehen und nur die zu ladende Komponente wird vom Server abgerufen.

Außerdem wird sichergestellt, dass die Links genau so generiert werden, wie sie auch verarbeitet werden können. Wir werden später im Abschnitt »Wissenswertes« auf Seite 349 noch lernen, dass der festgelegte Pfad auf verschiedene Arten in der URL notiert werden kann. Fest »verdrahtete« Links sollten deshalb in keinem Fall verwendet werden!

Wir können also wie gewohnt Anker-Tags anlegen, versehen diese aber mit der neuen Direktive `RouterLink`, anstatt das `href`-Attribut zu verwenden. Hierfür gibt es zwei Schreibweisen, die beide gleichbedeutend sind: als String in einem Attribut oder als Array mit einem einzigen Element, das über ein Property Binding übergeben wird.

Listing 8–25
Mit RouterLink zu Routen verlinken

```
<a routerLink="/first">Erster Link</a>
<a [routerLink]="['/second']">Zweiter Link</a>
```

Das war's auch schon – wir haben zwei Links konfiguriert, mit denen wir zwischen den Komponenten wechseln können. Jetzt ist auch gut erkennbar, was eine Single-Page-Applikation ausmacht: Die Anwendung wird einmalig geladen und beim Wechsel der Route wird nur jeweils die zu ladende Komponente ausgetauscht. Die `AppComponent` mit der Überschrift bleibt die ganze Zeit bestehen!

8.2 Routing: Durch die Anwendung navigieren

Pfade in Single-Page-Applikationen

Eine wichtige Eigenschaft der Single-Page-Applikationen ist, dass die Seite zur Laufzeit nie neu vom Server abgerufen wird, sondern die Komponenten asynchron in die Anwendung geladen werden. Die URL wird mithilfe der HTML5 History API in der Adresszeile des Browsers umgeschrieben. Das passiert im Hintergrund und verursacht kein Neuladen der Seite. Es ist also »egal«, was dort eingetragen wird – der Pfad muss nicht einmal im Dateisystem vorhanden sein!

Interessant wird diese Eigenschaft dann, wenn wir die Seite mit dem geänderten Pfad tatsächlich neu laden. Der Webserver wird versuchen, die Anwendung unter dem angegebenen Pfad – der inzwischen mit der History API umgeschrieben wurde – im Dateisystem aufzurufen. Die Angular-Anwendung befindet sich allerdings im Webroot des Servers mit der Datei index.html als Einstiegspunkt.

Wir müssen den Webserver also so konfigurieren, dass alle Anfragen auf den Webroot der Anwendung geleitet werden. In Apache kann man dieses Verhalten mit dem Modul mod_rewrite steuern. Wichtig ist, dabei die Pfade auszuschließen, die tatsächlich Ordner sind, z. B. Medien und die Anwendung selbst.

Wir wollen an dieser Stelle vor allem für diese Eigenschaft sensibilisieren. Die Angular CLI übernimmt die Konfiguration mit dem eingebauten Entwicklungsserver nämlich bereits für uns. Im Abschnitt zum Deployment ab Seite 423 gehen wir noch genauer darauf ein, wie andere Webserver konfiguriert werden müssen, um die Anwendung auch beim direkten Aufruf einer Route richtig anzuzeigen.

8.2.6 Routenparameter

Bis hierhin haben wir alle Routen statisch festgelegt und über Links aufgerufen. Häufig wollen wir aber in der URL noch Werte übergeben, die wir in der Komponente verarbeiten wollen, z. B. die ID eines Eintrags. Um das zu erreichen, verwenden wir Routenparameter.

Die Einrichtung nehmen wir wieder in drei Schritten vor:

- Parameterübergabe in der Route konfigurieren
- Parameter beim Routenaufruf übergeben
- Parameter in der Komponente auslesen

Wir passen zunächst unsere Routen an, denn wir müssen festlegen, dass dort Parameter übergeben werden. Dazu erweitern wir den Pfad und fügen einen Bezeichner für unseren Parameter hinzu. Der Name kann frei gewählt werden, z. B. id. Damit Angular erkennt, dass es sich um einen Parameter handelt, muss der String mit einem Doppelpunkt eingelei-

Routen für Parameterübergabe konfigurieren

tet werden. Dieser Platzhalter teilt nun dem Router mit, dass an dieser Stelle im URL-Pfad ein Parameter übergeben wird.

Listing 8–26
Routenparameter konfigurieren

```
{ path: 'myPath/:id', component: MyComponent }
```

Die konfigurierte Route können wir verwenden und mit einem Link darauf verweisen. Hier ist es sinnvoll, die Array-Notation zu verwenden, denn wir können einen dynamischen Parameter einfach in einem weiteren Array-Element angeben.

Listing 8–27
Routenparameter übergeben

```
<a routerLink="/myPath/42">My Link auf 42</a>
<a [routerLink]="['/myPath', myId]">Link mit dynamischer ID</a>
```

Aber Achtung: Da wir den Pfad geändert haben, ist keine Route mehr für den Pfad `myPath` vorhanden! Möchten wir die Komponente also auch ohne Parameter aufrufen, müssen wir eine neue Route definieren, denn optionale Parameter gibt es nicht.

Beim Aufruf der URL `/myPath/42`, z. B. durch Klick auf den Link, wird jetzt entsprechend der Routendefinition die Komponente `MyComponent` geladen. Im nächsten Schritt können wir innerhalb dieser Komponente den übergebenen Parameter abrufen und verarbeiten.

Parameter in der Komponente auslesen

Dazu nehmen wir uns die Komponente `MyComponent` vor. Zunächst importieren wir die Klasse `ActivatedRoute` und erzeugen über DI eine neue Instanz, die wir innerhalb unserer Komponente verwenden können.

ActivatedRoute

Mithilfe von `ActivatedRoute` können wir nun den aktuellen Zustand des Routers abfragen. Die Eigenschaft `this.route.snapshot.params` ist ein Objekt mit allen übergebenen Parametern der aktiven Route. Hier können wir auch unseren Parameter `id` auslesen und weiterverarbeiten.

Listing 8–28
Routenparameter auslesen

```
import { Component, OnInit } from '@angular/core';
import { ActivatedRoute } from '@angular/router';

@Component({
  template: '...'
})
export class MyComponent implements OnInit {
  id: number;

  constructor(private route: ActivatedRoute) { }

  ngOnInit() {
    this.id = this.route.snapshot.params['id'];
  }
}
```

Schnappschuss (Snapshot) bedeutet in diesem Zusammenhang, dass der aktuelle Zustand der aktiven Route abgefragt wird. Ändern sich die Parameter, wird der ausgelesene Zustand allerdings nicht aktualisiert. Diese Eigenschaft können wir an dieser Stelle zunächst ignorieren. Wir gehen später noch darauf ein, wie wir asynchron auf die Änderung von Parametern reagieren können.

Snapshot

Fassen wir also zusammen: Wir haben in der Routendefinition einen Platzhalter für den Parameter festgelegt. In unseren Templates haben wir Links festgelegt, die die Route mit Parameter aufrufen. In der gerouteten Komponente haben wir schließlich mit `ActivatedRoute` den Parameter wieder ausgelesen. Damit können wir jetzt mit einer einzigen Komponente verschiedene Inhalte darstellen, z. B. Einträge, die durch eine ID identifiziert werden.

8.2.7 Verschachtelung von Routen

Bisher sind unsere drei definierten Routen allesamt auf einer Ebene. In einer komplexeren Anwendung gibt es allerdings logische Bereiche mit Unterseiten und Untermenüs. Dabei tauchen dann z. B. solche URLs auf:

- /user/list
- /user/add
- /user/edit
- /settings/general
- /settings/advanced
- ...

Die beiden Abteilungen `user` und `settings` haben jeweils ein eigenes Untermenü. Wir könnten nun beginnen, für jede dieser URLs eine Route in unserem Array zu definieren. Der Router bringt für diesen Anwendungsfall allerdings schon etwas mit: Wir können Routen verschachteln!

Dazu kann eine Route mit Kind-Routen versehen werden. Es entsteht in unserer Anwendung eine Baumstruktur, wie sie in Abbildung 8–2 skizziert ist.

Kind-Routen

Jede Kante des Graphen entspricht hier einem URL-Segment. Eine Route wird dann aufgelöst, wenn die URL einem Pfad von der Wurzel bis zu einem Blatt entspricht. Im Beispiel trifft das also für die Pfade /first, /second/foo und /second/bar zu.

Das Kind einer Route wird dabei jeweils in das RouterOutlet seiner Elternkomponente eingesetzt. Das bedeutet, dass in unserem Beispiel die `SecondComponent` und die `AppComponent` über ein RouterOutlet verfügen müssen, denn beide haben Kinder.

Abb. 8–2
Routenhierarchie

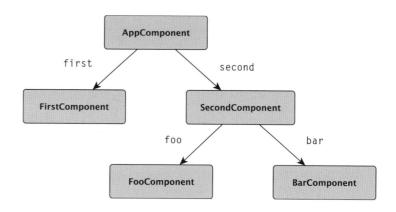

Für die URL /second/foo werden die Komponenten demnach folgendermaßen verschachtelt:

Abb. 8–3
Verschachtelte RouterOutlets für den Pfad /second/foo

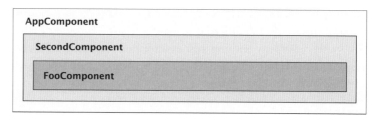

children

Diesen Baum bilden wir in unseren Routendefinitionen ab. Dazu verwenden wir die Eigenschaft `children`, in der wir die Kinder einer Route angeben. Dort erstellen wir einfach ein Array mit weiteren Routendefinitionen. Diese Kind-Routen können übrigens selbst auch wieder Kinder haben usw.

Im Beispiel wird die Route für den Pfad `second` um zwei Kinder ergänzt:

Listing 8–29
Route mit Kind-Routen

```
const routes: Routes = [
  {
    path: 'first',
    component: FirstComponent
  },
  {
    path: 'second',
    component: SecondComponent,
    children: [
      {
        path: 'foo',
        component: FooComponent
      },
```

8.2 Routing: Durch die Anwendung navigieren

```
    {
      path: 'bar',
      component: BarComponent
    }
    ]
  }
];
```

Anschließend können wir in der Anwendung die Links aktualisieren. Wie gewohnt können wir dabei absolute und relative Pfade verwenden, um die Routen zu adressieren. Im Listing 8–30 sind einige Beispiele für Querverlinkungen gezeigt.

```
// von SecondComponent zu FooComponent
<a routerLink="foo">...</a>

// von FooComponent zu FirstComponent
<a routerLink="/first">...</a>
<a routerLink="../../first">...</a>

// von BarComponent zu FooComponent
<a routerLink="../foo">...</a>
<a routerLink="/second/foo">...</a>

// von AppComponent zu FirstComponent
<a routerLink="/first">...</a>
<a routerLink="first">...</a>
```

Listing 8–30
Beispiele für Links auf verschachtelte Routen

8.2.8 Routenweiterleitung

Wie eben skizziert, wird eine URL nur dann zu einer Route aufgelöst, wenn sie bei einem Blatt im Routing-Baum endet. Mit der bisher verwendeten Konfiguration führt das zu einem Problem: Die URL /second ist aktuell nicht mehr aufrufbar, denn sie ist nur ein Zwischenknoten auf dem Weg zu den Blättern.

Eine mögliche Lösung wäre, eine weitere Komponente einzufügen, die auf den leeren Pfad matcht – so wie wir es einige Seiten zuvor schon für die `StartComponent` getan haben.

Für den Fall gibt es aber auch eine elegantere Lösung. Anstatt eine weitere Komponente einzuführen, können wir eine Weiterleitung auf eine andere Route definieren. Dazu verwenden wir die Eigenschaft `redirectTo` und geben einen Pfad zur Weiterleitung an. Der Pfad wird genau so notiert, wie wir es im `RouterLink` tun würden. Die Eigenschaft

redirectTo

component wird natürlich entfernt, denn es soll ja keine Komponente geladen werden. Die neue Route ist lediglich eine Weiterleitung auf eine andere.

Listing 8–31
Route mit Weiterleitung

```
const routes: Routes = [
  {
    path: 'first',
    component: FirstComponent
  },
  {
    path: 'second',
    component: SecondComponent,
    children: [
      {
        path: '',
        redirectTo: 'foo',
        pathMatch: 'full'
      },
      {
        path: 'foo',
        component: FooComponent
      },
      {
        path: 'bar',
        component: BarComponent
      }
    ]
  }
];
```

Beim Aufruf von /second leitet die Anwendung nun automatisch weiter zu /second/foo.

> **Achtung: Redirects mit absoluten Pfaden können nicht verkettet werden!**
>
> Vorsicht ist geboten, wenn wir mit einer Redirect-Route auf eine andere Redirect-Route verweisen, also Weiterleitungen verketten. Verwenden wir für die Weiterleitung absolute Pfade (also mit einem führenden Slash), wird der Router nur die erste Weiterleitung ausführen und dann einen Fehler generieren.

8.2.9 Aktive Links stylen

In einer Webanwendung werden Links vor allem verwendet, um eine Navigationsleiste zu entwickeln. Für die Usability ist es sinnvoll, wenn das jeweils aktive Element hervorgehoben wird.

Angular bringt auch dafür schon die nötigen Hilfsmittel mit. Mit der Direktive `RouterLinkActive` können wir angeben, welche CSS-Klassen auf das Element angewendet werden sollen, wenn der Link aktiv ist. Wir können damit unsere Links individuell stylen – um die Verwaltung des Zustands kümmert sich Angular.

Mehrere Klassen können entweder hintereinander in einem String oder als Array angegeben werden.

CSS-Klasse angeben mit RouterLinkActive

```
<a routerLink="/first" routerLinkActive="myactiveclass">...</a>
<a routerLink="/second" routerLinkActive="cls1 cls2">...</a>
<a routerLink="/" [routerLinkActive]="['cls1','cls2']">...</a>
```

Listing 8–32
RouterLinkActive: CSS-Klassen auf aktive Links setzen

Die Direktive funktioniert auch auf einem Elternelement. Die CSS-Klassen werden dann auf den Container angewendet, sobald einer der beinhalteten Links aktiv ist.

```
<div routerLinkActive="myActiveClass">
  <a routerLink="/first">Erster Link</a>
  <a routerLink="/second">Zweiter Link</a>
</div>
```

Listing 8–33
RouterLinkActive auf einem Elternelement

```
▼<body>
  ▼<app-root _nghost-srk-1>
      <h1 _ngcontent-srk-1>
        app works!
      </h1>
      <a _ngcontent-srk-1 routerlink="/first" routerlinkactive="myActiveClass" ng-reflect-router-link="/first" ng-reflect-
      router-link-active="myActiveClass" ng-reflect-href="/first" href="/first" class="myActiveClass">first</a>
      <br _ngcontent-srk-1>
      <a _ngcontent-srk-1 routerlink="/second" ng-reflect-router-link="/second" ng-reflect-href="/second" href="/
      second">second</a>
```

Abb. 8–4
Ein aktiver Link erhält automatisch die festgelegte CSS-Klasse .myActiveClass.

8.2.10 Route programmatisch wechseln

Bisher haben wir alle Links auf andere Routen in den Templates definiert und dabei die Direktive `RouterLink` verwendet. Manchmal ist es allerdings nötig, aus einer Komponente heraus programmatisch auf eine andere Route zu leiten, z. B. nachdem eine Aktion erfolgreich ausgeführt wurde.

Dazu stellt der Service `Router` die Methode `navigate()` zur Verfügung. Eine Instanz dieser Klasse erzeugen wir wieder, indem wir `Router` in den Konstruktor injizieren.

Router.navigate()

Wir können dann die Methode nutzen, um zu einer anderen Route zu wechseln, wie in Listing 8–34 zu sehen ist. Als Argument wird wieder die Ziel-URL angegeben – genau so, wie wir es vom `RouterLink` kennen.

Listing 8–34 Router.navigate() verwenden, um die Route aus der Komponente heraus zu wechseln

```
import { Router } from '@angular/router';

@Component({
  template: '...'
})
export class MyComponent {
  constructor(private router: Router) { }

  changeTheRoute() {
    this.router.navigate('/second/foo');
  }
}
```

Relative Pfade

Eine Besonderheit ist bei relativen Pfaden zu beachten. Im `RouterLink` werden solche Pfade immer ausgehend von der aktuellen Komponente aufgelöst, siehe dazu auch den Kasten auf Seite 151. Verwenden wir die Methode `navigate()`, müssen wir den Kontext des relativen Pfads manuell angeben. Wir übergeben dazu die aktuelle Route (ein Objekt von `ActivatedRoute`) als Argument an die Methode. Dazu dient das Property `relativeTo`.

Listing 8–35 Relative Pfade mit Router.navigate()

```
import { Router, ActivatedRoute } from '@angular/router';

// ...
export class MyComponent {
  constructor(
    private router: Router,
    private route: ActivatedRoute
  ) { }

  changeTheRoute() {
    this.router.navigate('foo', { relativeTo: this.route });
  }
}
```

RouterLink statt (click)-Event verwenden

Die Methode `changeTheRoute()` können wir zum Beispiel beim Klick auf ein `<a>`-Tag ausführen, indem wir das `click`-Event binden. Hier ist allerdings Vorsicht geboten, denn das Klick-Event ist nicht das Gleiche wie ein »echter« Link. In diesem Fall reagiert der Button z. B. nicht auf Auslösen mit der Tastatur, und Suchmaschinen können an dieser Stelle keinem Link folgen. Wir sollten also, wenn auf eine Benutzeraktion reagiert wird, wenn möglich immer einen `RouterLink` einsetzen, anstatt den Zustand des Routers programmatisch zu ändern.

8.2.11 Den BookMonkey erweitern

> **Story – Navigation**
>
> Als Leser möchte ich mithilfe eines Menüs durch die Anwendung geleitet werden, um zwischen Inhalten wechseln zu können.
>
> Als Leser möchte ich mir für favorisierte Bücher Lesezeichen im Browser speichern, um später zum gewünschten Buch zurückzukehren.
>
> - Es soll ein Menü im oberen Bereich der Anwendung existieren.
> - Es soll eine Startseite existieren, die beim Aufruf der Anwendung angezeigt wird.
> - Es soll ein Menüpunkt existieren, der nach Aufruf die Liste aller Bücher anzeigt.
> - Es soll möglich sein, aus der Listenansicht zur Ansicht mit detaillierten Informationen zu einem speziellen Buch zu wechseln.
> - Jede einzelne Ansicht wird durch eine eindeutige URL repräsentiert.

Für eine bessere Übersicht planen wir die Struktur unserer Anwendung zunächst auf dem Papier. Die Listen- und die Detailansicht für die Bücher haben wir schon in der ersten Iteration entwickelt. Zusätzlich soll jetzt eine Komponente für die Startseite angelegt werden, die `HomeComponent`. Dadurch entsteht der folgende Komponentenbaum für das Routing. An den Kanten ist jeweils die URL notiert, die auf diese Komponente verweist.

Routing-Struktur der Anwendung

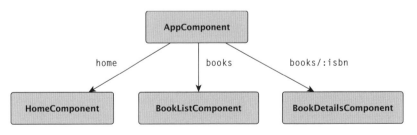

Abb. 8–5
Routenhierarchie im BookMonkey

In der Komponente `AppComponent` soll eine Navigationsleiste angelegt werden, mit der der Nutzer zwischen den Ansichten umschalten kann. Außerdem soll hier ein RouterOutlet platziert werden, in dem die jeweils geladene Komponente angezeigt wird.

Damit wir in der Komponente `BookDetailsComponent` die Infos zu einem Buch abrufen können, soll die ISBN als Parameter in der URL übergeben werden.

Komponente für die Startseite

Widmen wir uns zunächst dem einfachsten Schritt und legen eine neue Komponente für die Startseite an:

Listing 8–36 HomeComponent anlegen mit der Angular CLI

```
$ ng g component home -it -is
```

Diese Komponente soll ganz einfach gehalten sein und nur einen Begrüßungstext anzeigen. Deshalb können Template und Styles auch innerhalb der Komponente notiert werden und müssen nicht in eigenen Dateien vorliegen. Die Komponente könnte z. B. aussehen wie in Abbildung 8–6. Um den Link zur Buchliste kümmern wir uns später in diesem Kapitel.

Abb. 8–6 Vorschlag für die Startseite

Es ergibt sich die folgende Dateistruktur:

```
src
└── app
    ├── book-details
    │   └── ...
    ├── book-list
    │   └── ...
    ├── book-list-item
    │   └── ...
    ├── shared
    │   └── ...
    ├── home
    │   ├── home.component.spec.ts
    │   └── home.component.ts
    └── ...
```

Routing aufsetzen

Wir rufen uns zum Anfang wieder die drei Schritte ins Gedächtnis, in denen wir das Routing aufsetzen:

- Routen konfigurieren
- `RouterModule` einbinden
- RouterOutlet platzieren

8.2 Routing: Durch die Anwendung navigieren

Für die Routendefinitionen nehmen wir uns das Schema aus Abbildung 8–5 zur Hilfe. Wir benötigen drei Routen, die auf die drei verschiedenen Komponenten verweisen.

Die Route zur Detailseite enthält außerdem den Platzhalter :isbn, in dem die ISBN für ein Buch übergeben wird. Diesen Parameter lesen wir später in der Komponente aus, um ein Buch anzuzeigen.

Routen konfigurieren

```
{ path: 'home', component: HomeComponent },
{ path: 'books', component: BookListComponent },
{ path: 'books/:isbn', component: BookDetailsComponent }
```

Listing 8–37
Routen auf die drei Komponenten

In dieser Konfiguration ist noch nicht berücksichtigt, dass der Nutzer beim Start der Anwendung leer ausgehen wird, denn die Start-Komponente wird für den Pfad /home geladen, und für / ist keine Route vorhanden. Wir legen deshalb fest, dass der Root-Pfad auf die URL /home weiterleiten soll, damit der Nutzer sofort zur Startseite gelangt. Hierbei dürfen wir die Angabe pathMatch: 'full' nicht vergessen, damit die Route auch wirklich greift und nicht als Präfix einer anderen interpretiert wird. Unsere vollständige Routenkonfiguration sieht damit so aus:

```
export const routes: Routes = [
  {
    path: '',
    redirectTo: 'home',
    pathMatch: 'full'
  },
  {
    path: 'home',
    component: HomeComponent
  },
  {
    path: 'books',
    component: BookListComponent
  },
  {
    path: 'books/:isbn',
    component: BookDetailsComponent
  }
];
```

Listing 8–38
Komplette Routenkonfiguration mit Redirect

Alle Komponenten, auf die wir in den Routen verweisen, müssen im Kopf der Datei importiert werden! Das Array mit den Routendefinitionen binden wir jetzt in unsere Anwendung ein. Dafür soll ein eigenstän-

Routendefinitionen einbinden

diges Modul verwendet werden, das nur für das Routing verantwortlich ist – so wie wir es im Theorieteil zum Routing schon kennengelernt haben.

Der passende Ort dafür ist die Datei `app-routing.module.ts`. In unserem Fall mit einem bestehenden Projekt müssen wir die Datei ausnahmsweise manuell anlegen, siehe Listing 8–40.

Normalerweise wissen wir bereits von Anfang an, dass Routing verwendet werden soll, und können das beim Anlegen des Projekts berücksichtigen. Dazu übergeben wir an die Angular CLI den Parameter `--routing`:

Listing 8–39
Neues Projekt mit Routing-Konfiguration anlegen

```
$ ng new BookMonkey --routing
```

In das Modul wird zunächst das `RouterModule` importiert. Anschließend verwenden wir die Methode `forRoot()`, um ein neues Modul zu erzeugen, das alles Nötige für das Routing beinhaltet.

Listing 8–40
Routing-Modul (app-routing.module.ts)

```
import { NgModule } from '@angular/core';
import { Routes, RouterModule } from '@angular/router';

import { HomeComponent } from './home/home.component';
import { BookListComponent } from
    './book-list/book-list.component';
import { BookDetailsComponent } from
    './book-details/book-details.component';

export const routes: Routes = [
  // ...
];

@NgModule({
  imports: [RouterModule.forRoot(routes)],
  exports: [RouterModule],
  providers: []
})
export class AppRoutingModule { }
```

Routing-Modul in Anwendung importieren

Dieses »on-the-fly« erzeugte Modul wird sofort wieder exportiert, um es anschließend in unser `AppModule` importieren zu können. Damit wird das Routing in der Anwendung registriert.

8.2 Routing: Durch die Anwendung navigieren

```
// ...
import { AppRoutingModule } from './app-routing.module';

@NgModule({
  declarations: [
    // ...
  ],
  imports: [BrowserModule, AppRoutingModule],
  providers: [BookStoreService],
  bootstrap: [AppComponent]
})
export class AppModule { }
```

Listing 8–41
AppModule *mit eingebundenem Routing-Modul* (app.module.ts)

Bevor das Routing tatsächlich funktioniert, fehlt ein wichtiger Schritt. Wir können nun zwar zwischen Komponenten routen, allerdings wird die Zielkomponente an noch keiner Stelle im Template angezeigt.

Dazu öffnen wir das Template der `AppComponent` und fügen ein RouterOutlet hinzu. Das Outlet ersetzt den Code, mit dem wir zuvor die beiden Komponenten manuell ausgetauscht haben, denn die Komponenten sollen ja nun vom Router geladen werden. Bis auf das Outlet befindet sich zunächst auch kein weiterer Code in diesem Template.

RouterOutlet einbinden

```
<router-outlet></router-outlet>
```

Listing 8–42
RouterOutlet in der AppComponent (app.component.html)

Wir haben das Template an dieser Stelle übrigens in die Datei `app.component.html` ausgelagert. Anstatt das Template direkt in der Komponentenklasse anzugeben, referenzieren wir nun dort die Template-Datei in der Eigenschaft `templateUrl`.

Die ersten Schritte sind damit erledigt! Starten wir jetzt unsere Anwendung im Browser, leitet die Seite automatisch weiter zu unserer Start-Komponente unter dem Pfad `/home`. Rufen wir manuell die Pfade `/books` und `/books/9783864903571` auf, so werden Listen- und Detailansicht angezeigt.

Parameter in Detailansicht auslesen

Wenn wir die Detailseite aufrufen, fällt auf, dass gar kein Buch angezeigt wird. Die Ursache ist einfach: Bisher haben wir ein Buch-Objekt über ein Property Binding in die Detailkomponente hineingegeben. Jetzt, wo wir die Komponenten automatisch durch den Router verwalten lassen, funktioniert dieser Weg natürlich nicht mehr.

Wichtig ist dabei die Anforderung, dass die Detailseite auch dann aufgerufen werden können soll, wenn nur die URL bekannt ist. Das be-

Die ISBN soll in der URL stehen.

deutet, dass das angezeigte Buch durch einen Teil der URL beschrieben werden muss.

Dazu haben wir bereits im ersten Schritt in der URL für die Detailroute einen Platzhalter für die ISBN angelegt. Die ISBN wird also immer in der URL mitgeliefert, und wir können das zugehörige Buch über einen Service abrufen.

Den Service erweitern

Wir erweitern also unseren Service `BookStoreService`, sodass wir ein Buch anhand seiner ISBN abrufen können. Die passende Methode ist schnell implementiert:

Listing 8–43
Die Methode getSingle() im BookStoreService (book-store.service.ts)

```
// ...

@Injectable()
export class BookStoreService {
  // ...

  getSingle(isbn) {
    return this.books.find(book => book.isbn === isbn);
  }
}
```

Anschließend können wir den Service in der Detailkomponente nutzen. Wie üblich wird mittels DI in den Konstruktor eine neue Instanz erzeugt.

Routenparameter auslesen

Zunächst benötigen wir aber Zugriff auf die ISBN, die in der URL übermittelt wurde. Dazu importieren wir die Klasse `ActivatedRoute` und injizieren sie ebenso in den Konstruktor. Schließlich verwenden wir das Objekt `route.snapshot.params`, um den aktuellen Wert des übergebenen Parameters abzufragen. Mit der ISBN können wir nun unsere Servicemethode aufrufen, um das zugehörige Buch zu erhalten. Diese Schritte bringen wir in der Methode `ngOnInit()` unter. Nicht vergessen: Die Klasse sollte dazu das Interface `OnInit` implementieren.

Service in der Komponente verwenden

Einige Teile der Komponente fallen an dieser Stelle weg: Wir können das Output-Property `showListEvent` und die Methode `showBookList()` entfernen, weil sich nun der Router um den Komponentenwechsel kümmern soll. Der Rückgabewert der Servicemethode ist ein Buch-Objekt, das in die Eigenschaft `this.book` geschrieben wird. Das aktuelle Buch gelangt nun also nicht mehr über ein Property Binding in die Komponente, sondern wird aus dem Service abgerufen. Wir können demnach den Decorator `@Input()` von der Eigenschaft `book` entfernen.

```
import { Component, OnInit } from '@angular/core';
import { ActivatedRoute } from '@angular/router';

import { Book } from '../shared/book';
import { BookStoreService } from '../shared/book-store.service';

@Component({
  selector: 'bm-book-details',
  templateUrl: './book-details.component.html'
})
export class BookDetailsComponent implements OnInit {
  book: Book;

  constructor(
    private bs: BookStoreService,
    private route: ActivatedRoute
  ) { }

  ngOnInit() {
    const params = this.route.snapshot.params;
    this.book = this.bs.getSingle(params['isbn']);
  }

  getRating() // ...
}
```

Listing 8–44
BookDetails-Component *verwendet die Servicemethode* (book-details.component.ts).

Im Template der Komponente entfernen wir den Button *Zurück zur Buchliste*, denn wir legen im nächsten Schritt eine Navigationsleiste an. Der Rest des Templates bleibt unverändert, denn es wird nach wie vor ein einzelnes Buch dargestellt, das in der Eigenschaft book vorliegt.

Button aus dem Template entfernen

Rufen wir jetzt die Detailseite auf, z. B. mit der URL /books/ 9783864903571, so wird die Komponente mit Leben gefüllt und ein Buch aus der Liste angezeigt.

> **Tipp: Selektoren können weggelassen werden**
>
> Wenn wir eine Komponente mit der Angular CLI generieren, ist in den Metadaten immer ein Selektor angegeben. Wird diese Komponente ausschließlich im Zusammenhang mit Routing verwendet, können wir den Selektor auch entfernen. Damit lässt sich die Komponente allerdings auch nicht mehr direkt in ein Template einbinden, sondern kann nur noch mit dem Router geladen werden.
>
> Der Einfachheit halber verzichten wir in diesem Buch darauf, den Selektor zu entfernen.

Links setzen

Das Routing ist an dieser Stelle schon vollständig funktionsfähig. Wir können alle unsere Komponenten über URLs erreichen. Wirklich benutzbar wird die Anwendung allerdings erst, wenn wir mit klickbaren Links zwischen den Ansichten umschalten können.

Navigationsleiste anlegen

Auf oberster logischer Ebene hat unsere Anwendung zwei Ansichten: die Startseite und die Buchliste. Diese beiden Seiten sollen über eine Navigationsleiste erreichbar sein, die immer sichtbar ist. Der richtige Platz dafür ist die `AppComponent`, denn diese Komponente ist während der gesamten Laufzeit sichtbar. Unter der Menüleiste befindet sich das RouterOutlet, in das die geroutete Komponente geladen wird. Um das Linkziel festzulegen, verwenden wir nicht das Attribut `href`, sondern setzen die Direktive `RouterLink` ein. Wir können hier die Attributschreibweise verwenden, weil der Pfad nur ein String ist.

*Listing 8–45
Navigationsleiste in der AppComponent
(app.component.html)*

```
<div class="ui two item tabs menu">
  <a routerLink="home" class="item">Home</a>
  <a routerLink="books" class="item">Bücher</a>
</div>
<router-outlet></router-outlet>
```

Jetzt können wir die Menüleiste verwenden, um zwischen der Startseite und der Buchliste umzuschalten. Es ist auch sichtbar, was eine Single-Page-Applikation ausmacht: Der »Rahmen« der Anwendung bleibt bestehen und nur die Ansicht im RouterOutlet wird neu geladen.

*Abb. 8–7
Route /books mit Menüleiste*

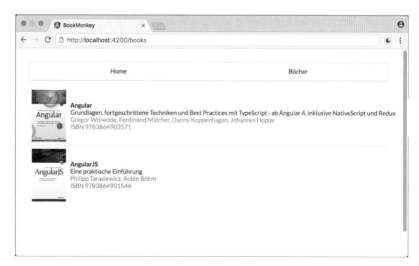

8.2 Routing: Durch die Anwendung navigieren

Relative oder absolute Pfade?

Sie haben sicher bemerkt, dass wir für die Menüleiste relative Pfade eingesetzt haben. Ob und warum relative oder absolute Pfade verwendet werden sollen, lässt sich meist nicht pauschal beantworten, sondern ist eine Frage der Gesamtstruktur. Wir hätten in unserer Menüleiste genauso gut absolute Pfade einsetzen können: /home und /books. Dabei ist zu beachten, dass die Anwendung dann immer im Webroot eines Hosts laufen muss und nicht in einem Unterordner.

Durch die komponentenbasierte Entwicklung hat der Router allerdings eine besondere Eigenschaft: Der Pfad im RouterLink bezieht sich nicht auf die aktuell geladene URL, sondern auf die Komponente, aus der er aufgerufen wird. Das wollen wir an einem Beispiel erklären: Die aktuelle URL sei z. B. /books/123456789/foo. Wird von hier aus auf den Pfad bar verlinkt, geht man davon aus, dass dadurch die URL /books/123456789/bar geladen wird, weil es sich um einen relativen Pfad handelt. Tatsächlich hängt das allerdings davon ab, in welcher Komponente der Link definiert wird. Befindet er sich in der App-Component, also auf höchster Ebene, führt der Link zur URL /bar. Steht der Link in der Komponente, die durch /books/:isbn/foo geladen wurde, wird beim Klick der Pfad /books/123456789/bar aufgerufen.

Aufgrund dieser Eigenschaft funktionieren in unserer Menüleiste auch relative Pfade, denn sie befindet sich auf höchster Ebene der Anwendung in AppComponent. Es ist ganz egal, in welcher Verschachtelungstiefe sich der Rest der Anwendung befindet.

Im nächsten Schritt soll der Nutzer die Detailansicht eines Buchs erreichen können, wenn er ein Buch in der Listenansicht anklickt. Dazu passen wir das Template der Komponente BookListComponent an und legen das Linkziel für die Einträge der Buchliste fest.

Link von der Buchliste zur Detailseite

```
<div class="ui middle aligned selection divided list">
  <a class="bm-book-list-item item"
    *ngFor="let b of books"
    [book]="b"
    [routerLink]="b.isbn"></a>
</div>
```

Listing 8–46
Buchliste in der BookListComponent mit Link zur Detailseite (book-list .component.html)

Hier müssen wir wieder über die Pfade nachdenken. Die Buchliste wird durch den Pfad /books geladen. Um von hier aus auf /books/123456789 zu gelangen, reicht es aus, einen Link zum relativen Pfad 123456789 zu setzen.

Die ISBN liegt in der Eigenschaft b.isbn vor. Wichtig ist, dass wir die Direktive RouterLink als Property Binding verwenden, denn wir übergeben ja keinen String, sondern einen Ausdruck. Für einen absoluten Pfad können wir die Array-Schreibweise verwenden, der Effekt ist der gleiche: `[routerLink]="['/books/', b.isbn]"`.

Klicken wir in der Buchliste nun einen Eintrag an, navigiert die Anwendung zur Detailseite des ausgewählten Buchs.

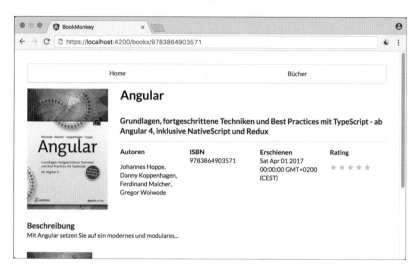

Abb. 8–8
Route /books/ 9783864903571 mit Menüleiste

Button auf der Startseite

Zuletzt kümmern wir uns noch um den Button auf der Startseite, der auf die Buchliste verweisen soll. Die `HomeComponent` wird für den Pfad `/home` geladen. Der relative Pfad zu `/books` lautet deshalb `../books`.

Listing 8–47
Link im Template der HomeComponent (home.component.ts)

```
<a routerLink="../books" class="ui red button">
  Buchliste ansehen
  <i class="right arrow icon"></i>
</a>
```

Aktive Links stylen

Zuletzt wollen wir noch eine Verbesserung der Oberfläche vornehmen. Damit wir wissen, wo wir uns in der Anwendung befinden, soll der jeweils aktive Menüpunkt farblich hervorgehoben werden.

Semantic UI bringt dafür schon die CSS-Klasse `.active` mit. Dadurch wird die Schaltfläche grau hinterlegt. Um die Klasse anzuwenden, setzen wir die Direktive `RouterLinkActive` ein und erweitern die Links in unserer Menüleiste. Als Argument übergeben wir jeweils den Namen der anzuwendenden CSS-Klasse.

8.2 Routing: Durch die Anwendung navigieren

```
<div class="ui two item tabs menu">
  <a routerLink="home" routerLinkActive="active"
     class="item">Home</a>
  <a routerLink="books" routerLinkActive="active"
     class="item">Bücher</a>
</div>
<router-outlet></router-outlet>
```

Listing 8–48
Navigationsleiste in der AppComponent mit RouterLinkActive (app.component.html)

Nun ist auch optisch erkennbar, welcher Menüpunkt momentan aktiv ist.

Abb. 8–9
Aktiver Menüpunkt mit CSS-Klasse .active

Komponenten aufräumen

Der Seitenwechsel im BookMonkey wird nun vollständig durch den Router übernommen. Wir können deshalb unsere Komponenten etwas aufräumen und die Altlasten beseitigen.

Folgende Teile können entfernt werden:

- `BookDetailsComponent` *(bereits erledigt)*
    - Eigenschaft `showListEvent`
    - Methode `showBookList()`
    - `@Input()`-Decorator der Eigenschaft `book`
    - Imports für `Input`, `Output` und `EventEmitter`
- `BookListComponent`
    - Eigenschaft `showDetailsEvent`
    - Methode `showDetails()`

- Imports für `Output` und `EventEmitter`
- `AppComponent`
  - alle Bestandteile der Klasse, also:
    - Eigenschaften `book`, `listOn` und `detailsOn`
    - Methoden `showList()` und `showDetails()`
    - Import für `Book`

Was haben wir gelernt?

Wir haben unsere Anwendung um ein funktionsfähiges Routing ergänzt, sodass wir ab sofort zwischen mehreren Ansichten mit Links hin- und herschalten können. Der Angular-Router greift uns dabei mit seinen Möglichkeiten unter die Arme, sodass wir uns als Entwickler nur um das Wesentliche zu kümmern brauchen.

Mehr zum Routing in der Iteration VI

Wir haben in diesem Kapitel zunächst nur eine Einführung in das Routing gegeben. Zum Beispiel haben wir im BookMonkey keine Routen verschachtelt, denn für diesen Anwendungsfall eignet sich die aktuelle Struktur der Anwendung nicht. Im Kapitel »Module & fortgeschrittenes Routing: Iteration VI« ab Seite 301 widmen wir uns spezielleren Anwendungsfällen und zeigen weitere interessante Features des Routers.

- Der Router verwaltet die Zustände der Angular-Anwendung.
- Zustände werden auf gut lesbare URL-Pfade abgebildet.
- Die Routendefinitionen legen fest, für welche URL welche Komponente geladen wird.
- Pfade in Routendefinitionen tragen niemals einen führenden Slash.
- RouterOutlets sind Platzhalter für die geladenen Komponenten.
- Die Direktive `RouterLink` hilft uns beim Erstellen von Links im Template. Wir sollten niemals das Attribut `href` verwenden.
- Aktive Links können automatisch mit einer CSS-Klasse versehen werden. Das erledigt die Direktive `RouterLinkActive` für uns.

- Die HTML-Seite wird bei der Navigation nie neu geladen, sondern es werden nur die Seiteninhalte aktualisiert.
- Wir können Routenparameter übergeben, die in der Zielkomponente verarbeitet werden. Dazu wird im URL-Pfad ein Platzhalter festgelegt.
- Mit der Eigenschaft `redirectTo` leitet eine Route auf eine andere weiter.
- Routen können verschachtelt werden, indem man Kinder definiert. Dabei wird ein Kind immer in das RouterOutlet seiner Elternkomponente eingesetzt.

Demo und Quelltext:
https://ng-buch.de/it2-nav

9 Powertipp: Chrome Developer Tools

Motivation

Als Entwickler wollen wir vor allem eines: produktiv arbeiten. Der Fokus soll stets auf die Entwicklung neuer Funktionen gerichtet sein. Dazu gehört die Analyse und Behebung von Fehlern, die in unserer Software auftreten. Ebenso kommt es immer wieder vor, dass wir die Website manipulieren wollen, um etwa Design-Änderungen sofort sichtbar zu haben. Diese Arbeit möchten wir möglichst schnell abschließen, um uns auf die Weiterentwicklung konzentrieren zu können. Die *Chrome Developer Tools* unterstützen uns bei vielen Aufgaben, vor allem – aber nicht nur – bei der Analyse und der Bereinigung von Bugs. Dabei erlangen wir selbst auch ein solides Verständnis unseres Systems, weil wir in die Lage versetzt werden, zur Laufzeit durch unsere Anwendung zu navigieren.

Fehler effizient analysieren und beheben

> **Die Chrome Developer Tools starten**
>
> Die Chrome Developer Tools müssen geöffnet sein, damit wir unsere Anwendung analysieren, manipulieren oder debuggen können. Dafür können wir folgende Tastaturkürzel nutzen:
>
> - **Windows/Linux:** `Strg` + `⇧` + `I` oder `F12`
> - **macOS:** `⌘` + `⌥` + `I`

Elements: Den DOM inspizieren

Über die Ansicht *Elements* der Developer Tools können wir die Elemente des DOM inspizieren. Wenn wir mit der Maus über ein Element fahren, so wird dieses links in der Ansicht der offenen App optisch hervorgehoben (Abbildung 9–1). Rufen wir das Kontextmenü auf einem Element auf, stehen uns weitere Optionen zur Verfügung. So können

DOM-Elemente und CSS live verändern

wir zum Beispiel temporär den Inhalt eines DOM-Elements verändern, um uns anzuschauen, was dies für Auswirkungen hat. Über die rechte Spalte erhalten wir weitere Informationen. Es werden beispielsweise im Reiter *Styles* Informationen zu den gesetzten CSS-Klassen angezeigt. Alle CSS-Angaben lassen sich direkt editieren oder deaktivieren, sodass man Änderungen am Design schnell ausprobieren kann.

Abb. 9–1
Den DOM untersuchen
Mobilgeräte simulieren

Über den Button oben links mit dem Smartphone/Tablet-Symbol können wir uns die aktuelle Seite so präsentieren lassen, als würden wir sie auf einem Mobilgerät aufrufen (Abbildung 9–2). Dabei können wir aus einer Reihe aktueller Geräte auswählen oder auch eigene Gerätetypen oder Auflösungen angeben.

Abb. 9–2
Vorschau der Anzeige
auf Mobilgeräten

Console: Befehle ausführen

Die Konsole erfüllt zwei Hauptaufgaben: Sie zeigt zum einen Fehler und Logging-Ausgaben an, zum anderen erlaubt sie uns, JavaScript-Befehle direkt auszuführen.

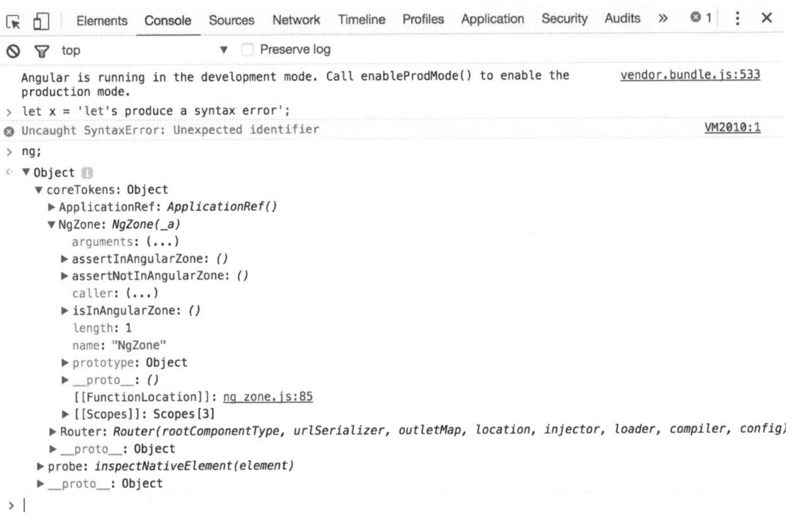

Log-Ausgaben im Browser

Abb. 9–3
Die Konsole verwenden

Wenn wir folgende Befehle in die Konsole eingeben, so erhalten wir die in Abbildung 9–4 gezeigte hilfreiche Ausgabe.

```
console.log('Hallo', 'Welt')
console.info('Eine Info-Meldung')
console.error('Fehler', { wirklich: 'wichtig' })
```

Natürlich können die console-Befehle auch direkt im Quelltext platziert werden. Wir dürfen aber nicht vergessen, die Befehle später wieder zu entfernen. Ansonsten sind Benutzer der Anwendung gegebenenfalls später irritiert. Neuere noch nicht standardisierte Befehle wie console.profile() werden auch gar nicht von allen Browsern unterstützt. Vergessen wir diese im Quelltext, so wird es zu unerwarteten Fehlern kommen!

Console-Ausgaben im Produktivbetrieb entfernen!

Kaum bekannt ist der Befehl console.table(), welcher Objekte und Arrays als Tabelle darstellt. Ergänzen wir etwa den BookStoreService um folgende Zeile, so erhalten wir eine übersichtliche Darstellung der Daten. Eine vollständige Liste aller Befehle erhalten wir im Mozilla Developer Network (MDN).[1]

Tabellen ausgeben mit console.table()

---

[1] https://ng-buch.de/x/37 – Mozilla Developer Network: Console

Abb. 9–4
Den Befehl console.log() verwenden

Abb. 9–5
Den Befehl console.table() verwenden

```
getAll() {
    console.table(this.books);
    return this.books;
}
```

Network & Timeline: Geladene Dateien analysieren

Network

Die Ansicht *Network* hilft uns dabei einzusehen, welche Dateien zu welchem Zeitpunkt geladen werden (Abbildung 9–6). Außerdem können wir in dieser Ansicht feststellen, ob es zu Fehlern bei den HTTP-Anfragen zum Laden der Dateien gekommen ist.

Einträge filtern

Um nur relevante Dateien zu sehen, steht uns im oberen Bereich eine Auswahl von Filtern zur Verfügung. Es lassen sich zum Beispiel über den Schnellfilter *XHR* nur asynchrone Ressourcenzugriffe anzeigen. Damit können wir sehen, welche Daten beispielsweise von einer REST-API abgerufen werden.

Details zu den Einträgen

Wählen wir einen Eintrag aus der Liste aus, werden weitere Details angezeigt. Wir können sehen, welche Anfrage mit welchen Optionen verschickt wurde und welche Antwort wir erhalten haben. Es lassen sich so z.B. Fehler eingrenzen, denn wir erhalten Informationen darüber, ob ein Fehler beim entfernten Server vorliegt oder ob womöglich die HTTP-Anfrage falsch formuliert wurde.

9 Powertipp: Chrome Developer Tools

Über die Einstellungen *Offline* und *Throttling* lässt sich ein Ausfall der Netzwerkverbindung oder eine verlangsamte Internetverbindung simulieren. Diese Funktion ist sehr hilfreich, wenn wir die Ladezeit einer Applikation optimieren wollen. Wir können direkt das Gefühl eines Nutzers nachempfinden, der die Seite beispielsweise mit einer sehr langsamen mobilen Internetanbindung aufruft.

Langsame Internetverbindung simulieren

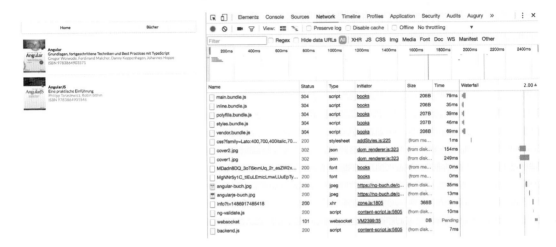

Abb. 9–6
Die Netzwerkansicht

Der Reiter *Timeline* zeigt uns eine zeitliche Analyse der Seite (Abbildung 9–7). Wir haben die Möglichkeit, das Ladeverhalten der Anwendung auf einem Zeitstrahl zu untersuchen. Jede geladene Datei und alle Ressourcenzugriffe werden im zeitlichen Verlauf dargestellt. Wir können in den Zeitstrahl hinein- und herauszoomen. Außerdem können wir den kompletten Call Stack verfolgen und sehen somit, zu welchem Zeitpunkt welche Funktionen aufgerufen wurden und wie viel Zeit bis zur vollständigen Abarbeitung vergangen ist. Über die Screenshot-Funktion lässt sich erwirken, dass beim Laden Aufzeichnungen der

Timeline

Den Call Stack untersuchen

Abb. 9–7
Die Timeline

Langsame CPU simulieren

Anwendung gemacht werden. Damit können wir untersuchen, welche DOM-Elemente zu einem Zeitpunkt vollständig gerendert und dargestellt wurden. Zusätzlich können wir auch hier die Performance künstlich beeinflussen und prüfen, wie sich unsere Anwendung auf Geräten mit schlechteren Prozessoren verhält. Dafür kann die Einstellung *CPU Throttling* genutzt werden. In dieser Simulationseinstellung wird ein Faktor angegeben, um den die CPU-Leistung des aktuell verwendeten Geräts heruntergesetzt wird.

Debugging: Fehler im Quellcode aufspüren

Traditionell verwendet man bei der Entwicklung von JavaScript-Anwendungen die Anweisungen `console.log()` oder `alert()`. Im Fehlerfall erhält man so grundlegende Informationen über das Problem. In vielen Fällen ist das Debugging mit den Chrome Developer Tools jedoch viel komfortabler und intuitiver. Wir stellen hier eine Auswahl an hilfreichen Funktionen vor.

Mit Breakpoints arbeiten

Die debugger-Anweisung einsetzen

Breakpoints im Quellcode setzen

Das Debugging können wir bereits von unserem Editor aus steuern. Wir können einen Haltepunkt, auch Breakpoint genannt, in unserem Quellcode platzieren. Hierzu fügen wir an der gewünschten Stelle die Anweisung `debugger;` ein. Sobald wir die Anwendung bei geöffneten Developer Tools ausführen, wird die App an dieser Stelle pausiert (siehe Abbildung 9–8).

Listing 9–1
Die Anweisung debugger

```
@Component({
  selector: 'bm-book-list',
  templateUrl: './book-list.component.html'
})
export class BookListComponent implements OnInit {
  books: Book[];

  constructor(private bs: BookStoreService) { }

  ngOnInit() {
    this.books = this.bs.getAll();
    debugger;
  }
}
```

Abb. 9–8
Die Anwendung wird durch Einsatz der debugger-Anweisung pausiert.

> **Achtung: Debugger und Console wieder entfernen**
>
> Statements wie `debugger` oder der Befehl `console.log()` dienen ausschließlich der Entwicklung. Sie dürfen nicht versehentlich in einem produktiven System veröffentlicht werden. Wir sollten den Quelltext daher vor der Veröffentlichung immer mit TSLint prüfen.

Dass die Anwendung angehalten wurde, erkennen wir daran, dass die Seite mit einer grauen Box überlegt wurde. Eine Interaktion mit der Webseite ist möglich, sobald wir den Play-Button betätigen oder auf der Tastatur die Taste F8 drücken. In den Developer Tools wurde der Reiter *Sources* aktiviert und die Datei geöffnet, in der wir die Anweisung debugger eingefügt haben.

Haltepunkte in den Developer Tools setzen

Neben der debugger-Anweisung können Haltepunkte direkt in den Developer Tools verwaltet werden. Durch einen Klick auf die Zeilennummer wird ein Haltepunkt erzeugt. Die Zeile erhält ein blaues Label (siehe Abbildung 9–9). Alternativ kann dazu auch die Tastenkombination Strg + B beziehungsweise ⌘ + B verwendet werden, um für die aktuelle Zeile einen Breakpoint zu setzen.

Für den Fall, dass sehr viele Breakpoints in der Anwendung existieren, werden diese im Bereich *Breakpoints* angezeigt. Dort können sie auch deaktiviert oder gelöscht werden, sobald sie nicht mehr gebraucht werden.

Abb. 9–9
Haltepunkte
(Breakpoints) setzen

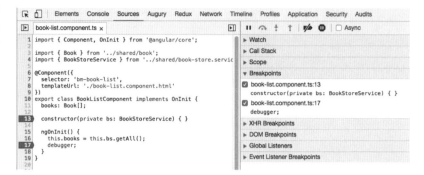

Während des Debuggings navigieren

Wenn wir uns im Debug-Modus befinden, können wir die App schrittweise durchgehen. Wir können von einem Breakpoint zum nächsten springen. Es ist möglich, die Anwendung zeilenweise zu durchschreiten. Darüber hinaus ist es auch möglich, in Methodenaufrufe hineinzuspringen. Dabei kann es passieren, dass man in eine andere Datei wechselt. Dazu gibt es eine entgegengesetzte Operation: das Herausspringen aus einer Methode. So gelangen wir zu der Stelle, an welcher der Methodenaufruf stattfindet. Es ist empfehlenswert, alle Navigationsmöglichkeiten auszuprobieren, um ein Gefühl für das Debugging zu bekommen. In Tabelle 9–1 sind alle eben erwähnten Navigationsarten mit den dazugehörigen Tastaturbefehlen aufgeführt.

Zwischen Dateien navigieren

Tab. 9–1
Innerhalb einer Datei navigieren

Aktion	Tastenkombination
Zum nächsten Breakpoint springen	F8
In die nächste Zeile springen	F10
In die nächste Methode hineinspringen	F11
Aus der aktuellen Methode herausspringen	⇧ + F11

Werte von Objekten inspizieren

Solange die Anwendung angehalten ist, können wir Werte von Objekten inspizieren. Dazu muss man den Mauszeiger über das jeweilige Property bewegen. Alternativ dazu kann eine Liste aller Variablen im Bereich *Scope* eingesehen werden (siehe Abbildung 9–10).

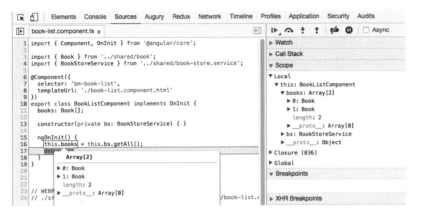

Abb. 9–10
Werte mit dem Debugger auswerten

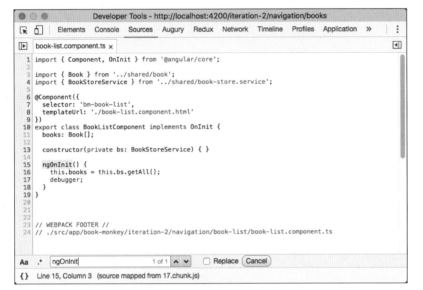

Abb. 9–11
Eine Datei durchsuchen

Aktion	Windows	macOS
In Datei suchen	Strg + F	⌘ + F
Zu Zeile springen	Strg + G	⌘ + G

Tab. 9–2
Innerhalb einer Datei navigieren

Eine Quellcodedatei durchsuchen

Unabhängig davon, ob die Anwendung durch den Debugger gestoppt wurde, können wir im Reiter *Sources* mit jeglichen Quellcodedateien arbeiten. Durch Drücken der richtigen Tastenkombinationen kann eine Datei durchsucht (siehe Abbildung 9–11) oder zu einer bestimmten Zeile gesprungen werden. Eine Übersicht finden Sie in der Tabelle 9–2.

Zwischen mehreren Dateien navigieren

Nach Dateinamen suchen

Es ist möglich, sich in allen Dateien des Webprojekts zu bewegen. Dazu bieten die Chrome Developer Tools eine Schnellsuche, die über die Tastaturkombination [Strg]+[P] beziehungsweise [⌘]+[P] genutzt werden kann. Es öffnet sich ein Suchfeld, in dem nach Dateinamen gesucht werden kann (siehe Abbildung 9–10). Ebenso ist es möglich, nur die Anfangsbuchstaben der Wörter zu tippen. Statt, wie in der Abbildung gezeigt, book-details zu schreiben, können wir auch einfach nur bdts eingeben, was die Datei book-details.component.ts auswählen wird.

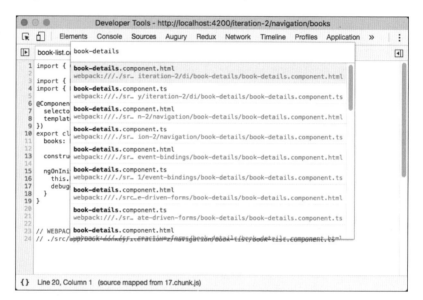

Abb. 9–12
Die Schnellsuche für Dateien verwenden

In Dateien suchen

Außerdem können wir auch dateiübergreifend nach für uns interessanten Stellen im Code suchen. Hierfür dienen die Tastenkürzel [Strg]+[⇧]+[F] unter Windows und [⌘]+[⌥]+[F] für macOS. In Abbildung 9–13 wird beispielsweise nach einem Methodennamen gesucht. Es wird deutlich, dass dieser an vielen Stellen der Anwendung verwendet wird.

Den Call Stack inspizieren

Methodenaufrufe verfolgen

Im Tab *Source* befindet sich ein weiterer Bereich, der sich in einigen Fällen für die App-Analyse eignet. Besonders für komplexe Fälle, an denen zahlreiche Komponenten beteiligt sind, kann der *Call Stack* hilfreich sein. Er zeigt eine Liste an, in der alle Methodenaufrufe (Calls) enthalten sind, die bis zum Erreichen des Haltepunkts gemacht wurden (siehe Abbildung 9–14). Mit einem Klick auf den jeweiligen Eintrag des Call Stacks springt man zur entsprechenden Stelle im Quellcode.

9 Powertipp: Chrome Developer Tools

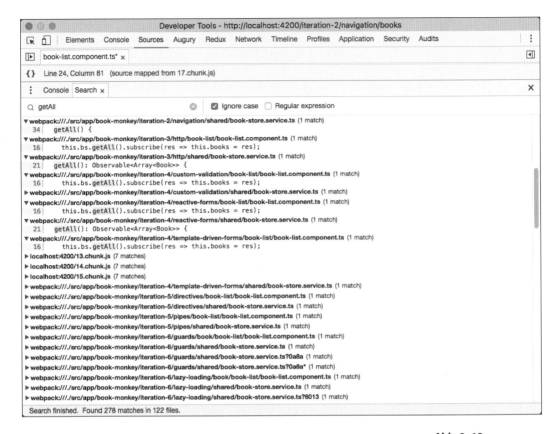

Abb. 9–13
Die dateiübergreifende Suche einsetzen

Asynchrone Methodenaufrufe

Wenn der Call Stack unerwartet kurz ist, so liegt es wahrscheinlich an einem asynchronen Funktionsaufruf. Für jeden asynchronen Aufruf wird ein neuer Call Stack angelegt, was nicht hilfreich ist, wenn wir weiter in die Zeit zurückschauen wollen. Die Checkbox *Async* (»Capture async stack traces«, siehe Abbildung 9–14) schafft Abhilfe. Ist die Option aktiviert, erhalten wir einen vollständigen Call Stack – trotz des Einsatzes von Observables, Promises und Callbacks.

9 Powertipp: Chrome Developer Tools

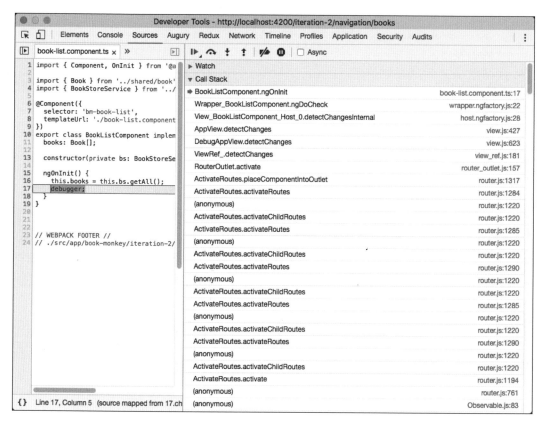

Abb. 9–14
Den Call Stack
überprüfen

10 HTTP & reaktive Programmierung: Iteration III

»*Reactive programming focuses on propagating changes without our having to explicitly specify how the propagation happens.*«

Sergi Mansilla
(Sprecher und Buchautor von »Reactive Programming with RxJS«)

10.1 HTTP: Ein Server-Backend anbinden

In den vorherigen Kapiteln haben wir alle notwendigen Voraussetzungen geschaffen, um die Bücher unserer BookMonkey-App darzustellen. Wir haben die Einträge in einer Liste und in einer Detailansicht dargestellt und damit Einzelheiten zu jedem Buch angezeigt. Dabei haben wir bisher zunächst mit statischen Daten gearbeitet, die wir in einem Service hinterlegt haben. In der Praxis führt uns dieser Weg nicht besonders weit, weil stets dieselben Daten verarbeitet werden. Stattdessen erfolgt der Austausch dieser Daten meist über eine serverbasierte Schnittstelle (z. B. basierend auf REST) mittels CRUD-Operationen.

> **CRUD**
>
> Das Akronym *CRUD* steht für die vier am häufigsten verwendeten Operationen gegen eine Datenquelle:
> - **Create** – Neuen Datensatz anlegen
> - **Read** – Datensatz abrufen
> - **Update** – Datensatz aktualisieren
> - **Delete** – Datensatz löschen

Auch wir wollen an dieser Stelle auf eine REST-Schnittstelle zurückgreifen, die es uns ermöglicht, über HTTP Daten abzurufen, hinzuzufügen, zu verändern oder zu löschen. Für die Realisierung dieser Zugriffe stellt Angular die Klasse Http bereit.

Warum die Http-Klasse nutzen?

RxJS und Observables

Faktisch jede Single-Page-Applikation lädt Daten zur Laufzeit nach. Das Nachladen der Daten kann mithilfe verschiedener Patterns und Frameworks realisiert werden. Angular verwendet dafür das bekannte Framework RxJS.[1] RxJS basiert auf dem *Observable*-Pattern. Die Http-Klasse implementiert dieses Pattern und stellt uns eine Schnittstelle bereit, mit der wir Daten asynchron nachladen können.

> **Observables**
>
> Ein Observable repräsentiert einen Datenstrom, der von einer Quelle geliefert wird. Dabei sind Observables so aufgebaut, dass ein Datenstrom solange aufrecht erhalten wird, wie es Abonnenten gibt, die diesen abfragen.
>
> Im Unterschied zu Callback-Funktionen und Promises lässt sich die Ausführung eines Observables während der Verarbeitung stoppen. Weiterhin können Observables *lazy* geladen werden. Das bedeutet, dass sie nach dem Anlegen nicht direkt ausgeführt werden, sondern erst sobald es Abonnenten gibt. Einer der wichtigsten Aspekte, die für Observables sprechen, ist die Verarbeitung von Streams, die über einen Websocket Daten liefern. Bei Verwendung von Promises und Callbacks könnten in diesem Fall immer nur Daten verarbeitet werden, die bis zum Aufruf eingetroffen sind. Observables sind in der Lage, neu eintreffende Daten auf einer Websocket-Verbindung sofort weiterzuverarbeiten. Die Daten werden danach unmittelbar an die Abonnenten weitergereicht.
>
> Dem Thema *RxJS und Observables* haben wir ein ganzes Kapitel gewidmet, das Sie ab Seite 186 finden. Für weitere Informationen über die Unterschiede von Observables zu Callbacks und Promises können wir einen Artikel[a] empfehlen. Mit Promises arbeiten wir vor allem mit dem Oberflächentest-Tool Protractor (ab Seite 373 sowie Seite 397).
>
> ---
> [a] https://ng-buch.de/x/39 – AngularJS.de: »Angular - Asynchronität von Callbacks zu Observables«

10.1.1 Das HTTP-Modul einbinden

HttpModule importieren und einbinden

Um die Http-Klasse nutzen zu können, benötigen wir zunächst das HttpModule. Dieses Modul importieren wir und fügen es in der Konfiguration des AppModule hinzu. Wenn das Projekt mit der Angular CLI angelegt wurde, wurde dieser Schritt bereits automatisch erledigt.

---
[1] https://ng-buch.de/x/38 – ReactiveX

10.1 HTTP: Ein Server-Backend anbinden

```
import { NgModule } from '@angular/core';
import { HttpModule } from '@angular/http';
import { AppComponent } from './app.component';

@NgModule({
  declarations: [AppComponent],
  imports: [HttpModule],
  bootstrap: [AppComponent]
})
export class AppModule { }
```

Listing 10–1
Das HttpModule *importieren*

10.1.2 Einfache Requests mit der `Http`-Klasse

Nachdem das `HttpModule` integriert wurde, können wir in den Komponenten oder Services mit dem Modul arbeiten. Dazu wird die Klasse `Http` importiert und in der Komponente über den Konstruktor injiziert. Die Klasse stellt uns nun verschiedene Methoden bereit, die jeweils einen Rückgabewert vom Datentyp `Observable` liefern.

Listing 10–2 zeigt exemplarisch den Aufruf einer REST-Schnittstelle mittels der HTTP-Methode *GET*.

RxJS bietet eine Menge von Operatoren, um den Datenstrom eines Observables zu transformieren und zu steuern. Einer dieser Operatoren ist die Methode `map()`. Sie funktioniert ähnlich wie `Array.map()`: Als Parameter wird eine Transformationsfunktion angegeben, die alle Eingabewerte in ein anderes Format überführt. Der Rückgabewert von `map()` ist wieder ein Observable, wir können also beliebig viele dieser Operatoren verketten.

map()-Operator

RxJS-Operatoren verketten

Wir können auf diese Weise die von der API zurückgelieferten Daten für die spätere Verwendung aufbereiten. In unserem Fall erhalten wir Daten im JSON-Format. Mit dem Aufruf `res.json()` interpretieren wir das JSON, sodass ein JavaScript-Objekt entsteht (ähnlich `JSON.parse()`). Jeder Operator muss vorher importiert werden.

Nachdem nun die Daten in einem geeigneten Format abgefragt werden können, müssen wir das Observable abonnieren, um die Daten zu empfangen. Dazu besitzt ein Observable die Methode `subscribe()`.

Observables abonnieren

> **subscribe() und unsubscribe()**
>
> Daten von Observables werden mittels `subscribe()` abonniert. Der Rückgabewert ist ein sogenannter *Observer*. Möchte man keine neuen Daten mehr von einer Quelle erhalten, so kann man durch Aufruf der Methode `unsubscribe()` auf dem Observer das Abonnement für neue Daten beenden. Bei der Arbeit mit Observables ist dies eine wichtige Information, da nicht abbestellte Datenströme zu Memory Leaks oder unerwartetem Verhalten führen können.
>
> Im Falle der `Http`-Klasse von Angular ist ein `unsubscribe()` jedoch nicht notwendig! Das zugrunde liegende *Http XHR Backend* sorgt dafür, dass nach einem erfolgreichen Erhalt der Daten die Subscription immer abgebaut wird (siehe [a]). Dies ergibt Sinn, denn eine Verbindung per HTTP kann sowieso nur einmal »feuern«.
>
> ---
>
> [a] https://ng-buch.de/x/40 – GitHub: Quelltext von xhr_backend.ts

Listing 10–2
Abonnieren von Daten mittels get()-Methode der Http-Klasse

```
import { Http } from '@angular/http';
import 'rxjs/add/operator/map';

@Component({
  selector: 'http-component',
  template: '{{myValue}}'
})
class AppComponent {
  myValue: string;

  constructor(private http: Http) {
    http.get('http://example.org/api')
      .map(res => res.json())
      .subscribe(val => this.myValue = val);
  }
}
```

Einfacher Zugriff auf HTTP-Methoden

Die `Http`-Klasse von Angular bietet uns eine Reihe von Methoden an, deren Namen jeweils den Methoden von HTTP entsprechen:

- `get(url, options)`
- `post(url, body, options)`
- `put(url, body, options)`
- `delete(url, options)`
- `patch(url, body, options)`
- `head(url, options)`

Der Parameter `url` erwartet einen String mit der abzufragenden URL der Ressource oder ein Objekt der Klasse `Request`, mehr dazu werden wir gleich erfahren. Im `body`-Parameter können Daten als Strings übergeben werden, die im HTTP-Body der Anfrage übermittelt werden sollen. Der Parameter options ist optional und kann verwendet werden, um weitere Parameter anzugeben (z. B. benutzerdefinierte Header-Felder).

10.1.3 Benutzerdefinierte Anfragen mit der Request-Klasse

Zusätzlich zu den eben genannten Methoden existiert die übergeordnete universelle Methode request(request, options). Verwendet man diese, enthält der erste Parameter eine URL in Form eines Strings oder ein Request-Objekt, das wie folgt aussehen kann. Die Klasse RequestMethod enthält eine Aufzählung der verfügbaren HTTP-Methoden und sollte in diesem Zusammenhang verwendet werden.

Die Request-*Klasse nutzen*

RequestMethod

```
import { Http, Request, RequestMethod } from '@angular/http';
import 'rxjs/add/operator/map';
// ...
class AppComponent {
  myValue: string;

  constructor(private http: Http) {
    const req = new Request({
      method: RequestMethod.Get,
      url: 'http://example.org/api',
    });
    http.request(req)
      .map(res => res.json())
      .subscribe(val => this.myValue = val);
  }
}
```

Listing 10–3
Abonnieren von Daten mittels request()-*Methode der* Http-*Klasse*

10.1.4 Request erweitern: Zusätzliche Header

Sofern der erste Parameter der entsprechenden Http-Methode lediglich einen String mit der aufzurufenden Ressource enthält, können wir zusätzlich in den Optionen ein Objekt vom Typ RequestOptions übergeben. Dies ermöglicht es uns, die Anfrage weiter zu spezifizieren. Dieses Vorgehen ist nützlich, um Optionen über mehrere Requests hinweg einzusetzen.

Listing 10–4
Zusätzliche Optionen an den Request übergeben

```
import { Http, RequestOptions } from '@angular/http';
import 'rxjs/add/operator/map';
// ...
class AppComponent {
  myValue: string;

  constructor(private http: Http) {
    const url 'http://example.org/api';
    const options = new RequestOptions({
      search: 'my keyword'
    });
    http.get(url, options)
      .map(res => res.json())
      .subscribe(val => this.myValue = val);
  }
}
```

Header-Felder setzen

Wie wir sehen, gibt es verschiedene Wege, die Http-Klasse zu nutzen. Wir können die Anfrage auch verfeinern und über die Optionen eigene Header-Felder setzen. Möchten wir zum Beispiel Formulardaten an einen Server übermitteln, so werden wir dafür die Methoden post() oder put() verwenden. Dabei ist zu beachten: Standardmäßig werden die Anfragen mit dem Content-Type text/plain versendet. Wollen wir die Daten in einem anderen Format, z. B. JSON, übermitteln, so müssen wir das explizit angeben.

Listing 10–5
Header-Informationen beim POST-Request setzen

```
import { Http, Request, Headers } from '@angular/http';
import 'rxjs/add/operator/map';
// ...
class AppComponent {
  constructor(private http: Http) {
    var options = new Request({
      headers: new Headers({'Content-Type': 'application/json'}
    });
    var body = { title: 'my title', user: 'myUsername' }

    http.post('http://example.org/api', body, options)
      .map(res => res.json())
      .subscribe(res => console.log(res));
  }
}
```

10.1.5 Den BookMonkey erweitern

> **Story – HTTP**
>
> Als Leser möchte ich auf neueste Buchinformationen zugreifen, die verfügbar sind, um mich über neue Inhalte oder Aktualisierungen auf dem Laufenden zu halten.
>
> - Buchinformationen sollen von einer zentralen Datenquelle bezogen werden.
> - Ändern sich Daten der zentralen Quelle, so werden die Änderungen nach dem Neuladen in der BookMonkey-Anwendung sichtbar.

Bisher waren die Daten statisch in der Angular-Anwendung hinterlegt und damit nur lokal beim jeweiligen Nutzer gültig. Der Service, der uns die Daten zu den Büchern liefert, wird in diesem Abschnitt umgebaut.

Nachdem wir die Logik entsprechend angepasst haben, soll der Service die Daten von einer REST-Schnittstelle beziehen. Als serverseitigen Endpunkt wollen wir die *BookMonkey2-API* verwenden, die wir auch den Lesern dieses Buchs zur Verfügung stellen. Diese API greift auf eine Datenbank mittels CRUD-Operationen zu und sorgt somit für eine persistente Speicherung unserer Daten.

BookMonkey2-API

Die Schnittstelle inklusive einer API-Dokumentation kann unter https://book-monkey2-api.angular-buch.com abgerufen werden. Die Software ist außerdem als NPM-Paket[2] und auf GitHub[3] verfügbar, damit Sie die API lokal auf Ihrem eigenen Rechner ausführen können.

Die Schnittstelle zum Download auf NPM und GitHub

Die BookMonkey2-API liefert uns alle nötigen Funktionen, die wir für die Darstellung und Verwaltung unserer Daten benötigen:

- Abruf der Informationen aller Bücher
- Abruf von Informationen zu einem speziellen Buch
- Hinzufügen eines neuen Buchs
- Bearbeiten eines bereits existierenden Buchs
- Löschen eines Buchs aus dem Bestand

Im Kapitel zu Dependency Injection (Seite 117) haben wir bereits dafür gesorgt, dass unsere Komponenten die Daten zur Darstellung über einen Service beziehen. An dieser Stelle sind diese noch statisch im Service hinterlegt. Wir werden den Service so modifizieren, dass unsere Daten nun von der API geladen werden. Weiterhin wollen wir uns hier schon auf folgende Iterationen vorbereiten und Methoden zum Hinzufügen, Bearbeiten und Löschen von Büchern implementieren.

---

[2] NPM-Paket: https://www.npmjs.com/package/book-monkey2-api
[3] Quellcode: https://github.com/angular-buch/book-monkey2-api

Die BookFactory erstellen

Der `BookStoreService` lieferte bisher direkt Instanzen der Klasse `Book` mit den entsprechenden Daten eines Buchs.

BookFactory anlegen

Da wir im Folgenden die Daten von einer Schnittstelle beziehen, die uns lediglich Rohdaten zu einem Buch liefert, müssen wir diese so umwandeln, dass wir wieder den Typen `Book` erhalten. Zu diesem Zweck wollen wir eine separate Klasse erzeugen. Wir legen die Klasse zunächst mithilfe der Angular CLI an:

```
$ ng g class shared/book-factory
```

Die Methode empty()

Die erzeugte Klasse soll zwei statische Methoden besitzen. Die Methode `empty()` soll uns einen leeren Buchdatensatz zurückliefern. Wir werden sie im weiteren Verlauf noch an einigen Stellen benötigen.

Die Methode fromObject()

Die zweite Methode nimmt die Rohdaten eines Buchs entgegen, die wir vom Server erhalten, und liefert eine Buchinstanz zurück. Für das Datum prüfen wir zusätzlich, ob der Wert als `string` vorliegt. Ist dies der Fall, erzeugen wir aus dem Datums-String ein `Date`-Objekt.

Listing 10–6
Die Klasse BookFactory (book-factory.ts)

```
import { Book } from './book';
export class BookFactory {

  static empty(): Book {
    return new Book('', '', [''], new Date(), '', 0, [{url: '',
      ↪ title: ''}], '');
  }

  static fromObject(rawBook: any): Book {
    return new Book(
      rawBook.isbn,
      rawBook.title,
      rawBook.authors,
      typeof(rawBook.published) === 'string' ?
        new Date(rawBook.published) : rawBook.published,
      rawBook.subtitle,
      rawBook.rating,
      rawBook.thumbnails,
      rawBook.description,
    );
  }
}
```

10.1 HTTP: Ein Server-Backend anbinden

Das `HttpModule` nutzen

Im nächsten Schritt benötigen wir das `HttpModule`. Wir fügen es in den `imports` im zentralen `AppModule` hinzu, sofern es dort nicht schon vorhanden ist. In der Regel sollte aber die Angular CLI diesen Schritt bereits für uns übernommen haben.

```
// ...
import { HttpModule } from '@angular/http';

@NgModule({
  imports: [
    HttpModule,
    // ...
  ],
  // ...
})
export class AppModule { }
```

Listing 10–7
HttpModule importieren (app.module.ts)

Den `BookStoreService` anpassen

Anschließend passen wir die Klasse `BookStoreService` an. Wir importieren zunächst alle notwendigen Abhängigkeiten: die Klassen `Http` sowie `Headers`. Weiterhin benötigen wir einige Imports von RxJS:

RxJS importieren

- die `Observable`-Klasse für die Typisierung und Verarbeitung von Observables
- den `map()`-Operator zur Transformation der erhaltenen Daten innerhalb eines Observables
- den `retry()`-Operator, um bei Zugriffsfehlern auf die API ggf. mehrere Versuche auszuführen
- den `catch()`-Operator zum Abfangen von Fehlern
- den `throw()`-Operator, um einen Fehler erneut zu werfen

Jetzt können wir damit beginnen, die Logik in unserem Service auszutauschen. Wir können zunächst die Eigenschaft `books` sowie die dazu hinterlegten Bücher aus dem Konstruktor entfernen, da wir diese jetzt über ein Backend beziehen wollen. Anschließend legen wir die Eigenschaft `api` mit einem String an, der auf den Endpunkt unserer API verweist. Weiterhin benötigen wir den Import `Thumbnail` jetzt nicht mehr und können diesen ebenso entfernen.

Im Konstruktor injizieren wir die Klasse `Http`. Anschließend setzen wir den HTTP-Header `Content-Type` mit dem Wert `application/json`. Dies ist notwendig, da die REST-Schnittstelle die Daten immer im

Service anpassen

JSON-Format erwartet. Geben wir einen Content-Type an, kann der Server die empfangenen Daten als JSON interpretieren.

Listing 10–8
Die Http-Klasse importieren und in den Konstruktor injizieren (book-store.service.ts)

```
import { Injectable } from '@angular/core';
import { Http, Headers } from '@angular/http';
import { Observable } from 'rxjs/Observable';
import 'rxjs/add/operator/map';
import 'rxjs/add/operator/retry';
import 'rxjs/add/operator/catch';
import 'rxjs/add/observable/throw';

import { Book } from './book';
import { BookFactory } from './book-factory';

@Injectable()
export class BookStoreService {
  private api = 'https://book-monkey2-api.angular-buch.com';
  private headers: Headers = new Headers();

  constructor(private http: Http) {
    this.headers.append('Content-Type', 'application/json');
  }
```

Fehler mit der Methode errorHandler() abfangen

Da der Service im Folgenden auf eine externe Schnittstelle zugreift, müssen wir auch den Fall betrachten, dass der Server einmal nicht erreichbar ist oder einen Fehler zurückliefert. Wir wollen daher eine Methode definieren, die in diesem Fall aufgerufen wird. Die Methode sollte private sein, weil sie lediglich von unserem Service genutzt wird und nicht von außen aufgerufen wird.

Fehlerbehandlung

Jetzt können Sie kreativ werden. Sie können sich die Fehler beispielsweise in einem bestimmten Log-Format ausgeben lassen oder an einen externen Service senden. Weiterhin könnten wir auf bestimmte Fehlertypen reagieren und dem Nutzer der Anwendung beispielsweise eine Nachricht mit einer entsprechenden Fehlerinformation anzeigen.

In unserem Fall wollen wir es einfach halten und lediglich ein Observable mit dem erhaltenen Fehler zurückgeben. In den Komponenten können wir den Fehler später verarbeiten.

10.1 HTTP: Ein Server-Backend anbinden

```
private errorHandler(error: Error | any): Observable<any> {
  return Observable.throw(error);
}
```

Listing 10–9
Eine Methode zur Fehlerbehandlung (book-store.service.ts)

Anschließend können wir unsere Servicemethoden bearbeiten.

Die Methode `getAll()`

Die Methode `getAll()` soll uns eine Liste aller Bücher liefern. Dazu setzen wir `Http.get()` ein und greifen auf die Ressource /book zu. Wir verwenden an dieser Stelle einen Template-String, um die URL zu notieren. Diese Schreibweise ist gleichbedeutend zu `this.api + '/book'`. Gerade dann, wenn wir mehrere Ausdrücke in einen String einbetten wollen, sind Template-Strings allerdings die bessere Wahl.

Template-String für die URL

Wie wir bereits wissen, liefert `Http.get()` ein Observable zurück. Der Rückgabewert der Methode wird mit `Observable<Books[]>` typisiert, also ein Observable, das ein Array von Büchern zurückliefert. Damit ist die Schnittstelle der Servicemethode klar beschrieben, und wir wissen immer genau, welche Daten wir erwarten.

Mit dem `retry()`-Operator von RxJS geben wir die Anzahl der Zugriffsversuche auf die API an, die durchgeführt werden sollen.

retry()-Operator

Der `map()`-Operator wandelt im ersten Schritt den Datenstrom aus dem Observable vom JSON-Format in ein Objekt um. Wir erhalten somit zunächst ein Array mit Objekten, die jeweils ein Buch enthalten. Es handelt sich allerdings um reine JavaScript-Objekte, nicht um den Typen Book. Wir müssen deshalb jedes einzelne Element in ein Book-Objekt überführen. Dazu verwenden wir die Methode `BookFactory.fromObject()`.

JSON in Buch-Objekte umwandeln

Wir verwenden also erneut den `map()`-Operator, um den Rückgabewert des Observables umzuwandeln. Innerhalb des Callbacks mappen wir die gesamte Liste der JavaScript-Objekte auf eine neue Liste mit Book-Objekten. Achtung: Bei dem letzten Aufruf von `map()` handelt es sich nicht um einen Operator aus RxJS, sondern um die native Methode `Array.map()`.

Zum Schluss registrieren wir den Error-Handler als Callback für den `catch()`-Operator, damit die Methode ausgeführt wird, wenn Fehler auftreten.

catch()-Operator

```
getAll(): Observable<Array<Book>> {
  return this.http
    .get(`${this.api}/books`)
    .retry(3)
    .map(response => response.json())
    .map(rawBooks => rawBooks
```

Listing 10–10
Die Methode getAll() (book-store.service.ts)

```
        .map(rawBook => BookFactory.fromObject(rawBook))
    )
    .catch(this.errorHandler);
}
```

Die Methode `getSingle()`

In der Detailansicht wollen wir durch Aufrufen der Methode `getSingle()` detailliertere Informationen zu einem bestimmten Buch erhalten. Die API bietet uns dafür die Ressource `/book/<isbn>` an. Ein Buch muss durch seine ISBN in der URL identifiziert werden.

Auch an dieser Stelle verwenden wir wieder die Methode `Http.get()`, um die Daten per *GET* vom Server abzufragen. Der Rückgabewert unserer Methode ist wieder ein Observable, das ein Buch-Objekt `Book` liefert. Außerdem werden die eintreffenden Daten durch Mapping wieder von JSON in JavaScript-Objekte gewandelt. Im letzten Transformationsschritt nutzen wir wieder die Methode `BookFactory.fromObject()`, um aus dem Objekt den Typen `Book` zu erzeugen.

Listing 10–11
Die Methode getSingle() (book-store.service.ts)

```
getSingle(isbn: string): Observable<Book> {
    return this.http
        .get(`${this.api}/book/${isbn}`)
        .retry(3)
        .map(response => response.json())
        .map(rawBook => BookFactory.fromObject(rawBook))
        .catch(this.errorHandler);
}
```

Die Methode `create()`

Zum Anlegen eines neuen Datensatzes nutzen wir die Methode `Http.post()`. Hier werden drei Parameter angegeben:

1. die URL der Ressource: `/book`
2. das Buch-Objekt, das wir in unserer Datenbank speichern wollen. Das Objekt muss von JSON in einen String umgewandelt werden.
3. ein Objekt mit dem im Konstruktor angelegten HTTP-Header

> **HTTP-Header**
>
> Mit HTTP-Headern können wir angeben, welches Format die Daten im HTTP-Body haben. Der Header `Content-Type` ist dabei optional. Lässt man diese Information weg, so werden Daten standardmäßig mit dem Header `Content-Type: text/plain` übertragen. Setzen wir explizit einen anderen Content-Type, können wir also sicherstellen, dass die Daten vom Server richtig interpretiert werden. Bei einem GET-Request benötigen wir diese Information nicht, da wir keine Daten im Body der Nachricht verschicken.

Auch beim Senden von Daten wird uns eine Antwort des Servers als Observable zurückgeliefert. Der `map()`-Operator wird an dieser Stelle von uns nicht benötigt, da wir die Antwort der API nicht weiterverarbeiten wollen.

```
create(book: Book): Observable<any> {
  return this.http
    .post(`${this.api}/book`, JSON.stringify(book), { headers:
      this.headers })
    .catch(this.errorHandler);
}
```

Listing 10–12
Die Methode create()
(book-store.service.ts)

Die Methode `update()`

Die `update()`-Methode verhält sich ähnlich zu `create()`. Der einzige Unterschied ist, dass wir damit eine bestehende Ressource aktualisieren wollen. Daher setzen wir die HTTP-Methode *PUT* ein, denn im Gegensatz zu *POST* steht sie für eine idempotente Operation. Die Ressource wird durch die URL `/book/<isbn>` repräsentiert.

```
update(book: Book): Observable<any> {
  return this.http
    .put(`${this.api}/book/${book.isbn}`, JSON.stringify(book), {
      headers: this.headers })
    .catch(this.errorHandler);
}
```

Listing 10–13
Die Methode update()
(book-store.service.ts)

Die Methode `remove()`

Die letzte unserer fünf Servicemethoden ist die Löschfunktion `remove()`. Sie führt einen *DELETE*-Request auf die Ressource `/book/<isbn>` aus. Auch hier wird wieder ein Observable zurückgeliefert, und wir müssen die Servicemethode entsprechend typisieren.

Listing 10–14
Die Methode remove()
(book-store.service.ts)

```
remove(isbn: string): Observable<any> {
  return this.http
    .delete(`${this.api}/book/${isbn}`)
    .catch(this.errorHandler);
}
```

Wir haben nun alle nötigen Methoden im Service so weit ersetzt, dass sie auf eine API zugreifen. Jetzt müssen wir noch ein paar Änderungen in den Komponenten vornehmen, die den Service aufrufen.

Daten aus dem Service abonnieren

Wir haben die Methoden in unserem Service angepasst und deren Schnittstelle geändert. Alle Methoden liefern nun ein Observable zurück.

Wir müssen also als Nächstes unsere Komponenten aktualisieren, sodass sie die Observables abonnieren, um die Daten zu erhalten.

> **Kein Abonnent = keine Aktion**
>
> Auch wenn der Rückgabewert einiger Methoden nicht weiterverarbeitet werden soll, müssen »kalte« Observables (im Gegensatz zu »heißen« Observables) immer einen Abonnenten haben, um ausgeführt zu werden. Das Observable vom HTTP-Service fällt unter diese Kategorie. Ein kaltes Observable wird demnach nur ausgeführt, wenn es mindestens einen Abonnenten gibt, der Interesse an den Daten zeigt, indem er mit `subscribe()` eine *Subscription* erstellt.

Servicemethode in der Listenansicht verwenden

Wir nehmen uns zunächst die Komponente der Listenansicht vor. Dort rufen wir die Servicemethode getAll() auf, abonnieren das Observable und speichern die empfangenen Daten in der Eigenschaft this.books.

Listing 10–15
Die Komponente BookListComponent
(book-list
.component.ts,
Ausschnitt)

```
ngOnInit() {
  this.bs.getAll().subscribe(res => this.books = res);
}
```

Die Detailansicht anpassen

Als Nächstes kümmern wir uns um die Detailansicht. Hier sind zwei Aufgaben zu erledigen: Zum einen müssen wir die neue Servicemethode nutzen, um ein Buch abzurufen. Zum anderen wollen wir zusätzlich einen Button zum Löschen des Buchs hinzufügen.

Leeres Buch-Objekt erzeugen, um Fehler zu vermeiden

Die Netzwerkkommunikation zwischen Server und Client ist asynchron und benötigt etwas Zeit. Während der Wartezeit ist die Eigenschaft this.book leer, es ist also kein Buch vorhanden. Damit wir beim Start der Komponente keine Fehler erhalten, wenn noch keine Daten vorliegen, müssen wir zunächst ein »leeres« Buch erzeugen. Dafür nutzen wir die zuvor implementierte Methode `BookFactory.empty()`. Sobald Daten vorhanden sind, wird das Objekt wieder überschrieben.

Anschließend müssen wir noch den Aufruf unserer Servicemethode anpassen, denn der Service liefert uns auch hier ein Observable zurück. Wir abonnieren das Observable und ersetzen den zuvor gespeicherten Wert `this.book` durch die Daten, die wir von unserem Service erhalten haben.

Servicemethode in der Detailansicht verwenden

```
ngOnInit() {
  const params = this.route.snapshot.params;
  this.bs.getSingle(params['isbn'])
    .subscribe(b => this.book = b);
}
```

Listing 10–16
Service für die Detailansicht anfragen (book-details.component.ts)

Im Template der Detailansicht müssen wir nun den Safe-Navigation-Operator verwenden. Das ist nötig, damit keine Fehler angezeigt werden, während die Daten vom Server noch auf dem Weg zum Client sind. Auch für den Fall, dass die API einmal nicht erreichbar ist, sind wir damit gewappnet. Wir ersetzen dazu im Template alle Aufrufe von book mit book?. Aus `{{book.title}}` wird somit beispielsweise `{{book?.title}}`.

Safe-Navigation-Operator verwenden

Als Nächstes entwickeln wir die geplante Löschfunktion. Wir nehmen uns zunächst das Template vor und fügen unter dem Formular einen Button ein. Beim Klick soll die Methode `removeBook()` aus der Komponente aufgerufen werden.

Button zum Löschen eines Buchs

```
<button class="ui tiny red labeled icon button"
        (click)="removeBook()">
  <i class="remove icon"></i> Buch löschen
</button>
```

Listing 10–17
Löschbutton in der Komponente BookDetailsComponent (book-details.component.html, Ausschnitt)

Anschließend entwickeln wir die Methode `removeBook()`. Der Nutzer soll vor dem Löschen zunächst gefragt werden, ob er die Aktion wirklich durchführen möchte. Dazu verwenden wir die native JavaScript-Methode `confirm()`. Sie erzeugt einen Bestätigungsdialog und liefert (synchron) ein *Boolean* zurück, je nachdem, wie der Benutzer sich entscheidet. Wird der Dialog positiv bestätigt, wird die Servicemethode `remove()` aufgerufen und das Buch wird vom Server gelöscht.

Bestätigungsdialog

Wenn die Aktion erfolgreich war, soll der Nutzer direkt zurück zur Listenansicht geleitet werden. Dazu müssen wir eine Navigation aus der Komponente heraus anstoßen. Die Klasse `Router` bringt dafür das passende Werkzeug mit. Nach dem Import muss der Router zunächst per

DI in die Komponente injiziert werden. Danach rufen wir die Methode
Router.navigate() auf, um zur Listenansicht zu navigieren.

Listing 10–18
Die Löschmethode removeBook() (book-details .component.ts)

```
// ...
import { ActivatedRoute, Router } from '@angular/router';
import { BookFactory } from '../shared/book-factory';
// ...
export class BookDetailsComponent implements OnInit {
  book: Book = BookFactory.empty();

  constructor(
    // ...
    private router: Router
  ) { }

  // ...

  removeBook() {
    if (confirm('Buch wirklich löschen?')) {
      this.bs.remove(this.book.isbn)
        .subscribe(res => this.router.navigate(['../'], {
          relativeTo: this.route }));
    }
  }
}
```

Die Listenansicht auf vorhandene Einträge prüfen

Da wir nun die Buchdaten asynchron laden, sind sie nicht mehr sofort verfügbar. Weiterhin wissen wir nicht, ob beim Abrufen der Daten wirklich Bücher in der Datenbank gespeichert sind. Für diese beiden Fälle wollen wir dem Nutzer entsprechende Nachrichten anzeigen.

Hinweismeldungen im Template

Dazu erweitern wir das Template der Listenansicht und fügen zwei Elemente mit Nachrichten ein. Die erste Nachricht soll dem Nutzer visualisieren, dass die Daten gerade geladen werden. Dazu wollen wir eine Lade-Animation nutzen, die uns das Style-Framework Semantic UI bereitstellt.[4] Die zweite Nachricht zeigt an, dass die Buchliste geladen werden konnte, jedoch keine Einträge in der Liste vorhanden sind. Wir verwenden ngIf, um die Nachrichten je nach Zustand ein- und auszublenden.

---

[4] https://ng-buch.de/x/41 – Semantic UI: Loader

```
<div class="ui middle aligned selection divided list">
  <a class="bm-book-list-item item"
    *ngFor="let b of books"
    [book]="b"
    [routerLink]="b.isbn"></a>
  <div *ngIf="!books" class="ui active dimmer">
    <div class="ui large text loader">Daten werden geladen...</div>
  </div>
  <p *ngIf="books && !books.length">Es wurden noch keine Bücher
    ↪ eingetragen.</p>
</div>
```

Listing 10–19
Nachrichten in der Bücherliste anzeigen (book-list.component.html)

Was haben wir gelernt?

Wir haben unsere Anwendung erweitert, sodass die Daten aus einer zentralen Datenquelle abgefragt werden. Dazu war es nötig, dass wir die Servicemethoden neu definieren und die Http-Klasse von Angular verwenden, um eine REST-Schnittstelle anzufragen. Wir können nun Bücherlisten und Details zu Büchern vom Server abrufen. Außerdem können wir Bücher aus dem Datenbestand löschen. Die Methoden zum Anlegen und Bearbeiten von Büchern haben wir bereits implementiert, denn wir werden sie später noch brauchen.

- Die integrierte Http-Klasse vereinfacht den Zugriff auf externe Serverschnittstellen.
- Zur Nutzung muss das HttpModule geladen und ins Root-Modul (AppModule) eingebunden werden.
- Über Dependency Injection erhalten wir Zugriff auf die Http-Klasse.
- Die Klasse stellt die Methoden get(), post(), put(), delete(), patch(), head() und request() bereit.
- Die Headers-Klasse stellt uns zusätzliche Optionen zum Setzen von HTTP-Headern bereit.
- Das Framework RxJS verfügt über Operatoren und Typen für die Verarbeitung von Observables.
- Der map()-Operator dient zur Transformation eines Werts in ein anderes Format.
- Mit dem retry()-Operator geben wir die Anzahl der Zugriffsversuche auf die Ressource an.

Demo und Quelltext:
https://ng-buch.de/it3-http

10.2 RxJS: Reaktive Programmierung

Reactive Extensions für JavaScript

Mithilfe der komfortablen Abfragesprache lassen sich asynchrone und eventbasierte Aufgaben stark vereinfachen. Da Angular an vielen Stellen auf RxJS setzt, wollen wir einen genaueren Blick auf das Framework und die ihm zugrunde liegenden Prinzipien werfen.

Was ist reaktive Programmierung?

Manche Leute verbinden mit der reaktiven Programmierung den Einsatz eines Frameworks wie RxJS, für andere ist es ein Modell zur Beschreibung ganzer verteilter Computersysteme. Bibliotheken wie Hystrix von Netflix[5] haben spätestens seit dem *Reactive Manifesto*[6] in der Entwicklergemeinde viel Aufmerksamkeit erfahren.

Datenflüsse deklarativ modellieren

Wir wollen uns an dieser Stelle nicht auf skalierbare Architekturansätze konzentrieren, sondern betrachten die reaktive Programmierung als ein Programmierparadigma, mit dem wir Datenflüsse und deren Veränderungen deklarativ modellieren können.

Was ist ReactiveX?

ReactiveX, auch *Reactive Extensions* oder kurz *Rx* genannt, ist ein reaktives Programmiermodell, das ursprünglich von Microsoft für das .NET-Framework entwickelt wurde. Die Implementierung ist sehr gut durchdacht und verständlich dokumentiert. Die Idee erfreut sich großer Beliebtheit, und so sind sehr viele Portierungen für die verschiedensten Programmiersprachen entstanden. Der wichtigste Datentyp von Rx, das *Observable*, ist sogar mittlerweile ein Vorschlag für ECMAScript[7] geworden. RxJS[8] ist der Name der JavaScript-Implementierung von ReactiveX.

Observables

---

[5] https://ng-buch.de/x/42 – GitHub: Hystrix
[6] https://ng-buch.de/x/43 – Das Reaktive Manifest
[7] https://ng-buch.de/x/44 – GitHub: TC39 Observables for ECMAScript
[8] https://ng-buch.de/x/45 – GitHub: RxJS 5

RxJS und Angular

In AngularJS 1.x wurden asynchrone Aufgaben hauptsächlich mit Promises abgebildet. Promises sind ein hervorragendes Pattern, es gibt aber auch eine Reihe technischer Nachteile. Unter anderem kann man mit Promises die Wiederholung einer fehlgeschlagenen Aktion nur schwer implementieren, ebenso kann man Promises nicht abbrechen. Ein weiterer großer Nachteil besteht darin, dass sie kein »lazy« Verhalten aufweisen: Sobald ein Promise-Objekt erzeugt wurde, geschieht bereits irgendeine Aktion. Im Gegensatz dazu haben wir bei der Http-Klasse festgestellt, dass erst dann eine Aktion stattfindet, wenn auch wirklich die subscribe()-Methode aufgerufen wurde.

Nachteile von Promises

Das Angular-Team hat eine sehr gute Entscheidung getroffen, indem es nicht ein eigenes Entwurfsmuster oder Framework für die Ablösung von Promises eingeführt hat. Stattdessen setzt Angular an vielen Stellen RxJS ein.[9] So stehen uns ein sehr ausgereiftes Framework, eine vollständige Dokumentation und eine große Community zur Seite.

Angular setzt an vielen Stellen auf RxJS.

10.2.1 Observables

Hat man das Observable<T> verstanden, so erschließt sich einem auch ReactiveX. Dazu schauen wir uns zwei »alte Bekannte« an:

- das *Observer*-Entwurfsmuster
- das *Iterator*-Entwurfsmuster

Das Observer-Entwurfsmuster

Das Beobachter-Muster haben wir bereits bei den Event Bindings (ab Seite 101) verwendet. Ein Subjekt (engl. *subject*) bietet einen Mechanismus an, über den sich Beobachter (engl. *observer*) an- und abmelden können. Sind Observer angemeldet, so werden diese über Änderungen informiert. Häufig verwendet man auch die Begriffe Veröffentlicher (engl. *publisher*) und Abonnent (engl. *subscriber*). Im Folgenden sehen wir dieses Prinzip durch zwei Komponenten verdeutlicht.

Beobachter werden über Änderungen informiert.

---

[9] Der EventEmitter ist ein Observable, die Http-Klasse gibt Observables zurück und auch Formulare und der Router propagieren Änderungen per Observables.

Listing 10–20
Das Subjekt bietet Informationen an.

```
@Component({
  selector: 'app-subject',
  template: '<button (click)="somethingHappened()">Click!</button>'
})
export class MySubjectComponent {

  @Output() someEvent = new EventEmitter<number>();
  counter = 0;

  somethingHappened() {
    this.someEvent.emit(this.counter++);
  }
}
```

Listing 10–21
Der Beobachter abonniert Informationen.

```
// ...
import { Subscription } from 'rxjs/Subscription';

@Component({
  // ..
  template: '<app-subject></app-subject>'
})

export class MyObserverComponent implements AfterViewInit,
    ↪ OnDestroy {

  @ViewChild(MySubjectComponent) subject: MySubjectComponent;
  subscription: Subscription;

  ngAfterViewInit() {
    this.subscription = this.subject.someEvent
      .subscribe((data) => { console.log(data); });
  }

  ngOnDestroy() {
    // prevent memory leak
    this.subscription.unsubscribe();
  }
}
```

Wer an dem Ereignis someEvent interessiert ist, kann sich per someEvent .subscribe() entsprechend auf die Liste der Abonnenten setzen lassen. Die eigentliche Implementierung von emit() und subscribe() müssen wir nicht erledigen – dafür haben wir RxJS.

> **@ViewChild(), ngAfterViewInit und ngOnDestroy?**
>
> Im Listing 10–21 haben wir drei Funktionen verwendet, auf die wir bisher nicht genauer eingegangen sind. Mit dem Decorator @ViewChild() erhalten wir Zugriff auf eine Elementreferenz aus dem Template der Komponente. Weil diese Referenz erst dann verfügbar ist, wenn die View der Komponente initialisiert wurde, verwenden wir hier nicht ngOnInit(), sondern einen anderen Lifecycle-Hook: ngAfterViewInit(). Wichtig ist außerdem, dass wir alle Subscriptions auf Observables abmelden, wenn die Komponente verlassen wird. Dazu setzen wir den Hook ngOnDestroy() ein und rufen unsubscribe() für die Subscription auf. Mehr zu den Lifecycle-Hooks erfahren Sie im Kapitel »Wissenswertes« ab Seite 500.

Das Iterator-Entwurfsmuster

Bei diesem Pattern geht es darum, auf eine Sammlung von Daten zugreifen zu können, ohne dass die darunterliegende Datenstruktur offengelegt wird. Wir erhalten die Daten in einer bestimmten Reihenfolge (sequentieller Zugriff), ohne dabei wissen zu müssen, wie die Sammlung aufgebaut ist. Das Objekt bzw. die Methode, das oder die uns den sequentiellen Zugriff ermöglicht, nennt man *Iterator*. In JavaScript ist das Entwurfsmuster fest integriert. Im folgenden Beispiel rufen wir mithilfe der Anweisung for...of mehrfach eine Iterator-Methode auf.

Daten sequenziell abrufen

```
let iterable = [1, 2, 3];

// der kurze Weg
for (let value of iterable) {
  console.log(value);
}

// Output:
// 1
// 2
// 3
```

Listing 10–22
Arrays sind per for...of iterierbar.

Wir können den Iterator auch »per Hand« über das *Iterator Protocol* aufrufen:

```
let iterable = [1, 2, 3];

// der lange Weg
let iterator = iterable[Symbol.iterator]();
iterator.next();
iterator.next();
```

Listing 10–23
Iterator mit dem Iterator Protocol verwenden

```
iterator.next();
iterator.next();

// Output:
// Object {value: 1, done: false}
// Object {value: 2, done: false}
// Object {value: 3, done: false}
// Object {value: undefined, done: true}
```

Wie wir an dem Beispiel sehen, bietet uns der Iterator eine Methode an, die wie mehrfach aufrufen können, um den jeweils nächsten Wert zu erhalten. Neben den eigentlichen Werten bekommen wir auch die Information, dass wir das Ende der Sammlung erreicht haben.

Die Kombination: Observable Sequences

Observables: Kombination von Iterator und Observer

Wenn wir beide Entwurfsmuster kombinieren und mit Ideen aus der funktionalen Programmierung verrühren, so erhalten wir das *Observable*. Ein Observable gibt seine Daten in sequentieller Reihenfolge aus (wie der Iterator). Anstatt aber auf den Aufruf per next() zu warten, wird jeder neue Wert »gepusht« – wie beim Observer. Die Werte werden nacheinander über die Zeit hinweg verfügbar. Wir haben somit einen *Stream* von Werten. Mit diesem Datenstrom können wir mittels einer mächtigen Bibliothek von Operatoren alle möglichen Dinge anstellen.

10.2.2 Operatoren

Die große Sammlung an Operatoren ist eine der Stärken von ReactiveX. Betrachten wir noch einmal den vorherigen Code aus den Listings 10–20 und 10–21. Das Subject sendet bei jedem Button-Klick eine neue Zahl. Wir haben also einen Stream aus Zahlen, über den wir iterieren und schließlich eine Summe ziehen können. Hierfür verwenden wir den Operator scan(). Er erwartet eine Funktion zur Kalkulation des nächsten Werts und als zweiten Parameter einen initialen Wert.

Der scan()-Operator

Listing 10–24
Daten mittels scan() reduzieren

```
import 'rxjs/add/operator/scan';

// ...

ngAfterViewInit() {
  this.subscription = this.subject.someEvent
    .scan((accumulated, current, i) => accumulated + current, 0)
    ↪
```

```
    .subscribe((data) => { console.log(data); });
}

// Input:   Output:
// 0        0
// 1        1
// 2        3
// 3        6
// 4        10
```

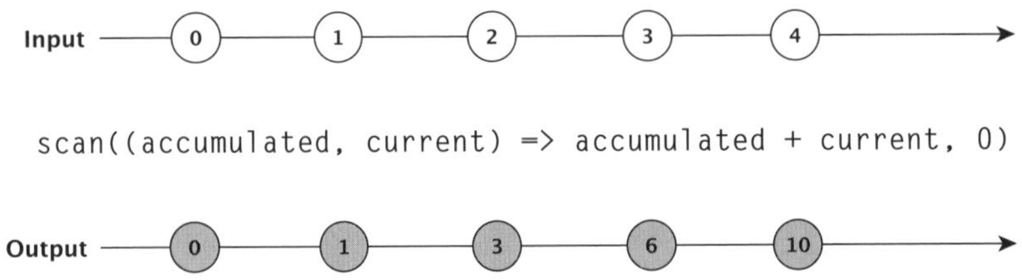

Abb. 10-1
Visualisierung des scan()-Operators

Input ──(0)──(1)──(2)──(3)──(4)──▶

scan((accumulated, current) => accumulated + current, 0)

Output ──(0)──(1)──(3)──(6)──(10)──▶

Die Funktion `scan()` emittiert bei jeder Iteration einen Wert. Sollte der Stream geschlossen werden und damit ein Ende haben (was unser Klick-Stream nicht hat), dann könnten wir auch `reduce()` verwenden. Diese bekanntere Funktion feuert nur ein einziges Mal. Schon an diesem einfachen Beispiel sehen wir, dass ein genaues Studium der Operatoren unerlässlich ist – verwenden wir `reduce()`, so erzeugt das Beispiel keinen Output.

`scan()` *verarbeitet unendliche Datenströme,* `reduce()` *benötigt eine endliche Folge von Werten.*

Die Operatoren können wir sinnvoll kombinieren. Wir kennen bereits `map()` – mit diesem Operator können wir die Werte transformieren. Im folgenden Beispiel multiplizieren wir alle Werte mit 3 und filtern zusätzlich alle ungeraden Werte heraus.

Listing 10-25
Weitere Operatoren von RxJS: `filter()` *und* `map()`

```
import 'rxjs/add/operator/map';
import 'rxjs/add/operator/filter';
import 'rxjs/add/operator/scan';

// ...

ngAfterViewInit() {
  this.subscription = this.subject.someEvent
    .map(value => value * 3)
    .filter(value => value % 2 === 0) // emits only even numbers
    .scan((accumulated, current, i) => accumulated + current, 0)
    .subscribe((data) => { console.log(data); });
}
```

```
// Input:  Input Filter:  Input Scan:  Output:
// 0      0              0             0
// 1      3              -             -
// 2      6              6             6
// 3      9              -             -
// 4      12             12            18
// 5      15             -             -
// 6      18             18            36
// 7      21             -             -
// 8      24             24            60
```

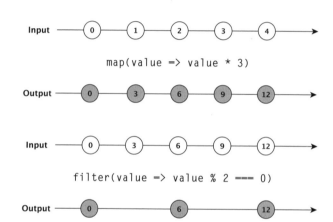

Abb. 10–2
Visualisierung des map()-Operators

Abb. 10–3
Visualisierung des filter()-Operators

> **Versionen von RxJS**
>
> Angular wird mit der Version 5 von RxJS ausgeliefert. Hierbei handelt es sich um eine komplette Neuentwicklung, welche besseres Debugging sowie eine bessere Performance und Kompatibilität mit dem ECMAScript-Vorschlag bietet. Gerade die Harmonisierung mit dem ECMAScript-Observable verspricht eine gute Zukunftssicherheit. Leider geht Version 5 mit einigen *Breaking Changes* einher. Wenn Sie in einem Tutorial oder im Handbuch Operatoren wie `average()`, `sum()` oder `join()` lesen, dann liegt Ihnen ein veralteter Stand vor! Im Folgenden sind die beiden Repositorys aufgeführt, um Verwechslungen zu vermeiden:
>
> RxJS 5 (neu): https://github.com/ReactiveX/rxjs
> RxJS 4 (alt): https://github.com/Reactive-Extensions/RxJS

10.2.3 Den BookMonkey erweitern

> **Story – RxJS**
>
> Als Leser möchte ich nach einem Buch suchen können, um schneller zu den Details dieses Buchs zu navigieren.
>
> ■ Es soll ein Input-Feld mit Autovervollständigung verwendet werden.
> ■ Eine Bedienung per Pfeiltasten muss nicht implementiert werden.

Wir wollen das Wissen aus den vorherigen Kapiteln nutzen und eine wiederverwendbare Komponente erstellen. Hierfür werden wir ein *Autocomplete Control* entwickeln. Für das Design bedienen wir uns der CSS-Klassen von Semantic UI, die Logik wird zum großen Teil mittels RxJS realisiert.

Ein Autocomplete Control entwickeln

Zunächst brauchen wir Daten für die Suche, diese liefert uns natürlich auch unsere REST-Schnittstelle. Die *BookMonkey2-API* verfügt über eine Ressource, mit der wir die Suche leicht realisieren können: https://book-monkey2-api.angular-buch.com/books/search/**suchText**. Gesucht werden kann in allen Eigenschaften der Buch-Entität, als Ergebnis erhalten wir ein Array aus passenden Büchern.

Ressource zum Suchen von Büchern

Den BookStoreService erweitern

Um die neue Ressource aufrufen zu können, benötigen wir eine weitere Methode für den `BookStoreService`. Wir können zum großen Teil die Implementierung von `getAll()` wiederverwenden:

Die Methode getAllSearch()

```
getAllSearch(searchTerm: string): Observable<Array<Book>> {
  return this.http
    .get(`${this.api}/books/search/${searchTerm}`)
    .retry(3)
    .map(response => response.json())
    .map(rawBooks => rawBooks
      .map(rawBook => BookFactory.fromObject(rawBook))
    )
    .catch(this.errorHandler);
}
```

Listing 10–26
Die neue Methode getAllSearch() (book-store.service.ts)

Der einzige Parameter ist der zu suchende Text. Schon erhalten wir ein Array aus Büchern bzw. ein leeres Array – falls es keine Treffer gibt.

Eine neue Komponente erstellen

Als Nächstes erstellen wir eine neue Komponente. Wir haben uns für den Namen `SearchComponent` entschieden und verwenden zum Anlegen die Angular CLI:

Listing 10-27 Komponente SearchComponent anlegen mit der Angular CLI

```
$ ng g component search -is
```

Damit ergibt sich die folgende Dateistruktur:

```
src
└── app
    ├── book-details
    │   └── ...
    ├── book-list
    │   └── ...
    ├── book-list-item
    │   └── ...
    ├── shared
    │   └── ...
    ├── home
    │   └── ...
    ├── search
    │   ├── search.component.html
    │   ├── search.component.spec.ts
    │   └── search.component.ts
    └── ...
```

Der wichtigste Bestandteil der Komponente ist ein Input-Feld, welches bei jedem Tastenanschlag den eigenen Formularwert emittiert.

Listing 10-28 Das Input-Feld mit einem Event Binding auf keyup (search.component.html)

```
<input (keyup)="keyup.emit(searchTerm.value)" #searchTerm type="
↪ text">
```

Wie man sieht, benutzen wir die Referenzvariable `#searchTerm`, um auf den eigenen Formularwert zuzugreifen. Den `EventEmitter<string>` mit dem Namen keyup sehen wir in Listing 10–29.

Listing 10-29 Die Komponente mit dem EventEmitter (search.component.ts)

```
import { Component, EventEmitter, Output, OnInit }
          ↪ from '@angular/core';
import { Book } from '../shared/book';

@Component({
  selector: 'bm-search',
  templateUrl: './search.component.html'
})
```

```
export class SearchComponent implements OnInit {

  // unser Ziel:
  @Output() bookSelected = new EventEmitter<Book>();

  keyup = new EventEmitter<string>();

  ngOnInit() {
    this.keyup
      .subscribe(value => console.log(value));
  }
}
```

Momentan ist die Komponente noch nicht sehr aufregend. Bei jedem Tastendruck sehen wir den Wert des Input-Felds in der Konsole. Unser Ziel soll es aber sein, das Event bookSelected zu feuern, wenn ein Buch nach der Suche ausgewählt wird. Wie kommen wir dahin?

> **Presentational Components**
>
> Wir verwenden hier Ansätze des Prinzips einer *Presentational Component*, welche auch als *Dumb Component* bezeichnet wird. Die einzige Aufgabe der »dummen« Komponente besteht darin, Bücher anzuzeigen. Alle anderen Verantwortungen werden abgegeben. Die Komponente ist sehr gut wiederverwendbar, da sie z. B. keine Kenntnisse über das Routing der Anwendung hat. Würden wir ebenso noch die Abhängigkeit auf den BookStoreService entfernen (z. B. indem wir das Observable übergeben), dann hätten wir eine perfekte *Presentational Component*. Diese Verbesserung könnte man in einem anschließenden Refactoring einführen. Bei einer dummen Komponente verwenden wir ausschließlich @Input() und @Output(), um Daten zu erhalten bzw. zu versenden – was eigentlich sehr schlau ist. Wir greifen das Prinzip später noch einmal im Kapitel zu Redux auf (ab Seite 461).

Operatoren zu einer Pipeline kombinieren

Wenn wir den Output auf der Konsole näher betrachten, so fällt auf, dass jeder Tastenanschlag sofort ausgegeben wird. Dies ist sehr unpraktisch, weil dann auch ständig Aufrufe gegen unseren REST-Service durchgeführt werden würden. Wir müssen die Daten in unserer Pipeline ein wenig bremsen. Dies erledigt der Operator debounceTime() für uns. Wie der Name schon vermuten lässt, verwirft dieser Operator so lange alle Werte, bis die angegebene Zeit (Wert in Millisekunden) erreicht ist. Für unseren Fall gehen aber keine wichtigen Informationen verloren, denn der letzte Wert wird weitergegeben – die verworfenen

debounceTime():
Anfragen nur in bestimmten Zeitabständen ausführen

distinctUntilChanged(): Anfragen nur ausführen, wenn der Wert verändert wurde

Werte benötigen wir nicht. Erneut bremsen wir den Datenstrom etwas aus, indem wir nur dann den Wert weiter emittieren, wenn er sich im Vergleich zum letzten Mal verändert hat. Dazu können wir den Operator `distinctUntilChanged()` einsetzen. Unsere Pipeline sieht nun wie folgt aus:

Listing 10–30
Pipeline mit debounceTime() und distinctUntilChanged() (search.component.ts)

```
import 'rxjs/add/operator/debounceTime';
import 'rxjs/add/operator/distinctUntilChanged';

// ...
export class SearchComponent implements OnInit {

  // ...
  ngOnInit() {
    this.keyup
      .debounceTime(500)
      .distinctUntilChanged()
      .subscribe(searchTerm => console.log(searchTerm));
  }
}
```

Nun sehen wir beim schnellen Tippen deutlich weniger Ausgaben auf der Konsole. Und nun kommt die Kür! Wir kombinieren zwei Observables miteinander – diese Funktionalität bietet uns der Operator `switchMap()`.[10] Das sogenannte »äußere« Observable ist jenes, welches die Strings vom Input-Feld emittiert. Als das »innere« Observable verwenden wir den Rückgabewert der Methode `getAllSearch()` vom `BookStoreService`. Das Ergebnis ist ein neues Observable, welches bei jedem Stimulus durch das äußere Observable eine Liste von Büchern (die Suchergebnisse) emittiert.

switchMap(): Observables kombinieren

Die Lösung entspricht genau dem, was wir für die Autovervollständigung benötigen: Sobald wir nach einer halben Sekunde nicht mehr tippen und der Wert ein neuer ist, versenden wir eine HTTP-Anfrage an unsere REST-API. Die API antwortet mit einer Liste von Büchern, die wir in einer neuen Eigenschaft namens `foundBooks` speichern. Diese gefundenen Bücher können nun dem Anwender präsentiert werden:

---

[10] Der Operator `switchMap()` ist ein guter Ersatz für den bekannteren Operator `mergeMap()` / `flatMap()`! Im Gegensatz zu `mergeMap()` bricht `switchMap()` ausstehende Netzwerkanfragen ab, sobald ein neuer Wert durch das äußere Observable hereinkommt.

```
import 'rxjs/add/operator/debounceTime';
import 'rxjs/add/operator/distinctUntilChanged';
import 'rxjs/add/operator/switchMap';

import { Book } from '../shared/book';
import { BookStoreService } from '../shared/book-store.service';

// ...
export class SearchComponent implements OnInit {

  // ...
  foundBooks: Book[] = [];

  constructor(private bs: BookStoreService) { }

  ngOnInit() {
    this.keyup
      .debounceTime(500)
      .distinctUntilChanged()
      .switchMap(searchTerm => this.bs.getAllSearch(searchTerm))
      .subscribe(books => this.foundBooks = books);
  }
}
```

Listing 10–31
Pipeline mit switchMap() (search.component.ts)

Seiteneffekte nutzen

Eine HTTP-Anfrage kann eine kleine Weile in Anspruch nehmen, bis die Ergebnisse zurückkommen. Dem Nutzer unserer Software müssen wir solange ein visuelles Feedback geben, zum Beispiel in Form einer Ladeanimation. Bevor wir dies tun, müssen wir an dieser Stelle eine Warnung aussprechen: Seiteneffekte sind gefährlich!

Seiteneffekte sind gefährlich!

Wenn eine Funktion Einfluss auf einen Scope (Gültigkeitsbereich) außerhalb ihres eigenen Scopes hat, so sprechen wir von einem Seiteneffekt. Einen typischen Seiteneffekt haben wir dann, wenn wir eine Variable lesen oder schreiben, die außerhalb unseres Gültigkeitsbereichs liegt. Verlassen wir den eigenen Gültigkeitsbereich, so dürfen wir uns nicht auf den Status bzw. Wert der Variable verlassen und ihn ungeprüft für Kalkulationen innerhalb der RxJS-Pipeline verwenden. Zu jedem Zeitpunkt könnte ein anderer Programmteil den Wert der Variable unerwartet verändert haben. Dies führt dazu, dass wir Gültigkeitsprüfungen und Fallunterscheidungen einführen müssen, die den Quellcode unnötig kompliziert werden lassen. Die Eleganz und Leichtigkeit von RxJS ist so nicht mehr gegeben. Setzen wir dementsprechend auf Seiteneffekte, so haben wir entweder viel irrelevanten Code oder viele potenzielle Fehlerquellen. Unser Ziel sollte es demnach sein, so weit wie möglich auf Seiteneffekte zu verzichten!

Im Folgenden ändern wir einen externen Wert ab, berücksichtigen diesen aber nicht im Programmfluss. Dies ist eine vertretbare Ausnahme. Es gibt einen Operator, der genau für solche »Schandtaten« gedacht ist: der Operator mit dem schlichten Namen do(). Er erlaubt es uns, jede Art von Code auszuführen, wobei das zurückgegebene Observable dem vorherigen entspricht. Wir nutzen do(), um vor und nach dem HTTP-Aufruf die Eigenschaft isLoading zu setzen. Ist der Wert von isLoading wahr, so zeigen wir im Template eine Ladeanimation an. Den nun vollständigen Quelltext unserer Suchkomponente sehen wir in Listing 10–32.

do(): Code in der Pipeline ausführen

Ladeanimation

Listing 10–32
Vollständige Implementierung der SearchComponent (search.component.ts)

```
import { Component, EventEmitter, Output, OnInit } from '@angular/
    ↪ core';
import 'rxjs/add/operator/debounceTime';
import 'rxjs/add/operator/distinctUntilChanged';
import 'rxjs/add/operator/do';
import 'rxjs/add/operator/switchMap';

import { Book } from '../shared/book';
import { BookStoreService } from '../shared/book-store.service';

@Component({
  selector: 'bm-search',
  templateUrl: './search.component.html'
})
export class SearchComponent implements OnInit {

  isLoading = false;
  foundBooks: Book[] = [];
  @Output() bookSelected = new EventEmitter<Book>();

  keyup = new EventEmitter<string>();

  constructor(private bs: BookStoreService) { }

  ngOnInit() {

    this.keyup
      .debounceTime(500)
      .distinctUntilChanged()
```

```
    .do(() => this.isLoading = true)
    .switchMap(searchTerm => this.bs.getAllSearch(searchTerm))
    .do(() => this.isLoading = false)
    .subscribe(books => this.foundBooks = books);
  }
}
```

Auf Mausklicks reagieren

Unsere Komponente ist so gut wie fertig. Wir müssen nur noch das HTML-Template erstellen und dort die Liste der gefundenen Bücher anzeigen. Bei einem Klick auf ein Buch wird das `bookSelected`-Event ausgelöst. Außerdem wird die Ladeanimation eingeblendet, wenn die Eigenschaft `isLoading` positiv ist.

Template für die SearchComponent anlegen

Unsere Umsetzung mit Semantic UI sieht so aus:

```
<div class="ui search" [ngClass]="{ loading: isLoading }">
  <div class="ui icon input">
    <input (keyup)="keyup.emit(searchTerm.value)" #searchTerm class
    ↪ ="prompt" type="text" placeholder="Suche...">
    <i class="search icon"></i>
  </div>
  <div class="results transition" [ngClass]="{ visible:
  ↪ foundBooks.length }">

    <a href (click)="bookSelected.emit(book); false" class="result"
    ↪   *ngFor="let book of foundBooks">
      <div class="content">
        <div class="title" >{{ book.title }}</div>
      </div>
    </a>
  </div>
</div>
```

Listing 10–33
HTML-Template für die SearchComponent (search.component.html)

Das Ergebnis kann sich sehen lassen: Abbildung 10–4 zeigt unsere neue Komponente in Aktion.

Die neue Komponente in die Anwendung einbauen

Die neue Suchkomponente soll auf der Startseite (`HomeComponent`) zu sehen sein. Mithilfe des `bookSelected`-Events können wir in der Eltern-Komponente weitere Aktionen durchführen. Dazu fügen wir die neue Komponente ins Template der `HomeComponent` ein und abonnieren das

Abb. 10–4
Das fertige Autocomplete Control

Event bookSelected *abonnieren*

Event. Außerdem müssen wir in der Komponentenklasse die Handler-Methode bookSelected() implementieren. Sie führt die Navigation zur Detailseite des angeklickten Buchs aus.

Listing 10–34
Die SearchComponent in die Startseite einbauen (home.component.ts)

```
import { Router, ActivatedRoute } from '@angular/router';
import { Component } from '@angular/core';

import { Book } from '../shared/book';

@Component({
  selector: 'bm-home',
  template: `
  <div class="ui container two column grid">

    <div class="ui container column">
      <h1>Home</h1>
      <p>Das ist der BookMonkey.</p>
      <a routerLink="../books" class="ui red button">
        Buchliste ansehen
          <i class="right arrow icon"></i>
      </a>
    </div>

    <bm-search (bookSelected)="bookSelected($event)"
      ↪ class="column"></bm-search>
  </div>
  `
})
```

```
export class HomeComponent {

  constructor(private router: Router, private route:
    ↪ ActivatedRoute) { }

  bookSelected(book: Book) {
    this.router.navigate(['../books', book.isbn], { relativeTo:
      ↪ this.route });
  }
}
```

Was haben wir gelernt?

Dies war nur ein kleiner Ausflug in die Welt von RxJS, es gäbe noch viel mehr zu entdecken. Die Reactive Extensions füllen ganze Bücher, ein sehr empfehlenswertes Buch haben wir im Literaturverzeichnis aufgeführt.

- Die Reactive Extensions (Rx) implementieren ein Programmiermodell.
- Angular setzt an vielen Stellen RxJS ein.
- Der wichtigste Datentyp ist das Observable.
- Es gibt verschiedene Ausprägungen des Observable, manche verhalten sich synchron, andere asynchron.
- Observables liefern stets einen Stream aus keinen bis vielen Werten.
- Mittels der zahlreichen Operatoren können wir komfortabel die Werte transformieren und kombinieren.
- Wenn möglich, sollten Seiteneffekte vermieden werden.

Demo und Quelltext:
https://ng-buch.de/it3-rxjs

11 Powertipp: Augury

Bei der Entwicklung mit Angular ist es oft hilfreich, Informationen über den aktuellen Status unserer Anwendung zu erhalten. Augury[1] ist ein Hilfswerkzeug, mit dem wir die Anwendung zur Laufzeit untersuchen und debuggen können.

Die wichtigsten Funktionen von Augury sind:

- Beziehungen zwischen Komponenten darstellen (Komponentenhierarchie)
- detaillierte Informationen zu Komponenten anzeigen
- Abhängigkeiten darstellen (Injector Graph)
- Informationen zur Change Detection anzeigen
- den gesamten Routenbaum darstellen
- Status und Werte anzeigen und modifizieren
- Events auslösen

Installation

Das Tool ist als Erweiterung für Google Chrome verfügbar und kann über den Extension Manager des Browsers installiert werden.[2]

Abb. 11–1
Erweiterung Augury in Google Chrome

Nach der Installation taucht das Tool als zusätzlicher Reiter in den Chrome Developer Tools auf.

---

[1] https://ng-buch.de/x/12 – Angular Augury
[2] https://ng-buch.de/x/46 – Chrome Web Store: Augury

Der Component Tree

Beim ersten Aufruf von Augury gelangt man direkt zur Ansicht *Component Tree* (Abbildung 11–2). Diese Ansicht stellt eine Übersicht der Komponenten und deren Verschachtelung dar. Wenn wir mit dem Mauspfeil über einen Eintrag im *Component Tree* fahren, wird die entsprechende Komponente im Browser hervorgehoben. Wählen wir eine Komponente aus, so erscheinen im rechten Bereich weitere Details dieser Komponente. Es werden gesetzte *Propertys* und ggf. abhängige Provider dargestellt.

*Abb. 11–2
Eigenschaften einer Komponente mit Augury untersuchen*

Auf der rechten Seite ist außerdem der Reiter *Injector Graph* zu sehen. Hier werden die Abhängigkeiten einer Komponente grafisch dargestellt. Die Propertys lassen sich direkt über Augury editieren. Ändern wir einen Wert, so sehen wir sofort die Auswirkungen der Änderung. Ebenso können wir Events über eine entsprechende Eingabe und Betätigung des Buttons *Emit* auslösen.

Führen wir in der Anwendung eine Aktion aus (z. B. durch Klicken eines Buttons), hebt Augury alle betreffenden Komponenten farblich hervor, in denen der Change-Detection-Prozess angestoßen wird.

Im unteren Teil des Tools befindet sich ein Suchfeld, mit dem wir den gesamten Komponentenbaum nach einer bestimmten Komponente oder Attributen durchsuchen können.

Der Router Tree

Das zweite große Feature von Augury ist der Reiter *Router Tree*. Hier werden alle verfügbaren Routen und deren zugehörige Komponenten grafisch dargestellt. Es ist direkt ersichtlich, an welcher Stelle innerhalb

11 Powertipp: Augury

des *Router Trees* die Anwendung sich gerade befindet und welche Routen von dort aus erreichbar sind.

Wählen wir einen Knoten im Baum aus, werden der Pfad, die zugehörige Komponente und ggf. übergebene Daten angezeigt. Auch der Router Tree lässt sich nach Inhalten durchsuchen.

Abb. 11–3
Der Injector Graph von Augury

Zusammenfassung

Wir können mithilfe von Augury einen Überblick über unsere Komponenten, Services und Routen erlangen. Wir sehen, welche Abhängigkeiten diese zueinander haben, und können das Zusammenspiel bei Statusänderungen verfolgen. Augury kann beim Debugging einer Angular-Anwendung helfen. Wir können direkt im Tool Werte manipulieren, Events hervorrufen und sehen, wie unsere Anwendung darauf reagiert.

12 Formularverarbeitung & Validierung: Iteration IV

> »It's just a text box, what could go wrong?«
>
> Deborah Kurata
> (Google Developer Expert)

Als Webentwickler haben wir regelmäßig mit Formularen zu tun. Sie dienen der strukturierten Verarbeitung von Benutzereingaben und sind ein wichtiger Baustein für die Gewinnung und Auswertung von Daten. Dabei haben Webformulare weitaus mehr Anforderungen, als nur Textfelder bereitzustellen. Wir werden in diesem Kapitel lernen, welche Werkzeuge Angular zur Formularverarbeitung mitbringt und wie wir sie effizient einsetzen können. Schließlich wollen wir ein Formular in den BookMonkey integrieren.

Warum soll ich meine Formulare mit Angular bauen?

Theoretisch können wir jedes Eingabefeld eines Formulars einzeln verarbeiten. Vielen Entwicklern ist das durch die Arbeit mit jQuery[1] oder ähnlichen Frameworks bekannt. Ein weit verbreitetes Beispiel ist die Prüfung der Passwortsicherheit bei einem Formular für die Registrierung eines Neukunden. Bei der Verwendung herkömmlicher Frontend-Frameworks wird der JavaScript-Code mit größer werdenden Formularelementen immer komplexer. Jedes Element muss selektiert, verarbeitet, überprüft und ggf. zurückgesetzt werden. Neben der Eingabe der Daten spielt es eine wichtige Rolle, ein adäquates visuelles Feedback an den Benutzer weiterzugeben. Fehleingaben sollen frühzeitig signalisiert werden. Auf Änderung der Eingabedaten muss ein Formular schnell reagieren können.

Formularverarbeitung ist oft sehr umständlich.

Angular bietet hierfür eine komfortable API, mit der die Eingabedaten zentral ausgewertet und verarbeitet werden können. So sind wir

---
[1] https://ng-buch.de/x/30 – jQuery

in der Lage, Wert- und Zustandsänderungen zu überwachen und auf Änderungen im Formular zu reagieren. Zum Beispiel kann das Versenden des Formulars automatisch blockiert werden, sobald ungültige Eingaben getätigt wurden. Dem Anwender können dazu Hinweise angezeigt werden, wie die Fehler zu beseitigen sind. Im Vergleich zu anderen Frameworks können wir all diese Features mit Angular in wenigen Codezeilen realisieren.

12.1 Angulars Ansätze für Formulare

Grundsätzlich existieren in Angular zwei verschiedene Ansätze zum Erstellen und Verarbeiten von Formularen:

- *Template Driven Forms*
- *Reactive Forms*

Es gibt bei der Auswahl des Konzepts kein *richtig* oder *falsch*. Vieles hängt davon ab, welcher Stil im Team bevorzugt wird und für welchen Anwendungsfall das Formular genutzt werden soll. Tabelle 12–1 zeigt einen Vergleich zwischen den beiden Ansätzen.

Tab. 12–1
Vergleich zwischen Template Driven und Reactive Forms

	Template Driven Forms	Reactive Forms
Wahrheitsquelle	Template	Komponentenklasse
Verhalten der Direktiven	Erstellt automatisch neue Controls (implizit)	Bindet sich an bestehende Controls (explizit)
Verarbeitung	Asynchron	Synchron

In den folgenden Kapiteln demonstrieren wir beide Ansätze und werden jeweils die Vor- und Nachteile erläutern. Wir werden zunächst den Template-Driven-Ansatz in den BookMonkey implementieren. Dabei werden wir konkreter auf die Möglichkeiten eingehen, die uns Angular zur Validierung und Auswertung bietet. Anschließend passen wir die Anwendung so an, dass wir die Reactive Forms verwenden können. Im dritten Teil dieser Iteration werden wir erfahren, wie wir eigene Validatoren entwickeln, um Formulareingaben zu prüfen.

12.2 Template Driven Forms

> »*The Forms Module is Angular 1 style,
> so everything happens in the template.*«
>
> Kara Erickson
> (Mitglied des Angular-Teams)

Warum brauchen wir Template Driven Forms?

Template Driven Forms bieten uns eine einfache Möglichkeit, Formulare mit Angular zu initialisieren und auszuwerten. Angular bindet sich dabei automatisch an ein `<form>`-Element und liest die Daten der Eingabefelder, Radio-Buttons und Checkboxen aus. Die Formulareingaben werden automatisch in einem Objekt gespeichert. Dazu liegen auch jeweils Informationen zum Status der Kontrollelemente und zur Validierung der Eingaben vor.

Wir können also mit nur wenig zusätzlichem Markup im HTML-Template ein Eingabeformular entwerfen, das sich automatisch um Validierung und die Anzeige von Meldungen kümmert.

12.2.1 Template Driven Forms verwenden

Wenn wir Template Driven Forms in unserer Anwendung verwenden möchten, benötigen wir das `FormsModule` aus `@angular/forms`. Wir müssen dieses Modul in der Anwendung bekannt machen und importieren es deshalb in unser zentrales `AppModule`. Wenn wir das Projekt mit der Angular CLI erstellen, hat das Tool diesen Schritt schon automatisch vorgenommen.

FormsModule importieren

```
import { NgModule } from '@angular/core';
import { FormsModule } from '@angular/forms';
import { AppComponent } from './app.component';
// ...

@NgModule({
  declarations: [
    AppComponent,
    // ...
  ],
  imports: [
    FormsModule,
    // ...
  ],
```

Listing 12–1
Das `FormsModule` in die Anwendung importieren (app.module.ts)

```
    providers: [],
    bootstrap: [AppComponent]
})
export class AppModule { }
```

Um zu verstehen, wie Template Driven Forms funktionieren, wollen wir ein zusammenhängendes Beispiel betrachten: ein Registrierungsformular. Dazu legen wir uns zunächst ein einfaches HTML-Formular an. Angular bindet sich automatisch an <form>-Elemente in unseren Templates und wir können ohne weitere Schritte die Template Driven Forms verwenden. Das Formular wird automatisch erkannt und bindet die Direktive ngForm an das <form>-Element.

Die Direktive ngForm

Damit der Nutzer mit dem Formular arbeiten kann, legen wir zwei Felder für Benutzername und Passwort an. Außerdem ist ein Button nötig, um das Formular abzusenden.

Listing 12–2
Ein einfaches HTML-Formular

```
<form>
    <label>Benutzername:</label>
    <input type="text">

    <label>Passwort:</label>
    <input type="password">

    <button type="submit">Registrieren</button>
</form>
```

Formularwerte speichern

Um auf die Werte des Formulars zugreifen zu können, überführen wir die Form-Instanz in eine Variable. Angular exportiert die Formulardirektive als ngForm, und wir können mit einer Referenzvariable darauf zugreifen. Der Name form für die Variable kann frei gewählt werden.

Listing 12–3
Formularinstanz in einer lokalen Variable speichern

```
<form #form="ngForm">...</form>
```

Das Event ngSubmit

Wir wollen uns nun den Wert des gesamten Formulars ausgeben, sobald der Nutzer das Formular absendet. Wenn der Absende-Button vom Typ submit ist, wird das Formular beim Klick abgeschickt. Dabei wird automatisch das native Event (submit) auf dem <form>-Element ausgelöst.

Das Problem bei dieser Variante ist, dass die Seite normalerweise beim Absenden eines Formulars neu geladen wird. Schließlich müssen die Formulardaten ja üblicherweise mit einem POST-Request an den Webserver geschickt werden.

Angular bringt dafür das passende Hilfsmittel mit: das Event (ngSubmit). Verwenden wir dieses Event, um die Submit-Aktion abzufangen, wird verhindert, dass die Seite neu geladen wird. Das entspricht dem Prinzip der Single-Page-Applikationen, denn wir wollen die Formulardaten ja asynchron verarbeiten. Beim Neuladen der Seite würden außerdem die Eingaben aus den Formularfeldern verschwinden.

Wir abonnieren also auf dem `<form>`-Element das Event (`ngSubmit`). Über die Referenzvariable `form` können wir von hier aus auf das Formular zugreifen und die Werte auslesen. Sie liegen immer in der Eigenschaft `value` vor. Die Formularwerte übergeben wir an eine selbst erstellte Methode `register()`, um sie dann in der Komponentenklasse zu verarbeiten.

```
<form #form="ngForm" (ngSubmit)="register(form.value)">...</form>
```

Listing 12–4
Einen Formularwert verarbeiten

In der Komponente legen wir die Methode `register()` an. Als Payload haben wir im Template die Werte des Formulars übergeben. Zur Kontrolle geben wir die Eingaben zunächst einmal auf der Konsole aus.

```
import { Component } from '@angular/core';

@Component({
  selector: 'register-form',
  templateUrl: './register-form.component.html',
  styleUrls: ['./register-form.component.css']
})
class RegisterForm {
  register(value: any) {
    console.log(value);
  }
}
```

Listing 12–5
Die Komponente RegisterForm-Component (register-form .component.ts)

12.2.2 NgModel und NgModelGroup

Zur weiteren Auswertung und Verarbeitung der Daten in unserem Formular benötigen wir die Direktive `ngModel`. Sie geht immer mit dem name-Attribut von Formularfeldern einher. Die Direktive legt für uns sogenannte *Form-Controls* an und bindet diese an das name-Attribut. Form-Controls repräsentieren in Angular Eingabeelemente. Das können zum Beispiel einfache Texteingabefelder, aber auch Checkboxen oder Radio-Buttons sein. Ein Form-Control hat Zugriff auf den Wert des Eingabefelds. Außerdem enthält es Informationen zur Validität und zum Status (Wurde das Feld berührt? Wurde ein Wert geändert? etc.). Wir werden im Laufe der folgenden Abschnitte noch mehr über die Eigenschaften von Form-Controls und ihre Verwendung erfahren.

ngModel *bindet sich an das name-Attribut eines Input-Felds.*

Listing 12–6
Das Template der RegisterForm-Component (register-form .component.html)

```
<form #form="ngForm" (ngSubmit)="register(form.value)">
    <label>Benutzername:</label>
    <input type="text" name="username" ngModel>

    <label>Passwort:</label>
    <input type="password" name="password" ngModel>

    <button type="submit">Registrieren</button>
</form>
```

Statusabhängige CSS-Klassen

Je nach Zustand der Kontrollelemente werden automatisch vordefinierte CSS-Klassen für das jeweilige Eingabeelement gesetzt. Somit können wir unsere Eingabefelder abhängig vom Status des Formulars entsprechend gestalten. Die Tabelle 12–2 gibt eine Übersicht über die verfügbaren Status der Eingabeelemente und die dazu gesetzten CSS-Klassen.

Tab. 12–2
Zustände eines Controls

Status	CSS-Klasse	Beschreibung
dirty	ng-dirty	Der Wert wurde bearbeitet.
pristine	ng-pristine	Der Wert ist unberührt.
valid	ng-valid	Der Wert ist gültig.
touched	ng-touched	Das Control wurde verwendet/bedient.
untouched	ng-untouched	Das Control wurde noch nicht verwendet.
pending	ng-pending	Eine asynchrone Eingabevalidierung läuft.

Wir können diese CSS-Klassen nutzen, um unsere Eingabefelder zum Beispiel rot hervorzuheben, wenn kein Wert eingegeben wurde. Außerdem wollen wir das Feld grün unterlegen, sobald der Nutzer eine Eingabe vorgenommen hat. Das ermöglicht uns eine kontextabhängige Darstellung unserer Eingabefelder.

Listing 12–7
CSS-Klassen der Controls für visuelles Feedback einsetzen

```
.ng-dirty {
    border-left: 4px solid green;
}

.ng-untouched {
    border-left: 4px solid red;
}
```

> **Achtung: Form-Controls nur in `<form></form>` einsetzen!**
>
> Die Voraussetzung für das Funktionieren der Form-Controls ist, dass sie innerhalb von Formularen (`<form>`) verwendet werden. Grund hierfür ist, dass Angular an jedes `<form>`-Tag eine Instanz der Klasse `NgForm` anfügt, um Daten im Formular automatisch aktualisieren zu können. Das kann zu Beginn verwirren, weil dieser Vorgang hinter den Kulissen geschieht.

Wir starten jetzt unsere Anwendung und geben Werte für Benutzername und Passwort ein. Vor der Eingabe eines Werts wird uns eine rote Linie am linken Rand des Feldes angezeigt. Sobald wir etwas eingeben, wechselt die Farbe und die Linie wird grün dargestellt. Die `ngForm`-Direktive holt sich nun aus den einzelnen Eingabefeldern mithilfe von `ngModel` und dem `name`-Attribut die einzelnen Werte. Sobald der Button *Registrieren* gedrückt wird, wird das Event `ngSubmit` ausgelöst. Daraufhin wird die Methode `login()` mit dem Wert des Eingabeformulars aufgerufen. Anschließend wird der Wert in der Konsole ausgegeben.

```
{
    "username": "mein-benutzername",
    "password": "mein-passwort"
}
```

Listing 12–8
Konsolenausgabe nach Auslösen des Registrieren-Buttons

Geschafft! Wir haben Eingabewerte aus einem Formular ausgelesen und in unserer Komponente verarbeitet.

Was ist nun, wenn wir ein komplexeres Eingabeformular haben und Daten gruppieren wollen? Kein Problem, denn auch dafür bietet uns Angular eine Lösung an. Wir wollen unser Eingabeformular um eine Namensangabe erweitern. Da der Name aus Vor- und Nachname besteht, wollen wir diese Daten gruppiert im Objekt `fullname` erfassen. Das Gruppieren von Informationen innerhalb eines Formulars erreichen wir durch Verwendung der Direktive `ngModelGroup`. Um diese zu verwenden, müssen wir lediglich ein neues HTML-Element erstellen, dem die Eingabefelder untergeordnet sind.

Gruppieren mit der Direktive ngModelGroup

```html
<form #form="ngForm" (ngSubmit)="register(form.value)">
    <label>Benutzername:</label>
    <input type="text" name="username" ngModel>

    <label>Passwort:</label>
    <input type="password" name="password" ngModel>
    <fieldset ngModelGroup="fullname">
        <label>Vorname:</label>
        <input type="text" name="firstname" ngModel>
```

Listing 12–9
Formularelemente mit ngModelGroup gruppieren (register-form.component.html)

```
        <label>Nachname:</label>
        <input type="text" name="lastname" ngModel>
    </fieldset>

    <button type="submit">Registrieren</button>
</form>
```

ngModel mit One-Way Binding

Bisher haben wir die Direktive `ngModel` als Attributdirektive genutzt und nicht von vornherein mit einem Wert initialisiert. Es ist auch möglich, der Direktive direkt mittels One-Way Binding einen Wert zuzuweisen. Somit lässt sich zum Beispiel einfach ein Formular zur Bearbeitung von vorhandenen Werten realisieren. Wir können Werte einlesen und direkt den Eingabeelementen zuweisen.

```
<input type="text" name="username" [ngModel]="'Max Mustermann'">
```

ngModel mit Two-Way Binding

Weiterhin ist es möglich, ein Two-Way Binding zu verwenden. Es sorgt dafür, dass bei einer Änderung des Eingabeelements der veränderte Status sofort in der Komponente zur Verfügung steht. Wird das gebundene Element innerhalb der Komponente aktualisiert, werden die Änderungen sofort im Template sichtbar. Dafür müssen wir `ngModel` zwischen runden und eckigen Klammern einfügen. Sobald jetzt eine Eingabe erfolgt, wird diese in `username` gespeichert und direkt im Template ausgegeben.

```
<input type="text" name="username" [(ngModel)]="username">
Deine Eingabe: {{username}}
```

12.2.3 Eingaben validieren

Wie bereits die CSS-Klasse `ng-valid` vermuten lässt, können wir die Eingaben unserer Eingabefelder validieren. Dafür stellt uns Angular eine Reihe von Validatoren zur Verfügung, die wir direkt im Template zur Überprüfung der Werte verwenden können, siehe Tabelle 12–3.

Tab. 12–3 Eingebaute Validatoren für Template Driven Forms

Angabe	Prüfung
`required`	Das betreffende Feld muss ausgefüllt sein.
`minlength="6"`	Es müssen mindestens 6 Zeichen angegeben werden.
`maxlength="8"`	Es dürfen höchstens 8 Zeichen angegeben werden.
`pattern="[a-z]"`	Der Wert des Eingabefelds wird auf den angegebenen regulären Ausdruck geprüft. In diesem Fall werden nur Eingaben von Kleinbuchstaben (a–z) akzeptiert.
`email`	Das Feld muss eine E-Mail-Adresse beinhalten.

Es ist ebenso möglich, auf einem einzelnen Eingabefeld mehrere Validierungen vorzunehmen. Listing 12–10 zeigt ein Eingabefeld für ein Passwort. Das Passwort muss eingegeben werden. Es wird weiterhin geprüft, ob das eingegebene Passwort mindestens acht Zeichen enthält und mindestens eine Zahl beinhaltet. Zur Auswertung können wir uns eine Referenz des Form-Elements in einer Template-Variable speichern (#password). Wichtig ist dabei, dass wir mit der Referenz auf ngModel zugreifen, damit wir Infos über den Status des Felds erhalten. Mit *ngIf überprüfen wir, ob die Werte valide sind und den Vorgaben entsprechen. Sofern dies nicht der Fall ist, geben wir einen entsprechenden Fehlertext aus.

Mehrere Validatoren für ein Feld

```
<input type="password"
    required minlength="8"
    pattern=".*\d.*"
    name="password"
    ngModel
    #password="ngModel">
<p *ngIf="password.invalid">
    Das Passwort erfüllt nicht die vorgegebenen Anforderungen
</p>
```

Listing 12–10
Mindestpasswortstärke erzwingen mit mehreren Validatoren

Es ist auch möglich, eigene Funktionen zur Validierung von Eingaben zu verwenden. Darauf werden wir im Kapitel »Custom Validators« ab Seite 245 näher eingehen.

12.2.4 Den BookMonkey erweitern

> **Story – Neue Bücher hinzufügen**
>
> Als Leser möchte ich neue Bücher hinzufügen, um interessante Lesetipps mit anderen Lesern zu teilen.
>
> Als Leser möchte ich Hinweise zu erforderlichen und fehlerhaften Eingaben erhalten, um qualitativ gute Inhalte zu pflegen.
>
> - Es soll ein Formular zum Hinzufügen eines Buchs zum Datenbestand existieren.
> - Das Hinzufügen eines Buchs soll nur mit gültigen Eingaben möglich sein.
> - Der *Titel* darf nicht leer sein.
> - Die *ISBN* darf nicht leer sein.
> - Die *ISBN* darf nicht weniger als 10 Zeichen haben.
> - Die *ISBN* darf nicht mehr als 13 Zeichen haben.
> - Das *Erscheinungsdatum* muss dem Muster dd.MM.YYYY entsprechen.
> - Es muss ein *Autor* angegeben werden.

12 Formularverarbeitung & Validierung: Iteration IV

Komponente BookForm anlegen

Wir wollen das zuvor erlernte Wissen nutzen und unseren BookMonkey um Formulare erweitern. Wir implementieren dabei zunächst den Ansatz der Template Driven Forms. Im ersten Schritt erstellen wir uns eine neue Komponente mithilfe der Angular CLI:

Listing 12-11
Komponente BookForm mit der Angular CLI anlegen

```
$ ng g component book-form -is
```

Es ergibt sich die folgende Dateistruktur:

```
src
└── app
    ├── book-details
    │   └── ...
    ├── book-form
    │   ├── book-form.component.html
    │   ├── book-form.component.spec.ts
    │   └── book-form.component.ts
    ├── book-list
    │   └── ...
    ├── book-list-item
    │   └── ...
    ├── shared
    │   └── ...
    ├── home
    │   └── ...
    ├── search
    │   └── ...
    └── ...
```

Das `FormsModule` nutzen

Da wir Template Driven Forms verwenden möchten, prüfen wir, ob das `FormsModule` aus `@angular/forms` in unserem `AppModule` vorhanden ist. Es sollte bereits beim Anlegen des Projekts durch die Angular CLI importiert worden sein. Weiterhin wollen wir im späteren Verlauf der Entwicklung ein Eingabefeld vom Typ `date` nutzen. Leider funktioniert der direkte Zugriff auf das Datums-Objekt mit `ngModel` nicht. Wir müssen deshalb ein Zusatzmodul installieren, das `DateValueAccessorModule`[2]:

DateValueAccessor installieren

```
$ npm install --save angular-date-value-accessor
```

Dieses Modul importieren wir ebenfalls in unsere Datei `app.module.ts`:

---

[2] https://ng-buch.de/x/47 – NPM: angular-date-value-accessor

```
// ...
import { DateValueAccessorModule } from
    ↪ 'angular-date-value-accessor';

@NgModule({
  imports: [
    // ...
    DateValueAccessorModule
  ],
  // ...
})
export class AppModule { }
```

Listing 12–12
DateValueAccessor-
Module *importieren*
(app.module.ts)

Vorbereitungen für Routen und Funktionen

Die angelegte Komponente soll unser Buchformular enthalten. Um zur Komponente zu gelangen, müssen wir dafür noch eine Route anlegen:

Route für das Formular anlegen

```
// ...
import { BookFormComponent } from
    ↪ './book-form/book-form.component';

export const routes: Routes = [
  // ...
  {
    path: 'admin',
    component: BookFormComponent
  }
];
// ...
```

Listing 12–13
Route für das Formular
hinzufügen
(app-routing
.module.ts)

Um ein neues Buch zu erstellen, wollen wir einen neuen Link im oberen Menü haben, der uns über die zuvor angelegte Route admin zum Formular führt. Dafür bearbeiten wir die Datei app.component.html.

Menüpunkt hinzufügen

```
<div class="ui three item tabs menu">
  <a routerLink="home"  routerLinkActive="active"
    ↪ class="item">Home</a>
  <a routerLink="books" routerLinkActive="active"
    ↪ class="item">Bücher</a>
  <a routerLink="admin" routerLinkActive="active"
    ↪ class="item">Administration</a>
</div>
<router-outlet></router-outlet>
```

Listing 12–14
Menüpunkt für die
Administration
hinzufügen

Wir haben nun alle wichtigen Vorbereitungen getroffen. Jetzt wollen wir uns mit der neu angelegten Komponente `BookFormComponent` beschäftigen.

Das Formular-Template anlegen

Zunächst wollen wir das Template für unser Formular erstellen. Dafür bearbeiten wir die Datei `book-form.component.html`. Achtung: Wenn Sie Angular unter Version 4 verwenden, müssen Sie im `<form>`-Element zusätzlich das Attribut `novalidate` einfügen, um dem Browser mitzuteilen, dass er sich nicht um die Validierung des Formulars kümmern muss. Je nach verwendetem Browser würde zum Beispiel das Attribut `required` eine browsereigene Validierung starten. Wir wollen nachfolgend die Validierung von Angular nutzen, um sicherzustellen, dass unser Formular browserübergreifend immer gleich ausgewertet wird.

novalidate

Wir speichern eine Referenz des Formulars in der Variable `myForm`. Dabei müssen wir in dieser Variable zwingend `ngForm` angeben, da Angular das Formular unter diesem Bezeichner exportiert. Das Event Binding für (`ngSubmit`) soll die Methode `submitForm()` aus der Komponentenklasse aufrufen.

ngSubmit ruft submitForm() auf.

Listing 12–15 Template des Formulars (book-form.component.html) – Teil 1

```
<h1>Buchformular</h1>
<form  class="ui large form"
       #myForm="ngForm"
       (ngSubmit)="submitForm()">
```

Die einzelnen Eingabefelder versehen wir jeweils mit dem `name`-Attribut. Weiterhin wollen wir `ngModel` als Two-Way Binding verwenden und referenzieren jeweils auf den entsprechend zugehörigen Schlüssel unseres Buch-Models, das wir später in der Komponentenklasse verwenden werden.

ngModel mit Two-Way Binding

Beim Eingabefeld für ein Bild gehen wir genauso vor. Wir verwenden allerdings auf dem umschließenden `<div>`-Element der beiden Eingabefelder die Direktive `ngModelGroup`. Das führt dazu, dass wir Titel und URL eines Bildes als ein Objekt zusammenfassen.

ngModelGroup

Außerdem nutzen wir die Direktive `useValueAsDate` aus dem `DateValueAccessorModule`. Sie wird auf dem Eingabefeld mit dem Typ `date` eingesetzt, mit dem wir das Veröffentlichungsdatum eines Buchs angeben können.

useValueAsDate für das Datumsfeld

Da wir die Eingabefelder auch validieren wollen, geben wir für die Felder Titel, ISBN, Erscheinungsdatum und Autor noch das Attribut `required` an. Somit wird das Formular erst gültig, wenn diese Felder nicht leer sind. Weiterhin fügen wir dem ISBN-Eingabefeld die Attribute `minlength="10"` und `maxlength="13"` hinzu. Der gültige Wertebereich

Validierung der Eingaben

des Feldes wird damit weiter eingeschränkt. Wir werden im Kapitel »Custom Validators« ab Seite 245 noch erfahren, wie wir eine bessere Validierung der Felder mithilfe eigener Validatoren bewirken können.

Allen Feldern, die validiert werden sollen, fügen wir ein `<div>`-Element an. Dieses soll eine entsprechende Fehlernachricht anzeigen, sofern das Feld keinen gültigen Wert enthält. An dieser Stelle könnten wir auch die Auswertung der Eingabefelder direkt im Template vornehmen und zum Beispiel mittels `*ngIf="myForm.valid"` prüfen, ob die Eingaben des Formulars gültig sind. Wir wollen jedoch für jedes Feld eine differenzierte Fehlermeldung anzeigen lassen, die uns mehr Informationen darüber liefert, warum eine Eingabe nicht valide ist. Aus diesem Grund implementieren wir die Auswertungslogik in der Komponentenklasse und kümmern uns im Template nur um die Anzeige der Fehlernachricht, sofern diese vorhanden ist.

Als Letztes müssen wir noch einen Button hinzufügen, mit dem wir die Formulareingaben speichern können. Durch die Angabe des Typs submit ruft Angular das Event `ngSubmit` auf. Um zu verhindern, dass auch invalide Daten abgesendet werden können, blockieren wir den Button, bis der Wert des Formulars gültig ist. Dazu setzen wir das Property `[disabled]` auf *false*.

Formulardaten absenden

Listing 12–16
Template des Formulars (book-form.component.html) – Teil 2

```
<h1>Buchformular</h1>
<form  class="ui large form"
       #myForm="ngForm"
       (ngSubmit)="submitForm()">

  <div class="field">
    <label>Buchtitel</label>
    <input
      name="title"
      [(ngModel)]="book.title"
      required>
    <div *ngIf="errors.title" class="ui negative message">
      {{ errors.title }}
    </div>
  </div>
  <div class="field">
    <label>Untertitel</label>
    <input
      name="subtitle"
      [(ngModel)]="book.subtitle">
  </div>
```

```html
<div class="field">
  <label>ISBN-Nummer</label>
  <input
    name="isbn"
    [(ngModel)]="book.isbn"
    required
    minlength="10"
    maxlength="13">
  <div *ngIf="errors.isbn" class="ui negative message">
    {{ errors.isbn }}
  </div>
</div>
<div class="field">
  <label>Erscheinungsdatum</label>
  <input
    type="date"
    name="published"
    [(ngModel)]="book.published"
    useValueAsDate
    required>
  <div *ngIf="errors.published" class="ui negative message">
    {{ errors.published }}
  </div>
</div>
<div class="field">
  <label>Autor</label>
  <input
    name="authors"
    [(ngModel)]="book.authors[0]"
    required>
  <div *ngIf="errors.authors" class="ui negative message">
    {{ errors.authors }}
  </div>
</div>
<div class="field">
  <label>Beschreibung</label>
  <textarea
    name="description"
    [(ngModel)]="book.description"
    rows="3"></textarea>
</div>
```

```
<div class="field">
  <label>Bild</label>
  <div class="two fields" ngModelGroup="thumbnail">
    <div class="field">
      <input
        name="url"
        [(ngModel)]="book.thumbnails[0].url"
        placeholder="http://example.org/img.jpg">
    </div>
    <div class="field">
      <input
        name="title"
        [(ngModel)]="book.thumbnails[0].title"
        placeholder="Titel">
    </div>
  </div>
</div>

<button type="submit" class="ui button"
  ↪ [disabled]="myForm.invalid">Speichern</button>
</form>
```

Eine zusätzliche Klasse für Fehlernachrichten

Für die Felder des Formulars wollen wir Fehlernachrichten anzeigen, wenn die Validierung fehlschlägt. Damit die Logik für die Verwaltung der Nachrichten nicht in der Komponente untergebracht wird, legen wir eine zusätzliche Klasse an. Wir nutzen die Angular CLI, um die Klasse BookFormErrorMessages im Ordner 📁book-form anzulegen:

```
$ ng g class book-form/book-form-error-messages
```

Die Datei enthält zwei Dinge: Die Klasse ErrorMessages gruppiert ein Eingabefeld zusammen mit einem Validator und der zugehörigen Fehlermeldung. Gleichzeitig exportieren wir aus der Datei ein Array mit Meldungen für jedes unserer Felder. Das sind jeweils Objekte der Klasse ErrorMessages.

Listing 12–17
Die Datei book-form-error-messages.ts

```
export class ErrorMessage {
  constructor(
    public forControl: string,
    public forValidator: string,
    public text: string
  ) { }
}
```

```
export const BookFormErrorMessages = [
  new ErrorMessage('title', 'required', 'Ein Buchtitel muss
    ↪ angegeben werden'),
  new ErrorMessage('isbn', 'required', 'Es muss eine ISBN angegeben
    ↪ werden'),
  new ErrorMessage('isbn', 'minlength', 'Die ISBN muss mindestens
    ↪ 10 Zeichen enthalten'),
  new ErrorMessage('isbn', 'maxlength', 'Eine ISBN darf höchstens
    ↪ 13 Zeichen haben'),
  new ErrorMessage('published', 'required', 'Es muss ein
    ↪ Erscheinungsdatum angegeben werden'),
  new ErrorMessage('authors', 'required', 'Es muss ein Autor
    ↪ angegeben werden')
];
```

Die Formular-Komponente erstellen

Im nächsten Schritt wollen wir uns mit der Logik der Komponente beschäftigen.

Der Decorator
@ViewChild()

Wir importieren zunächst alle benötigten Klassen. Die Klasse NgForm benötigen wir in Kombination mit dem Decorator @ViewChild(). Damit erhalten wir Zugriff auf eine Elementreferenz und können so die Werte aus dem Formular auslesen. Wir greifen mittels @ViewChild('myForm') auf die Variable zu, in der wir zuvor im Template das Formular referenziert haben. Anschließend geben wir an, dass die Eigenschaft vom Typ NgForm ist.

Weiterhin importieren wir unser Book-Model und die BookFactory, da wir die Felder des Models mit den Formularfeldern verknüpfen wollen. Wir speichern uns einen leeren Buchdatensatz durch Aufruf von BookFactory.empty() in der Variable book. Zur Verwaltung der Fehlernachrichten importieren wir das zuvor angelegte Array BookFormErrorMessages.

Der BookStoreService stellt uns die Funktion zum Abspeichern der Formulardaten bereit. Wir injizieren den Service über den Konstruktor der Komponentenklasse. Außerdem legen wir ein leeres Objekt errors an. Dort tragen wir später Fehlermeldungen ein, um sie im Template anzuzeigen.

12.2 Template Driven Forms

```
import { Component, ViewChild, OnInit } from '@angular/core';
import { NgForm } from '@angular/forms';

import { Book } from '../shared/book';
import { BookFactory } from '../shared/book-factory';
import { BookStoreService } from '../shared/book-store.service';
import { BookFormErrorMessages } from './book-form-error-messages';

@Component({
  selector: 'bm-book-form',
  templateUrl: './book-form.component.html'
})
export class BookFormComponent implements OnInit {
  @ViewChild('myForm') myForm: NgForm;
  book = BookFactory.empty();
  errors: { [key: string]: string } = {};

  constructor(private bs: BookStoreService) { }
}
```

Listing 12–18
Die Komponente BookFormComponent anlegen (book-form.component.ts)

Anschließend implementieren wir die Methode ngOnInit(). In dieser greifen wir auf das Formular zu, um Änderungen in den Formularfeldern abzufangen. Auf dem Formular existiert dazu die Eigenschaft statusChanges. Das ist ein Observable, das immer dann Daten liefert, wenn sich der Status eines Formularfelds ändert. Wir abonnieren den Datenstrom und rufen bei jeder Aktion die Methode updateErrorMessages() auf. In dieser Methode greifen wir auf die einzelnen Validierungsfelder aus BookFormErrorMessages zu und iterieren durch die Liste. Wir prüfen die Validität jedes Formularfelds. Sofern das Feld berührt wurde und der Eingabewert ungültig ist, speichern wir die Nachricht der zugehörigen Fehlermeldung im errors-Objekt. Das Template registriert automatisch, dass das Objekt aktualisiert wurde, und zeigt die entsprechende Nachricht an.

Change Tracking für die Fehleranzeige

```
// ...
export class BookFormComponent implements OnInit {
  // ...

  ngOnInit() {
    this.myForm.statusChanges.subscribe(() =>
      this.updateErrorMessages());
  }
```

Listing 12–19
Formulardaten prüfen (book-form.component.ts)

```
    updateErrorMessages() {
      this.errors = {};
      for (const message of BookFormErrorMessages) {
        const control = this.myForm.form.get(message.forControl);
        if (control &&
            control.dirty &&
            control.invalid &&
            control.errors[message.forValidator] &&
            !this.errors[message.forControl]) {
          this.errors[message.forControl] = message.text;
        }
      }
    }
  }
```

Die Methode submitForm()

Als Letztes implementieren wir noch die Methode `submitForm()`. Da das Backend die Buchdaten in einem bestimmten Format erwartet, müssen wir die Formulardaten für diesen Schritt zunächst aufbereiten.

Unser Model erwartet für die Bücher ein Array von Autoren. Für den Fall, dass mehrere Autoren durch ein Komma getrennt angegeben wurden, wollen wir die Werte des Autorenfelds auftrennen. Wir rufen die Werte aus dem Formular ab und speichern sie in `this.book.authors`. Ebenso benötigen wir ein Array mit Thumbnails statt eines einzelnen Bildes. Dazu speichern wir die Formularwerte der `ngModelGroup` im Array `this.book.thumbnails`.

Anschließend nutzen wir die Methode `fromObject()` aus der Book-Factory und übergeben ihr die Rohdaten des Formulars. Das Resultat speichern wir in der Variable `book`.

Nachdem die Daten nun im korrekten Format vorliegen, nutzen wir den `BookStoreService` und legen ein neues Buch an. Anschließend wird das Formular zurückgesetzt, indem wir die Methode `reset()` von `NgForm` aufrufen.

Listing 12–20 Formulardaten absenden (book-form.component.ts)

```
// ...
export class BookFormComponent implements OnInit {
  // ...

  submitForm() {
    this.book.authors = this.myForm.value.authors.split(',');
    this.book.thumbnails = [ this.myForm.value.thumbnail ];

    const book = BookFactory.fromObject(this.book);
```

```
    this.bs.create(book).subscribe(res => {
      this.book = BookFactory.empty();
      this.myForm.reset(BookFactory.empty());
    });
  }
}
```

Geschafft! Wir haben erfolgreich ein Formular zur Eingabe von Buchdaten entwickelt.

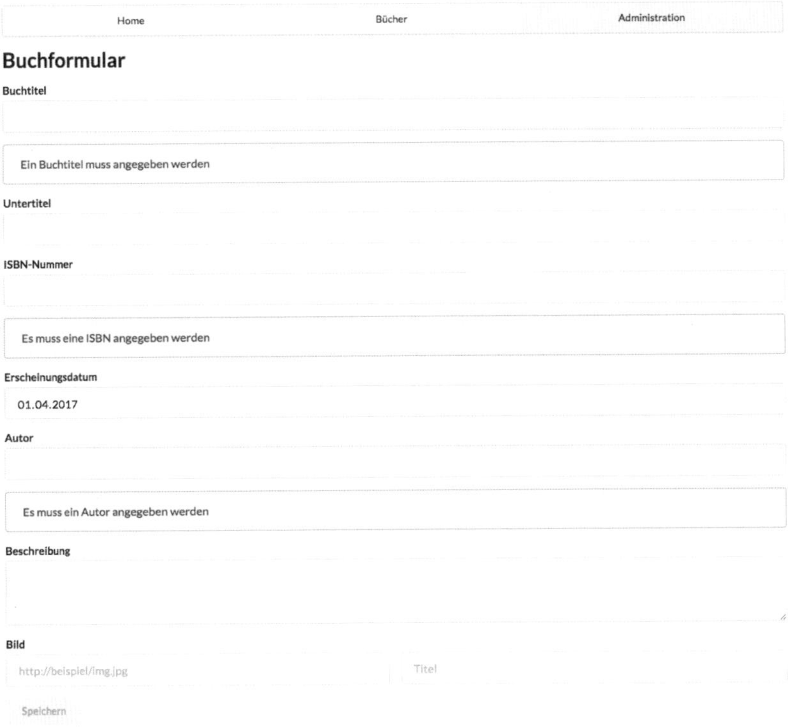

Abb. 12–1
Buchformular mit Template Driven Forms

Wir können jetzt über den Button *Administration* ein neues Buch anlegen. Im weiteren Verlauf wollen wir den Ansatz der Reactive Forms nutzen und das Formular so umbauen, dass wir dynamisch Formularfelder hinzufügen können. Außerdem wollen wir eine Funktion zum Bearbeiten bestehender Bücher hinzufügen.

Zusammenfassung

Wir haben in diesem Kapitel gelernt, wie wir die Felder eines Formulars mithilfe von Template Driven Forms überprüfen und verarbeiten können. Weiterhin sind wir in der Lage, fehlgeschlagene Validierungen zu interpretieren und entsprechend eine Fehlernachricht anzuzeigen. Durch den Zugriff auf die HTTP-API werden die Daten persistent gespeichert und beim nächsten Abruf wieder im User-Interface angezeigt.

In den nachfolgenden Abschnitten wollen wir das Eingabeformular weiter verbessern. Wir werden von den Template Driven Forms hin zu Reactive Forms wechseln. Weiterhin soll es möglich sein, Formularfelder dynamisch hinzuzufügen und angepasste Validierungen vorzunehmen.

Was haben wir gelernt?

- Template Driven Forms dienen der Formularverarbeitung im Template einer Komponente.
- Zur Verwendung von Template Driven Forms müssen wir das `FormsModule` importieren.
- Über `#myForm="ngForm"` können wir innerhalb des Templates und in der Komponentenklasse auf Werte des Formulars zugreifen.
- Mit `@ViewChild('myForm')` können wir in der Komponentenklasse auf eine Elementreferenz im Template zugreifen. Damit können wir z. B. die Werte des Formulars auslesen.
- Mittels `(ngSubmit)="..."` können wir beim Absenden des Formulars eine Methode der Komponente aufrufen.
- `ngModel` und `ngModelGroup` dienen der Auswertung von Formularfeldern. Sie können auch als One-Way oder Two-Way Binding verwendet werden.
- Für verschiedene Zustände eines Formulars werden automatisch CSS-Klassen gesetzt.
- Die Angabe `<form novalidate>` sorgt dafür, dass Standardvalidierungen durch den Browser deaktiviert werden. Die explizite Angabe ist aber ab Angular-Version 4 nicht mehr nötig.
- In Template Driven Forms sind standardmäßig die Validatoren `required`, `minlength`, `maxlength` und `pattern` integriert.

Demo und Quelltext:
https://ng-buch.de/it4-forms

12.3 Reactive Forms

> »Reactive Forms behave more predictably.
> Everything is synchronous.«
>
> Kara Erickson
> (Mitglied des Angular-Teams bei Google)

12.3.1 Reactive Forms verwenden

Der zweite Weg zum Auswerten von Formularen in Angular ist der Reactive-Forms-Ansatz. Auch Reactive Forms benötigen ein Template und sind eher als eine Erweiterung der Template Driven Forms zu verstehen.

Um die Reactive Forms verwenden zu können, benötigen wir das `ReactiveFormsModule` aus `@angular/forms`. Das Modul muss in der Modulkonfiguration der Anwendung importiert werden. Es sollte idealerweise nur ein einziges Formularmodul importiert werden – `FormsModule` oder `ReactiveFormsModule` –, nicht beide gleichzeitig.

ReactiveFormsModule importieren

```
import { NgModule } from '@angular/core';
import { ReactiveFormsModule } from '@angular/forms';
import { AppComponent } from './app.component';
// ...

@NgModule({
  declarations: [
    AppComponent,
    // ...
  ],
  imports: [
    ReactiveFormsModule,
    // ...
  ],
  providers: [],
  bootstrap: [AppComponent]
})
export class AppModule { }
```

Listing 12–21 Das ReactiveFormsModule importieren (app.module.ts)

Der entscheidende Unterschied zu Template Driven Forms ist, dass ein Formular nicht implizit erstellt wird. Das bedeutet, dass wir innerhalb unserer Komponente zunächst ein Model mit entsprechenden Formularelementen anlegen. Anschließend wird dieses Model mit dem Template explizit verknüpft.

Model in der Komponentenklasse

Direktiven für die Verknüpfung mit dem Model

Für die Erstellung des Formulars in der Komponente stellt uns Angular die `FormGroup`, das `FormArray` und das `FormControl` bereit (siehe Listing 12–23). Die Verknüpfung der Direktiven mit unserem Formular erfolgt über die Attribute `formControlName`, `formGroupName` und `formArrayName`. An dieser Stelle lässt sich bereits ein weiterer Unterschied zu den Template Driven Forms ausmachen: Mit den Reactive Forms und dem `FormArray` können wir Formularfelder mithilfe eines Index statt über einen Bezeichner identifizieren.

Beispiel mit Reactive Forms

Wir wollen im folgenden Abschnitt das Registrierungsformular aus dem vorherigen Kapitel als Grundlage verwenden, erweitern es jedoch etwas. Wir wollen zusätzlich die Angabe von bis zu drei E-Mail-Adressen ermöglichen und fügen diese Eingabefelder dem Formular hinzu.

Listing 12–22
Ein HTML-Registrierungsformular mit Reactive Forms

```
<form [formGroup]="registerForm"
      (ngSubmit)="register()">
  <label>Benutzername:</label>
  <input formControlName="username" type="text">

  <label>Passwort:</label>
  <input formControlName="password" type="password">

  <fieldset formGroupName="name">
    <label>Vorname:</label>
    <input formControlName="firstname" type="text">

    <label>Nachname:</label>
    <input formControlName="lastname" type="text">
  </fieldset>

  <fieldset formArrayName="email">
    <label>E-Mail-Adressen:</label>
    <input type="text">
    <input type="text">
    <input type="text">
  </fieldset>

  <button type="submit">Registrieren</button>
</form>
```

Die zugehörige Komponentenklasse, die das verknüpfte Model des Formulars beinhaltet, sieht wie folgt aus. Wir initialisieren eine `FormGroup`, in der sich `FormControls`, `FormArrays` und weitere `FormGroups` befinden.

```
import { Component } from '@angular/core';
import { FormGroup, FormArray, FormControl } from '@angular/forms';

@Component({
  selector: 'register-form',
  templateUrl: './register-form.component.html',
  styleUrls: ['./register-form.component.css']
})
class RegisterForm {
  registerForm = new FormGroup({
    username: new FormControl(),
    password: new FormControl(),
    name: new FormGroup({
      firstname: new FormControl(),
      lastname: new FormControl()
    }),
    email: new FormArray([
      new FormControl(),
      new FormControl(),
      new FormControl()
    ])
  });

  register() {
    console.log(this.registerForm);
  }
}
```

Listing 12–23
Das Datenmodell für unser Registrierungsformular

Nachfolgend wollen wir detailliert auf die Funktionen der drei Kontrollelemente für Reactive Forms eingehen.

Wie auch bei den Template Driven Forms werden bei `FormControl`, `FormGroup` und `FormArray` abhängig vom Status der Eingabeelemente automatisch CSS-Klassen gesetzt (siehe Tabelle 12–2 auf Seite 212). Alle drei Feldtypen können wir zusätzlich mit Validierungsfunktionen versehen. Was es damit auf sich hat und wie wir Validatoren verwenden, wollen wir in den Abschnitten »Vorhandene Validatoren nutzen« ab Seite 232 und »Asynchrone Validatoren« ab Seite 249 erfahren.

Statusabhängige CSS-Klassen

FormControl

Das `FormControl` repräsentiert ein einzelnes Eingabeelement. Das von uns erstellte Kontrollelement username kann beispielsweise im Template über die Direktive `formControlName` gebunden werden. Die Initialisie-

formControlName

rung des `FormControl`s kann ohne Wert oder mit einem vorhandenen Wert erfolgen.

Listing 12-24
Ein FormControl *anlegen*

```
// Ohne Wert:
username = new FormControl();
// Mit einem initialen Wert:
username = new FormControl('my-initial-username');
```

FormGroup

In der Regel bestehen Formulare aus einer Vielzahl von Eingabefeldern. Die `FormGroup` erlaubt es, beliebig viele Controls als Schlüssel-Wert-Paar zusammenzufassen. Dabei können die Werte wiederum vom Typ `FormControl`, `FormGroup` oder `FormArray` sein. Eine `FormGroup` wird mit der Direktive `formGroupName` an das Template gebunden.

formGroupName

Listing 12-25
Eine FormGroup *anlegen*

```
name = new FormGroup({
    firstname: new FormControl(),
    lastname:  new FormControl();
});
```

FormArray

Im Gegensatz zur `FormGroup` beinhaltet ein `FormArray` ein Array von Werten, die über ihren Index anstatt einem Schlüssel identifiziert werden. Die Werte können entweder vom Typ `FormControl`, `FormGroup` oder `FormArray` sein. `FormArray`s werden mit der Direktive `formArrayName` an das Template gebunden.

formArrayName

Listing 12-26
Ein FormArray *anlegen*

```
name = new FormArray([
    new FormControl('mail1@example.org'),
    new FormControl('mail2@example.org')
]);
```

Formulare zurücksetzen

Häufig ist es notwendig, Formulare nach der Verarbeitung wieder zu leeren. Zum Zurücksetzen von Formularen bietet uns die Formular-API eine komfortable Lösung an. Wir haben die Möglichkeit, auf dem Formular die Methode `reset()` aufzurufen. Das sorgt dafür, dass alle Formulareingaben gelöscht werden. Außerdem werden die Validatoren der einzelnen Formularfelder wieder auf den initialen Zustand gesetzt. Sollen die Formularfelder nicht auf leere Werte zurückgesetzt werden, so kann man der Methode die gewünschten Werte mit übergeben (zweites Beispiel).

Die Methode reset()

```
class RegisterForm {
 registerForm = new FormGroup({
   // ...
 });
 // ...
 reset(){
   this.registerForm.reset();
   // 2. Beispiel - mit Formularwerten:
   // this.registerForm.reset(Book.empty());
 }
}
```

*Listing 12–27
Ein Formular
zurücksetzen*

Natürlich steht die Reset-Methode auch beim Template-Driven-Ansatz zur Verfügung. Hier ist der Zugriff auf das Formular allerdings etwas komplizierter, wie bereits auf Seite 210 gezeigt.

12.3.2 Den FormBuilder verwenden

Nutzt man die Reactive Forms, wird man feststellen, dass vor allem bei Formularen mit einer großen Anzahl von Formularfeldern viel Tipparbeit notwendig ist. Das liegt vor allem daran, dass beim Erstellen des Models viele Aufrufe von new FormControl(), new FormArray() und new FormGroup() nötig sind.

Um diese Aufrufe zu vereinfachen, stellt Angular uns den Form-Builder bereit, der die Funktionen der Reactive Forms weiter abstrahiert.

Der FormBuilder vereinfacht die Initialisierung des Formulars.

Um den FormBuilder einzusetzen, müssen wir lediglich Änderungen an unserer Komponente vornehmen (siehe Listing 12–28). Das Template bleibt davon unberührt. Der FormBuilder wird zunächst importiert und über den Konstruktor als Property fb in die Klasse injiziert. In der Methode ngOnInit() legen wir nun unser Model an. Dieser Schritt erfolgt ähnlich wie auch schon ohne Verwendung des FormBuilder. Wir verwenden an dieser Stelle jedoch fb.group() und fb.array() anstatt new FormGroup() und new FormArray(). Einzelne Kontrollelemente innerhalb einer FormGroup oder eines FormArrays werden lediglich durch einen String anstatt new FormControl() repräsentiert.

FormBuilder importieren und injizieren

```
import { Component, OnInit } from '@angular/core';
import { FormBuilder, FormGroup } from '@angular/forms';

@Component({
  selector: 'register-form',
  templateUrl: './register-form.component.html'
})
```

*Listing 12–28
FormBuilder
verwenden*

```
class RegisterForm implements OnInit {
  registerForm: FormGroup;

  constructor(private fb: FormBuilder) { }

  ngOnInit() {
    this.registerForm = this.fb.group({
      username: '',
      password: '',
      name: this.fb.group({
        firstname: '',
        lastname: ''
      }),
      email: this.fb.array(['', '', ''])
    });
  }

  register(value: any) {
    console.log(value);
  }
}
```

12.3.3 Vorhandene Validatoren nutzen

In den vorherigen Beispielen wurden bereits einige Validierungsfunktionen genutzt. Wie auch bei Template Driven Forms stellt uns Angular ein paar grundlegende Funktionen zur Validierung von Formularen bereit. Um auf diese zugreifen zu können, müssen wir in der Komponentenklasse zunächst die Validators importieren:

Die Klasse Validators

```
import { Validators } from '@angular/forms';
```

Nach dem Import haben wir Zugriff auf die in Tabelle 12–4 aufgelisteten Validierungsfunktionen.

Validatoren einsetzen

Die Validatoren können wir im zweiten Argument von new FormControl() angeben. Wir können auf einem Kontrollelement auch mehrere Validatoren nutzen. Dafür werden diese einfach in einem Array zusammengefasst. Alternativ können wir die Methode setValidators verwenden, um einen Validator zu einem Kontrollelement hinzuzufügen.

Listing 12–29
Validatoren in Reactive Forms verwenden

```
myForm = new FormGroup({
  // ein einfacher Validator
  email: new FormControl(null, Validators.email)
```

```
// mehrere Validatoren
password: new FormControl(null,
        ↪ [Validators.required, Validators.minLength(6)]),
username: new FormControl()
});

// Einen Validator über setValidators() setzen
myForm.controls['username']
  .setValidators(Validators.required);
```

Angabe	Prüfung
Validators.required	Das betreffende Feld muss ausgefüllt sein.
Validators.minLength(6)	Es müssen mindestens 6 Zeichen angegeben werden.
Validators.maxLength(8)	Es dürfen höchstens 8 Zeichen angegeben werden.
Validators.pattern('[a-z]')	Der Wert des Eingabefelds wird auf den angegebenen regulären Ausdruck geprüft. In diesem Fall werden nur Eingaben von Kleinbuchstaben (a–z) akzeptiert.
Validators.email	Das Feld muss eine E-Mail-Adresse beinhalten.

Tab. 12–4
Eingebaute Validatoren für Reactive Forms

12.3.4 Den BookMonkey erweitern

Story – Das Buchformular erweitern

Als Leser möchte ich alle Bücher bearbeiten können, um Informationen zu aktualisieren und zu korrigieren.

- Das vorhandene Formular soll zum Bearbeiten und Neuanlegen von Büchern dienen.
- Es soll die Möglichkeit geben, eine Liste von Autoren zu pflegen.
- Zu jedem Buch soll eine Vielzahl von Bildern hinzugefügt werden können.
- Beim Bearbeiten eines Datensatzes zu einem Buch soll die ISBN-Nummer nicht verändert werden können.

Wir wollen das Formular zum Anlegen von Büchern nutzen und jetzt mithilfe des Reactive-Forms-Ansatzes umbauen. Dieser Weg bietet uns einen entscheidenden Vorteil: Mit dem `FormArray` können wir nun Listen von Autoren und Bildern pflegen. Der Nutzer kann über einen Button dynamisch nach dem Aufruf des Formulars neue Eingabeelemente hinzufügen.

Modul importieren

Um die Reactive Forms verwenden zu können, müssen wir in unserer Datei `app.module.ts` noch den vorhandenen Import `FormsModule` durch das `ReactiveFormsModule` ersetzen.

Listing 12–30 FormsModule durch das ReactiveFormsModule ersetzen (app.module.ts)

```
import { ReactiveFormsModule } from '@angular/forms';
// ...

@NgModule({
  imports: [
    // ...
    ReactiveFormsModule
  ],
  // ...
})
export class AppModule { }
```

Die Routenkonfiguration anpassen

Weitere Route zum Bearbeiten eines Buchs

Um das vorhandene Formular auch für die Bearbeitung von Büchern nutzen zu können, benötigen wir noch eine weitere Route in unserer Konfiguration.

Listing 12–31 Routenkonfiguration zum Bearbeiten eines Buchs anpassen (app-routing .module.ts)

```
{
  path: 'admin/:isbn',
  component: BookFormComponent
}
```

Um zu dieser Route zu gelangen, wollen wir der Detailansicht eines Buchs einen Button[3] zum Bearbeiten hinzufügen.

Listing 12–32 Buttons zum Bearbeiten eines Buchs hinzufügen (book-details .component.html)

```
<a class="ui tiny yellow labeled icon button"
    [routerLink]="['../../admin', book?.isbn]">
  <i class="write icon"></i> Buch bearbeiten
</a>
```

---

[3] Mit Semantic UI macht es optisch keinen Unterschied, ob wir `<a>` oder `<button>` verwenden. Wenn wir einen `RouterLink` setzen, ist `<a>` allerdings passender.

Die Formular-Komponente anpassen

Im nächsten Schritt passen wir die Logik der Komponente in der Datei book-form.component.ts an.

Die Klasse `ActivatedRoute` aus dem Router-Modul von Angular sorgt dafür, dass wir Routenparameter abfragen können. Weiterhin laden wir den `FormBuilder` sowie die `FormGroup` und das `FormArray` aus dem Modul `@angular/forms`. Zu guter Letzt benötigen wir noch den `BookStoreService`, der uns den Zugriff auf unsere Funktionen zum Anlegen und Bearbeiten von Büchern bereitstellt.

Abhängigkeiten importieren

`@ViewChild()` und `NgForm` benötigen wir im weiteren Verlauf nun nicht mehr, da wir jetzt die Reactive Forms verwenden. Damit greifen wir auf die Eingabedaten des Templates direkt aus unserer Komponente heraus zu.

Aufräumen

Wir benötigen noch einige Eigenschaften in unserer Klasse. In der Eigenschaft `myForm` vom Typ `FormGroup` wollen wir das Model für unser Formular initialisieren. Die beiden Eigenschaften `authors` und `thumbnails` erhalten den Typen `FormArray`, da sie keine feste Anzahl von Elementen besitzen sollen. Über das Formular soll es möglich sein, zu einem Buch eine beliebige Anzahl von Autoren anzugeben. Ebenso möchten wir es ermöglichen, zu einem Buch beliebig viele Bilder zu hinterlegen.

Model anlegen

Die Eigenschaft `isUpdatingBook` wollen wir als Indikator dafür verwenden, ob gerade ein existierendes Buch bearbeitet oder ein neues Buch angelegt wird. Über den Konstruktor injizieren wir den `FormBuilder`, die Klasse `ActivatedRoute`, den `Router` und den `BookStoreService`.

Abhängigkeiten einbinden

```
import { Component, OnInit } from '@angular/core';
import { ActivatedRoute, Router } from '@angular/router';
import { FormBuilder, FormGroup, FormArray, Validators } from
    '@angular/forms';

import { Book } from '../shared/book';
import { BookFactory } from '../shared/book-factory';
import { BookStoreService } from '../shared/book-store.service';
import { BookFormErrorMessages } from './book-form-error-messages';

@Component({
  selector: 'bm-book-form',
  templateUrl: './book-form.component.html'
})
```

Listing 12–33
Attribute und Imports anpassen (book-form.component.ts)

```
export class BookFormComponent implements OnInit {
  book = BookFactory.empty();
  errors: { [key: string]: string } = {};
  isUpdatingBook = false;
  myForm: FormGroup;
  authors: FormArray;
  thumbnails: FormArray;

  constructor(
    private fb: FormBuilder,
    private bs: BookStoreService,
    private route: ActivatedRoute,
    private router: Router
  ) { }
}
```

Das Formular zum Anlegen und Bearbeiten von Büchern verwenden

Innerhalb der Methode ngOnInit() initialisieren wir das Formular schließlich mit Daten. Dafür fragen wir über this.route.snapshot .params['isbn'] den Wert des Routenparameters isbn ab. Sofern dieser existiert, soll das Formular zum Bearbeiten eines Buchs mit der übergebenen ISBN-Nummer verwendet werden. In diesem Fall setzen wir isUpdatingBook auf den Wert true und rufen mithilfe von this.bs.getSingle(isbn) alle Details zum Buch ab. Anschließend rufen wir die Methode initBook() auf, mit der das Formular gleich initialisiert wird.

Listing 12–34 Die Methode ngOnInit() ändern (book-form .component.ts)

```
// ...
export class BookFormComponent implements OnInit {
  // ...
  ngOnInit() {
    const isbn = this.route.snapshot.params['isbn'];
    if (isbn) {
      this.isUpdatingBook = true;
      this.bs.getSingle(isbn)
        .subscribe(book => {
          this.book = book;
          this.initBook();
        });
    }
    this.initBook();
  }
  // ...
}
```

Wenden wir uns nun der Methode initBook() zu. Dort legen wir unser Form-Model mithilfe des FormBuilders an. Als Werte für die einzelnen Formulareingaben verwenden wir die zugehörigen Werte der Eigenschaft book. Wenn wir ein Buch bearbeiten, wird das Formular so mit den existierenden Werten initialisiert. Für die beiden Elemente authors und thumbnails wollen wir uns separate Models anlegen. Diese initialisieren wir durch den Aufruf der Methoden buildAuthorsArray() und buildThumbnailsArray(). Mit diesen beiden Methoden fügen wir später zusätzliche Eingabefeldern für Autoren bzw. für Bilder hinzu. Wir möchten außerdem wieder über Statusänderungen in unserem Formular informiert werden. Dafür abonnieren wir das Observable myForm.statusChanges und rufen die Methode updateErrorMessages() auf, um dem Nutzer des Formulars ggf. auftretende Fehleingaben zu reflektieren.

Models mit Daten initialisieren

Listing 12–35
Die Methode initBook()
(book-form
.component.ts)

```
// ...

export class BookFormComponent implements OnInit {
  // ...

  initBook() {
    this.buildAuthorsArray();
    this.buildThumbnailsArray();

    this.myForm = this.fb.group({
      title: [this.book.title, Validators.required],
      subtitle: this.book.subtitle,
      isbn: [this.book.isbn, [
        Validators.required,
        Validators.minLength(10),
        Validators.maxLength(13)
      ]],
      description: this.book.description,
      authors: this.authors,
      thumbnails: this.thumbnails,
      published: this.book.published
    });
    this.myForm.statusChanges.subscribe(() => this.
      ↳ updateErrorMessages());
  }

  // ...
}
```

Models für Autoren und Thumbnails

buildAuthorsArray() erstellt über den FormBuilder ein neues Array mit den Autoren, die in this.book.authors enthalten sind. Die Methode buildThumbnailsArray() wollen wir nach demselben Prinzip anlegen. Hier wollen wir jedoch jedem Array-Element eine FormGroup hinzufügen. Diese Gruppierung repräsentiert ein Bild-Objekt, zu dem eine URL und ein Bildtitel angegeben sind.

Listing 12–36
Die Methoden buildAuthorsArray() und buildThumbnailsArray() (book-form.component.ts)

```
// ...

export class BookFormComponent implements OnInit {
  // ...

  buildAuthorsArray() {
    this.authors = this.fb.array(this.book.authors,
      Validators.required);
  }

  buildThumbnailsArray() {
    this.thumbnails = this.fb.array(
      this.book.thumbnails.map(
        t => this.fb.group({
          url: this.fb.control(t.url),
          title: this.fb.control(t.title)
        })
      )
    );
  }

  // ...
}
```

Controls für Autoren und Thumbnails dynamisch hinzufügen

Anschließend benötigen wir noch Methoden, die später aufgerufen werden, wenn der Nutzer einen Button anklickt. Die Methoden addAuthorControl() sowie addThumbnailControl() fügen den zuvor definierten Models authors und thumbnails neue Kontrollelemente hinzu. Für neue Autoren-Felder benötigen wir lediglich ein einzelnes Kontrollelement. Für neue Bilder wird immer eine neue Kontrollgruppe eingefügt, die aus einem Feld für die Bild-URL und einem für die Beschreibung besteht.

```
// ...

export class BookFormComponent implements OnInit {
  // ...

  addAuthorControl() {
    this.authors.push(this.fb.control(null));
  }

  addThumbnailControl() {
    this.thumbnails.push(this.fb.group({ url: null, title: null
      ↪ }));
  }

  // ...
}
```

Listing 12–37
Die Methoden addAuthorControl() *und* addThumbnailControl() *(book-form.component.ts)*

Im nächsten Schritt passen wir die Methode submitForm() so an, dass sie abhängig vom Wert der Eigenschaft isUpdatingBook arbeitet. Sofern ein bestehendes Buch bearbeitet wird, werden die Daten an die Servicemethode update() geschickt. Anschließend erfolgt eine Navigation zurück zur Detailansicht des Buchs. Wird das Formular verwendet, um ein neues Buch anzulegen, wird die Servicemethode create() mit den Formulardaten aufgerufen. Anschließend werden alle Eingabefelder mit der reset()-Methode zurückgesetzt.

Formular abschicken

```
// ...

export class BookFormComponent implements OnInit {
  // ...

  submitForm() {
    // filter empty values
    this.myForm.value.authors =
      ↪ this.myForm.value.authors.filter(author => author);
    this.myForm.value.thumbnails =
      ↪ this.myForm.value.thumbnails.filter(thumbnail =>
      ↪ thumbnail.url);

    const book: Book = BookFactory.fromObject(this.myForm.value);
```

Listing 12–38
Die Methode submitForm() *anpassen (book-form.component.ts)*

```
      if (this.isUpdatingBook) {
        this.bs.update(book).subscribe(res => {
          this.router.navigate(['../../books', book.isbn], {
↪ relativeTo: this.route });
        });
      } else {
        this.bs.create(book).subscribe(res => {
          this.book = BookFactory.empty();
          this.myForm.reset(BookFactory.empty());
        });
      }
    }

    // ...
  }
```

Methode für Fehlermeldungen anpassen

Zum Abschluss müssen wir noch eine kleine Anpassung in der Methode `updateErrorMessages()` vornehmen. Da wir nun mit Reactive Forms arbeiten, erreichen wir die Kontrollelemente direkt mit `myForm.get()` statt `myForm.form.get()`. Wir passen die entsprechende Zeile wie folgt an:

```
const control = this.myForm.get(message.forControl);
```

Wir haben das Model und die Logik für unser Formular implementiert. Jetzt müssen wir noch das Template anpassen und die Verknüpfung mit dem Model herstellen.

Das Formular-Template anlegen

Form-Model an das Formular binden

Im Template der Komponente müssen wir nun auch einige Anpassungen vornehmen. Dazu bearbeiten wir die Datei `book-form.component.html`. Zunächst referenzieren wir im `<form>`-Element über die Direktive `[formGroup]` das in der Komponente angelegte Model. Die lokale Variable `#myForm` können wir entfernen, da unser Form-Model jetzt direkt über die `formGroup`-Direktive mit dem Formular verknüpft ist.

Elementreferenz entfernen

FormControls mit Model verknüpfen

Titel, Untertitel, Erscheinungsdatum, ISBN und die Beschreibung eines Buchs werden durch einzelne einzeilige Eingabefelder angegeben. Über `formControlName` referenzieren wir auf die entsprechenden Schlüssel des Models `myForm`. Da wir jetzt Reactive Forms verwenden, müssen wir noch jeweils die Attribute `name` und `[(ngModel)]` entfernen – `formControlName` vereint diese für uns bei den Reactive Forms.

ISBN-Feld zum Bearbeiten deaktivieren

Dem umschließenden Container für das `<input>`-Feld der ISBN-Nummer fügen wir zusätzlich die Angabe `[class.disabled]="isUpdatingBook"` hinzu. Das sorgt dafür, dass auf dem Container die CSS-Klasse `disabled` gesetzt wird, sofern das Formular zum Aktualisieren eines Buchs dient (`isUpdatingbook == true`).

Diese Klasse stammt aus Semantic UI und blockiert ein Eingabefeld, sodass es nicht mehr möglich ist, die ISBN-Nummer eines bereits angelegten Buchs zu bearbeiten.

Bei der Angabe der Autoren soll zunächst ein einzelnes Eingabefeld sichtbar sein, da ein Buch mindestens einen Autor besitzt. Über einen Button rechts neben dem Eingabefeld kann der Nutzer weitere Autorenfelder einfügen. Die Realisierung erfolgt durch die Referenzierung des Models für Autoren (`authors`). Da es sich bei diesem Model um den Typen `formArray` handelt, referenzieren wir darauf über `formArrayName`. Somit erhalten wir Zugriff auf eine veränderbare Liste von Autoren. Mit der Direktive `ngFor` können wir nun über die Array-Elemente iterieren und dementsprechend viele Eingabeelemente darstellen. Da die Liste keine festen Längen und Schlüssel zur Identifizierung der einzelnen Autorenelemente hat, nutzen wir den Index des Arrays zur eindeutigen Referenzierung über `[formControlName]`. Der Button zum Hinzufügen neuer Autoren ruft die Methode `addAuthorControl()` auf, sobald das entsprechende (`click`)-Event auftritt.

Weitere Eingabefelder dynamisch hinzufügen

Bei den Eingabefeldern für Bilder zu einem Buch verfahren wir ähnlich wie bei den Autorenfeldern. Der Unterschied besteht lediglich darin, dass wir jeweils eine neue Formulargruppe anstelle eines einzelnen Formularfelds einfügen. Auch an dieser Stelle sorgt der Klick auf einen Button dafür, dass die Methode `addThumbnailControl()` neue Eingabefelder zum Formular hinzufügt.

Listing 12–39
Das Template des Formulars (book-form .component.html)

```html
<h1>Buchformular</h1>
<form class="ui large form"
      [formGroup]="myForm"
      (ngSubmit)="submitForm()">

  <div class="field">
    <label>Buchtitel</label>
    <input formControlName="title">
    <div *ngIf="errors.title" class="ui negative message">
      {{ errors.title }}
    </div>
  </div>
  <div class="field">
    <label>Untertitel</label>
    <input formControlName="subtitle">
  </div>
```

```html
<div class="field" [class.disabled]="isUpdatingBook">
  <label>ISBN-Nummer</label>
  <input formControlName="isbn">
  <div *ngIf="errors.isbn" class="ui negative message">
    {{ errors.isbn }}
  </div>
</div>
<div class="field">
  <label>Erscheinungsdatum</label>
  <input type="date"
         useValueAsDate
         formControlName="published">
  <div *ngIf="errors.published" class="ui negative message">
    {{ errors.published }}
  </div>
</div>
<div class="field">
  <label>Autoren</label>
  <div class="fields" formArrayName="authors">
    <div class="fifteen wide field" *ngFor="let control of
    ↪ authors.controls; index as i">
      <input [formControlName]="i" placeholder="Autor {{i+1}}">
    </div>
    <div class="one wide field">
      <button (click)="addAuthorControl()" class="ui large
      ↪ button" type="button"> + </button>
    </div>
  </div>
  <div *ngIf="errors.authors" class="ui negative message">
    {{ errors.authors }}
  </div>
</div>
<div class="field">
  <label>Beschreibung</label>
  <textarea formControlName="description" rows="3"></textarea>
</div>
<div class="field">
  <label>Bilder</label>
  <div formArrayName="thumbnails">
    <div class="fields"
         *ngFor="let control of thumbnails.controls; index as i;
    ↪ last as l"
         [formGroupName]="i">
```

```
        <div class="nine wide field">
          <input formControlName="url"
↪ placeholder="http://bild{{i+1}}_Url">
        </div>
        <div class="six wide field">
          <input formControlName="title" placeholder="Bild {{i+1}}
↪ Titel">
        </div>
        <div class="one wide field" *ngIf="l">
          <button (click)="addThumbnailControl()" class="ui large
↪ button" type="button"> + </button>
        </div>
      </div>
    </div>
  </div>

  <button type="submit" class="ui button"
    ↪ [disabled]="myForm.invalid">Speichern</button>
</form>
```

Geschafft! Wir haben unser Formular erfolgreich weiterentwickelt.

Abb. 12–2
Buchformular mit Reactive Forms

Wir können jetzt über den Button *Administration* ein neues Buch anlegen und speichern. Wenn wir in der Detailansicht zu einem Buch auf den Button *Buch bearbeiten* klicken, gelangen wir zum selben Buchformular. Jetzt werden allerdings alle Eingabefelder mit den Details des Buchs gefüllt, sodass wir die Daten bearbeiten können.

Was haben wir gelernt?

Wir haben erfahren, wie wir Reactive Forms in Angular verwenden. Dieses Konzept eignet sich vor allem bei komplexeren Eingabeformularen. Weiterhin haben wir durch Einführung von Reactive Forms Zugriff auf das `FormArray`. Wir wissen, wie wir einem Formular dynamisch neue Felder hinzufügen können.

- Reactive Forms dienen der Formularverarbeitung in der Komponentenklasse. Das Formular-Model liegt in der Klasse vor und wird an die Formularelemente im Template gebunden.
- Um Reactive Forms zu verwenden, müssen wir das `ReactiveForms-Module` importieren.
- Das Template wird mit dem Form-Model über `[formGroup]="myForm"` mit der `FormGroup myForm` in der Komponente verknüpft.
- Die Direktiven `formControlName`, `formGroupName` und `formArrayName` stellen die Verknüpfung zu Elementen des Form-Models her.
- `FormControl`, `FormArray` und `FormGroup` können Validatoren übermittelt werden.
- Die Klasse `Validators` von Angular stellt die integrierten Validatoren `required`, `minLength`, `maxLength`, `pattern` und `email` bereit.
- Der `FormBuilder` vereinfacht die Implementierung von Reactive Forms.

Demo und Quelltext:
https://ng-buch.de/it4-reactive

12.4 Custom Validators

Warum benötigen wir eigene Validatoren?

Die eingebauten Validatoren von Angular decken bereits einen großen Teil der Validierungsanforderungen für Formularfelder ab. Dennoch erfordern bestimmte Eingaben spezielle Formate und Regeln. Viele dieser Regeln lassen sich zwar auch durch den Pattern-Validator von Angular mittels regulärem Ausdruck überprüfen, allerdings kann der Code damit schnell sehr unübersichtlich werden. Benötigen wir spezielle Validierungsregeln für mehrere Formulare, so lassen sich selbst entwickelte Validatoren schnell und einfach integrieren. Ein weiterer Anwendungsfall ist die Nutzung von asynchronen Validatoren. Mit ihnen können wir Eingabedaten zum Beispiel gegen eine API prüfen. Zusätzlich lassen sich Validatoren für Formulargruppen und -Arrays integrieren, bei denen Abhängigkeiten zwischen den einzelnen Eingabefeldern bestehen.

12.4.1 Validatoren für einzelne Formularfelder

Spezielle Regeln für Eingaben gibt es reichlich (beispielsweise: Kfz-Kennzeichen, ISBN, Postleitzahl). Für diese speziellen Anwendungsfälle können wir eigene Validierungsregeln implementieren. Ein Validator ist letztendlich eine Funktion, die nach einem bestimmten Schema aufgebaut ist. Sie lässt sich zum Beispiel als statische Klasse implementieren (Listing 12–40).

Use Cases für eigene Validatoren

An die Funktion zur Validierung übergeben wir ein `FormControl`. Ist die Eingabe nicht valide, müssen wir ein Schlüssel-Wert-Paar vom Typ `<string, any>` zurückgeben. Andernfalls gibt die Funktion den Wert `null` zurück. Diese Werte sind festgelegt, denn nur so kann Angular den Validator in den Lebenszyklus des Formulars einbinden. Die Validierung können wir dann später auswerten, wie wir es bereits kennengelernt haben.

Eigenen Validator implementieren

```
import { FormControl } from '@angular/forms';

export class MyValidators {
  static foo(control: FormControl): { [error: string]: any } {
    // validation logic goes here
  }
}
```

Listing 12–40
Grundlegender Aufbau einer Validierungsfunktion

Schauen wir uns die Validierung an einem Beispiel an. Wir wollen wissen, ob die eingegebene Postleitzahl in einem validen Format vorliegt. Eine Postleitzahl in Deutschland hat immer die folgenden Merkmale:

Beispiel: Postleitzahl validieren

- Sie besteht aus fünf Ziffern.
- Steht an erster Stelle eine 0, muss an zweiter Stelle eine Zahl zwischen 1 und 9 stehen.
- Steht an erster Stelle eine Zahl zwischen 1 und 9, muss an zweiter Stelle eine Zahl zwischen 0 und 9 stehen.
- An den letzten drei Stellen steht eine Zahl zwischen 0 und 9.

Zur Überprüfung der Postleitzahl verwenden wir einen regulären Ausdruck und prüfen, ob der Wert des Eingabeelements mit dem Muster übereinstimmt. Sofern keine Übereinstimmung gefunden wurde, wird das Fehlerobjekt zurückgeliefert. Hier geben wir an, dass ein Fehler bei der Formatüberprüfung aufgetreten ist.

Listing 12–41 Format einer Postleitzahl validieren

```
import { FormControl } from '@angular/forms';

export class AddressValidators {
  static plzFormat(control:
    FormControl): { [error: string]: any } {
    const plzPattern =
      ↪ /^([0]{1}[1-9]{1}|[1-9]{1}[0-9]{1})[0-9]{3}/g;
    return plzPattern.test(control.value) ? null : {
      plzFormat: { valid: false }
    };
  }
}
```

Zugegeben, diese Überprüfung hätte man auch mit dem Pattern-Validator direkt im Template oder in der Komponente erledigen können. Die Auslagerung in einen eigenen Validator hat jedoch den Vorteil, dass wir den Code schnell und einfach wiederverwenden können. Außerdem wird die Logik im Formular verständlicher und der Code ist besser wartbar.

Den Validator verwenden

Eigene Validatoren lassen sich mit nur geringem Aufwand in bestehende Formulare integrieren. Dazu müssen wir zuerst die Klasse mit der statischen Methode importieren. Anschließend greifen wir über den Klassennamen auf die Methode zu und übergeben sie an das FormControl. Dieses Vorgehen kennen wir schon aus dem vorherigen Kapitel.

Listing 12–42 Eigene Validatoren in Reactive Forms nutzen

```
import { Component, OnInit } from '@angular/core';
import { FormBuilder, FormGroup, Validators } from
  ↪ '@angular/forms';
import { AddressValidators } from './my-validators';
```

```
@Component({
  selector: 'address-form',
  templateUrl: './address-form.component.html'
})
export class PlzFormComponent implements OnInit {
  myForm: FormGroup;

  constructor(private fb: FormBuilder) { }

  ngOnInit() {
    this.myForm = this.fb.group({
      street: [ '', Validators.required ],
      city:   [ '', Validators.required ],
      plz:    [ '', AddressValidators.plzFormat ]
    });
  }
}
```

Eigene Validatoren lassen sich auch in Template Driven Forms integrieren. Dazu benötigen wir eine selbst entwickelte Direktive, die das Kontrollelement um die Validierungsfunktion erweitert. Wir werden im Kapitel »Direktiven: Das Vokabular von HTML erweitern« ab Seite 282 erfahren, wie wir Direktiven erstellen.

Eigene Validatoren für Template Driven Forms

12.4.2 Validatoren für Formulargruppen und -Arrays

Im vorherigen Beispiel haben wir erfahren, wie wir ein einzelnes Formularfeld mit einer eigenen Funktion validieren können. Oft besteht jedoch ein Zusammenhang zwischen verschiedenen Formularfeldern. Wir können deshalb auch ganze `FormGroups` oder `FormArrays` validieren.

Diese Vorgehensweise sehen wir uns an einem Beispiel an. Wir haben ein Eingabeformular mit einem `FormArray`, in dem bis zu drei E-Mail-Adressen angegeben werden. Wir wollen, dass in unserem Formular mindestens eine E-Mail-Adresse angegeben werden muss. In welchem der drei Felder die E-Mail-Adresse eingetragen wird, soll keine Rolle spielen. Würden wir eine Validierung auf allen Feldern einzeln ausführen, hätte das zur Folge, dass immer alle Felder gefüllt sein müssten. Stattdessen validieren wir das gesamte `FormArray` als logische Einheit von `FormControls`.

Der Aufbau des Validators ist ähnlich dem Aufbau von Validatoren für einzelne Formularfelder. Der Unterschied besteht darin, dass wir dem Validator kein `FormControl`, sondern stattdessen das gesamte

Validator für ein FormArray implementieren

FormArray übergeben. Anschließend prüfen wir, ob in mindestens einem der Felder eine Eingabe vorgenommen wurde.

Listing 12-43
Ein Validator für ein FormArray

```
import { FormArray } from '@angular/forms';

export class EmailValidators {
  static atLeastOneEmail(controlArray:
    FormArray): { [error: string]: any } {
    let containsEmail = controlArray.controls.some(el => {
      return (el.value) ? true : false;
    });
    return containsEmail ? null : {
      atLeastOneEmail: { valid: false }
    };
  }
}
```

Validatoren für FormArrays verwenden

Bei der Verwendung des Validators müssen wir lediglich darauf achten, dass dieser nun nicht an ein einzelnes `FormControl`, sondern an das gesamte `FormArray` übergeben wird.

Listing 12-44
Validator für ein FormArray einbinden

```
this.myForm = this.fb.array(['','',''],
    EmailValidators.atLeastOneEmail);
```

Validator für eine FormGroup implementieren

Ein weiteres Beispiel ist die Validerung von Formulargruppen, z. B. die Prüfung einer Passworteingabe. Das Formular soll zwei Felder zur Eingabe eines Passworts besitzen, die in einer `FormGroup` zusammengefasst werden. Die `FormGroup` soll nur valide sein, wenn in beiden Feldern das gleiche Passwort eingegeben wurde.

Auch hier ist die Vorgehensweise ähnlich, mit dem Unterschied, dass an die Validator-Methode eine `FormGroup` übergeben wird.

Listing 12-45
Ein Validator für eine FormGroup

```
import { FormGroup } from '@angular/forms';

export class PasswordValidators {
  static passwordEquality(controlGroup:
    FormGroup): { [error: string]: any } {
    let pwd1 = controlGroup.controls.password;
    let pwd2 = controlGroup.controls.passwordRepeat;
    return (pwd1 === pwd2) ? null : {
      passwordEquality: { valid: false }
    };
  }
}
```

Den Validator setzen wir schließlich auf einer `FormGroup` ein. Die Schnittstelle des `FormBuilder` ist hier ein wenig anders als für das `FormArray`. Im zweiten Argument der Methode notieren wir ein Objekt mit dem Schlüssel `validator`, wo wir die Validatorfunktion angeben.

Den FormGroup-Validator verwenden

```
this.myForm = this.fb.group({
  password: '',
  passwordRepeat: ''
}, { validator: PasswordValidators.passwordEquality });
```

Listing 12–46
Validator für eine FormGroup einbinden

12.4.3 Asynchrone Validatoren

Um die Validität von Eingaben zu prüfen, muss häufig ein externer Dienst angefragt werden. Damit können wir z. B. prüfen, ob ein Benutzername noch frei ist. Im weiter vorn gezeigten Listing 12–41 haben wir die Postleitzahl nur anhand ihres Formats überprüft. Es kann in diesem Fall nicht sichergestellt werden, dass die Nummer wirklich exisiert. Um das zu überprüfen, können wir einen asynchronen Validator verwenden. Dabei fragen wir eine HTTP-API an, die uns Informationen über Postleitzahlen und deren Existenz liefert.[4]

Asynchroner Validator für die Postleitzahl

Für die Abfrage der API erstellen wir zunächst einen Service. Der Service besitzt lediglich die Methode `checkPlzExists()`, die die Anfrage an die API stellt. Die Abfrage-URL setzt sich aus dem `api`-Attribut (Basis-URL) und dem Eingabewert für die PLZ zusammen.

```
import { Injectable } from '@angular/core';
import { Http } from '@angular/http';
import { Observable } from 'rxjs/Observable';
import 'rxjs/add/operator/map';

@Injectable()
export class AddressService {
  private api = 'http://api.zippopotam.us/de/';

  constructor(private http: Http) { }

  checkPlzExists(value: number): Observable<{}> {
    return this.http.get(this.api + value)
      .map(res => res.json());
  }
}
```

Listing 12–47
Service für die Abfrage der PLZ-API

---

[4] API für Postleitzahlen: http://api.zippopotam.us

Validator implementieren

Anschließend wenden wir uns der Implementierung des Validators zu. Wir legen zunächst eine statische Methode an. Wir können an dieser Stelle keine Dependency Injection verwenden, deshalb übergeben wir eine Instanz des Service als Argument an die Methode. Damit die Funktionssignatur für den Validator stimmt, liefern wir aus dieser Methode eine Funktion zurück: Das ist die tatsächliche Validator-Funktion, die später an ein FormControl gebunden wird.

Die Validierungsfunktion erhält ein FormControl als Argument und gibt ein Observable zurück. Das Observable liefert ein Schlüssel-Wert-Paar vom Typ <string, any>, sofern die Eingabe nicht valide ist. Ist der Eingabewert valide, wird lediglich der Wert null im Observable zurückgegeben. Die Rückgabewerte sind also genauso wie bei synchronen Validatoren, sie werden jetzt allerdings von einem Observable geliefert.

Wir greifen als Nächstes auf unseren Service zu und rufen die Methode checkPlzExists() mit dem Wert des FormControls auf. Um der Funktionssignatur gerecht zu werden und ein Schlüssel-Wert-Paar bzw. null zurückzuliefern, transformieren wir die Daten mithilfe des map()-Operators.

Listing 12-48 Asynchrone Validatoren implementieren

```
import { FormControl } from '@angular/forms';
import { AddressService } from './address.service';
import { Observable } from 'rxjs/Observable';

export class AddressValidators {
  static plzExists(as: AddressService) {
    return function(control: FormControl): Observable<{ [error:
      ↪ string]: any }> {
      return as.checkPlzExists(control.value)
        .map(data => data ? null : {
          plzExists: { valid: false }
        });
    };
  }
}
```

Um den Service nutzen zu können, muss er selbstverständlich noch im AppModule bekannt gemacht werden:

12.4 Custom Validators

```
// ...
import { AddressService } from './form/address.service';
@NgModule({
  // ...
  providers: [AddressService]
})
export class AppModule { }
```

Listing 12–49
AddressService *im Modul bekanntmachen*

Im nächsten Schritt injizieren wir den Service in die Formularkomponente, denn wir benötigen ja eine Instanz der Klasse. Über das Property as können wir nun auf die Methode des Service zugreifen. Innerhalb des Form-Models myForm setzen wir den asynchronen Validator für das Control plz ein. Asynchrone Validatoren werden beim Initialisieren eines FormControls immer als letzter Parameter angegeben. So wie unsere Methodensignatur es vorgibt, übergeben wir die Instanz des Service.

Validator im Formular verwenden

Asynchrone Validatoren lassen sich ebenfalls wie normale Validatoren in einem Array kombinieren. Verwendet man eine Kombination aus synchronen und asynchronen Validatoren, so wird die asynchrone Validierung erst gestartet, nachdem alle synchronen Validierungen erfolgreich waren. Im vorliegenden Fall würde also der externe Dienst zur Überprüfung der Postleitzahl erst dann angefragt werden, wenn eine Eingabe gemacht wurde.

Mehrere Validatoren

Für die Bindung im Template bieten asynchrone Validatoren eine komfortable Hilfe. Solange die Validierung läuft, wird im Control die Eigenschaft pending auf *true* gesetzt. Das ermöglicht visuelles Feedback für den Benutzer des Formulars und signalisiert, dass die Verarbeitung im Gang ist.

Verarbeitung anzeigen

```
import { Component, OnInit } from '@angular/core';
import { FormBuilder, FormGroup, Validators } from
    '@angular/forms';
import { AddressService } from './address.service';
import { AddressValidators } from './address-validators';
@Component({
  selector: 'app-form',
  template: `
    <form [formGroup]="myForm">
      <label>PLZ:</label>
      <input formControlName="plz" type="text">
      Validator: {{ myForm.controls.plz.valid }},
      Pending: {{ myForm.controls.plz.pending }}
    </form>
  `
})
```

Listing 12–50
Den asynchronen Validator in ein Formular einbinden

```
export class FormComponent implements OnInit {
  myForm: FormGroup;

  constructor(
    private fb: FormBuilder,
    private as: AddressService
  ) { }

  ngOnInit() {
    this.myForm = this.fb.group({
      plz: [null, Validators.required,
        ↪ AddressValidators.plzExists(this.as)]
    });
  }
}
```

Asynchrone Validatoren für FormGroup und FormArray

Wie bei den synchronen Validatoren können wir mit asynchronen Validatoren auch Gruppen von Formularfeldern als Ganzes validieren. Dazu übergeben wir der Funktion innerhalb des Validators je nach Anwendungsfall eine `FormGroup` oder das `FormArray`.

12.4.4 Den BookMonkey erweitern

Story – Formularvalidierung

Als Leser möchte ich auf das Fehlen des Buchautors hingewiesen werden, wenn ich diesen beim Anlegen eines neuen Buchs vergessen habe, um sicherzustellen, dass mindestens ein Autor zu jedem Buch gepflegt ist.

Als Leser möchte ich auf eine falsch eingegebene ISBN hingewiesen werden, um eine ungültige Eingabe zu verbessern.

- Die ISBN muss dem Standard ISBN-10 oder ISBN-13 entsprechen.
- Bindestriche sollen bei der Eingabe ignoriert werden.
- Es soll ein Fehler angezeigt werden, wenn die Eingabe nicht dem verlangten Format entspricht.
- Es soll ein Fehler angezeigt werden, wenn die ISBN-Nummer bereits in der Buchdatenbank vorhanden ist.
- Die Validierung der Autorenfelder soll nur fehlschlagen, wenn keines der Felder mit Inhalt gefüllt ist.
- Sofern die Eingabe nicht valide ist, soll das Absenden der Daten nicht möglich sein.

12.4 Custom Validators

Wir wollen das zuvor erlernte Wissen nutzen und drei eigene Methoden zur Formularvalidierung in unseren BookMonkey implementieren. Eine Methode soll asynchron die BookMonkey-API anfragen, ob eine eingegebene ISBN-Nummer bereits existiert.

Im Moment können wir mit einem Button im Formular beliebig viele Autorenfelder hinzufügen. Wir wollen mit der zweiten Methode überprüfen, ob mindestens eines der Autorenfelder mit Inhalt gefüllt ist. Sind alle Autorenfelder ohne Inhalt, so soll die Validierung fehlschlagen. Die dritte Methode soll lediglich das Eingabeformat der ISBN überprüfen. Diese Überprüfung kann synchron erfolgen, indem gegen einen regulären Ausdruck geprüft wird.

Um die asynchrone Abfrage für die ISBN durchführen zu können, erweitern wir den `BookStoreService` um die Methode `check()`. Sie ruft vom Server die Info ab, ob eine bestimmte ISBN bereits existiert.

BookStoreService erweitern

```
check(isbn: string): Observable<Boolean> {
  return this.http
    .get(`${this.api}/book/${isbn}/check`)
    .map(response => response.json())
    .catch(this.errorHandler);
}
```

Listing 12–51
Die Methode check() zur Überprüfung, ob eine ISBN bereits vorhanden ist (book-store.service.ts)

Wir können nun eine neue Klasse anlegen, in der wir alle selbst implementierten Validatoren unterbringen:

```
$ ng g class shared/book.validators
```

Listing 12–52
Neue Klasse für die Validatoren anlegen

In der neuen Datei 🗁shared/book.validators.ts nennen wir zunächst die Klasse um und geben ihr den Namen `BookValidators`. Nun können wir das Grundgerüst anlegen. Alle Methoden sollen statische Members der Klasse sein, damit wir direkt darauf zugreifen können, ohne eine Instanz der Klasse zu erzeugen. Außerdem benötigen wir die Typen `FormControl`, `FormArray`, `Observable` und `BookStoreService`.

```
import { FormControl, FormArray } from '@angular/forms';
import { Observable } from 'rxjs/Observable';

import { BookStoreService } from '../shared/book-store.service';

export class BookValidators {
  static isbnFormat() { }
  static atLeastOneAuthor() { }
  static isbnExists() { }
}
```

Listing 12–53
Grundgerüst der Validierungsfunktionen (book.validators.ts)

Die Methode `isbnFormat()`

In der Methode `isbnFormat()` wollen wir prüfen, ob die eingegebene ISBN das richtige Format aufweist. Als Argument erhält die Methode das `FormControl`, aus dem wir die Benutzereingabe auslesen können. Wir entfernen zunächst alle Bindestriche aus der Eingabe, denn wir wollen nur prüfen, ob eine zehn- oder dreizehnstellige ISBN eingegeben wurde. Die tatsächliche Überprüfung erfolgt durch einen regulären Ausdruck. Entspricht die Nummer nicht dem gewünschten Format, geben wir ein Fehlerobjekt mit dem Verweis auf den Validator zurück.

Prüfen mit regulärem Ausdruck

```
static isbnFormat(control: FormControl): { [error: string]: any }
 {
    if (!control.value) { return null; }

    const isolatedNumbers = control.value.replace(/-/g, '');
    const isbnPattern = /(^\d{10}$)|(^\d{13}$)/;
    return isbnPattern.test(isolatedNumbers) ? null : {
        isbnFormat: { valid: false }
    };
}
```

Die Methode `atLeastOneAuthor()`

Mit diesem Validator soll geprüft werden, ob mindestens eines der Autorenfelder ausgefüllt wurde. Dazu verwenden wir die native Methode `Array.some()`. Sie liefert *true* zurück, wenn eine Bedingung für mindestens ein Array-Element erfüllt wird. Die Bedingung wird als Callback-Funktion definiert, die ein *Boolean* zurückliefert.

Die Variable `check` ist also *true*, wenn mindestens eines der Autorenfelder einen Inhalt hat. Wenn nicht, geben wir ein Fehlerobjekt zurück.

Mindestens ein Autorenfeld muss ausgefüllt werden.

```
static atLeastOneAuthor(controlArray: FormArray): { [error:
    string]: any } {
    const check = controlArray.controls.some(el => {
        return (el.value) ? true : false;
    });
    return check ? null : {
        atLeastOneAuthor: { valid: false }
    };
}
```

Die Methode `isbnExists()`

Der asynchrone Validator ist etwas komplizierter. Wir benötigen Zugriff auf den `BookStoreService`, denn wir wollen ja vom Server prüfen lassen, ob die eingegebene ISBN bereits existiert. Dazu müssen wir unsere Funktionen schachteln: Die Methode `isbnExists()` erhält als Argument eine Instanz des `BookStoreService` und liefert die tatsächliche Validierungsfunktion zurück.

Asynchroner Validator

Die »innere« Funktion gibt ein Observable zurück, denn es handelt sich ja um einen asynchronen Validator. Hier rufen wir die Methode `bs.check()` auf, um die eingegebene ISBN zum Server zu senden. Das Observable liefert ein *Boolean* zurück: *true*, wenn die ISBN bereits vergeben ist, und *false*, wenn sie noch frei ist.

Das Mapping sorgt dafür, dass das Ergebnis der Abfrage entsprechend in das erwartete Format gebracht wird. Das Observable liefert dann also ein Fehlerobjekt, wenn die ISBN bereits verwendet wird.

```
    static isbnExists(bs: BookStoreService) {
      return function(control: FormControl): Observable<{ [error:
      ↪ string]: any }> {
        return bs.check(control.value)
          .map(exists => (exists === false) ? null : {
             isbnExists: { valid: false }
          });
      };
    }
```

Die eigenen Validatoren verwenden

Nachdem wir unsere Validatoren in der Klasse `BookValidators` implementiert haben, können wir sie in der Formularkomponente verwenden. Wir importieren die Klasse und können direkt darauf zugreifen, denn die Methoden sind ja statisch.

Das Control für die ISBN wird in der Methode `initBook()` initialisiert. Das Feld erhält zwei synchrone Validatoren, die zusammen in einem Array notiert werden: `BookValidators.isbnFormat` und `Validators.required`. Als dritten Parameter geben wir die asynchrone Validierungsfunktion `isbnExists()` an. Wichtig ist hier, dass wir die Methode aufrufen und dabei eine Instanz des `BookStoreService` übergeben. Außerdem soll der Validator nur angewendet werden, wenn ein neues Buch angelegt wird.

Für die Autorenfelder bearbeiten wir die Methode `buildAuthorsArray()`. Hier fügen wir unseren Validator `BookValidators.atLeast-`

OneAuthor als zweiten Parameter ein, um sicherzustellen, dass mindestens ein Autor angegeben wird.

Listing 12–54
Eigene Validatoren im Bücherformular nutzen (book-form.component.ts)

```
// ...
import { BookValidators } from '../shared/book.validators';

@Component({
  selector: 'bm-book-form',
  templateUrl: './book-form.component.html'
})
export class BookFormComponent implements OnInit {
  // ...

  initBook() {
    // ...

    this.myForm = this.fb.group({
      // ...
      isbn: [this.book.isbn, [
        Validators.required,
        BookValidators.isbnFormat
      ], this.isUpdatingBook ? null :
      BookValidators.isbnExists(this.bs)]
    });
    this.myForm.statusChanges.subscribe(() => this.
      ↪ updateErrorMessages());
  }
  // ...

  buildAuthorsArray() {
    this.authors = this.fb.array(this.book.authors,
    BookValidators.atLeastOneAuthor);
  }
  // ...
}
```

Fehler anzeigen

Um die entsprechenden Fehler auch angezeigt zu bekommen, müssen wir letztendlich noch unsere Klasse `BookFormErrorMessages` um die zugehörigen Fehlernachrichten erweitern. Wir verwenden dabei den festgelegten Schlüssel der Fehlerobjekte, die von den jeweiligen Validatoren zurückgegeben werden.

Für das Feld `authors` können wir die Fehlernachricht `required` entfernen, denn wir nutzen jetzt unseren eigenen Validator.

*Listing 12–55
Fehlermeldungen
hinzufügen
(book-form-
error-messages.ts)*

```
// ...
export const BookFormErrorMessages = [
  new ErrorMessage('isbn', 'isbnFormat', 'Die ISBN muss aus 10 oder
    ↪ 13 Zeichen bestehen'),
  new ErrorMessage('isbn', 'isbnExists', 'Die ISBN existiert
    ↪ bereits'),
  new ErrorMessage('authors', 'atLeastOneAuthor', 'Es muss ein
    ↪ Autor angegeben werden'),
  // ...
];
```

Geschafft! Wir haben nun erfolgreich eigene Validatoren zur Überprüfung der ISBN implementiert. Es wird eine Fehlermeldung angezeigt, sobald eine ISBN nicht das richtige Format besitzt. Außerdem wird durch eine Abfrage an die BookMonkey-API geprüft, ob die ISBN bereits vorhanden ist. Damit wird sichergestellt, dass kein Buch doppelt in der Datenbank landet.

Was haben wir gelernt?

Wir haben unsere Anwendung um eigene Validatoren ergänzt, um die Formularfelder auf spezielle, selbst definierte Bedingungen zu prüfen. Dabei haben wir synchrone und asynchrone Validatoren kennengelernt und in das Buchformular integriert.

- Eigene Validatoren überprüfen anhand einer selbst implementierten Logik die Eingabe eines Formularfelds, einer Formulargruppe oder eines Formular-Arrays.
- Ein Validator ist eine Funktion/Methode, die das Ergebnis der Validierung zurückgibt als:
  - `null` : Die Überprüfung war positiv.
  - `{[key: string]: any}`: Die Überprüfung war negativ.
- Normale Validatoren liefern das Ergebnis synchron zurück.
- Asynchrone Validatoren geben ein Observable zurück, das einen der oben genannten Werte liefert.

Demo und Quelltext:
https://ng-buch.de/it4-validators

13 Pipes & Direktiven: Iteration V

»*Pipes and directives take our components to the next level, whether it comes to performing transformations, dealing with async code or augmenting the capabilities of existing elements.*«

Juri Strumpflohner
(Blogger und Trainer für Angular)

13.1 Pipes: Daten im Template formatieren

Nicht immer liegen die Daten, die wir im Template darstellen wollen, im gewünschten Format vor. Pipes ermöglichen es uns, Daten vor der Einbindung ins Template zu transformieren und damit in das richtige Anzeigeformat zu bringen. Angular verfügt über eine Reihe von eingebauten Pipes. Beispielsweise transformiert die `UppercasePipe` eine Zeichenkette in Großbuchstaben. Wir können aber auch selbst Pipes erstellen und damit eigene Vorschriften zur Datenumwandlung definieren.

In diesem Abschnitt geben wir einen Überblick über die Funktionsweise von Pipes. Wir stellen die vordefinierten Pipes vor und erläutern, wie eigene Pipes implementiert werden.

13.1.1 Pipes verwenden

Pipes werden in den Templates unserer Anwendung eingesetzt und mit dem Pipe-Symbol | eingeleitet. Wir können Pipes überall dort verwenden, wo im Template ein Ausdruck eingesetzt wird: bei der Interpolation und in Property Bindings. Der Ausdruck `myValue` im Listing 13–1 wird von der Pipe `myPipe` verarbeitet und das Endergebnis wird verwendet.

Pipe-Symbol

```
{{ myValue | myPipe }} // Interpolation
<input [value]="myValue | myPipe"> // Property Binding
```

Listing 13–1
Einsatz von Pipes

Nutzern von AngularJS 1.x sollten Pipes unter dem Namen *Filter* bekannt sein. Die Bezeichnung wurde in Angular überdacht, weil der Anwendungsbereich von Filtern viel mehr als nur die Filterung von Daten umfasst.

Pipes haben ihren Ursprung in der Unix-Welt.

Das Konzept von Pipes geht auf die Unix-Welt zurück. Hier spielt die Pipe eine zentrale Rolle beim Austausch von Daten zwischen zwei Prozessen. Wir können damit die Standardausgabe eines Prozesses an die Standardeingabe eines anderen Prozesses weiterleiten. Analog dazu funktionieren auch Pipes in Angular. Sie ermöglichen es uns, die Verarbeitung von Daten an eine Funktion zu delegieren, die wiederverwendet werden kann.

Eine Pipe kann Argumente erhalten.

Wir können einer Pipe beim Aufruf Argumente übergeben, mit denen wir das Verhalten – je nach Implementierung – steuern können. Die Argumente werden mit einem Doppelpunkt an den Pipe-Aufruf angehängt:

Listing 13-2
Pipe mit Argument

```
{{ myDate | date:'longDate' }}
```

Pipes können verkettet werden.

Wir können nicht nur eine einzelne Pipe zur Verarbeitung anwenden, sondern Pipes können beliebig verkettet werden. Das Ergebnis einer Transformation wird stets nach rechts zur nächsten Pipe bis zum Ende durchgereicht. Beispielsweise können wir ein Datum formatieren und die Zeichenkette danach in Großbuchstaben konvertieren.

Listing 13-3
Pipes verketten

```
{{ myDate | date:'longDate' | uppercase }}
```

13.1.2 Die Sprache einstellen

Einige der eingebauten Pipes bringen Daten in ein Format, das sich regional unterscheidet: Für Datumsangaben, Zahlenformate und Währungsformate gibt es unterschiedliche Konventionen. Zum Beispiel wird als Dezimaltrennzeichen im deutschsprachigen Raum ein Komma verwendet, im Englischen hingegen ein Punkt.

Die Bereitstellung der Anwendung in mehreren Sprachen ist kein triviales Thema. Deshalb haben wir der Internationalisierung ein ganzes Kapitel gewidmet, das Sie ab Seite 351 finden.

Ist die Anwendung nur für einen Sprachraum bestimmt, z. B. nur innerhalb eines national agierenden Unternehmens, können wir die Sprache fest einstellen. Ohne weitere Konfiguration ist automatisch das Locale en_US gesetzt, also US-amerikanisches Englisch. Für den deutschen Sprachraum empfiehlt es sich, das Locale auf de zu stellen.

LOCALE_ID

Dazu müssen wir im `AppModule` das Token `LOCALE_ID` überschreiben:

```
import { LOCALE_ID } from '@angular/core';

@NgModule({
  // ...
  providers: [
    { provide: LOCALE_ID, useValue: 'de' }
  ]
})
```

13.1.3 Integrierte Pipes für den sofortigen Einsatz

Angular verfügt über eine Reihe von vordefinierten Pipes für grundlegende Aufgaben. Diese Standard-Pipes sind in Tabelle 13–1 aufgeführt und werden in den folgenden Abschnitten erläutert. Die Pipes werden mit ihrem Namen im Template eingesetzt, der in der zweiten Spalte der Tabelle notiert ist.

Pipe	Name	Beschreibung	Seite
UpperCasePipe LowerCasePipe	uppercase lowercase	transformiert eine Zeichenkette in Groß-/Kleinbuchstaben	262
TitleCasePipe	titlecase	transformiert eine Zeichenkette und setzt den ersten Buchstaben aller Wörter groß, den Rest klein	262
DatePipe	date	Formatierung von Datums- und Zeitangaben	263
DecimalPipe	number	Formatierung von Dezimalzahlen	264
PercentPipe	percent	Formatierung von Prozentangaben	265
CurrencyPipe	currency	Formatierung von Währungsangaben	265
SlicePipe	slice	liefert Teile eines Arrays/Strings zurück	266
JsonPipe	json	verarbeitet den Eingabewert mit JSON.stringify()	267
AsyncPipe	async	liefert das Ergebnis eines Observable oder einer Promise zurück	268
I18nSelectPipe	i18nSelect	liefert aus einer Hashtabelle die zugehörige Zeichenkette zum eingegebenen Wert	269
I18nPluralPipe	i18nPlural	liefert die Plural- oder Singularform, je nach Anzahl der Elemente (0, 1, n)	270

Tab. 13–1
Vordefinierte Pipes

> **Fehlen die `filter`- und die `orderBy`-Pipe?**
>
> Wer bereits mit AngularJS gearbeitet hat, dem sollte aufgefallen sein, dass es für die Filter `filter` und `orderBy` keine entsprechenden Pipes gibt. Hierfür gibt es zwei Gründe:
>
> **Gewährleistung hoher Performance bei der Erkennung von Änderungen**
>
> Immer dann, wenn sich Daten verändern, musste bei Verwendung von `orderBy` oder `filter` eine sortierte bzw. gefilterte Liste erstellt werden. Das bedeutet, dass in jedem Durchlauf der *Change Detection* geprüft werden müsste, ob sich ein Feld innerhalb des Objektbaums verändert hat. Das Angular-Team hat sich entschieden, keine Werkzeuge in das Framework zu integrieren, die der Performance potenziell schaden können.
>
> **Optimierung der JavaScript-Minifizierung**
>
> Zur Veranschaulichung der Minifizierung nehmen wir an, es gäbe eine orderBy-Pipe: `<div *ngFor="let person of persons | orderBy:'name, age'"></div>` Die Parameter `'name, age'` können später nicht mehr minifiziert werden. Die sogenannte *Aggressive Minification* wäre so nicht mehr möglich.
>
> Empfohlen wird, die Logik zum Sortieren und Filtern in die jeweilige Komponente auszulagern. Natürlich können `filter` und `orderBy` selbst implementiert werden. Dabei sind jedoch stets die hier genannten Punkte zu beachten, um die Performance zu wahren.

`UpperCasePipe (uppercase)` und `LowerCasePipe (lowercase)`

Die `UpperCasePipe` und `LowerCasePipe` transformieren einen String in Groß- bzw. Kleinbuchstaben. Unter der Haube werden die nativen Funktionen `String.toUpperCase()` und `String.toLowerCase()` verwendet.

Listing 13–4
UpperCasePipe und LowerCasePipe
```
<p>{{ 'Angular' | uppercase }}</p>
<p>{{ 'Angular' | lowercase }}</p>
```

Listing 13–5
Ausgabe von Listing 13–4
```
ANGULAR
angular
```

`TitleCasePipe (titlecase)`

Die `TitleCasePipe` formatiert einen String, sodass der jeweils erste Buchstabe eines Worts großgeschrieben ist. Die übrigen Buchstaben werden kleingeschrieben. Diese Pipe ist im deutschen Sprachraum nur wenig relevant, wird der Vollständigkeit halber aber hier erwähnt.

13.1 Pipes: Daten im Template formatieren

```
<p>{{ 'Lorem ipsum dolor sit amet' | titlecase }}</p>
```
Listing 13–6
TitleCasePipe

```
Lorem Ipsum Dolor Sit Amet
```
Listing 13–7
Ausgabe von
Listing 13–6

DatePipe (date)

Die `DatePipe` formatiert ein Datum in ein festgelegtes Format. Als Eingabe erwartet die Pipe ein `Date`-Objekt, einen numerischen Wert oder einen nach ISO 8601 formatierten String.[1]

```
expression | date[:format]
```
Listing 13–8
Verwendung der
DatePipe

Das Argument `format` wird verwendet, um das gewünschte Ausgabeformat anzugeben. Dazu existiert eine Reihe von Platzhaltern, die beliebig kombiniert werden können. Die Tabelle 13–2 zeigt eine Auswahl der wichtigsten Platzhalter.

Symbol	Bezeichnung	Symbol	Bezeichnung
yy	Jahr, zweistellig (17)	dd	Tag, mit führender Null (06)
yyyy	Jahr, vierstellig (2017)	EE	Wochentag, abgekürzt (Mo)
M	Monat, ohne führende Null (2)	EEEE	Wochentag, ausgeschrieben (Montag)
MM	Monat, mit führender Null (02)	hh	Stunden, mit führender Null, 12 Stunden (08)
MMM	Monat, abgekürzt (Feb)	H	Stunden, ohne führende Null, 24 Stunden (20 Uhr)
MMMM	Monat, ausgeschrieben (Februar)	mm	Minuten, mit führender Null (03)
d	Tag, ohne führende Null (6)	ss	Sekunden, mit führender Null (07)

Tab. 13–2
Platzhalter für das
Datumsformat

Eine wichtige Besonderheit ist, dass die Pipe ihre Ausgabe nur aktualisiert, wenn das Eingabeobjekt seine Referenz ändert, also ein komplett neues Objekt übergeben wird. Wird also z. B. nur das Datum innerhalb des Objekts geändert, wird die Pipe nicht aktualisiert! Das liegt daran, dass die Aktualisierung aufwendig ist und deshalb nur mit Intention des Entwicklers ausgeführt werden soll.

Die Ausgabe wird nur aktualisiert, wenn sich die Referenz des Eingabeobjekts ändert.

Für häufig verwendete Kombinationen, z. B. das komplette Datum oder die Uhrzeit, gibt es bereits vordefinierte Aliase, die wir anstelle des

Platzhalter für häufige Datumsformate

---

[1] Format: `YYYY-MM-DDTHH:mm:ss.sssZ`

Tab. 13–3
Aliase für das Datumsformat

Alias	Format	Beispiel
medium	yMMMdjms	6. Feb. 2017, 08:03:07
short	yMdjm	6.2.2017, 08:03
fullDate	yMMMMEEEd	Montag, 6. Februar 2017
longDate	yMMMMd	6. Februar 2017
mediumDate	yMMMd	6. Feb. 2017
shortDate	yMd	6.2.2017
mediumTime	jms	08:03:07
shortTime	jm	08:03

Formatstrings angeben können. In Tabelle 13–3 sind die Aliase und ihre Entsprechungen aufgeführt.

Hier ist eine wichtige Eigenschaft zu beachten: Die Formatstrings zu den Aliasen (z. B. yMMMdjms) sind reserviert. Verwenden wir diese Kombination als Formatstring, wird die Reihenfolge der Symbole nicht beachtet. Stattdessen wird das Datum trotzdem im Format 6. Feb. 2017, 08:03:07 ausgegeben.

DecimalPipe (number)

Mit der `DecimalPipe` können Zahlen formatiert werden. Die Formatierung erfolgt abhängig von der eingestellten Sprache. Dabei werden regionale Unterschiede bei der Zahlformatierung berücksichtigt, zum Beispiel unterschiedliches Dezimaltrennzeichen bei Deutsch und Englisch (US).

Listing 13–9
Verwendung der DecimalPipe

```
expression | number[:digitInfo]
```

Mit dem optionalen Argument `digitInfo` kann die Länge der Stellen definiert werden. Das Argument ist ein String mit dem folgenden Aufbau.

Listing 13–10
Aufbau der digitInfo für die DecimalPipe

```
{minIntegerDigits}.{minFractionDigits}-{maxFractionDigits}
```

- `minIntegerDigits`: Anzahl Vorkommastellen mindestens
- `minFractionDigits`: Anzahl Nachkommastellen mindestens
- `maxFractionDigits`: Anzahl Nachkommastellen höchstens

Der Standardwert ist 1.0-3, also mindestens eine Vorkommastelle und keine bis maximal drei Nachkommastellen. Abgeschnittene Nachkommastellen werden gerundet. Sind nicht genug Stellen vorhanden, um das Minimum zu erreichen, werden die Stellen mit Nullen aufgefüllt. Das Listing 13–11 zeigt einige Beispiele zur Verwendung der `DecimalPipe`.

13.1 Pipes: Daten im Template formatieren

```
<p>{{ 3.14159 | number }}</p>
<p>{{ 3.14159 | number:'1.2-2' }}</p>
<p>{{ 13.37 | number:'4.4-5' }}</p>
```

Listing 13–11
DecimalPipe

```
3,142
3,14
0.013,3700
```

Listing 13–12
Ausgabe von
Listing 13–11

PercentPipe (percent)

Mit der `PercentPipe` können Prozentangaben formatiert werden. Eine gebrochene Dezimalzahl wird in den äquivalenten Prozentwert umgewandelt und das Prozentzeichen % wird angehängt. Die Funktionsweise und Syntax ist die gleiche wie bei der schon vorgestellten DecimalPipe:

```
expression | percent[:digitInfo]
```

Listing 13–13
Verwendung der PercentPipe

Im Listing 13–14 sind einige Beispiele mit der `PercentPipe` aufgeführt.

```
<p>{{ 0.42 | percent }}</p>
<p>{{ 0.42 | percent:'1.1' }}</p>
<p>{{ 0.314159 | percent:'1.0-2' }}</p>
<p>{{ 3.14 | percent }}</p>
```

Listing 13–14
PercentPipe

```
42 %
42,0 %
31,42 %
314 %
```

Listing 13–15
Ausgabe von
Listing 13–14

CurrencyPipe (currency)

Die `CurrencyPipe` ist zur Formatierung von Währungsangaben gedacht. Damit werden spezifische Eigenheiten unterschiedlicher Währungen berücksichtigt.

```
expression | currency[:currencyCode[:symbolDisplay[:digitInfo]]]
```

Listing 13–16
Verwendung der CurrencyPipe

- `currencyCode`: Währungskürzel nach ISO 4217, z. B. *EUR* oder *USD*
- `symbolDisplay`: *boolean*, gibt an, ob die Abkürzung (*EUR*) oder das Währungssymbol (€) verwendet wird
- `digitInfo`: Anzahl der Stellen, Verwendung identisch zur DecimalPipe

Listing 13–17
CurrencyPipe

```
<p>{{ 3.14159 | currency:'EUR' }}</p>
<p>{{ 3.14159 | currency:'USD':true }}</p>
<p>{{ 3.14159 | currency:'EUR':false:'1.2-2' }}</p>
```

Listing 13–18
Ausgabe von Listing 13–17

```
3,14 EUR
3,14 $
3,14 EUR
```

SlicePipe (slice)

Die `SlicePipe` liefert einen Teil eines Strings oder Arrays zurück. Das Verhalten ähnelt der JavaScript-Methode `slice()` aus `String` und `Array`.

Listing 13–19
Verwendung der SlicePipe

```
expression | slice:start[:end]
```

Durch die Argumente start und end wird das Ergebnis eingegrenzt. start ist der Index des ersten Elements des gewünschten Teils. end ist optional und gibt den Index des letzten Elements an. Aber Achtung: Der String/Array wird *vor* diesem Element abgeschnitten. Wird end weggelassen, werden alle Elemente bis zum tatsächlichen Ende zurückgegeben.

Liegt die Startposition rechts von der Endposition, wird eine leere Menge zurückgegeben (siehe Beispiel 6 im Listing 13–20).

- Positive Werte zählen vom Anfang des Strings/Arrays nach rechts (beginnend bei 0).
- Negative Werte werden vom Ende rückwärts gezählt (beginnend bei −1).

SlicePipe für Strings

Für die nachfolgenden Beispiele betrachten wir die Abbildung 13–1.

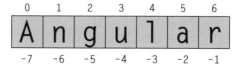

Abb. 13–1 *SlicePipe: Index-Beispiel*

Listing 13–20
SlicePipe

```
<p>1) {{ 'Angular' | slice:2 }}</p>
<p>2) {{ 'Angular' | slice:-2 }}</p>
<p>3) {{ 'Angular' | slice:0:3 }}</p>
<p>4) {{ 'Angular' | slice:1:-1 }}</p>
<p>5) {{ 'Angular' | slice:-5:5 }}</p>
<p>6) {{ 'Angular' | slice:-2:3 }}</p>
<p>7) {{ 'Angular' | slice:-100 }}</p>
```

1) gular
2) ar
3) Ang
4) ngula
5) gul
6)
7) Angular

Listing 13–21
Ausgabe von Listing 13–20

Gleichermaßen kann man die `SlicePipe` auch für Arrays einsetzen. Die Pipe gibt ein neues Array mit der angegebenen Untermenge von Elementen zurück. Dieses neue Array können wir beispielsweise direkt in `ngFor` verwenden und damit z. B. nur die ersten vier Elemente der Liste anzeigen.

SlicePipe für Arrays

```
@Component({
  template: `
    <p *ngFor="let name of (names | slice:0:4)">
      {{ name }}
    </p>
  `
})
export class MyComponent {
  names = ['Johannes', 'Gregor', 'Danny', 'Ferdinand', 'Theodor',
    ↪ 'Tini', 'Matthias', 'Michael', 'Theresa'];
}
```

Listing 13–22
ngFor mit SlicePipe

Johannes
Gregor
Danny
Ferdinand

Listing 13–23
Ausgabe von Listing 13–22

JsonPipe (json)

Die `JsonPipe` wandelt den Eingabewert in einen JSON-String um. Dazu wird lediglich die native JavaScript-Funktion `JSON.stringify()` auf den Eingabewert angewendet. Das ist vor allem deshalb interessant, weil JavaScript-Objekte mit der Interpolation nicht im Template angezeigt werden können (siehe zweites Beispiel im Listing 13–24). Praktisch ist die `JsonPipe` vor allem für Debugging-Zwecke relevant.

```
@Component({
  template: `
    <p>{{ myObject | json }}</p>
    <p>{{ myObject }}</p>
  `
})
```

Listing 13–24
JsonPipe

```
export class MyComponent {
  myObject = { foo: 'bar', baz: 42 };
}
```

Listing 13–25
Ausgabe von Listing 13–24

```
{ "foo": "bar", "baz": 42 }
[object Object]
```

AsyncPipe (async)

Mit der `AsyncPipe` können wir Werte aus einem Observable oder einer Promise auflösen. Das ist zunächst nicht der typische Anwendungsfall für eine Pipe, bringt aber viele Vorteile bei der Arbeit mit asynchronen Operationen.

Wir verwenden oft Servicemethoden, die ein Observable zurückgeben:

```
this.service.getFoobar().subscribe(res => this.foobar = res);
```

Um den Wert zu verarbeiten, wird auf dem Observable eine Subscription erstellt. Das Callback kümmert sich in diesem Fall lediglich darum, den Rückgabewert in ein Property der Klasse zu schreiben, das dann im Template verwendet werden kann. Ganz schön umständlich!

Observable mit der AsyncPipe

Um diese Struktur zu vereinfachen, können wir die `AsyncPipe` einsetzen. Dazu schreiben wir das Observable direkt in ein Property der Klasse, sodass wir aus dem Template darauf zugreifen können. Den Rest erledigt die `AsyncPipe` für uns – sie erstellt eine Subscription und liefert die empfangenen Werte zurück.

```
@Component({
  template: '{{ myObservable | async }}'
})
export class MyComponent implements OnInit {
  myObservable: Observable<any>;

  ngOnInit() {
    this.myObservable = this.service.getFoobar();
  }
}
```

> **Achtung: Jeder Aufruf erstellt eine Subscription!**
> Beim Einsatz mit Observables ist Vorsicht geboten. Jedes Mal, wenn die `AsyncPipe` verwendet wird, wird eine *neue* Subscription erstellt. Stammt das Observable z. B. aus einem Aufruf der `Http`-Klasse, wird jedes Mal ein neuer Request gesendet.
> Für das Problem gibt es leider keine ganz triviale Lösung. Ein Ansatz ist der `share()`-Operator von RxJS oder der Einsatz einer Promise. Wann man gegebenenfalls eine Promise verwenden sollte, klärt ein dedizierter Artikel.[a]
>
> [a] https://ng-buch.de/x/48 – Netanel Basal: »Angular – Stop using observable when you should use a promise«

Auf die gleiche Weise arbeitet die Pipe auch mit einer Promise:

Promise mit der AsyncPipe

```
@Component({
  template: '{{ myPromise | async }}'
})
export class MyComponent implements OnInit {
  myPromise;

  ngOnInit() {
    this.myPromise = new Promise((resolve, reject) => {
      setTimeout(() => resolve('Promise has resolved'), 1000);
    });
  }
}
```

I18nSelectPipe (i18nSelect)

Mit der `I18nSelectPipe` wird der Eingabewert als Schlüssel einer Hashtabelle interpretiert und der zugehörige Wert wird zurückgeliefert. Die Pipe eignet sich dazu, sprachliche Unterscheidungen anhand eines angegebenen Schlüssels zu treffen. Denkbare Anwendungsfälle sind die Lokalisierung der Anwendung oder Unterscheidung zwischen Geschlechtern.

Als einziges Argument wird die Hashtabelle übergeben, aus der der Wert gelesen wird. Als Hashtabelle dient ein eindimensionales JavaScript-Objekt. Im Listing 13–26 werden die Schlüssel `de` und `en` in der Hashtabelle `selectMap` gesucht und der entsprechende Wert `Ich mag` bzw. `I love` wird zurückgegeben.

Listing 13–26
I18nSelectPipe

```
@Component({
  template: `
    <p>{{ 'de' | i18nSelect:selectMap }} Angular</p>
    <p>{{ 'en' | i18nSelect:selectMap }} Angular</p>
  `
})
export class MyComponent {
  selectMap = {
    'de': 'Ich mag',
    'en': 'I love',
    'fr': 'J\'adore',
    'es': 'Me encanta'
  };
}
```

Listing 13–27
Ausgabe von Listing 13–26

```
Ich mag Angular
I love Angular
```

I18nPluralPipe (i18nPlural)

Die I18nPluralPipe ist eine Sonderform der I18nSelectPipe. Sie eignet sich dazu, sprachliche Unterscheidungen anhand einer Anzahl zu treffen. Das Listing 13–28 zeigt ein klassisches Beispiel für eine solche Unterscheidung. Wir wollen die Anzahl der Nachrichten in einem Postfach als Text angeben und benötigen dabei die Unterscheidung zwischen *keine*, *eine* und *mehr als eine* Nachricht.

Die I18nPluralPipe ist genau für diesen Einsatzzweck gemacht. Die Pipe akzeptiert eine Zahl als Eingabewert. Als Argument wird eine Hashtabelle (JavaScript-Objekt) übergeben, in der die drei verschiedenen Fälle definiert sind:

- =0: kein Element
- =1: genau ein Element
- other: alle anderen Fälle. Die Zahl kann mit dem Hash-Zeichen # eingesetzt werden.

Die Werte der Tabelle sind die jeweils zu verwendenden Strings. Der Platzhalter # kann eingesetzt werden, um die eingegebene Zahl zu verwenden.

```
@Component({
  template: `
    <p>{{ 0 | i18nPlural:pluralMap }}</p>
    <p>{{ 1 | i18nPlural:pluralMap }}</p>
    <p>{{ 9 | i18nPlural:pluralMap }}</p>
  `
})
export class MyComponent {
  pluralMap = {
    '=0': 'Keine neuen Nachrichten',
    '=1': 'Eine neue Nachricht',
    'other': '# neue Nachrichten'
  };
}
```

Listing 13-28
I18nPluralPipe

```
Keine neuen Nachrichten
Eine neue Nachricht
9 neue Nachrichten
```

Listing 13-29
Ausgabe von Listing 13-28

13.1.4 Eigene Pipes entwickeln (Custom Pipes)

Bei der Entwicklung einer komplexen Anwendung werden uns Fälle begegnen, in denen die eingebauten Pipes nicht mehr ausreichen. Wir können deshalb beliebige eigene Pipes entwickeln, die wir in unseren Templates einsetzen können, um Daten zu transformieren. Im Angular-Jargon sprechen wir von *Custom Pipes*. Das Prinzip kennen wir von den eingebauten Pipes: Wir geben Daten und ggf. Argumente in die Pipe hinein und erhalten einen transformierten Wert zurück.

Eine Pipe besteht im Wesentlichen aus einer Klasse mit nur einer Methode `transform()`. Diese Methode nimmt einen Wert `value` und optional eine beliebige Anzahl Argumente entgegen und liefert den transformierten Wert zurück. Angular sorgt automatisch dafür, dass diese Methode mit allen Argumenten aufgerufen wird, wenn wir die Pipe verwenden. Damit die Methode korrekt implementiert wird, sollte das Interface `PipeTransform` verwendet werden.

Eine Pipe muss außerdem immer mit dem Decorator `@Pipe()` ausgestattet sein. Dadurch wird dem Framework mitgeteilt, dass es sich bei der Klasse um eine Pipe handelt. Außerdem müssen wir ein Objekt mit Metadaten übergeben:

Der Decorator @Pipe()

- name: Name der Pipe, damit wird die Pipe später eingesetzt
- pure: (optional) wenn *false*, wird die Ausgabe bei jedem Durchlauf der Change Detection ausgewertet. Standard: *true*. Siehe Kasten auf Seite 273.

Der komplette Grundaufbau einer Custom Pipe ist in Listing 13–30 zu sehen.

Listing 13–30
Grundaufbau einer Custom Pipe

```
import { Pipe, PipeTransform } from '@angular/core';

@Pipe({ name: 'myPipe' })
export class MyPipe implements PipeTransform {

  transform(value, arg0, arg1) {
    // ...
    return transformedValue;
  }
}
```

> **Pipe-Argumente als Array erhalten**
>
> Angular verarbeitet den Pipe-Aufruf `foo | myPipe:arg0:arg1` aus dem Template und ruft im Hintergrund die Methode `transform()` aus der Pipe-Klasse auf. Dabei wird jedes Argument der Pipe als ein Argument der Methode betrachtet. Soll die Pipe eine unbestimmte Zahl von Argumenten erhalten, ist es allerdings unmöglich, die Methodensignatur genau anzugeben.
>
> An dieser Stelle hilft uns ein Feature von TypeScript weiter: *Rest-Parameter*.[a] Wir können damit die Argumente einer Methode in einem Array zusammenfassen. Nach außen funktioniert die Methode weiterhin wie mit einzelnen Argumenten, nach innen greifen wir über das Array darauf zu.
>
> Wir können die Pipe-Methode also auch wie folgt definieren:
>
> ```
> transform(value, ...args) {
>   // entspricht arg0 + arg1 aus dem Beispiel
>   return args[0] + args[1];
> }
> ```
>
> Egal wie viele Argumente wir der Pipe übergeben – sie werden alle im Array `args` gespeichert.
>
> [a] https://ng-buch.de/x/49 – TypeScript Deep Dive: Rest Parameters

Pipe im Template verwenden
Pipes müssen im Modul deklariert werden.

Die neue Pipe können wir jetzt in unseren Templates einsetzen. Dafür verwenden wir den Namen, den wir in den Metadaten im `@Pipe()`-Decorator angegeben haben. Wichtig ist außerdem, dass wir die Pipe im Modul deklarieren. Dazu tragen wir die Klasse in den Abschnitt declarations in den Modulmetadaten ein, so wie wir es auch von den Komponenten kennen.

Im Listing 13–31 wird die Pipe einmal ohne und einmal mit Argumenten verwendet. Die Argumente werden in der angegebenen Reihenfolge an die Methode transform() weitergereicht.

```
<div>
  {{ 'test' | myPipe }}
  {{ 'test' | myPipe:true:'foo' }}
</div>
```

Listing 13–31
Einsatz der neuen Pipe MyPipe

> **Pipes und das Attribut pure**
>
> Der Begriff *pure* im Zusammenhang mit einer Transformationsfunktion erinnert schnell an *Pure Functions* aus dem Gebiet der funktionalen Programmierung. Hier beschreibt der Begriff eine Funktion, die für den gleichen Eingabewert immer den gleichen Rückgabewert liefert und ohne Nebeneffekte arbeitet, d. h. ohne Daten zu verändern oder einzubeziehen, die außerhalb dieser Funktion liegen.
>
> Tatsächlich hat dieses Konzept nur am Rande mit dem Begriff *pure* zu tun, den wir bei Pipes verwenden. Mit der Angabe in den Pipe-Metadaten steuern wir, wann und wie oft der Rückgabewert von Angular ausgewertet und aktualisiert wird.
>
> Eine Pipe, die mit pure: true (oder keine Angabe) markiert ist, wird nur aktualisiert, wenn sich der Eingabewert ändert. Pipes mit der Angabe pure: false werden hingegen bei jedem Durchlauf der Change Detection aktualisiert. Dieses Verhalten eignet sich dann für Pipes, die ihre Ausgabe unabhängig von der Eingabe ändern.
>
> *pure* bezieht sich hier also auf die »Reinheit« des Eingabewerts und das Verhalten der Change Detection.[2]
>
> Einen Sonderfall müssen wir allerdings beachten: Verwenden wir z. B. ein Array als Eingabeparameter, so ändert sich die Referenz des Arrays nicht, wenn wir den Inhalt verändern. Wir müssen das Array entweder komplett überschreiben oder die Pipe als *impure* markieren, damit sie bei jedem Durchlauf der Change Detection aktualisiert wird.

13.1.5 Pipes in Komponenten nutzen

Bisher haben wir Pipes so eingesetzt, wie es ursprünglich gedacht ist: Wir haben die Pipe im Template verwendet und mit dem Pipe-Symbol | an einen Ausdruck angehängt.

In manchen Situationen kann es sinnvoll sein, die Transformationsfunktion einer Pipe auch innerhalb einer Komponentenklasse zu nutzen. Die Funktion muss dafür nicht neu definiert werden! Wir er-

Die Methode transform() direkt aufrufen

innern uns, dass eine Pipe nur eine Methode in einer Klasse ist. Wir können `transform()` also auch von außerhalb aufrufen.

Dazu kann die Pipe-Klasse per DI in die Komponente injiziert werden. Die Pipe-Klasse muss als Provider registriert werden, z. B. in der Moduldeklaration oder – wie im Beispiel unten – direkt in der Komponente.

Listing 13–32 Pipes in Komponentenklassen nutzen

```
@Component({
  selector: 'my-app',
  providers: [MyPipe],
})
export class MyApp {
  myValue: string;

  constructor(private mp: MyPipe) {
    this.myValue = mp.transform('foobar', true, 'foo');
  }
}
```

Dieser Aufruf transformiert den Wert `foobar` mit den Argumenten `true` und `'foo'`. Das entspricht der folgenden Verwendung der Pipe im Template:

Listing 13–33 Äquivalente Verwendung der Pipe im Template

```
{{ 'foobar' | myPipe:true:'foo' }}
```

13.1.6 Den BookMonkey erweitern

Mit dem Grundwissen über Pipes wollen wir nun im BookMonkey auch Pipes verwenden. Zur Formatierung des Buchdatums soll die `DatePipe` eingesetzt werden. Außerdem soll die Buchliste mit der `AsyncPipe` abgerufen werden. Schließlich wollen wir eine eigene Pipe implementieren, mit der die ISBN formatiert wird.

Datum formatieren mit der `DatePipe`

> **Story – DatePipe**
>
> Als Leser möchte ich das Datum in einem deutschen Format angezeigt bekommen, damit ich das Veröffentlichungsdatum eines Buchs schneller erfassen und verstehen kann.

Werfen wir einen Blick in die Detailansicht eines Buchs, so fällt ein kleines unschönes Detail auf. Das Erscheinungsdatum wird in der Form `Sat Apr 01 2017 14:00:00 GMT+0200 (CEST)` formatiert. Das kommt daher, dass wir hier einfach das `Date`-Objekt aus dem `Book`-Objekt verwendet haben, um das Datum im Template anzuzeigen.

Das können wir keinem Nutzer zumuten. Um die Datumsausgabe leserlicher zu machen, können wir die `DatePipe` einsetzen. Als Datumsformat eignet sich `longDate`, denn wir wollen ja nur Tag, Monat und Jahr darstellen, keine Uhrzeit.

```
{{ book?.published | date:'longDate' }}
```

Listing 13–34
DatePipe *verwenden in der* BookDetailsComponent (book-details.component.html)

Damit das Datum in deutscher Form angezeigt wird, müssen wir anschließend die Sprache in unserer Anwendung festlegen. Dazu nehmen wir uns die Datei `app.module.ts` vor und überschreiben hier das Injector-Token `LOCALE_ID` mit dem Wert `de`:

```
import { NgModule, LOCALE_ID } from '@angular/core';
// ...
providers: [
  BookStoreService,
  { provide: LOCALE_ID, useValue: 'de' }
],
// ...
```

Listing 13–35
LOCALE_ID *im* AppModule *setzen, um deutsche Sprache einzustellen* (app.module.ts)

Jetzt wird das Erscheinungsdatum in der Detailansicht gut leserlich angezeigt!

Abb. 13–2
Formatiertes Datum in der Detailansicht

Observable mit der `AsyncPipe` auflösen

> **Optimierungsvorschlag – AsyncPipe**
>
> Um die Lesbarkeit des Codes zu vereinfachen, soll mithilfe der `AsyncPipe` das Abonnieren von Observables im Template durchgeführt werden.

Die Bücher der Buchliste werden per HTTP vom Server abgerufen. Die Methode `getAll()` in unserem `BookStoreService` liefert ein Observable zurück, für das wir in der Komponentenklasse eine Subscription erstellen. Um die Bücher im Template anzuzeigen, wird das Ergebnis vom

Subscribe-Callback in das Property books geschrieben. Stark vereinfacht sieht das im Moment so aus:

Listing 13–36
Bücher für die Buchliste abrufen: gewöhnlicher Weg mit Subscribe-Callback (stark vereinfacht)

```
// ...
@Component({
  template: '<a *ngFor="let b of books" [book]="b"></a>'
})
export class BookListComponent implements OnInit {
  books: Book[];

  constructor(private bs: BookStoreService) { }

  ngOnInit() {
    this.bs.getAll().subscribe(res => this.books = res);
  }
}
```

Das Callback für die Subscription erfüllt keinen anderen Zweck, als den Ergebniswert in der Komponente bekannt zu machen. Das ist ein idealer Anwendungsfall für die AsyncPipe, die diese Aufgabe automatisch für uns erledigen kann.

Observable in der Komponente speichern

Dazu strukturieren wir den Code etwas um und entfernen zunächst die Subscription und das Property books. Stattdessen führen wir die Eigenschaft books$ ein.[3] Das Observable, das wir aus dem Service erhalten, schreiben wir direkt in die neue Eigenschaft. Damit ist die Komponentenklasse auch schon vollständig.

Listing 13–37
BookListComponent ohne Subscription auf das Observable (book-list .component.ts)

```
import { Component, OnInit } from '@angular/core';
import { Observable } from 'rxjs/Observable';

import { Book } from '../shared/book';
import { BookStoreService } from '../shared/book-store.service';

@Component({
  selector: 'bm-book-list',
  templateUrl: './book-list.component.html'
})
export class BookListComponent implements OnInit {
  books$: Observable<Book[]>;
```

---

[3] Das $-Suffix ist eine übliche Notation für Observables. Siehe dazu auch https://ng-buch.de/x/50 – Cycle.js: »What is the $ convention?«.

```
constructor(private bs: BookStoreService) { }
ngOnInit() {
  this.books$ = this.bs.getAll();
}
}
```

Im Template setzen wir jetzt die `AsyncPipe` ein, um das Observable `books$` aufzulösen. Den Aufruf bringen wir im `ngIf` des umgebenden Elements an. Der Container wird also erst dann angezeigt, wenn die Daten vorhanden sind. Außerdem soll das Ergebnis in der lokalen Variable `books` zwischengespeichert werden, sodass wir von anderer Stelle darauf zugreifen können.

AsyncPipe im Template einsetzen

Dieser Schritt ist notwendig, da bei jedem Aufruf der `AsyncPipe` eine neue Subscription und damit auch eine neue HTTP-Anfrage erzeugt werden würde. Wir verwenden die Pipe also nur ein einziges Mal und greifen in der `ngFor`-Schleife auf den gespeicherten Wert zurück.

Um den Ladeindikator anzuzeigen, nutzen wir den `else`-Zweig von `ngIf`. Wir können damit ein anderes Template anzeigen, wenn die angegebene Bedingung negativ ist. Mehr zum `else`-Zweig für `ngIf` erfahren Sie im Kapitel »Wissenswertes« ab Seite 516.

Ladeindikator anzeigen

Der Ladeindikator wird in einem Template-Element untergebracht. Das Element wird schließlich über eine lokale Referenz adressiert und im `else`-Zweig angegeben.

```
<div class="ui middle aligned selection divided list"
    *ngIf="books$ | async as books; else loading">
  <a class="bm-book-list-item item"
    *ngFor="let b of books"
    [book]="b"
    [routerLink]="b.isbn"></a>
  <p *ngIf="!books.length">Es wurden noch keine Bücher
    ↪ eingetragen.</p>
</div>
<ng-template #loading>
  <div class="ui active dimmer">
    <div class="ui large text loader">Daten werden geladen...</div>
  </div>
</ng-template>
```

Listing 13–38
Template der BookListComponent mit AsyncPipe (book-list .component.ts)

Damit ist das Refactoring auch schon vollständig. Wir haben gesehen, dass wir die manuelle Subscription auf das Observable einsparen können, wenn wir die `AsyncPipe` nutzen. Damit geht allerdings einher, dass wir ein paar mehr Codezeilen im Template benötigen, um die erhaltenen Daten zwischenzuspeichern. Wir lernen später im Kapitel zu Resolvern ab Seite 337, wie wir die asynchronen Operationen komplett aus den Komponenten entfernen können.

Eigene Pipe für die ISBN implementieren

> **Story – ISBN-Pipe**
>
> Als Leser möchte ich, dass die ISBN-Nummer als *ISBN-10* oder *ISBN-13* gekennzeichnet ist, um zwischen beiden Varianten schnell unterscheiden zu können.
> Als Leser möchte ich, dass die ISBN mit Bindestrichen getrennt angezeigt wird, um sie besser zu erfassen.
> - Der ISBN soll je nach Länge der Nummer das Präfix ISBN-10 bzw. ISBN-13 vorangestellt werden.
> - Die ersten drei Zeichen einer 13-stelligen ISBN sollen durch einen Bindestrich vom restlichen Teil der Nummer getrennt werden.

Die ISBN eines Buchs wird im Moment nur als Folge von Zahlen angezeigt. Es ist üblich, die Nummer durch Bindestriche zu gliedern, damit sie besser lesbar ist. Deshalb soll eine Pipe entwickelt werden, die die ISBN unterteilt und auch anzeigt, ob es eine 10- oder 13-stellige Nummer ist. Als Eingabewert wird eine unformatierte ISBN als Folge von Ziffern erwartet. Ist das erste Argument *true*, wird außerdem das Präfix ISBN-10 bzw. ISBN-13 angehängt.

Listing 13-39
Verwendung der IsbnPipe

```
{{ '1234567890' | isbn:true }}
{{ '9781234567890' | isbn }}
```

Listing 13-40
Erwartete Ausgabe

```
ISBN-10: 1234567890
978-1234567890
```

Grundgerüst anlegen

Wir legen zunächst das Grundgerüst der Pipe an. Alle Custom Pipes der Anwendung sollen ebenfalls im Unterverzeichnis 📁 shared abgelegt werden, damit sie global genutzt werden können. Dazu können wir die Angular CLI verwenden und führen den folgenden Befehl im 📁 app-Verzeichnis unserer Anwendung aus:

```
$ ng g pipe shared/isbn
```

Wir erhalten somit die folgende Dateistruktur:

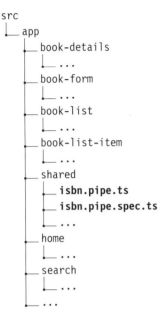

Das letzte Argument ist die Pfadangabe und gleichzeitig der Name für die Klasse und die Pipe. Der Klassenname wird automatisch in Camel-Case konvertiert. In den Metadaten des Decorators steht der Name, mit dem wir die Pipe im Template verwenden können.

Das erzeugte Grundgerüst sieht wie folgt aus:[4]

```
import { Pipe, PipeTransform } from '@angular/core';

@Pipe({
  name: 'isbn'
})
export class IsbnPipe implements PipeTransform {

  transform(value: any, args?: any): any {
    return null;
  }

}
```

Listing 13–41
Grundgerüst der IsbnPipe

In das Grundgerüst können wir die Transformationsfunktion für die ISBN-Formatierung einbauen. Die Pipe soll wie folgt funktionieren:

Funktionsweise der IsbnPipe

---

[4] Lassen Sie sich nicht verwirren: Obwohl das zweite Argument den Namen args trägt, wird dort nur *ein einziger* Wert übergeben. Benötigen wir weitere Argumente, können wir die Methodensignatur einfach erweitern.

- Es wird eine unformatierte ISBN als String übergeben.
- Es sollen nur 10- oder 13-stellige Nummern verarbeitet werden, andernfalls wird *null* zurückgegeben.
- Ist das erste Argument *true*, wird das Präfix ISBN-10 bzw. ISBN-13 angehängt.
- Bei 13-stelligen ISBN wird nach der dritten Ziffer ein Bindestrich eingefügt.

IsbnPipe implementieren

Die Funktionalität ist schnell implementiert. Das Argument können wir innerhalb der Methode mit einem sprechenden Namen benennen, z. B. addPrefix. Es soll ein *Boolean* übergeben werden, das angibt, ob das Präfix »ISBN-10:␣« bzw. »ISBN-13:␣« hinzugefügt werden soll oder nicht. Außerdem geben wir in der Methodensignatur an, dass die Pipe als Rückgabewert einen string liefert. Den fertig transformierten Wert geben wir mit return aus der Funktion zurück.

Listing 13–42
Komplette Implementierung der IsbnPipe

```
import { Pipe, PipeTransform } from '@angular/core';

@Pipe({
  name: 'isbn'
})
export class IsbnPipe implements PipeTransform {

  transform(value: any, addPrefix: boolean): string {
    if (!value || value.length !== 10 && value.length !== 13) {
      return null;
    }

    let prefix = '';
    if (addPrefix) { // add prefix?
      prefix = (value.length === 10) ? 'ISBN-10: ' : 'ISBN-13: ';
    }

    if (value.length === 10) {
      return prefix + value;
    } else {
      return `${prefix}${value.substr(0, 3)}-${value.substr(3)}`;
    }
  }
}
```

IsbnPipe im Template verwenden

Wir können die neue Pipe jetzt in unseren Templates verwenden, um die ISBN zu formatieren. Dazu müssen wir die Templates für die Detailansicht und das Listenelement in der Listenansicht bearbeiten:

```
<div class="four wide column">
  <h4 class="ui header">ISBN</h4>
  {{ book?.isbn | isbn:true }}
</div>
```

Listing 13–43
Ausschnitt aus book-details.component.html mit IsbnPipe

```
<div class="extra">{{ book.isbn | isbn:true }}</div>
```

Listing 13–44
Ausschnitt aus book-list-item.component.html mit IsbnPipe

Der BookMonkey zeigt die ISBN zu einem Buch jetzt formatiert an.

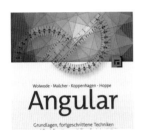

Abb. 13–3
Formatierte ISBN in der Detailansicht

Was haben wir gelernt?

- Pipes werden eingesetzt, um Daten im Template zu transformieren.
- Eine Pipe wird mit dem Pipe-Symbol | an einen Template-Ausdruck angehängt.
- Mehrere Pipes können verkettet werden. Das Ergebnis einer Pipe wird an die nächste weitergegeben.
- Pipes können Parameter verarbeiten. Sie werden mit Doppelpunkten an die Pipe angehängt.
- Angular bringt eine Reihe von eingebauten Pipes mit.
- Die Darstellung einiger Pipe-Resultate ist abhängig von der gesetzten `LOCALE_ID`.
- Es können eigene Pipes entwickelt werden. Dazu wird eine Klasse angelegt, die das Interface `PipeTransform` implementiert und den Decorator `@Pipe()` trägt.

Demo und Quelltext:
https://ng-buch.de/it5-pipes

13.2 Direktiven: Das Vokabular von HTML erweitern

Mit den Pipes, die wir im vergangenen Abschnitt kennengelernt haben, können wir eine Ausgabe im Template in eine andere Form transformieren. In diesem Abschnitt lernen wir einen weiteren Baustein kennen, der bei der Arbeit mit Angular wichtig ist: Direktiven. Mit Direktiven können wir das Verhalten von DOM-Elementen steuern. Wir betrachten die Eigenschaften der verschiedenen Direktiventypen und lernen, wie wir eigene Direktiven entwickeln können.

13.2.1 Was sind Direktiven?

Direktiven verändern eine View.

Direktiven sind all jene Klassen, die auf irgendeine Art und Weise eine *View* verändern. Eine View ist ein von Angular gerendertes Template, das letztendlich zu einem sichtbaren Bereich im Browser wird. Mit Direktiven lässt sich also das angezeigte HTML erzeugen, verändern oder entfernen.

Direktiven haben einen Selektor.

Eine Direktive wird immer mit einem CSS-Selektor an ein DOM-Element gebunden, z. B. an einen spezifischen Elementnamen oder an ein Attribut eines Elements. Verwenden wir ein solches Attribut oder Element im Template, wird die Direktive angewendet und steuert das Verhalten des Elements. Ein Element, das mit einer Direktive versehen ist, nennt sich *Host-Element*. Wir erweitern also mit Direktiven das Vokabular von HTML, indem wir eigene Namen einführen, die mit einer Logik behaftet sind.

Host-Element

Komponenten sind auch Direktiven

Die bedeutendste Form der Direktiven haben wir schon kennengelernt: die Komponenten. Komponenten sind Direktiven mit einem *eigenen* Template. Sie haben die wichtige Aufgabe, Inhalt und Logik zu verbinden, und sind die Grundbausteine einer Angular-Anwendung.

Neben Komponenten können wir zwei weitere Arten von Direktiven unterscheiden:

- Attributdirektiven
- Strukturdirektiven

Attributdirektiven

Attributdirektiven werden eingesetzt, um das Aussehen oder das Verhalten eines DOM-Elements zu verändern. Man nennt sie Attributdirektiven, weil sie immer über ein HTML-Attribut getriggert werden und sich nur auf das Element selbst auswirken:

```
<div [ngClass]="myClass">Text</div>
```

13.2 Direktiven: Das Vokabular von HTML erweitern

Strukturdirektiven hingegen verändern die Struktur des DOM, indem sie Elemente hinzufügen oder entfernen. Bekannte Vertreter sind `ngIf`, `ngSwitch` und `ngFor`.

Strukturdirektiven

```
<div *ngIf="showText">Mein Text</div>
```

13.2.2 Eine erste eigene Direktive schreiben

Wir wollen eine erste kleine eigene Direktive entwickeln. Der Grundaufbau ist grundsätzlich gleich, egal, ob wir eine Attribut- oder Strukturdirektive bauen. Der Unterschied ist lediglich, ob sie das Verhalten des Host-Elements steuert oder den DOM-Baum manipuliert.

Eine Direktive besteht aus einer TypeScript-Klasse, die mit Metadaten versehen wird. Das geschieht mit dem Decorator `Directive()` aus dem Paket `@angular/core`.

Der Decorator @Directive()

Die Metadaten werden als Objekt in den Decorator hineingegeben, wie wir es schon von den Pipes und Komponenten kennen. Der wichtigste Schlüssel ist der `selector`. Hier geben wir einen CSS-Selektor an, der definiert, an welches Host-Element die Direktive gebunden werden soll. Dieses Grundprinzip kennen wir schon von den Komponenten, allerdings wählen wir bei Direktiven das Host-Element meist anhand eines Attributs aus.

Wenn wir an ein Attribut binden wollen, müssen wir den Attributnamen immer in eckigen Klammern notieren, denn das ist der Weg, Attributnamen mit CSS-Selektoren zu matchen. Dabei ist es egal, ob wir die Direktive im Template als `myDirective`, `[myDirective]` oder `*myDirective`[5] nutzen wollen. Wie bei allen anderen Direktiven auch, sollte man den Namen in *camelCase* angeben (Listing 13–45). Versehen wir ein DOM-Element mit diesem Attribut, wird die Direktive für das Element aktiviert (Listing 13–46). Bevor wir Direktiven verwenden können, müssen wir sie allerdings noch im Modul deklarieren. Dazu importieren wir die Direktivenklasse und fügen sie im Abschnitt `declarations` im `AppModule` ein, siehe Listing 13–47.

Attributselektoren werden in eckigen Klammern notiert.

Direktiven müssen im Modul deklariert werden.

```
import { Directive } from '@angular/core';

@Directive({ selector: '[myDirective]' })
export class MyDirective { }
```

Listing 13–45
Grundgerüst einer Direktivenklasse

```
<div myDirective>Lorem ipsum</div>
```

Listing 13–46
MyDirective im Template verwenden

---

[5] Zur Erinnerung: `myDirective`: Attributdirektive in Attribut-Schreibweise, `[myDirective]`: Attributdirektive als Property Binding, `*myDirective`: Strukturdirektive. Mehr dazu gleich!

Listing 13–47
Direktive in das AppModule einbinden

```
// ...
import { MyDirective } from './shared/my.directive';

@NgModule({
  declarations: [
    AppComponent,
    MyDirective
  ],
  // ...
})
export class AppModule { }
```

Werte an Direktiven übergeben

Im Beispiel wird das Attribut unserer Direktive ohne Wert angegeben. In vielen Fällen wollen wir allerdings Daten in eine Direktive hineingeben, mit denen wir das Verhalten steuern können. Wir können das Attribut der Direktive verwenden, um einen Wert oder Ausdruck zu übergeben:

Listing 13–48
Werte an die Direktive übergeben

```
<div myDirective="value">Angular</div>
<div [myDirective]="expression">Lorem ipsum</div>
<div *myDirective="expression">Foobar</div>
```

Ausdrücke werden vor der Übergabe ausgewertet.

Hier sei noch einmal hervorgehoben, dass der Ausdruck immer ausgewertet wird, bevor er an die Direktive übergeben wird. Das ist das Prinzip, das wir von den Property Bindings kennen. Im Listing 13–48 würde der Ausdruck expression z. B. ein Property der Komponente meinen, in deren Template wir uns befinden. Wollen wir einen String als Wert übergeben, müssen wir das Attribut ohne Klammern oder Stern angeben (siehe Zeile 1 in Listing 13–48), oder wir notieren das Literal als Ausdruck: [myDirective]="'foobar'".

Werte in der Direktive auslesen

Innerhalb der Direktive können wir den angegebenen Wert über den @Input()-Decorator auslesen, wie wir es schon von den Komponenten kennen. Das Input-Property hört dabei immer auf den Namen der Direktive, denn so lautet ja auch der Name des Attributs, dessen Wert wir auslesen wollen. Technisch gesehen verwenden wir also ein Property Binding.

Listing 13–49
Attributwerte innerhalb der Direktive auslesen

```
import { Directive, Input } from '@angular/core';

@Directive({ selector: '[myDirective]' })

export class MyDirective {
  @Input() myDirective: string;
}
```

13.2 Direktiven: Das Vokabular von HTML erweitern

Tatsächlich können wir auf diese Weise auch alle anderen Propertys des Host-Elements auslesen, auch diese, die nichts mit der Direktive zu tun haben. Damit ist es möglich, weitere Daten in die Direktive hineinzugeben (anotherProp) oder den Wert anderer Direktiven oder nativer Propertys (class) auszulesen (Listings 13–50 und 13–51). Dahinter steckt das schon bekannte Konzept der Property Bindings.

Werte aus anderen Propertys auslesen

```
<div [myDirective]="expression" anotherProp="loremipsum"
  ↪ class="myclass"></div>
```

*Listing 13–50
Andere Propertys des Host-Elements auslesen: Beispiel-HTML*

```
@Input() myDirective: string;
@Input() anotherAttr: string;
@Input() class: string;
```

*Listing 13–51
Andere Propertys des Host-Elements auslesen: Beispiel-Inputs*

13.2.3 Attributdirektiven

Die wichtigste Eigenschaft einer Attributdirektive ist die, dass sie nur ihr eigenes Host-Element verändert. Damit wir dieses Verhalten implementieren können, müssen wir auf das Host-Element zugreifen können. Dafür gibt es zwei mögliche Wege:

Das Host-Element verändern

- über *Host Bindings*
- mit Direktzugriff auf das Element mit der Klasse ElementRef

Mit Host Bindings auf Eigenschaften zugreifen

Mit Host Bindings können wir *Propertys* des Host-Elements setzen. Das grundsätzliche Prinzip der Bindings ist uns schon aus der ersten Iteration bekannt. Die wichtigsten Bindings sind noch einmal in Tabelle 13–4 aufgelistet.

Binding	Art	Verwendung
[foobar]	Property Binding	Zugriff auf eine Eigenschaft des Elements mit einem Template-Ausdruck
[style.color]	Style Binding	Setzen einer CSS-Eigenschaft
[class.myclass]	Class Binding	Setzen einer CSS-Klasse
[attr.href]	Attribute Binding	Zugriff auf den Wert eines nativen Attributs

*Tab. 13–4
Übersicht Bindings*

Der Decorator @HostBinding()

Um ein Host Binding auszuführen, verwenden wir den Decorator `@HostBinding()` aus dem Paket `@angular/core`. Wir dekorieren damit eine Eigenschaft oder eine Getter-Methode in der Direktivenklasse.

Als Bezeichner für das Binding wird der Name der Eigenschaft/Methode verwendet. Das funktioniert für einfache Namen wie `class` oder `title` gut, kann aber nicht für Bindings wie `class.myclass` eingesetzt werden, weil `class.myclass` kein gültiger Name für eine Klasseneigenschaft oder Variable ist. Wir können in den Metadaten des Decorators deshalb einen Bezeichner für das Binding angeben. Der Name der Eigenschaft/Methode hat dann keine Auswirkung. Wichtig ist, dass wir keine eckigen Klammern setzen, wie wir es im HTML tun würden, sondern nur den einfachen Attributnamen verwenden.

Als Wert für das Binding wird der Rückgabewert der Methode bzw. der Wert der Eigenschaft verwendet. Einige Beispiele sind im Listing 13–52 zu sehen.

Listing 13–52 Beispiele für Host Bindings

```
import { Directive, HostBinding } from '@angular/core';

@Directive({ selector: '[myDirective]' })

export class MyDirective {
  // Eigenschaft 'class' auf 'active' setzen
  @HostBinding() class: string = 'active';

  // Eigenschaft 'title' auf 'Mein Titel' setzen
  @HostBinding() get title(): string { return 'Mein Titel'; }

  // CSS-Klasse 'active' anwenden
  @HostBinding('class.active') isActive: boolean = true;

  // CSS-Eigenschaft 'color' auf 'red' setzen
  @HostBinding('style.color') get foo(): string { return 'red'; }
}
```

Direktzugriff auf das Element mit `ElementRef`

In den meisten Fällen reichen die Host Bindings aus, um die Eigenschaften des Host-Elements aus der Direktive heraus zu ändern. Bindings erlauben allerdings keinen direkten Zugriff auf das DOM-Element.

Hier hilft die Klasse `ElementRef` aus dem Paket `@angular/core`. Die Eigenschaft `nativeElement` ist eine Referenz auf das tatsächliche DOM-Element, als hätten wir es mit `document.getElementById()` angesprochen. Wir können sie wie das Element selbst behandeln und z. B. Style-

13.2 Direktiven: Das Vokabular von HTML erweitern

Eigenschaften setzen (Listing 13–53). `ElementRef` muss mittels DI in der Direktive bekannt gemacht werden.

```
import { Directive, ElementRef } from '@angular/core';

@Directive({ selector: '[myDirective]' })

export class MyDirective {
  constructor(el: ElementRef) {
    el.nativeElement.style.color = 'red';
  }
}
```

Listing 13–53
Direktzugriff mit ElementRef

> **Hinweis: Bindings bevorzugt verwenden**
> Die meisten Anwendungsfälle können mit Host Bindings abgedeckt werden. Sie bieten uns eine Schnittstelle, die im Lebenszyklus von Angular arbeitet und auf Performance optimiert ist. Wenn möglich, sollte *immer* ein Binding verwendet werden, anstatt das DOM-Element über `ElementRef` direkt zu manipulieren!

Mit dem Host Listener auf Events eines Host-Elements reagieren

Häufig verwendet man Attributdirektiven, um auf Ereignisse zu reagieren, die auf dem Host-Element auftreten. Diese Events lassen sich durch den Decorator `@HostListener()` abfangen, sodass wir in der Attributdirektive darauf reagieren können. Dekorieren wir eine Methode mit einem Host Listener, wird sie immer dann automatisch ausgeführt, wenn das zugehörige Event auf dem Host-Element auftritt.

Der Decorator @HostListener()

Im Listing 13–54 wird die Methode `myClickHandler()` immer dann ausgeführt, wenn das Host-Element ein `click`-Event emittiert.

```
import { Directive, HostListener } from '@angular/core';

@Directive({ selector: '[myDirective]' })

export class MyDirective {
  @HostListener('click') myClickHandler() {
    // auf Klick reagieren
  }
}
```

Listing 13–54
Host Listener verwenden, um auf Events auf dem Host-Element zu reagieren

Eigene Direktive mit Host Listener

Wir möchten dazu gern noch ein komplexeres Beispiel zeigen: Wir wollen eine Direktive bauen, mit der ein Element beim Mouseover hervorgehoben wird. Sobald der Mauszeiger über das Host-Element fährt, soll eine CSS-Klasse hinzugefügt werden. Verlässt der Zeiger den Bereich des Host-Elements, soll die Klasse wieder entfernt werden.

Wir benötigen dafür zwei Host Listener, die anschlagen, wenn die Maus das Element berührt oder wieder verlässt.

Listing 13–55 Grundgerüst für eine Highlight-Direktive

```
import { Directive, HostBinding, HostListener } from
    '@angular/core';

@Directive({
  selector: '[myHighlight]'
})
export class MyHighlightDirective {
  @HostListener('mouseenter') highlightOn() { }
  @HostListener('mouseleave') highlightOff() { }
}
```

Um die CSS-Klasse zu setzen, gibt es zwei Wege, die wir beide aufzeigen möchten.

CSS-Klasse mit Host Bindings setzen

Wir schauen uns zunächst den eleganteren Weg mit Host Bindings an. Mit einem Class Binding können wir eine CSS-Klasse hinzufügen, wenn der angegebene Ausdruck wahr ist. Genauso gehen wir auch vor, wenn wir CSS-Klassen mit Host Bindings verarbeiten wollen.

Wir legen dazu eine Eigenschaft (highlightActive) vom Typ *boolean* an und binden sie an die CSS-Klasse .highlight. Ist die Eigenschaft *true*, wird die Klasse auf das Host-Element gesetzt, andernfalls wird sie entfernt.

Listing 13–56 Highlight-Direktive mit Host Binding

```
import { Directive, HostBinding,
    HostListener } from '@angular/core';

@Directive({
  selector: '[myHighlight]'
})
export class MyHighlightDirective {

  @HostBinding('class.highlight') highlightActive = false;

  @HostListener('mouseenter') highlightOn() {
    this.highlightActive = true;
  }
```

```
@HostListener('mouseleave') highlightOff() {
  this.highlightActive = false;
  }
}
```

Den zweiten, umständlicheren und nicht empfehlenswerten Weg wollen wir der Vollständigkeit halber ebenfalls zeigen. Mittels `ElementRef` erhalten wir direkten Zugriff auf das Host-Element und können es nach Belieben manipulieren.

Die Klasse `Renderer2` stellt uns dazu nützliche Methoden bereit, mit denen wir unter anderem CSS-Klassen und Attribute hinzufügen oder entfernen können. Die Methode `addClass()` fügt dem Element eine Klasse hinzu während `removeClass()` eine Klasse des Elements entfernt. Beide Methoden erwarten im ersten Argument eine Referenz auf das Element. Das zweite Argument beinhaltet den CSS-Klassennamen.

CSS-Klasse mit dem Renderer setzen

Listing 13–57
Highlight-Direktive mit ElementRef und Renderer2

```
import { Directive, ElementRef, HostListener,
    Renderer2 } from '@angular/core';

@Directive({
  selector: '[myHighlight]'
})
export class MyHighlightDirective {

  constructor(
    private el: ElementRef,
    private renderer: Renderer2
  ) { }

  @HostListener('mouseenter') highlightOn() {
    this.renderer.addClass(
      this.el.nativeElement,
      'highlight'
    );
  }

  @HostListener('mouseleave') highlightOff() {
    this.renderer.removeClass(
      this.el.nativeElement,
      'highlight'
    );
  }
}
```

Warum die erste Variante mit Host Bindings diesem zweiten Weg vorzuziehen ist, ist schnell erkennbar. Die zweite Variante ...

- hat Abhängigkeiten, die initialisiert werden müssen,
- ist länger und unübersichtlicher und
- greift direkt auf das DOM-Element zu, anstatt die Abstraktion von Angular zu nutzen. Dadurch ist die Anwendung nicht mehr plattformunabhängig.

13.2.4 Strukturdirektiven

Attributdirektiven, wie wir sie im vorangegangenen Beispiel kennengelernt haben, ändern immer das Verhalten eines Elements. Im Gegensatz dazu sorgen Strukturdirektiven dafür, dass die Struktur des DOM verändert wird. Sie fügen also neue Elemente zum DOM hinzu oder entfernen existierende.

Eingebaute Strukturdirektiven

Wir haben in diesem Buch bereits einige eingebaute Strukturdirektiven kennengelernt. In Tabelle 13–5 sind noch einmal alle mitgelieferten Strukturdirektiven mit ihrer jeweiligen Funktion aufgeführt.

Tab. 13–5 Eingebaute Strukturdirektiven

Binding	Verwendung
`*ngFor="let e of elements"`	Wiederholt das DOM-Element für jedes Element des Arrays `elements`
`*ngIf="condition"`	Fügt ein Element zum DOM hinzu, wenn der Ausdruck `condition` wahr ist

`[ngSwitch]="switch",`
`*ngSwitchCase="match",`
`*ngSwitchDefault`
	Prüft den Ausdruck `expression` auf Übereinstimmung mit den Fällen `match`. Es werden die Elemente in den DOM eingefügt, deren `match` dem `switch` entspricht. Trifft das auf kein Element zu, wird (sofern vorhanden) das Element hinzugefügt, das die Direktive `ngSwitchDefault` trägt.

Kurz- und Langform

Wir stellen fest, dass die Direktiven `ngIf` und `ngFor` jeweils mit einem vorangestellten Stern-Symbol (*) eingeleitet werden. Diese Schreibweise ist lediglich eine Vereinfachung der Syntax, um dem Entwickler Tipparbeit zu ersparen. Angular wandelt diese Kurzschreibweise um und verwendet dabei das Element `<ng-template></ng-template>`.

Sehen wir uns beide Schreibweisen einmal im Vergleich am Beispiel von `ngIf` an. Wir übergeben an die Direktive einen Ausdruck. Ist der Wert des Ausdrucks *wahr*, wird das Element in den DOM-Baum eingefügt. Andernfalls wird das Element aus dem DOM entfernt.

13.2 Direktiven: Das Vokabular von HTML erweitern

Im Listing 13–58 sind für dieses Beispiel die Kurz- und die Langform aufgeführt. Die Syntax mit dem Stern *ngIf wird umgewandelt in ein Template-Element, das die Attributdirektive [ngIf] trägt. In diesem Template-Element befindet sich das eigentliche HTML-Element, auf dem vorher die Strukturdirektive zu finden war.

```
<!-- Kurzform -->
<p *ngIf="myValue">Ein Text</p>

<!-- Langform -->
<ng-template [ngIf]="myValue">
  <p>Ein Text</p>
</ng-template>
```

Listing 13–58
Alternativer Aufruf von ngIf

Die Template-Elemente sind standardmäßig unsichtbar. Tatsächlich gibt es einen wichtigen Unterschied zwischen Entfernen und Ausblenden, siehe dazu den Kasten auf Seite 291. Alle Template-Tags werden daher aus dem DOM entfernt und durch einen HTML-Kommentar ersetzt. Doch keine Angst – das Template ist nicht endgültig verschwunden, sondern wir können es mit einer Strukturdirektive manuell wieder anzeigen.

ng-template

```
<div>Lorem</div>                    <div>Lorem</div>
<ng-template>ipsum</ng-template>    <!---->
<div>dolor</div>                    <div>dolor</div>
```

Abb. 13–4
Auswertung von <ng-template> *im Browser*

Der Unterschied zwischen Entfernen und Ausblenden

Stukturdirektiven können Elemente aus dem DOM entfernen. Macht es nun einen Unterschied, ob wir ein Element mit CSS-Eigenschaften unsichtbar machen oder es tatsächlich aus dem DOM entfernen? Beide Varianten sorgen dafür, dass ein Element im Browser nicht mehr sichtbar ist. Blenden wir Elemente jedoch lediglich aus, so sind sie tatsächlich noch vorhanden und werden verarbeitet. Es werden also auftretende Events behandelt, Bindings aktualisiert und die Change Detection von Angular ist aktiv, um Änderungen in den Daten festzustellen. Bei größeren Datenmengen oder vielen Kind-Komponenten und Abhängigkeiten kann das zu Einbußen in der Performance führen. Wird ein Element hingegen aus dem DOM entfernt, so ist es tatsächlich nicht mehr vorhanden und muss auch nicht mehr aktualisiert werden.

Eigene Strukturdirektiven entwickeln

Strukturdirektiven haben im Wesentlichen den gleichen Aufbau wie Attributdirektiven. Der wichtige Unterschied ist, dass Strukturdirektiven immer auf ein Template-Element angewendet werden und demnach nur dieses Template verarbeiten.

View Container

Dazu schauen wir uns an, wie das Template eines Elements in Angular verarbeitet wird. Jedes Element hat einen sogenannten *View Container*, in den Templates eingebettet werden können. Nach genau diesem Prinzip gehen Komponenten vor, wenn sie ein eigenes Template in ihr Host-Element einfügen. Mit Strukturdirektiven können wir den View Container steuern und Templates einbetten. Dadurch können wir selbst entscheiden, unter welchen Umständen wir das Element anzeigen möchten.

Angular bietet uns zwei Schnittstellen, um Templates und View Container verwalten zu können: `ViewContainerRef` liefert eine Referenz auf den View Container des Host-Elements, `TemplateRef` ermöglicht den Zugriff auf das Template.

Beispiel: ngIf *nachbauen*

Wir wollen die Konzepte wieder an einem Beispiel erläutern und werden deshalb nun die Direktive `ngIf` nachbauen. Sie soll den Namen `myIf` tragen und grundlegend die gleiche Funktionalität haben.[6]

Das Grundgerüst der Direktive nehmen wir als gegeben an. Wir injizieren zunächst die Klassen `ViewContainerRef` und `TemplateRef` in den Konstruktor. Da die Direktive für jedes Template funktionieren soll, wird als Typ für den Inhalt des Templates any angegeben. Außerdem müssen wir den Wert auslesen, der als Bedingung an die Direktive übergeben wird. Das funktioniert mit einem Input-Property. Wir müssen nun in der Direktive prüfen, ob die angegebene Bedingung wahr ist. Wenn ja, wird das Template eingefügt, wenn nicht, wird es entfernt. Das Input-Property deklarieren wir als Setter-Methode, denn so wird die Methode immer dann ausgeführt, wenn sich der Wert des Bindings ändert. Das ist ideal, weil die Direktive so auf Änderungen der Bedingung sofort reagieren kann.

ViewContainerRef

Die Klasse `ViewContainerRef` verfügt über die Methode `createEmbeddedView()`. Damit können wir ein Template in den View Container einbetten. Das Gegenstück ist die Methode `clear()`, mit der das Template wieder entfernt wird.

Im Listing 13–59 ist eine mögliche Implementierung für die `myIf`-Direktive zu sehen.

Listing 13–59
Die neue Strukturdirektive myIf

```
import { Directive, Input, TemplateRef,
    ViewContainerRef } from '@angular/core';

@Directive({ selector: '[myIf]' })
export class MyIfDirective {
```

---

[6] Auf den else-Zweig von ngIf werden wir hier verzichten.

```
constructor(
  private templateRef: TemplateRef<any>,
  private viewContainerRef: ViewContainerRef
) { }

@Input() set myIf(condition: boolean) {
  if (condition) {
    this.viewContainerRef
      .createEmbeddedView(this.templateRef);
  } else {
    this.viewContainerRef.clear();
  }
}
}
```

Damit haben wir eine kleine eigene Strukturdirektive entwickelt, die das Verhalten von `ngIf` nachstellt. Wenn Sie möchten, schauen Sie sich doch einmal die tatsächliche Implementierung von `ngIf` im GitHub-Repo von Angular an.[7] Sie ist ein wenig komplexer, setzt aber die gleichen Schnittstellen ein.

Zusammenfassung

Wir haben auf den vorangegangenen Seiten gelernt, wie wir mit Attributdirektiven das Verhalten von Elementen verändern können. Außerdem haben wir Strukturdirektiven kennengelernt, mit denen wir Templates in den View Container eines Elements einbetten oder entfernen können. Auf den nachfolgenden Seiten wollen wir das erlernte Wissen nutzen, um eine Attribut- und eine Strukturdirektive für den BookMonkey zu entwickeln.

13.2.5 Den BookMonkey erweitern

Attributdirektiven

> **Story – Attributdirektiven**
>
> Als Leser möchte ich eine vergrößerte Darstellung des Buchcovers sehen, um Details der Gestaltung und sonstige Besonderheiten zu erkennen.
>
> - Das dargestellte Buchcover soll beim Darüberfahren mit dem Mauszeiger vergrößert werden.

---

[7] https://ng-buch.de/x/51 – GitHub: Quelltext von `ng_if.ts`

In der Listenansicht werden aktuell nur kleine Vorschaubilder angezeigt. Oft können beim ersten Blick nur wenig Details auf dem Buchcover erfasst werden. Wir wollen im BookMonkey daher eine eigene Attributdirektive implementieren, die das Vorschaubild in der Listenansicht vergrößert darstellt, sobald man mit dem Mauszeiger darüberfährt.

Um die Größe des Bildes zu verändern, können wir CSS einsetzen. Das Framework Semantic UI bringt schon einige CSS-Klassen mit, mit denen wir die Größe eines Bildes verändern können. Aufgabe der Direktive soll also sein, beim Mouseover eine CSS-Klasse auf das Element zu setzen und sie beim Mouseout wieder zu entfernen.

Wir legen zunächst das Grundgerüst für unsere neue Direktive an und nutzen dafür wieder die Angular CLI:

Listing 13–60
Direktive anlegen mit der Angular CLI

```
$ ng g directive shared/zoom
```

Wir erhalten somit die folgende Dateistruktur:

```
src
└── app
    ├── book-details
    │   └── ...
    ├── book-form
    │   └── ...
    ├── book-list
    │   └── ...
    ├── book-list-item
    │   └── ...
    ├── shared
    │   ├── zoom.directive.ts
    │   ├── zoom.directive.spec.ts
    │   └── ...
    ├── home
    │   └── ...
    ├── search
    │   └── ...
    └── ...
```

Die neue Direktive wurde bereits automatisch zum `AppModule` im Abschnitt `declarations` hinzugefügt:

Listing 13–61
Die neue Direktive im AppModule bekanntmachen (app.module.ts)

```
// ...
import { ZoomDirective } from './shared/zoom.directive';

@NgModule({
  declarations: [
    // ...
```

13.2 Direktiven: Das Vokabular von HTML erweitern

```
    ZoomDirective
  ],
  // ...
})
export class AppModule { }
```

Die Direktivenklasse hat den Namen ZoomDirective und trägt den Decorator @Directive(). In den Metadaten ist der CSS-Selektor angegeben, denn die Direktive soll an das Attribut bmZoom binden.

Semantic UI bringt für die Bildgröße bereits die CSS-Klasse small mit.[8] Wir nutzen innerhalb der Direktive deshalb ein Host Binding, um die Klasse zu setzen. Das Binding knüpfen wir an die Eigenschaft isZoomed, sodass die Klasse gesetzt wird, wenn die Eigenschaft den Wert true annimmt.

CSS-Klasse mit Host Bindings setzen

```
@Directive({ selector: '[bmZoom]' })
export class ZoomDirective {
    @HostBinding('class.small') isZoomed: boolean;
```

Listing 13–62
Den Attributnamen festlegen

Über zwei Host Listener fangen wir die Events ab, die auftreten, sobald sich der Mauspfeil über dem Bild befindet bzw. sobald er den Bereich des Bildes verlässt (Listing 13–63). In den beiden zugehörigen Methoden setzen wir die Eigenschaft isZoomed auf true bzw. false. Dadurch wird das Binding aktualisiert und die CSS-Klasse auf das Host-Element angewendet bzw. entfernt.

Events mit Host Listenern abfangen

```
    @HostListener('mouseenter') onMouseEnter() {
        this.isZoomed = true;
    }
    @HostListener('mouseleave') onMouseLeave() {
        this.isZoomed = false;
    }
```

Listing 13–63
Events mit dem Host Listener abfangen

Im Listing 13–64 ist noch einmal die vollständige Direktivenklasse zu sehen.

```
import { Directive, HostBinding, HostListener } from
    ↪ '@angular/core';
@Directive({ selector: '[bmZoom]' })
export class ZoomDirective {
    @HostBinding('class.small') isZoomed: boolean;
    @HostListener('mouseenter') onMouseEnter() {
        this.isZoomed = true;
    }
```

Listing 13–64
Die vollständige Implementierung der ZoomDirective (zoom.directive.ts)

---

[8] https://ng-buch.de/x/52 – Semantic UI: Image

```
@HostListener('mouseleave') onMouseLeave() {
  this.isZoomed = false;
}
}
```

Direktive im Template verwenden

Wir können unsere neue Direktive jetzt verwenden und in unsere Listenansicht in der Datei book-list-item.component.html integrieren.

Listing 13–65
Die Direktive ins Template einbinden (book-list-item .component.html)

```
<img class="ui tiny image"
  *ngIf="book.thumbnails"
  [src]="book.thumbnails[0].url"
  bmZoom>
```

Ein Bild wird jetzt in der Listenansicht vergrößert dargestellt, sobald mit dem Mauszeiger darübergefahren wird (Abbildung 13–5). Nachdem der Mauszeiger den Bildbereich verlässt, wird das Bild wieder in der normalen Miniaturansicht angezeigt.

Abb. 13–5
Vergrößertes Bild in der Listenansicht

Strukturdirektiven

> **Story – Strukturdirektiven**
>
> Als Leser möchte ich auf die Bewertung eines Buchs aufmerksam gemacht werden, um sie in meinen Entscheidungsprozess, ob und wann ich das Buch lese, einzubeziehen.
>
> ■ Die Bewertungssterne sollen zeitverzögert nacheinander eingeblendet werden.

Ist man auf der Suche nach einem guten Buch, so ist oft die Bewertung ein ausschlaggebendes Kriterium für den Kauf. Aus diesem Grund wollen wir die Bewertung eines Buchs in der Detailansicht optisch ein wenig hervorheben. Nach Aufrufen der Detailansicht sollen die Bewertungssterne ein wenig verzögert erscheinen und somit die Aufmerksamkeit des Betrachtenden auf sich lenken. Die Sterne sollen schrittweise nacheinander eingeblendet werden.

Dieses Verhalten lässt sich sehr gut mit einer Strukturdirektive implementieren. Es soll eine `DelayDirective` entstehen, die ein Element erst nach einer festgelegten Zeit in den DOM einfügt. Sie soll wie folgt eingesetzt werden, um ein Element 500 ms verzögert anzuzeigen: `<span *bmDelay="500"></span>`.

Wir legen zunächst das Grundgerüst mithilfe der Angular CLI an:

```
$ ng g directive shared/delay
```

Listing 13–66
Direktive anlegen mit der Angular CLI

Wir erhalten damit die folgende Dateistruktur:

```
src
└── app
    ├── book-details
    │   └── ...
    ├── book-form
    │   └── ...
    ├── book-list
    │   └── ...
    ├── book-list-item
    │   └── ...
    ├── shared
    │   ├── delay.directive.ts
    │   ├── delay.directive.spec.ts
    │   └── ...
    ├── home
    │   └── ...
    ├── search
    │   └── ...
    └── ...
```

Die neue Direktive wurde wieder automatisch in unserem Modul deklariert:

```
// ...
import { DelayDirective } from './shared/delay.directive';

@NgModule({
  declarations: [
    // ...
    DelayDirective
  ],
  // ...
})
export class AppModule { }
```

Listing 13–67
Die neue Direktive im AppModule deklarieren (app.module.ts)

Die Direktive implementieren

Das Grundgerüst ist wieder wie gewohnt: Wir erhalten eine Klasse mit Decorator und Metadaten. Hier ist bereits der Selektor angegeben, und wir können die Direktive später im Template als `*bmDelay` einsetzen:

Listing 13–68
Den Namen des zu matchenden Attributs festlegen

```
@Directive({
  selector: '[bmDelay]'
})
```

Einblendzeit über ein Input-Property auslesen

Damit wir die Einblendzeit als Argument an die Direktive übergeben können, legen wir ein Input-Property fest, über das wir den Wert empfangen. Der Name der Eigenschaft muss dem Selektor der Direktive entsprechen, denn wir wollen den Wert ja direkt an das Attribut übergeben.

Listing 13–69
Input-Propertys verwenden

```
@Input() bmDelay;
```

Anschließend injizieren wir im Konstruktor der Klasse die Abhängigkeiten `TemplateRef` und `ViewContainerRef`, denn diese beiden Klassen benötigen wir, um das Template anzuzeigen.

Listing 13–70
Abhängigkeiten in die Direktive injizieren

```
constructor(
  private templateRef: TemplateRef<any>,
  private viewContainerRef: ViewContainerRef
) { }
```

Timer für die Verzögerung

Die Verzögerung soll ablaufen, sobald das Element initialisiert wurde. Die Methode `ngOnInit()` ist also der passende Ort, um einen Timer zu starten. Wir verwenden `setTimeout()` und setzen die angegebene Verzögerung `this.bmDelay` als Ablaufzeit. In der Callback-Funktion fügen wir das Template mittels `createEmbeddedView()` in den übgeordneten Container ein.

Listing 13–71
Das Template nach Ablauf der Zeit in den View Container einbetten

```
ngOnInit() {
  setTimeout(() => {
    this.viewContainerRef.createEmbeddedView(this.templateRef);
  }, this.bmDelay);
}
```

Unsere Direktive zum verzögerten Einblenden von Elementen ist damit vollständig. Die Direktive ist so konzipiert, dass wir die Dauer der Verzögerung von außen selbst bestimmen können. Wir wollen uns die fertige Direktive noch einmal als Ganzes ansehen:

13.2 Direktiven: Das Vokabular von HTML erweitern

```
import { Directive, OnInit, Input, TemplateRef, ViewContainerRef }
    from '@angular/core';

@Directive({
  selector: '[bmDelay]'
})
export class DelayDirective implements OnInit {
  @Input() bmDelay;

  constructor(
    private templateRef: TemplateRef<any>,
    private viewContainerRef: ViewContainerRef
  ) { }

  ngOnInit() {
    setTimeout(() => {
      this.viewContainerRef.createEmbeddedView(this.templateRef);
    }, this.bmDelay);
  }

}
```

Listing 13–72
Die gesamte Strukturdirektive (delay.directive.ts)

Die Direktive im Template verwenden

Im letzten Schritt binden wir die Direktive in unser Template für die Detailansicht eines Buchs ein. Die Sterne sollen nacheinander eingeblendet werden, die Verzögerung muss also von Stern zu Stern höher sein. Da die Stern-Elemente in einer Schleife erzeugt werden, können wir den Rundenindex als Parameter verwenden, um die Verzögerung dynamisch auszurechnen.

Der erste Stern wird also nach 700 ms eingeblendet, der zweite nach 900, der dritte nach 1100 usw.

Sterne nacheinander einblenden

```
<span *ngFor="let r of getRating(book?.rating); index as i">
  <i class="yellow star icon" *bmDelay="500 + i * 200"></i>
</span>
```

Listing 13–73
Strukturdirektive in der Detailansicht verwenden (book-details.component.html)

Zusammenfassung

Wir haben in diesem Kapitel gelernt, wie wir Direktiven entwickeln. Wir wissen, dass wir Direktiven in zwei verschiedene Arten einteilen können und wie wir sie einsetzen.

Der BookMonkey wurde von uns um zwei Direktiven erweitert. Die Attributdirektive bmZoom sorgt dafür, dass ein Bild vergrößert wird, wenn wir mit dem Mauspfeil darüberfahren. Die Strukturdirektive bmDelay sorgt dafür, dass in der Detailansicht zu jedem Buch die Bewertungsanzeige Stern für Stern verspätet eingeblendet wird, und lenkt somit die Aufmerksamkeit des Betrachters darauf.

Was haben wir gelernt?

- Direktiven ordnen einem DOM-Element Logik zu.
- Eine Direktive wird über ein Attribut an ein Element gebunden. In der Direktive ist dafür ein CSS-Selektor festgelegt.
- Eine Direktive wird in einer eigenen Klasse untergebracht, die mit dem Decorator @Directive() versehen ist.
- Komponenten sind Direktiven, die ein eigenes Template besitzen.
- Attributdirektiven ändern das innere Verhalten ihres Host-Elements.
  - Aus einer Attributdirektive heraus können wir auf das Host-Element zugreifen.
  - Dazu verwenden wir Host Bindings oder die Klasse ElementRef.
  - Mit einem Host Listener können wir Events auf dem Host-Element abfangen.
- Strukturdirektiven fügen Elemente in den DOM-Baum ein oder entfernen sie.
  - Strukturdirektiven werden im Template mit einem Sternchen (*) notiert. Diese Syntax wird in ein Template-Element <ng-template></ng-template> umgesetzt.
  - Damit das Host-Element angezeigt wird, müssen wir das Template in den View Container des Elements einbetten.
- Angular bringt einige eingebaute Direktiven mit, z. B. ngIf, ngFor oder ngSwitch.

Demo und Quelltext:
https://ng-buch.de/it5-directives

14 Module & fortgeschrittenes Routing: Iteration VI

> »Lazy Loading ist ein schönes Beispiel dafür,
> dass sich Faulheit auch bezahlt machen kann.«
>
> Manfred Steyer
> (Internationaler Sprecher und Buchautor)

14.1 Die Anwendung modularisieren: Das Modulkonzept von Angular

Im Verlauf dieses Buchs haben wir immer wieder Module verwendet, ohne näher darauf einzugehen. Wir haben für unsere Anwendung ein AppModule angelegt und haben die Routing-Konfigurationen in einem eigenen Modul verpackt.

Das Modulkonzept von Angular bietet allerdings noch viel mehr Möglichkeiten. In diesem Kapitel wollen wir den Hintergrund der Angular-Module beleuchten und auch betrachten, wie wir unsere Anwendung in mehrere Module aufteilen können.

14.1.1 Module in Angular

Module sind die gröbsten Bausteine einer Angular-Anwendung. Sie unterteilen die Bestandteile einer Anwendung – Komponenten, Pipes und Direktiven – in logische Gruppen und stellen die Teile nach außen zur Verfügung. Module können außerdem Services in der Anwendung registrieren, die dann im Root-Injector zur Verfügung stehen.

Eine Anwendung besteht aus Modulen.

Eine Angular-Anwendung ist immer aus Modulen zusammengesetzt. Der Einstiegspunkt ist das zentrale *Root-Modul* der Anwendung, das meist mit AppModule bezeichnet wird. Mit diesem Modul wird in der Datei main.ts das Bootstrapping angestoßen, also die Anwendung gestartet.

Darüber hinaus kann und sollte eine Anwendung noch viel mehr Module beinhalten. Einzeln abgrenzbare Features sollten in Feature-Module ausgelagert werden. Wiederverwendbare Bestandteile der Anwendung können in gemeinsam genutzten Modulen gesammelt werden. Wenn möglich, sollte eine Anwendung immer aus mehreren Modulen bestehen, die jeweils einen spezifischen Zweck verfolgen.

> **Achtung: Modul ist nicht gleich Modul!**
> Bei der Verwendung des Modul-Begriffs müssen wir aufpassen, nicht zwei Konzepte miteinander zu vermischen. Angular-Module, um die es in diesem Kapitel geht, sind ein internes Konzept des Frameworks. Mit ihnen definieren und steuern wir den inneren logischen Aufbau der Angular-Anwendung. Sie sind nicht zu verwechseln mit modularem JavaScript-Code nach dem ECMA-Script-2015-Standard. Letzteres ist das Modulformat, das wir für die Strukturierung unseres Codes verwenden. Ist von modularem JavaScript die Rede, verwenden wir die Bezeichnung *JavaScript-Modul*.

14.1.2 Grundaufbau eines Moduls

Ein Modul besteht immer aus einer TypeScript-Klasse, die mit Metadaten versehen ist. Der Modulname wird durch den Klassennamen definiert. Module sollten immer das Suffix `Module` im Namen tragen. Die Klasse bleibt in den meisten Fällen leer, weil die gesamte Moduldefinition deklarativ erfolgt.

Der Decorator @NgModule()

Die Metadaten werden mit dem Decorator `@NgModule()` an die Klasse angehängt. In der Eigenschaft `bootstrap` wird zum Beispiel im Root-Modul angegeben, welche Komponente beim Bootstrapping geladen werden soll.

Listing 14–1 Grundaufbau eines Moduls

```
import { NgModule } from '@angular/core';

@NgModule({
  // ...
})
export class MyModule { }
```

14.1.3 Bestandteile eines Moduls deklarieren

Module enthalten u. a. Komponenten, Pipes und Direktiven.

Um ein Modul »mit Leben zu erfüllen«, müssen wir angeben, aus welchen Bestandteilen es zusammengesetzt ist. Diese Bestandteile sind Komponenten, Direktiven, Pipes, Services, einfache Werte und Funk-

14.1 Die Anwendung modularisieren: Das Modulkonzept von Angular

tionen. Ein Modul mit all seinen Teilen sollte immer in einem eigenen Ordner organisiert werden.

Alle Direktiven bzw. Komponenten sowie Pipes eines Moduls werden in der Eigenschaft `declarations` im Decorator `@NgModule()` angegeben. Hier wird ein Array von Klassen übergeben. Damit die Typen verfügbar sind, müssen sie vorher importiert werden (Listing 14–2).

```
import { NgModule } from '@angular/core';
import { MyComponent } from './my-component/my.component';
// ...

@NgModule({
  declarations: [MyComponent, FooComponent, AwesomePipe]
})
export class MyModule { }
```

Listing 14–2
Modulbestandteile deklarieren

Die so deklarierten Bestandteile sind ausschließlich innerhalb des Moduls verwendbar. Aber Achtung: Teile, die in einem Modul deklariert sind, dürfen nicht mehr Teil eines anderen Moduls sein. Vor diesem Hintergrund ist es umso sinnvoller, ein Modul mit all seinen Bestandteilen in einen eigenen Ordner auszulagern. Eine Direktive oder Pipe gehört immer zu genau einem Modul. Missachten wir diese Regel, so kompiliert der Code nicht.

Bestandteile dürfen nur zu einem Modul gehören.

Wollen wir bestimmte Bestandteile in mehreren Modulen nutzen, müssen wir sie in einem gemeinsam genutzten Modul unterbringen – dazu später mehr.

Alle per DI injizierbaren Bausteine – vor allem Services aber auch Werte und Funktionen (siehe Seite 120) – werden in einem Modul in der Eigenschaft `providers` angegeben. Sie werden dann in den Root-Injector eingefügt und sind in der gesamten Anwendung verfügbar. Das ist ein deutlicher Unterschied zu den `declarations`. Während Komponenten, Pipes und Direktiven nur innerhalb des Moduls gültig sind, in dem sie deklariert wurden, sind Services in der gesamten Anwendung gültig.

Services in Modulen

```
import { NgModule } from '@angular/core';
import { MyService } from './my-service/my.service';
// ...

@NgModule({
  declarations: [MyComponent, FooComponent, AwesomePipe],
  providers: [MyService, AnotherService]
})
export class MyModule { }
```

Listing 14–3
Services als Provider registrieren

Module importieren

In der Eigenschaft `imports` können wir weitere Module auflisten, deren Bestandteile wir in unserem Modul verwenden wollen. Diese Bestandteile sind dann innerhalb des Moduls verfügbar, allerdings auch nur hier. Wir müssen die Imports also für jedes Modul separat angeben. Damit wird sichergestellt, dass uns in einem Modul nur die Klassen zur Verfügung stehen, die wir dort tatsächlich benötigen.

Eingebaute Module

Ein typischer Fall für Modul-Imports sind die eingebauten Angular-Module für frameworkeigene Features. Das `HttpModule` stellt die Funktionalität für HTTP-Kommunikation bereit, das `ReactiveFormsModule` bringt die Direktiven und Provider für Reactive Forms mit. Das `CommonModule` beinhaltet die Standarddirektiven wie `ngIf` und `ngFor`. Dieses Modul wird wiederum von `BrowserModule` importiert, daher reicht es zunächst aus, wenn wir das `BrowserModule` importieren.

*Listing 14–4
Bestandteile aus
anderen Modulen
importieren*

```
import { NgModule } from '@angular/core';
import { BrowserModule } from '@angular/platform-browser';
import { ReactiveFormsModule } from '@angular/forms'
import { HttpModule } from '@angular/http';
// ...

@NgModule({
  imports: [BrowserModule, ReactiveFormsModule, HttpModule],
  declarations: [MyComponent, FooComponent, AwesomePipe],
  providers: [MyService, AnotherService]
})
export class MyModule { }
```

14.1.4 Anwendung in Feature-Module aufteilen

Bisher haben wir unsere gesamte Anwendung in einem großen zentralen Modul organisiert. Es ist allerdings gute Praxis, abgrenzbare Bereiche der Anwendung in eigene Feature-Module auszulagern. Dadurch erreichen wir eine saubere Trennung der Zuständigkeiten und bessere Wartbarkeit bei großen Anwendungen.

Module verschachteln

Module können beliebig verschachtelt werden, sodass wir ein Feature wiederum in weitere Features aufteilen können. Die Kind-Module werden dabei jeweils in das Elternmodul importiert, wie die Abbildung 14–1 veranschaulicht.

Root-Modul

Das `AppModule` ist dabei das sogenannte *Root-Modul* unserer Anwendung. Es wird beim Start der Anwendung in der Datei `main.ts` für das Bootstrapping verwendet. Das Root-Modul trägt als einziges die Eigenschaft `bootstrap` in den Metadaten. Damit wird angegeben, welche Komponente beim Bootstrapping zuerst geladen wird.

14.1 Die Anwendung modularisieren: Das Modulkonzept von Angular

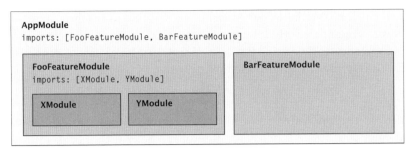

Abb. 14–1
Feature-Module in einer Anwendung

Als einziges von allen Modulen importiert das Root-Modul auch die Bestandteile aus dem `BrowserModule`. Dabei handelt es sich um Teile, die für die Darstellung der Anwendung im Browser nötig sind. Sie müssen und dürfen nur einmal in der Anwendung vorkommen und werden daher ausschließlich im Root-Modul importiert.

```
import { NgModule } from '@angular/core';
import { BrowserModule } from '@angular/platform-browser';
import { AppComponent } from './app.component';
// ...

@NgModule({
  imports: [BrowserModule, FooFeatureModule, BarFeatureModule],
  declarations: [AppComponent],
  bootstrap: [AppComponent]
})
export class AppModule { }
```

Listing 14–5
Grundaufbau des Root-Moduls AppModule

Die Kind-Module sind ähnlich aufgebaut. Damit uns auch hier die Standarddirektiven zur Verfügung stehen, müssen wir nun das `CommonModule` statt dem `BrowserModule` importieren. Das `BrowserModule` darf schließlich nur einmal in der gesamten Anwendung vorkommen. Je nachdem, welche Features außerdem in dem Modul benötigt werden, müssen ebenso weitere Module wie `ReactiveFormsModule` oder `HttpModule` importiert werden.

Kind-Module

```
import { NgModule } from '@angular/core';
import { CommonModule } from '@angular/common';
import { BarComponent } from './bar.component';

@NgModule({
  imports: [CommonModule],
  declarations: [BarComponent]
})
export class BarFeatureModule { }
```

Listing 14–6
Grundaufbau eines Kind-Moduls

14 Module & fortgeschrittenes Routing: Iteration VI

Kind-Modul importieren

Um ein Kind-Modul in der Anwendung bekannt zu machen, muss es von einem anderen Modul importiert werden. Jedes Modul muss also auf irgendeinem Weg eine Referenz zum Root-Modul haben, denn von hier aus wird ja unsere Anwendung gestartet.

Routenkonfiguration

Jedes Modul kann eigene Routenkonfigurationen besitzen. Dazu kann je Modul eine Datei `<feature>-routing.module.ts` angelegt werden, in der ein `RouterModule` mit der konkreten Routenkonfiguration erzeugt wird (siehe Kapitel zum Routing ab Seite 130). Für das Root-Modul trägt diese Datei das Präfix `App`, die Klasse heißt demnach `AppRoutingModule`. Für Feature-Module wird stattdessen das jeweilige Präfix des Moduls eingesetzt, also z. B. `bar-feature-routing.module.ts` und `BarFeatureRoutingModule`.

Bei der Erzeugung der `RouterModules` muss wieder zwischen Root- und Kind-Modul unterschieden werden. Für das Root-Modul wird immer die Methode `RouterModule.forRoot()` verwendet, um die Routenkonfigurationen an den Router zu übergeben. Das erzeugte Modul enthält dabei auch Provider, die nur ein einziges Mal in der Anwendung registriert werden dürfen.

Für Kind-Module müssen wir deshalb die Methode `RouterModule.forChild()` einsetzen. Rufen wir versehentlich zwei mal `RouterModule.forRoot()` in einer App auf, so haben wir einen Fehler gemacht und das Routing wird nicht funktionieren.

Listing 14–7 Routing-Modul für ein Kind-Modul

```
import { NgModule } from '@angular/core';
import { Routes, RouterModule } from '@angular/router';

import { BarComponent } from './bar.component';

const routes: Routes = [
  { path: 'bar', component: BarComponent }
  // ...
];

@NgModule({
  imports: [RouterModule.forChild(routes)],
  exports: [RouterModule]
})
export class BarFeatureRoutingModule { }
```

Routen werden »nebeneinander« registriert.

Dabei gilt eine wichtige Eigenschaft: Obwohl wir die Feature-Module verschachteln können, werden alle Routen immer »nebeneinander« vom Root aus registriert. Das wollen wir an einem Beispiel erläutern.

14.1 Die Anwendung modularisieren: Das Modulkonzept von Angular

Wir betrachten noch einmal die Feature-Module aus Abbildung 14–1. Die Module haben die folgende Routenkonfiguration:

```
// AppModule
{ path: 'home', ... },
{ path: 'legal', ... }

// BarFeatureModule
{ path: 'bar', ... },
{ path: 'bar-feature/:id', ... }

// XModule
{ path: 'x-feature', ... }
```

Listing 14–8
Beispiel: Routenkonfiguration für Feature-Module

Die Angular-Module sind verschachtelt, allerdings sind unabhängig davon alle Routen gleichberechtigt und nicht verschachtelt. Die folgenden Routen sind valide für unsere Anwendung:

- /home
- /legal
- /bar
- /bar/123
- /x-feature

Diese Eigenschaft müssen wir bei der Entwicklung immer im Hinterkopf behalten, um Konflikte zwischen mehreren Modulen zu vermeiden.

14.1.5 Aus Modulen exportieren: Shared Module

In einer großen Anwendung mit mehreren Modulen gibt es oft Bestandteile, die über mehrere Module hinweg gemeinsam genutzt werden sollen. Eine Komponente, Pipe oder Direktive kann allerdings immer nur in genau einem Modul deklariert werden.

Wir können deshalb Bestandteile aus einem Modul exportieren, um sie in anderen Modulen nutzbar zu machen. Häufig bietet es sich an, alle gemeinsam genutzten Teile in einem eigenen Modul (Shared Module) zu sammeln, das von allen anderen Modulen importiert wird.

Um Bestandteile aus einem Modul zu exportieren, verwenden wir die Eigenschaft exports in den Metadaten. Hier können wir alle Teile angeben, die wir über declarations oder imports in diesem Modul bekannt gemacht haben.

Damit können wir also nicht nur selbst deklarierte Bestandteile exportieren, sondern auch die exportierten Elemente anderer Module mit anbieten.

Listing 14–9
Bestandteile aus Modulen exportieren

```
import { NgModule } from '@angular/core';
import { CommonModule } from '@angular/common';
import { FormsModule } from '@angular/forms';

import { AwesomePipe } from './awesome.pipe';

@NgModule({
  imports: [CommonModule, FormsModule],
  declarations: [AwesomePipe],
  exports: [CommonModule, FormsModule, AwesomePipe]
})
export class MySharedModule { }
```

Dieses Modul mit definierten Exports können wir nun in andere Module importieren. Die exportierten Bestandteile können wir dort nutzen, als hätten wir sie in unserem Zielmodul deklariert oder importiert.

Listing 14–10
Shared Module importieren

```
import { NgModule } from '@angular/core';

import { MySharedModule } from
    './my-shared-module/my-shared.module';

@NgModule({
  imports: [MySharedModule],
  // ...
})
export class MyModule { }
```

> **Tipp: Spread-Operator verwenden**
>
> Wenn wir Bestandteile eines Moduls exportieren, müssen wir sie in den Metadaten immer doppelt angeben: in den declarations und in den exports. Das führt gerade bei vielen Elementen dazu, dass die Moduldeklaration unübersichtlich wird.
>
> Wir können deshalb die Liste von Bestandteilen in eine Variable auslagern und mit dem Spread-Operator in die Metadaten einfügen:
>
> ```
> let parts = [FooComponent, AwesomePipe];
>
> @NgModule({
>   declarations: [...parts],
>   exports: [CommonModule, ...parts]
> })
> export class MyModule { }
> ```

14.1.6 Den BookMonkey erweitern

> **Optimierungsvorschlag – Feature-Module**
>
> Um funktionale Teile der Anwendung besser voneinander zu trennen, soll sie in Feature-Module unterteilt werden.
>
> - Die Buchliste und die Detailansicht sollen in ein *Book*-Modul ausgelagert werden.
> - Der Administrationsbereich mit dem Formular soll in einem neuen *Admin*-Modul untergebracht werden.

Der BookMonkey besteht im Moment aus einem großen Modul, in dem alle Teile der Anwendung untergebracht sind. In diesem Abschnitt werden wir den BookMonkey weiter modularisieren.

Für diese Umstellung ist gar nicht viel Programmieraufwand nötig. Stattdessen müssen wir uns konzentrieren, um bei der Refaktorisierung nicht den Überblick zu verlieren.

Wir gehen deshalb bei der Umstellung strukturiert in fünf Schritten vor:

1. Module anlegen
2. Bestandteile in die Module verschieben
3. Verweise anpassen
4. Routing konfigurieren
5. Module in Root-Modul einbinden

Module anlegen

Im ersten Schritt legen wir in unserer Anwendung zwei neue Module an. Die Angular CLI hilft uns bei der Erstellung, denn sie bringt auch einen Generator für Module mit. Der Schalter `--routing` bewirkt dabei, dass innerhalb des neuen Moduls schon die Datei `<feature>-routing.module.ts` mit einer leeren Routenkonfiguraton angelegt wird.

```
$ ng g module book --routing
$ ng g module admin --routing
```

Listing 14–11
Neue Module anlegen mit der Angular CLI

Die beiden neuen Module werden jeweils in eigenen Unterordnern abgelegt. Die Ordnerstruktur sieht nun wie folgt aus:

```
src
└── app
    ├── book
    │   ├── book.module.ts
    │   └── book-routing.module.ts
    ├── admin
    │   ├── admin.module.ts
    │   └── admin-routing.module.ts
    ├── book-list
    │   └── ...
    ├── ...
    ├── app.module.ts
    └── ...
```

Es sind die beiden Modulordner hinzugekommen, die jeweils zwei Dateien beinhalten. Unsere beiden Module `BookModule` und `AdminModule` sind jetzt vorbereitet, um mit Inhalt gefüllt zu werden.

Bestandteile in die Module verschieben

Bevor wir alle Bestandteile auf die Module aufteilen, überlegen wir uns zunächst, welche Teile der Anwendung in welches Modul gehören:

- **BookModule**
  - BookListComponent
  - BookListItemComponent
  - BookDetailsComponent
  - IsbnPipe
  - ZoomDirective
  - DelayDirective
- **AdminModule**
  - BookFormComponent
  - BookValidators
- **AppModule**
  - AppComponent
  - HomeComponent
  - SearchComponent
  - BookStoreService

14.1 Die Anwendung modularisieren: Das Modulkonzept von Angular

Die Models `Book` und `Thumbnail` sind nicht Bestandteil eines Moduls und bleiben deshalb im 🗀 shared-Ordner des Root-Moduls.

Mit dieser Planung im Hinterkopf können wir alle Bestandteile in die beiden Modul-Ordner verschieben. Die von mehreren Komponenten gemeinsam genutzten Teile (Pipes, Direktiven und Services) werden wieder in einem 🗀 shared-Ordner abgelegt, nur diesmal innerhalb des jeweiligen Moduls.

Die Ordnerstruktur sieht nach dem Umbau wie folgt aus:

```
src
└── app
    ├── admin
    │   ├── book-form
    │   ├── shared
    │   │   └── book.validators.ts
    │   ├── admin.module.ts
    │   └── admin-routing.module.ts
    ├── book
    │   ├── book-details
    │   ├── book-list
    │   ├── book-list-item
    │   ├── shared
    │   │   ├── delay.directive.ts
    │   │   ├── isbn.pipe.ts
    │   │   └── zoom.directive.ts
    │   ├── book.module.ts
    │   └── book-routing.module.ts
    ├── home
    ├── search
    ├── shared
    │   ├── book.ts
    │   ├── book-factory.ts
    │   ├── book-store.service.ts
    │   └── thumbnail.ts
    ├── app.components.ts
    ├── app.component.html
    ├── app.module.ts
    ├── app-routing.module.ts
    └── index.ts
```

Verweise anpassen

Bis hierhin war die Umstellung auf die Feature-Module noch relativ einfach. Die eigentliche Arbeit beginnt jetzt: Wir müssen alle Verweise und Deklarationen anpassen, denn durch das Verschieben haben sich natürlich einige Pfade geändert.

Deklarationen auf die Module verteilen

Wir beginnen mit den Moduldeklarationen in der Datei app.module.ts. Hier müssen wir die Bestandteile, die unter declarations aufgelistet sind, auf die beiden neuen Module verteilen. Dazu gehören jeweils auch die Imports im Kopf der Datei. Der Editor greift uns bei der Arbeit unter die Arme und markiert die Pfade rot, die nicht gefunden werden können.

Das AppModule beinhaltet anschließend nur noch die AppComponent, die HomeComponent und die SearchComponent. Außerdem sind der BookStoreService und das Token LOCALE_ID unter providers gelistet. Alle anderen Komponenten, Pipes und Direktiven werden jetzt in den beiden neuen Modulen deklariert.

Imports anpassen

Im nächsten Schritt müssen wir die Pfade der Imports anpassen. Glücklicherweise stimmen die meisten Abhängigkeiten immer noch, denn wir haben die Komponenten ordnerweise verschoben, und die relativen Pfade haben sich nicht geändert. Nur der BookStoreService, die BookFactory und die beiden Models Book und Thumbnail befinden sich aus Sicht der Komponenten nun eine Ebene höher. Wir müssen also durch alle Komponenten gehen und die Pfade ergänzen. Der Editor wird uns auch hier helfen, indem er falsche Pfade rot hervorhebt.

Schließlich müssen wir noch überlegen, welche zusätzlichen Module an welcher Stelle benötigt werden. Hier hat sich an unserer Struktur nur geändert, dass das Buchformular in ein anderes Modul gezogen ist. Die Imports für ReactiveFormsModule und DateValueAccessorModule müssen wir also aus dem AppModule ebenfalls ins AdminModule verschieben.

Die Refaktorisierung erfordert ein wenig Konzentration. Damit Sie nicht durcheinanderkommen, sind hier noch einmal die Hauptdateien der drei Module aufgeführt.

Listing 14–12
AppModule (app.module.ts)

```
import { BrowserModule } from '@angular/platform-browser';
import { HttpModule } from '@angular/http';
import { NgModule, LOCALE_ID } from '@angular/core';
import { AppComponent } from './app.component';
import { HomeComponent } from './home/home.component';
import { SearchComponent } from './search/search.component';
import { BookStoreService } from './shared/book-store.service';
import { AppRoutingModule } from './app-routing.module';

@NgModule({
  declarations: [
    AppComponent,
    HomeComponent,
    SearchComponent
  ],
```

14.1 Die Anwendung modularisieren: Das Modulkonzept von Angular

```
  imports: [
    BrowserModule,
    HttpModule,
    AppRoutingModule
  ],
  providers: [
    BookStoreService,
    { provide: LOCALE_ID, useValue: 'de' }
  ],
  bootstrap: [AppComponent]
})
export class AppModule { }
```

```
import { DelayDirective } from './shared/delay.directive';
import { NgModule } from '@angular/core';
import { CommonModule } from '@angular/common';
import { BookRoutingModule } from './book-routing.module';

import { BookListComponent } from
    ↪ './book-list/book-list.component';
import { BookListItemComponent } from
    ↪ './book-list-item/book-list-item.component';
import { BookDetailsComponent } from
    ↪ './book-details/book-details.component';

import { IsbnPipe } from './shared/isbn.pipe';
import { ZoomDirective } from './shared/zoom.directive';

@NgModule({
  imports: [
    CommonModule,
    BookRoutingModule
  ],
  declarations: [
    BookListComponent,
    BookListItemComponent,
    BookDetailsComponent,
    IsbnPipe,
    ZoomDirective,
    DelayDirective
  ]
})
export class BookModule { }
```

Listing 14–13
BookModule
(book.module.ts)

Listing 14-14
AdminModule
(admin.module.ts)

```typescript
import { NgModule } from '@angular/core';
import { CommonModule } from '@angular/common';
import { ReactiveFormsModule } from '@angular/forms';

import { AdminRoutingModule } from './admin-routing.module';
import { BookFormComponent } from
    './book-form/book-form.component';
import { DateValueAccessorModule } from
    'angular-date-value-accessor';

@NgModule({
  imports: [
    CommonModule,
    AdminRoutingModule,
    ReactiveFormsModule,
    DateValueAccessorModule
  ],
  declarations: [BookFormComponent]
})
export class AdminModule { }
```

Routing konfigurieren

Der Großteil ist geschafft! Wir haben alle Bestandteile der Anwendung in unsere neuen Module verschoben. Wir müssen uns nur noch um das Routing kümmern, denn die Routenkonfiguration liegt im Moment noch zentral im `AppModule`. Routen auf Komponenten müssen allerdings immer in dem Modul angegeben werden, in dem sie auch deklariert sind. Wir müssen also auch die Routendefinitionen auf die drei Module aufteilen.

Routen auf die Module verteilen

Die Angular CLI hat bereits automatisch für die beiden neuen Module eine Routenkonfiguration angelegt. Wir öffnen also die Datei `app-routing.module.ts` und verschieben die Routen in die Module. Die beiden Routen, deren Pfad mit `books` beginnt, gehören in das `BookModule`. Die Routen mit dem Pfad `admin` werden ins `AdminModule` verschoben. Die Standardroute und die Route auf die Home-Komponente verbleiben im `AppModule`.

Die drei Listings 14–15, 14–16 und 14–17 zeigen, wie die Routenkonfigurationen nun aussehen sollten.

14.1 Die Anwendung modularisieren: Das Modulkonzept von Angular

```
const routes: Routes = [
  {
    path: '',
    redirectTo: 'home',
    pathMatch: 'full'
  },
  {
    path: 'home',
    component: HomeComponent
  }
];
```

Listing 14–15
app-routing.module.ts
(Ausschnitt)

```
const routes: Routes = [
  {
    path: 'books',
    component: BookListComponent
  },
  {
    path: 'books/:isbn',
    component: BookDetailsComponent
  }
];
```

Listing 14–16
book/book-routing
.module.ts *(Ausschnitt)*

```
const routes: Routes = [
  {
    path: 'admin',
    component: BookFormComponent
  },
  {
    path: 'admin/:isbn',
    component: BookFormComponent
  }
];
```

Listing 14–17
admin/admin-routing
.module.ts *(Ausschnitt)*

Die Pfade ändern sich nicht, denn alle Routen werden ja auf gleicher Ebene registriert. Wir müssen die Routen also nur auf die Module verteilen.

Module einbinden

Damit ist unsere große Umstrukturierung fast geschafft. Im letzten Schritt müssen wir die beiden neuen Module noch in das Root-Modul importieren, damit sie beim Start der Anwendung auch geladen werden.

Feature-Module ins Root-Modul importieren

Dazu fügen wir in der Datei app.module.ts in den Modulmetadaten im Abschnitt imports zwei neue Einträge hinzu: BookModule und AdminModule. Die beiden Typen müssen wir zuvor aus ihren Dateien importieren (Listing 14–18).

Listing 14–18
app.module.ts
(Ausschnitt)

```
// ...
import { BookModule } from './book/book.module';
import { AdminModule } from './admin/admin.module';

@NgModule({
  declarations: [AppComponent, HomeComponent, SearchComponent],
  imports: [
    // ...
    BookModule,
    AdminModule
  ],
  providers: [
    BookStoreService,
    { provide: LOCALE_ID, useValue: 'de' }
  ],
  bootstrap: [AppComponent]
})
export class AppModule { }
```

Was haben wir gelernt?

Mit Angular-Modulen können wir unsere Anwendung in logische Bereiche untergliedern. Die Moduldefinition erfolgt deklarativ, indem wir eine Klasse mit dem Decorator @NgModule() versehen. In der Tabelle 14–1 sind alle besprochenen Eigenschaften der Modulmetadaten noch einmal zur Übersicht dargestellt.

- Module sind die gröbsten Bausteine der Anwendung.
- Ein Modul ist eine Klasse, die durch den Decorator @NgModule() mit Metadaten versehen wird.
- Der Klassenname trägt immer das Suffix Module.
- Module können Komponenten, Direktiven und Pipes enthalten. Diese Bestandteile werden in der Eigenschaft declarations in den Metadaten angegeben. Eine Komponente/Direktive/Pipe kann nur Bestandteil eines einzigen Moduls sein.
- Deklarierte Bestandteile sind nur innerhalb des Moduls verfügbar.
- Services werden über die Eigenschaft providers registriert. Sie sind dann in der *gesamten Anwendung* verfügbar.

14.1 Die Anwendung modularisieren: Das Modulkonzept von Angular

Eigenschaft	Bedeutung
bootstrap	gibt im *Root-Modul* die Komponente an, die durch das Bootstrapping geladen wird. Achtung: Array!
declarations	gibt alle Komponenten, Direktiven, Pipes an, die Bestandteile dieses Moduls sind
providers	registriert Provider für Services, Werte und Funktionen (Dependency Injection)
imports	importiert andere Module mit ihren Bestandteilen in dieses Modul
exports	exportiert deklarierte Bestandteile und importierte Module aus diesem Modul

Tab. 14–1
Metadaten in @NgModule()

- Module können Bestandteile aus anderen Modulen importieren. Dafür wird die Eigenschaft `imports` verwendet.
- Ein Modul mit all seinen Bestandteilen sollte in einem eigenen Ordner abgelegt werden.
- Abgrenzbare Bereiche einer Anwendung sollten in Feature-Module ausgelagert werden. Module können beliebig tief verschachtelt werden.
- Das zentrale Root-Modul ist der Einstiegspunkt der Anwendung. Es wird in der Regel `AppModule` genannt.
- Für die Darstellung im Browser importiert das Root-Modul das `BrowserModule`. Kind-Module müssen stattdessen das `CommonModule` einbinden.
- Jedes Modul kann Routenkonfigurationen besitzen. Unabhängig von der Verschachtelung werden aber alle Routen »nebeneinander« registriert.
- Im Root-Modul werden die Routen mit `RouterModule.forRoot()` registriert, in allen anderen Modulen wird `RouterModule.forChild()` verwendet.
- Deklarierte oder importierte Bestandteile können über die Eigenschaft `exports` aus dem Modul exportiert werden. Andere Module können dieses Modul importieren und die exportierten Bestandteile nutzen.

Demo und Quelltext:
https://ng-buch.de/it6-modules

14.2 Lazy Loading: Angular-Module asynchron laden

Unsere Anwendung ist in Modulen organisiert. Jedes Feature ist in einem eigenen Angular-Modul untergebracht, sodass die Zuständigkeiten klar geregelt sind.

Lassen Sie uns nun ein wenig größer denken: Wir stellen uns vor, dass die Anwendung nicht aus drei, sondern aus 30 Modulen besteht. Beim Start wird immer die *komplette* Anwendung mit *allen* Modulen vom Server geladen, und das, obwohl der Nutzer in einer Sitzung wahrscheinlich gar nicht alle Features nutzen wird!

Wir lernen deshalb in diesem Kapitel, wie wir die Module unserer Anwendung zur Laufzeit nachladen können – nämlich erst dann, wenn sie auch benötigt werden.

14.2.1 Warum Module asynchron laden?

Die Anwendung wird beim Build in Bundles gepackt.

Verwenden wir Module so, wie wir es bisher gelernt haben, werden alle Teile der Anwendung in ein großes gemeinsames Bundle gepackt. Beim Start wird dieses Bundle vom Server geladen und die Anwendung liegt im Client komplett vor.[1] Bei komplexen Anwendungen kann dieses Verhalten allerdings zu einer hohen Ladezeit führen. Außerdem werden immer alle Module geladen, obwohl der Nutzer einen Teil der Features wahrscheinlich gar nicht verwenden wird!

Die Ursache für dieses Verhalten liegt in der Struktur unseres Codes: Die Anwendung startet in der Datei `main.ts` aus und spannt von dort aus einen Baum von Abhängigkeiten auf. Wird eine Datei importiert, ist sie Teil der Anwendung. Im `AppModule` werden schließlich die Feature-Module importiert. Beim Verpacken der Bundles werden alle Bestandteile der Anwendung mit in das Main-Bundle aufgenommen, also auch die Feature-Module.

Lange Wartezeit

Im Sinne der User-Experience ist es unschön, wenn der Nutzer warten muss, bis die komplette Anwendung heruntergeladen ist. Besonders bei einer langsamen Internetverbindung kann das mehrere Sekunden ausmachen, die das Usability-Erlebnis trüben.

Es ist also wünschenswert, beim Start nur die wichtigsten Teile der Anwendung zu laden. Alle weiteren Features sollen erst dann vom Server abgerufen werden, wenn sie benötigt werden. Dadurch müssen Features, die nicht verwendet werden, auch gar nicht erst heruntergeladen werden.

---

[1] Wie das Bundling funktioniert, schauen wir uns im Kapitel zum Deployment ab Seite 409 noch genauer an.

14.2.2 Lazy Loading verwenden

Angular bringt uns zum asynchronen Laden von Modulen ein passendes Werkzeug mit: *Lazy Loading*. Das Prinzip ist einfach: Anstatt alle Module in ein großes Bundle zu packen, werden einzelne Bundles angelegt, die erst zur Laufzeit vom Server geladen werden. Unsere Anwendung geht also »faul« mit ihren Modulen um und lädt zunächst nur das Nötigste vom Server herunter.

Bundles für einzelne Module

Obwohl hinter den Kulissen eine Menge passiert, ist die Umsetzung für den Angular-Entwickler denkbar einfach, denn Lazy Loading funktioniert transparent. Alles, was wir brauchen, ist die Eigenschaft loadChildren in unseren Routenkonfigurationen. Hier wird der absolute Pfad[2] zu dem Modul angegeben, das durch die Route geladen werden soll. Wie auch bei Imports üblich wird die Dateiendung .ts weggelassen. An den Pfad muss der Name des Moduls angehängt werden, getrennt durch das Hash-Zeichen (#).

loadChildren

Wie der Name loadChildren suggeriert, werden für den angegebenen Pfad Kind-Routen nachgeladen. Die Routen, die im angegebenen Modul deklariert sind, werden einfach an den Pfad angehängt. Das Modul wird aber erst dann asynchron vom Server geladen, wenn eine der Routen angefragt wird.

```
const routes: Routes = {
  {
    path: 'sub',
    loadChildren: 'app/submodule/sub.module#SubModule'
  }
}
```

*Listing 14–19
Lazy Loading verwenden mit der Eigenschaft loadChildren*

Diese Definition könnte man wie folgt lesen: Für alle Pfade, die mit sub beginnen, wird das Modul SubModule aus der Datei app/submodule/sub.module.ts geladen. Die Pfade der Routen aus dem SubModule werden an den Pfad sub angehängt.

Angenommen, im SubModule sind zwei Routen mit den Pfaden foo und bar definiert, so gibt es folgende gültige Pfade in unserer Anwendung:

- /sub/foo
- /sub/bar

Wichtig ist, dass das Modul (hier: SubModule) an keiner Stelle in die Anwendung importiert werden darf! Es darf also nicht in den imports im AppModule auftauchen, wie es sonst für Feature-Module üblich war.

Lazy geladene Module nicht importieren

---

[2] ausgehend vom Ordner ⌸ src, der Pfad beginnt also immer mit app/

Nur so wird sichergestellt, dass das Modul nicht in das Main-Bundle aufgenommen, sondern in ein eigenes Bundle verpackt wird.

Für die Auflösung von `loadChildren` ist der Modul-Loader verantwortlich. Wenn wir die Angular CLI verwenden, müssen wir uns über die Hintergründe keine Gedanken machen, denn das Bundling wird automatisch erledigt.

> **Achtung bei Lazy Loading und Shared Modules**
>
> Wir haben im letzten Abschnitt gelernt, dass wir gemeinsam genutzte Teile unserer Anwendung in ein Shared Module auslagern können. Dieses Modul wird dann von anderen Modulen eingebunden, sodass die Bestandteile auch dort verfügbar sind.
>
> Über ein solches Shared Module können wir auch Provider in der Anwendung registrieren. Hier ist allerdings Vorsicht geboten, wenn die Module asynchron geladen werden! Befinden sich Provider in einem asynchron geladenen Modul (oder in dessen Abhängigkeiten), wird immer eine neue Instanz des Providers erstellt! Es kann also sein, dass mehrere Instanzen desselben Service in unserer Anwendung existieren. Das kann zu unerwünschtem Verhalten führen, denn ansonsten verhalten sich Serviceklassen wie Singletons.
>
> Wir sollten deshalb *gemeinsam* genutzte Provider in einem *synchron* geladenen Modul unterbringen, z. B. im Root-Modul `AppModule` oder in einem nur einmalig importierten `CoreModule`.

Lazy Loading in der Praxis

Wir wollen zum Schluss dieses Abschnitts noch beleuchten, wie sich Lazy Loading in der Praxis bemerkbar macht. Dazu machen wir einen kleinen Vorgriff auf den nächsten Abschnitt. Dort werden wir die beiden Feature-Module der BookMonkey-Anwendung (`BookModule` und `AdminModule`) asynchron nachladen, sobald sie benötigt werden.

Abb. 14–2
Netzwerkaktivität ohne Lazy Loading

Wir schauen uns zunächst an, welche Dateien vom Server abgerufen werden, wenn alle Module synchron geladen werden. In der Abbildung 14–2 ist der Network Graph aus den Chrome Developer Tools dargestellt. Hier ist gut sichtbar, dass ein einziges Bundle vom Server geladen wird. Es enthält alle Abhängigkeiten der Anwendung inklusive aller Module.

Im Vergleich dazu ist in Abbildung 14–3 die Netzwerkaktivität der Anwendung zu sehen, in der die beiden Module über Lazy Loading eingebunden werden. Es ist deutlich zu erkennen, dass zunächst das (etwas kleinere) Main-Bundle geladen wird. Erst beim Aufruf der Buch- und Admin-Routen werden die anderen Module als sogenannte *Chunks* asynchron nachgeladen.

Abb. 14–3
Netzwerkaktivität mit Lazy Loading

14.2.3 Module asynchron vorladen: Preloading

Wenn wir die Module unserer Anwendung erst dann vom Server laden, wenn sie benötigt werden, ergibt sich ein konzeptionelles Problem: Der Nutzer muss nach dem Klick auf einen Link eine Wartezeit hinnehmen, bis das Modul geladen ist. Das kann je nach Größe des Moduls und Qualität der Internetverbindung auch mehrere Sekunden in Anspruch nehmen.

Grundsätzlich ist das zwar verkraftbar, denn Nutzer von Webanwendungen sind daran gewöhnt, nach einem Klick zu warten. Allerdings geht so auch der Charme einer Single-Page-Applikation verloren. Wir wollen diesen Umstand nicht hinnehmen, denn Angular bringt ein sinnvolles Feature mit, um Abhilfe zu schaffen: *Preloading*.

Preloading ändert das Verhalten des Lazy Loadings. Die Module werden nicht erst dann geladen, wenn sie angefragt werden, sondern direkt nach dem Start der Anwendung. Zuvor wird allerdings das Main-Bundle geladen, sodass die Anwendung bereits verfügbar und bedienbar ist. Die übrigen Module werden im Hintergrund abgerufen, sodass sie mit hoher Wahrscheinlichkeit verfügbar sind, sobald der Nutzer einen Link anklickt.

Damit vereinen wir Vorteile von Lazy Loading mit denen eines allumfassenden Main-Bundles: Die Anwendung wird schnell geladen, der

Nutzer muss aber beim Klick auf einen Link (wahrscheinlich) keine Wartezeit für den Download einplanen.

Das Preloading wird global für die Anwendung aktiviert. Dazu wird in der Datei app-routing-module.ts beim Aufruf von RouterModule .forRoot() im zweiten Parameter eine sogenannte PreloadingStrategy übergeben.

Listing 14–20 Preloading in der Anwendung aktivieren (app-routing .module.ts)

```
import { RouterModule, PreloadAllModules } from '@angular/router';

@NgModule({
    imports: [RouterModule.forRoot(
        routes,
        { preloadingStrategy: PreloadAllModules }
    )],
    exports: [RouterModule],
})
export class AppRoutingModule { }
```

Die Strategie PreloadAllModules bewirkt, dass alle »lazy« geladenen Module durch das Preloading vorgeladen werden. Hier sei auf einen Nachteil dieser Strategie verwiesen: Es werden *alle* Module geladen, auch diese, die der Nutzer gar nicht verwendet. Das führt zu höherem Traffic und muss abhängig vom Projekt entschieden werden.

Es ist möglich, eigene Preloading-Strategien zu definieren, sodass z. B. nur ausgewählte Module vorgeladen werden. Darauf wollen wir allerdings in diesem Buch nicht eingehen. Stattdessen sei an dieser Stelle ein Blog-Artikel von Victor Savkin empfohlen.[3]

14.2.4 Den BookMonkey erweitern

> **Story – Lazy Loading**
>
> Als Leser möchte ich schneller mit dem Durchstöbern der Bücher beginnen, ohne lange auf das Laden der Seite warten zu müssen, damit ich schneller zu meinen anderen Aufgaben zurückkehren kann.
>
> - Es soll beim Aufruf der Anwendung zunächst nur das Hauptmodul mit der Startseite geladen werden.
> - Die Feature-Module BookModule und AdminModule sollen asynchron vorgeladen werden.

Der BookMonkey verfügt über zwei Feature-Module, BookModule und AdminModule, die allerdings synchron mit dem Main-Bundle geladen

---

[3] https://ng-buch.de/x/53 – Victor Savkin: »Angular Router: Preloading Modules«

14.2 Lazy Loading: Angular-Module asynchron laden

werden. Das wollen wir in diesem Abschnitt ändern, sodass die beiden Module asynchron vom Server abgerufen werden. Es soll außerdem das Preloading aktiviert werden, damit die Module schon nach dem Start der Anwendung vorgeladen werden und nicht erst, wenn der Nutzer auf einen Link klickt.

Für die Umstellung gehen wir wieder schrittweise vor:

1. Lazy Loading in den Routen verwenden
2. Routenpfade in den Modulen anpassen
3. Modul-Imports aus dem `AppModule` entfernen
4. Preloading in der Anwendung aktivieren

Auf geht's! Da das Lazy Loading transparent funktioniert, ist nur wenig Refaktorisierung nötig, um dieses Feature zu aktivieren.

Lazy Loading in den Routen verwenden

Dadurch, dass die beiden Feature-Module asynchron geladen werden sollen, werden ihre Routenkonfigurationen nicht mehr sofort in der Anwendung registriert. Wir müssen daher in unserem (synchron geladenen) `AppModule` zwei Routen definieren, die auf die beiden Feature-Module verweisen.

Routen für die lazy geladenen Module

Unser Ziel ist es, dass die Pfade innerhalb der Anwendung gleich bleiben, sodass wir die Links in den Komponenten nicht anpassen müssen. Wir rufen uns daher noch einmal alle URLs ins Gedächtnis, die auf die Feature-Module verweisen:

- `/books`
- `/books/:isbn`
- `/admin`
- `/admin/:isbn`

Wir nehmen uns nun die Datei `app-routing.module.ts` vor und ergänzen das Array `routes`. Hinzu kommen zwei Routen, die jeweils die Eigenschaft `loadChildren` tragen. Hier geben wir den absoluten Pfad zur Moduldatei und den Namen der Modulklasse an.

`loadChildren` verwenden

Wichtig ist, dass wir in der Eigenschaft `path` das Pfad-Präfix angeben, das für dieses Modul gilt. Das ist nötig, damit der Router weiß, wann es an der Zeit ist, auf das angegebene Modul zuzugreifen. Die Routen, die innerhalb des asynchron geladenen Moduls definiert sind, werden an den Pfad angehängt.

Alle Routen auf das `BooksModule` tragen das Präfix `books`. Das Modul `AdminModule` wird geladen, wenn eine URL mit dem Präfix `admin` aufgerufen wird.

Listing 14–21
Lazy Loading aktivieren in der Datei app-routing.module.ts (Ausschnitt)

```
import { NgModule } from '@angular/core';
import { Routes, RouterModule } from '@angular/router';
// ...

const routes: Routes = [
  // ...
  {
    path: 'books',
    loadChildren: 'app/book/book.module#BookModule'
  },
  {
    path: 'admin',
    loadChildren: 'app/admin/admin.module#AdminModule'
  }
];

@NgModule({
  imports: [RouterModule.forRoot(routes)],
  exports: [RouterModule],
})
export class AppRoutingModule { }
```

Routenpfade in den Modulen anpassen

Die Pfade aus dem Feature-Modul werden an den eben definierten Pfad angehängt. Das Präfix unserer URL wird also bereits von den Routen im AppModule verarbeitet. Wir müssen diesen Teil der URL demnach aus dem Feature-Modul entfernen, damit die vollständige URL weiterhin gleich bleibt.

Damit also der Pfad /books/:isbn gültig ist, müssen wir in der dazugehörigen Route im BookModule den Pfad auf den Wert :isbn ändern. Das Präfix books wird ja bereits im AppModule gematcht, der restliche Teil der URL wird von den Routen im BookModule bedient.

Wir entfernen das Präfix in allen Routen unserer Feature-Module, wie die Listings 14–22 und 14–23 zeigen.

Listing 14–22
book/book-routing .module.ts (Ausschnitt)

```
const routes: Routes = [
  {
    path: '',
    component: BookListComponent
  },
```

14.2 Lazy Loading: Angular-Module asynchron laden

```
  {
    path: ':isbn',
    component: BookDetailsComponent
  }
];
const routes: Routes = [
  {
    path: '',
    component: BookFormComponent
  },
  {
    path: ':isbn',
    component: BookFormComponent
  }
];
```

Listing 14–23
admin/admin-routing
.module.ts *(Ausschnitt)*

Modul-Imports aus dem `AppModule` entfernen

Das Lazy Loading für die beiden Feature-Module ist nun vollständig eingerichtet. Damit die Module allerdings auch in eigene Bundles verpackt werden und nicht im Main-Bundle landen, müssen wir alle Referenzen auf die Module entfernen.

Derzeit werden `BookModule` und `AdminModule` über Imports in das `AppModule` eingebunden. Diese Verweise müssen wir entfernen und dürfen dabei nicht vergessen, auch die Imports im Kopf der Datei zu löschen.

Der relevante Teil der Datei `app.module.ts` ist im Listing 14–24 zu sehen. Im Abschnitt `imports` in der Moduldeklaration dürfen keine Feature-Module gelistet sein, die über Lazy Loading geladen werden sollen.

```
// ...

@NgModule({
  imports: [
    BrowserModule,
    HttpModule,
    AppRoutingModule
  ],
  // ...
})
export class AppModule { }
```

Listing 14–24
In den Moduldeklarationen dürfen keine Module importiert werden, die asynchron geladen werden sollen (app.module.ts, Ausschnitt).

Preloading in der Anwendung aktivieren

Im letzten Schritt wollen wir das Preloading aktivieren. Die Anwendung verfügt nur über zwei Feature-Module, und es ist anzunehmen, dass der Nutzer auch alle Funktionen nutzen wird. Daher ist es kein Problem, auch alle Module herunterzuladen. Durch das Preloading erreichen wir aber, dass die Anwendung schnell sichtbar und bedienbar ist und erst danach die Feature-Module heruntergeladen werden.

PreloadingStrategy verwenden

Um das Preloading zu aktivieren, passen wir die Datei app-routing.module.ts an. Hier geben wir beim Initialisieren des RouterModules an, dass eine PreloadingStrategy verwendet werden soll.

Listing 14–25 Preloading aktivieren in der Datei app-routing.module.ts (Ausschnitt)

```
import { NgModule } from '@angular/core';
import { Routes, RouterModule, PreloadAllModules } from
    '@angular/router';

const routes: Routes = [
  // ...
];

@NgModule({
  imports: [RouterModule.forRoot(routes,
            { preloadingStrategy: PreloadAllModules })],
  exports: [RouterModule],
})
export class AppRoutingModule { }
```

Mit diesem einfachen Schritt ist das Preloading für alle Module aktiviert. Starten wir die Anwendung, wird zunächst das Main-Bundle geladen. Ist die Anwendung fertig geladen, werden die beiden Feature-Module nachgeladen, sodass sie schnell verfügbar sind.

Was haben wir gelernt?

Unsere Anwendung kann so konfiguriert werden, dass die Module erst zur Laufzeit nachgeladen werden. Dadurch erreichen wir eine bessere Performance, weil nicht alle Features sofort beim Start vom Server geladen werden müssen. Für den Entwickler ist die Umstellung von synchronen auf asychron geladene Module denkbar einfach, weil der größte Teil des Prozesses automatisch im Hintergrund passiert. Gerade bei großen Anwendungen mit vielen Modulen sind asynchron geladene Module ein sinnvolles Feature, um die Usability zu verbessern.

- Durch Lazy Loading wird ein Modul erst dann geladen, wenn es vom Nutzer angefragt wird.
- Lazy Loading wird mit der Eigenschaft `loadChildren` in einer Route aktiviert.
- Dort wird der absolute Dateipfad zu dem Modul angegeben, das asynchron geladen werden soll. An den Pfad wird immer der Name der Modulklasse angehängt, getrennt durch ein Hash-Zeichen #.
- Die Pfadangabe `path` in der Route ist wichtig, damit der Router entscheiden kann, wann das Modul geladen werden muss.
- Die Routen aus dem asynchron geladenen Modul werden an diesen Pfad angehängt.
- Asynchron geladene Module dürfen nicht in die Anwendung importiert werden.
- Durch Preloading können Module nach dem Start der Anwendung automatisch vorgeladen werden. Die Anwendung ist bereits lauffähig und die Feature-Module werden im Hintergrund heruntergeladen.
- Preloading wird zentral für die Anwendung aktiviert. Dazu muss in der Methode `RouterModule.forRoot()` eine `PreloadingStrategy` angegeben werden.

Demo und Quelltext:
https://ng-buch.de/it6-lazy

14.3 Guards: Routen absichern

In einer Anwendung mit mehreren Routen kann der Nutzer jede Route betreten und wieder verlassen. Es gibt keine Beschränkungen in den Zugriffsrechten. In komplexen Anwendungen im Geschäftsumfeld kann es allerdings Bereiche geben, die bestimmte Benutzer(-gruppen) nicht aufrufen dürfen. Eine weitere Anforderung könnte sein, dass der Nutzer manuell bestätigen muss, dass er einen Bereich betreten oder verlassen möchte.

Für beide Anwendungsfälle müssten wir in den jeweiligen Komponenten prüfen, ob sie aufgerufen oder verlassen werden, und entsprechend darauf reagieren. Bei vielen Komponenten mit gleichen Bedingungen wird das schnell mühselig und redundant. Der Angular-Router bietet deshalb ein Feature an, mit dem wir Routen absichern können: *Route Guards*.

Wir lernen in diesem Kapitel, wie Guards aufgebaut sind und wie wir sie einsetzen können. Anschließend implementieren wir einen Guard für unsere Beispielanwendung.

14.3.1 Grundlagen zu Guards

Ein Guard entscheidet, ob eine Navigation stattfindet.

Ein Guard ist im Wesentlichen eine Funktion, die entscheidet, ob ein Navigationsschritt ausgeführt werden darf oder nicht. Die Entscheidung wird durch einen Wahrheitswert ausgedrückt, der von der Funktion zurückgeliefert wird. Der Rückgabewert ist also wahlweise vom Typ `boolean`, `Observable<boolean>` oder `Promise<boolean>`.

Gibt der Guard *false* zurück, wird die Navigation abgebrochen. Andernfalls wird die Route normal geladen. Guards werden immer als Eigenschaft einer Route notiert. Die Entscheidung findet also schon im Router statt, nicht in einer Komponente.

Wir unterscheiden vier Typen von Guards, mit denen wir unsere Routen absichern können. Sie sind in der Tabelle 14–2 aufgelistet.

Tab. 14–2 Varianten von Guards

Guard	Entscheidet, ob ...	Interface
CanActivate	eine Route aktiviert werden darf	`CanActivate`
CanActivateChild	Kind-Routen einer Route aktiviert werden dürfen	`CanActivateChild`
CanDeactivate	eine Route deaktiviert werden darf (wegnavigieren)	`CanDeactivate<T>`
CanLoad	ein Modul asynchron geladen werden darf (wird zusammen mit `loadChildren` verwendet)	`CanLoad`

14.3.2 Guards implementieren

Guard-Funktion in einer eigenen Klasse

Passendes Interface

Die Guard-Funktion wird in der Regel[4] als Methode in einer eigenen Klasse definiert. Die Klasse implementiert immer ein Interface. Damit wird sichergestellt, dass die passende Guard-Methode vorhanden ist und ihre Signatur stimmt. Der Name des passenden Interface ist ebenfalls in der Tabelle 14–2 angegeben. Die Methode trägt stets den glei-

---

[4] Guards können auch als Funktionen definiert werden, die wir mit `useValue` als Token im Injector registrieren (siehe Seite 121). Dieser Weg hat allerdings zwei entscheidende Nachteile: Es können keine Abhängigkeiten injiziert werden, und der Guard ist dann immer inmitten einer Moduldeklaration angegeben.

14.3 Guards: Routen absichern

chen Namen wie das Interface, allerdings im *lowerCamelCase*, also mit kleinem Anfangsbuchstaben. Sie gibt ein *Boolean* zurück, das ausdrückt, ob die Navigation durchgeführt werden darf.

Je nach Guard-Variante kann die Methode Argumente entgegennehmen. Die Methode canActivate() aus dem Listing 14–26 hat ein Argument vom Typ ActivatedRouteSnapshot. Dieses Objekt enthält einen Snapshot der aktivierten Route. Darüber können wir z. B. Routenparameter auslesen, wie wir es schon in den vorangegangenen Kapiteln getan haben.

CanActivate

Wie üblich können wir in unsere Guard-Klasse Abhängigkeiten injizieren. Das ist sinnvoll, um auf Services zuzugreifen, denn in den meisten Fällen müssen weitere Informationsquellen für die Entscheidung herangezogen werden.

Wichtig ist, dass die Klasse den Decorator @Injectable() trägt. Damit ist sie aus technischer Sicht ein Service und muss später noch als Provider registriert werden.

Decorator @Injectable() für die Guard-Klasse

```
import { Injectable } from '@angular/core';
import { CanActivate, ActivatedRouteSnapshot } from
    '@angular/router';
import { MyService } from './my.service';

@Injectable()
export class MyActivateGuard implements CanActivate {
  constructor(private myService: MyService) { }

  canActivate(route: ActivatedRouteSnapshot) {
    return
      this.myService.isAuthenticated()
      && route.params['foo'] == 'bar';
  }
}
```

Listing 14–26
Beispiel für einen CanActivate-Guard

Im Beispiel wird eine Route nur dann aktiviert, wenn die Servicemethode isAuthenticated() *true* zurückgibt und der Routenparameter foo den Wert bar hat.

Die Methode canDeactivate() aus dem Interface CanDeactivate<T> hat eine andere Signatur. Sie erhält als erstes Argument eine Referenz auf die Komponente, die durch die Navigation verlassen wird. Diese Komponente entspricht dem generischen Typparameter des Interface. Darüber können wir Daten aus der Komponente abfragen und damit die Entscheidung vom Zustand der Komponente abhängig machen. Das ist z. B. sinnvoll, um zu prüfen, ob Änderungen vorgenommen wurden,

CanDeactivate

Das erste Argument ist eine Referenz auf die verlassene Komponente.

die nicht verworfen werden sollen. Das zweite Argument ist wieder vom Typ `ActivatedRouteSnapshot` und kann wie im vorhergehenden Beispiel verwendet werden.

Listing 14–27
Beispiel für einen CanDeactivate-Guard

```
// ...
import { MyComponent } from './my.component';

@Injectable()
export class MyDeactivateGuard implements
    CanDeactivate<MyComponent> {
  constructor(private myService: MyService) { }

  canDeactivate(comp: MyComponent) {
    return !comp.unsavedChanges; // boolean
  }
}
```

Die Navigation weg von der Komponente `MyComponent` wird damit nur ausgeführt, wenn das Property `MyComponent.unsavedChanges` *false* ist. Diese Eigenschaft ist selbst definiert und muss natürlich innerhalb der Komponente gesteuert werden.

14.3.3 Guards verwenden

Guards funktionieren nicht allein dadurch, dass eine Guard-Klasse vorhanden ist. Wir müssen vorher festlegen, welche Routen der Guard absichern soll.

Guard als Provider registrieren

Zuvor müssen wir den Guard aber erst einmal in der Anwendung bekannt machen. Wir erinnern uns, dass die Klasse den Decorator `@Injectable()` trägt. Wir können den Guard also als Provider in der Anwendung registrieren.

Eine sinnvolle Stelle dafür ist das Routing-Modul, dessen Routen wir absichern wollen, also z. B. `AppRoutingModule`. Soll der Guard über alle Module hinweg verwendet werden, ist das zentrale `AppModule` ein passender Ort.

Listing 14–28
Guard als Provider registrieren (app-routing.module.ts)

```
// ...
import { MyActivateGuard } from './my-activate.guard';

@NgModule({
  // ...
  providers: [MyActivateGuard]
})
export class AppRoutingModule { }
```

14.3 Guards: Routen absichern

Damit ist der Guard einsatzbereit und kann Routen in unserer Anwendung absichern. Guards werden als Eigenschaft einer Route angegeben und wirken als Middleware, wenn die Route geladen wird. Die verwendete Eigenschaft trägt immer den gleichen Namen wie die Methode in der Guard-Klasse. Die Guards werden als Array aufgelistet, denn es können auch mehrere Guards für eine Route festgelegt werden.

Guard in den Routen angeben

```
{
  path: 'foo/bar',
  component: MyComponent,
  canActivate: [MyActivateGuard]
}
```

*Listing 14–29
Route mit einem CanActivate-Guard*

Ruft der Nutzer die angegebene Route mit dem Pfad foo/bar auf, wird zunächst die Guard-Methode ausgeführt. Liefert sie den Wert true zurück, wird die Komponente geladen, ansonsten wird die Navigation abgebrochen.

14.3.4 Den BookMonkey erweitern

> **Story – Guards**
>
> Als Leser möchte ich beim Betreten des Administrationsbereichs gewarnt werden, um mir des sensiblen Verwaltungsbereichs bewusst zu werden.
>
> - Es soll eine Popup-Warnmeldung erscheinen, sobald eine Route zur Administration der Bücher aufgerufen wird.
> - Wird die Meldung positiv bestätigt, soll eine Navigation zum Formular erfolgen.
> - Wird die Meldung negativ bestätigt, wird die Navigation abgebrochen.

Nachdem wir die Theorie zu Guards kennengelernt haben, wollen wir auch im BookMonkey einen Guard einsetzen. Der Administrationsbereich, in dem wir Bücher hinzufügen und bearbeiten können, soll abgesichert werden. Damit wir keine Benutzerverwaltung aufsetzen müssen, wählen wir eine einfachere Variante: Sobald der Nutzer den Admin-Bereich aufruft, soll er manuell bestätigen, dass er diese Seite wirklich sehen möchte.

Um diese Anforderungen umzusetzen, gehen wir in drei Schritten vor:

1. Guard-Klasse aufsetzen
2. Guard als Provider registrieren
3. Guard verwenden, um Routen abzusichern

Guard-Klasse aufsetzen

Zuerst müssen wir eine neue Klasse für den Guard anlegen. Dabei greift uns die Angular CLI unter die Arme und bietet eine entsprechende Vorlage an. Der Name des Guards soll *CanNavigateToAdmin* lauten.

Listing 14–30
Guard-Klasse anlegen mit der Angular CLI

```
$ ng g guard CanNavigateToAdmin
```

Die Dateistruktur sieht damit wie folgt aus:

```
src
└── app
    ├── admin
    │   └── ...
    ├── book
    │   └── ...
    ├── shared
    │   └── ...
    ├── app.module.ts
    ├── app-routing.module.ts
    ├── can-navigate-to-admin.guard.ts
    ├── can-navigate-to-admin.guard.spec.ts
    └── ...
```

Passenden Guard-Typ auswählen

Wir müssen als Nächstes überlegen, welche Art von Guard wir implementieren wollen, und das passende Interface verwenden. Die Sicherheitsabfrage soll erfolgen, wenn der Nutzer den Admin-Bereich *betreten* möchte, also wenn die Route *aktiviert* wird. Das bedeutet, unsere Klasse muss das Interface `CanActivate` implementieren, das die Methode `canActivate()` vorschreibt. Werfen wir einen Blick in die neu angelegte Datei `can-navigate-to-admin.guard.ts`, so sehen wir, dass dort schon das Wichtigste vorbereitet ist:

Listing 14–31
Grundgerüst für den neuen Guard (can-navigate-to-admin.guard.ts)

```
import { Injectable } from '@angular/core';
import { CanActivate, ActivatedRouteSnapshot, RouterStateSnapshot
    ↪ } from '@angular/router';
import { Observable } from 'rxjs/Observable';

@Injectable()
export class CanNavigateToAdminGuard implements CanActivate {
  canActivate(
    next: ActivatedRouteSnapshot,
    state: RouterStateSnapshot): Observable<boolean> |
    ↪ Promise<boolean> | boolean {
    return true;
  }
}
```

14.3 Guards: Routen absichern

Es wurde bereits das Interface `CanActivate` implementiert und es existiert die Methode `canActivate()` mit zwei Parametern. Der zweite Parameter vom Typ `RouterStateSnapshot` beinhaltet dabei den aktuellen Zustand des Routers. Im ersten Parameter vom Typ `ActivatedRouteSnapshot` sind die Informationen über die Route gespeichert, die geladen werden soll.

Die Methode muss entweder ein *Boolean* zurückgeben oder ein Observable/Promise, das zu einem *Boolean* auflöst. Welchen Weg wir wählen, hängt wesentlich davon ab, wie wir unsere Abfragelogik gestalten. Wir wollen dieses Beispiel möglichst einfach halten und verwenden den eingebauten Dialog `window.confirm(text)`. Diese native JavaScript-Methode zeigt ein Bestätigungsfenster mit dem angegebenen Text und liefert ein *Boolean* zurück, sobald der Nutzer den Dialog bestätigt oder verwirft. Der Aufruf ist synchron, und die UI blockiert, bis der Nutzer reagiert.

Bestätigungsdialog mit window.confirm()

Den Rückgabewert des Confirm-Dialogs können wir also direkt aus der Guard-Methode zurückgeben, wie das Listing 14–32 zeigt. Die Parameter für die Methode `canActivate()` und die zugehörigen Imports können wir entfernen, denn wir wollen sie hier nicht nutzen.

```
import { Injectable } from '@angular/core';
import { CanActivate } from '@angular/router';

@Injectable()
export class CanNavigateToAdminGuard implements CanActivate {

  canActivate(): boolean {
    return window.confirm('Mit großer Macht kommt große
      ↪ Verantwortung. Möchten Sie den Admin-Bereich betreten?');
  }
}
```

Listing 14–32
Guard mit Bestätigungsdialog (can-navigate-to-admin.guard.ts)

Damit ist unser Guard grundsätzlich schon fertig, hat aber noch eine unschöne Eigenschaft: Ein Guard wird bei jedem Aufruf einer Route ausgeführt. Das bedeutet, der Nutzer wird immer nach Bestätigung gefragt, sobald er eine Route im Admin-Bereich lädt oder neulädt.

Ein sinnvolleres Verhalten wäre, nur beim ersten Betreten die Bestätigung abzufragen und den Status dann beizubehalten. Hier kommt uns die Eigenschaft zugute, dass Serviceklassen in Angular als Singletons ausgeführt werden. Es gibt in der Anwendung nur eine einzige Instanz des Guards, wir können also den Zustand direkt in der Klasse zwischenspeichern.

Entscheidung zwischenspeichern

Dazu legen wir die Eigenschaft accessGranted an. Sie ist standardmäßig auf *false* gesetzt, damit der Abfragedialog beim ersten Aufruf auf jeden Fall erscheint. Die Abfrage an den Nutzer wird nur gestellt, wenn noch kein Zugriff erlaubt wurde. Der Zustand wird in accessGranted zwischengespeichert, so behält der Guard über mehrere Anfragen hinweg seinen Status. Der Nutzer muss den Zugriff also einmalig erlauben und kann während der Sitzung uneingeschränkt auf die Route zugreifen. Die erweiterte Guard-Methode ist im Listing 14–33 zu sehen.

Listing 14–33 Guard mit Bestätigungsdialog und persistiertem Zustand (can-navigate-to-admin.guard.ts)

```
import { Injectable } from '@angular/core';
import { CanActivate } from '@angular/router';

@Injectable()
export class CanNavigateToAdminGuard implements CanActivate {

  accessGranted = false;

  canActivate(): boolean {
    if (!this.accessGranted) {
      this.accessGranted = window.confirm('Mit großer Macht kommt
       große Verantwortung. Möchten Sie den Admin-Bereich
       betreten?');
    }

    return this.accessGranted;
  }
}
```

Guard als Provider registrieren

Damit wir den Guard überhaupt nutzen können, müssen wir die Klasse als Provider registrieren. Das ist die Voraussetzung dafür, dass der Router Zugriff auf den Guard erhält.

Wir passen dazu die Datei app-routing.module.ts an, denn nur hier werden wir den Guard verwenden. In die Moduldeklaration für das AppRoutingModule tragen wir unter providers die neue Guard-Klasse ein.

Listing 14–34 Den neuen Guard im AppModule registrieren

```
// ...
import { CanNavigateToAdminGuard } from
    './can-navigate-to-admin.guard';

// ...
```

```
@NgModule({
  // ...
  providers: [CanNavigateToAdminGuard]
})
export class AppRoutingModule { }
```

Guard verwenden

Der Guard soll eingesetzt werden, um die Zugriffe auf den Admin-Bereich abzusichern. Im `AppRoutingModule` existiert eine Route mit dem Pfad `admin`, die auf das asynchron geladene `AdminModule` verweist. Wenn wir diese Route mit einem Guard sichern, sind auch alle darunter folgenden Routen abgedeckt. Eine Alternative wäre, alle Routen im `Admin-Module` mit dem Guard zu versehen. Der Effekt wäre gleich, allerdings würden wir redundanten Code erzeugen.

Wir nehmen uns also im `AppRoutingModule` die Route mit dem Pfad `admin` vor. Hier fügen wir die Eigenschaft `canActivate` ein und geben die Guard-Klasse an. Damit wird der Guard ausgeführt, sobald die Route aktiviert wird.

Guard in der Route verwenden

```
// ...
import { CanNavigateToAdminGuard } from
  './can-navigate-to-admin.guard';

export const routes: Routes = [
  // ...
  {
    path: 'admin',
    loadChildren: 'app/admin/admin.module#AdminModule',
    canActivate: [CanNavigateToAdminGuard]
  }
];

@NgModule({
  // ...
})
export class AppRoutingModule { }
```

Listing 14–35
Guard in der Routendefinition eintragen

Fertig! Der Admin-Bereich ist nun mit einem Guard abgesichert. Beim ersten Aufruf einer Route unter dem Pfad `admin` erscheint das Bestätigungsfenster, siehe Abbildung 14-4. Nur wenn die Abfrage mit OK bestätigt wird, wird der Zugriff auf das Admin-Formular erlaubt.

Abb. 14–4
Bestätigungsdialog beim Betreten des Admin-Bereichs

Was haben wir gelernt?

- Mit Guards können Routen abgesichert werden, sodass die Navigation unter bestimmten Umständen abgebrochen wird.
- Ein Guard ist eine Funktion, die entscheidet, ob die Navigation ausgeführt werden darf.
- Der Rückgabewert ist ein *Boolean*, das auch asynchron von einem Observable oder einer Promise geliefert werden kann.
- Es gibt vier Arten von Guards, die in verschiedenen Situationen ausgelöst werden:
  - `CanActivate` beim Aufrufen einer Route
  - `CanDeactivate` beim Verlassen einer Route
  - `CanActivateChild` beim Aufrufen einer Kind-Route
  - `CanLoad` beim asynchronen Laden eines Moduls
- Die Guard-Funktion wird als Methode in einer Klasse untergebracht.
- Die Klasse muss das richtige Interface implementieren, das dann die Methodensignatur vorgibt.
- Die Guard-Methode kann über das Argument vom Typ `ActivatedRouteSnapshot` auf die Parameter der aktuellen Route zugreifen.
- Die Klasse trägt den Decorator `@Injectable()` und muss als Provider registriert werden.
- Guards werden als Eigenschaft einer Routendefinition notiert und wirken dann auf diese Route.

Demo und Quelltext:
https://ng-buch.de/it6-guards

14.4 Resolver: Asynchrone Daten vorladen

Wenn wir Daten von einer REST-Schnittstelle laden, abonnieren wir in der Regel in einer Komponente ein Observable. Das bedeutet, dass wir zur Laufzeit der Komponente warten müssen, bis die Daten vom Server eingetroffen sind. Das kann zu problematischen Zuständen in der UI führen, denn wir können währenddessen noch keine Daten anzeigen. Wir lernen deshalb in diesem Kapitel, wie wir asynchrone Daten vorladen können, sodass sie verfügbar sind, sobald die Komponente angezeigt wird.

14.4.1 Warum Resolver verwenden?

Um eine REST-Schnittstelle zu konsumieren, gehen wir üblicherweise so vor: In der Anwendung existiert ein Service, der z. B. `Http.get()` aufruft und damit eine HTTP-Anfrage an einen Server stellt. Dieser Aufruf liefert ein Observable zurück, das die empfangenen Daten liefert.

Bisheriger Weg

```
getStuff(): Observable<MyModel> {
  return this.http.get(url);
}
```

Diese Servicemethode nutzen wir in unseren Komponenten und abonnieren das Observable. Sobald Daten eintreffen, wird das Callback gerufen und die Daten werden in ein Property unserer Komponentenklasse geschrieben:

```
stuff: MyModel;

ngOnInit() {
  this.myService.getStuff().subscribe(res => this.stuff = res);
}
```

Dabei handelt es sich um eine asynchrone Operation. Die Subscription wird angelegt, wenn die Komponente geladen wird, und das Callback wird nebenläufig aufgerufen, wenn das Observable Daten liefert. Im Hintergrund wird übers Netzwerk kommuniziert, und diese Aktion kann einen merkbaren Moment dauern. Das führt dazu, dass `this.stuff` so lange `undefined` ist, bis die Daten eingetroffen sind. Wir stehen also vor einem konzeptionellen Problem: Wollen wir die Daten ins Template einbinden, wird während der Ladezeit nichts angezeigt. Die UI »flackert«, weil die Daten erst später eintreffen. Wir müssen außerdem den Safe-Navigation-Operator einsetzen, damit keine Fehler auftreten, wenn das Objekt nicht existiert.

Die UI »flackert«

Listing 14–36
Der Safe-Navigation-Operator verhindert Fehler, wenn ein Objekt nicht existiert.

```
<div>{{ stuff?.foo }}</div>
```

Wir müssten also den Zustand »Daten noch nicht vorhanden« in jeder Komponente behandeln. Das kann zu unschönen Konstrukten führen, wenn wir mit der Initialisierung unserer Routinen warten müssen, bis die Daten endlich vorhanden sind.

Resolver laden Daten, bevor die Komponente geladen wird.

Angular bietet uns deshalb die Möglichkeit, asynchrone Daten abzurufen, *bevor* die Komponente geladen wird. Dabei helfen uns die sogenannten *Resolver*. Sie greifen in den Routing-Prozess ein und kümmern sich um die Bereitstellung von Daten, bevor eine Route geladen wird. Wir geben also die Verantwortung für das Laden der Daten an den Resolver ab. Die Daten sind dann zur Laufzeit der Komponente sofort und synchron verfügbar.

14.4.2 Resolver aufsetzen

Resolver: Klasse mit der Methode resolve()

Ein Resolver wird als Methode in einer Klasse definiert. Die Klasse implementiert das Interface `Resolve<T>`, womit die Methode `resolve()` vorgegeben wird. Sie muss immer ein Observable oder eine Promise zurückliefern. Um die Auflösung der asynchronen Operation kümmert sich Angular eigenständig. Die Typbindung mit dem generischen T gibt an, welchen Datentypen wir als Ergebnis erwarten.

Decorator @Injectable() für die Resolver-Klasse

Resolver-Klassen müssen als Provider registriert werden und tragen deshalb den Decorator `@Injectable()`. Durch Konstruktor-Injektion können wir auf weitere Abhängigkeiten zugreifen.

Listing 14–37
Beispiel für einen Resolver

```
import { Injectable } from '@angular/core';
import { Resolve } from '@angular/router';
import { Observable } from 'rxjs/Observable';

import { MyModel } from './my.model';
import { MyService } from './my.service';

@Injectable()
export class MyResolver implements Resolve<MyModel> {

  constructor(private myService: MyService) { }

  resolve(): Observable<MyModel> {
    return this.myService.getStuff();
  }
}
```

14.4 Resolver: Asynchrone Daten vorladen

Angular kümmert sich automatisch darum, das zurückgegebene Observable zu abonnieren, und stellt die Daten anschließend in der Anwendung bereit.

Die Methode `resolve()` hat einen optionalen Parameter vom Typ `ActivatedRouteSnapshot`. Darüber können wir wieder die Parameter der aufgerufenen Route abfragen und verarbeiten:

Argument der resolve()-Methode

```
// ...
resolve(route: ActivatedRouteSnapshot): Observable<any> {
  return this.myService.getStuffById(route.params['id']);
}
// ...
```

Listing 14–38
Beispiel für einen Resolver mit Zugriff auf den Routen-Snapshot

14.4.3 Resolver in Routen verwenden

Der so definierte Resolver ist grundsätzlich einsetzbar. Ein Resolver wird bereits beim Laden einer Route aufgerufen, nicht erst innerhalb einer Komponente. Der passende Ort, um einen Resolver zu verwenden, ist also in den Routenkonfigurationen.

Wir ergänzen unsere Route um die Eigenschaft `resolve`. Hier geben wir ein Objekt an, in dem alle Resolver notiert sind. Der Schlüssel in dem Objekt (hier: `stuff`) ist frei wählbar. Unter diesem Namen rufen wir die Daten später ab. Als Wert übergeben wir den Namen der Resolver-Klasse. Nicht vergessen: Die Klasse muss im Kopf der Datei importiert werden!

```
{
  path: 'foo/bar',
  component: MyComponent,
  resolve: {
    stuff: MyResolver
  }
}
```

Listing 14–39
Route mit Resolver

Damit das funktioniert, müssen wir den Resolver noch als Provider registrieren. Dazu tragen wir die Klasse in die `providers`-Eigenschaft eines Angular-Moduls ein, z. B. im `AppModule`. Das `AppModule` ist meist der passende Ort dafür, wenn wir den Resolver an mehreren Stellen unserer Anwendung verwenden wollen.

Resolver als Provider registrieren

Listing 14–40
Resolver als Provider registrieren

```
// ...
@NgModule({
  // ...
  providers: [MyResolver]
})
export class AppModule { }
```

14.4.4 Daten in einer Komponente abrufen

Der Resolver verrichtet seine Arbeit, sobald die Route aufgerufen wird. Es wird automatisch eine Subscription auf das Observable erstellt, und die Daten werden abgerufen und gespeichert. Erst dann wird die Komponente geladen, in der wir die Daten schließlich abrufen wollen.

Dazu verfügt der Routen-Snapshot (`ActivatedRoute.snapshot`) über die Eigenschaft `data`. Hier ist ein Objekt hinterlegt, in dem alle Daten zu finden sind, die von Resolvern geladen wurden. Die Schlüssel in dem Objekt entsprechen den Namen, die wir in der Routenkonfigurationen festgelegt haben.

Listing 14–41
Bereitgestellte Daten in der Komponente auslesen

```
// ...
constructor(route: ActivatedRoute) { }

ngOnInit() {
  this.stuff = this.route.snapshot.data['stuff'];
}
// ...
```

Dieser Code hat eine wichtige Eigenschaft: Der Aufruf ist synchron, denn die Komponente wird erst geladen, nachdem die Daten eingetroffen sind. Beim Start der Komponente sind die abgerufenen Daten sofort verfügbar. Unsere Komponentenlogik muss sich also nicht mehr mit asynchronen Aufrufen auseinandersetzen, und wir können im Template auf den Safe-Navigation-Operator verzichten.

14.4.5 Den BookMonkey erweitern

> **Optimierungvorschlag – Resolver**
>
> Damit in Komponenten auf die Behandlung von Observables verzichtet werden kann, soll das Bereitstellen von Daten mithilfe von *Resolvern* umgesetzt werden. Dadurch wird die Komplexität des Codes in der Komponente reduziert.
>
> - Buchdatensätze sollen nach Aufruf der Anwendung vorgeladen werden.
> - Bei der Navigation zur Detailansicht und zum Bearbeitungsformular sollen direkt die vorgeladenen Daten eingesetzt werden.

Nun, da wir die Grundlagen und Vorteile von Resolvern kennengelernt haben, wollen wir das Wissen in unserem Beispielprojekt anwenden. Wir wollen exemplarisch einen Resolver entwickeln, der ein einzelnes Buch anhand der ISBN abruft. Diese Daten benötigen wir in zwei Komponenten: in der Detailansicht und im Formular zum Bearbeiten eines Buchs.

Wir gehen wieder schrittweise vor, damit wir nicht den Überblick verlieren:

1. Resolver-Klasse aufsetzen
2. Resolver als Provider registrieren
3. Routenkonfigurationen erweitern
4. Komponenten anpassen

Resolver-Klasse aufsetzen

Um das Grundgerüst der Resolver-Klasse zu erzeugen, können wir die Angular CLI verwenden. Die Klasse muss den Decorator `@Injectable()` tragen und erfüllt logisch die Funktion eines Service. Daher ist die Vorlage für einen Service passend. Die Klasse soll, wie die anderen Services auch, im Ordner 📁shared untergebracht werden.

```
$ ng g service shared/BookResolver
```

Listing 14–42
Resolver-Klasse erzeugen mit der Angular CLI

Die Klasse soll den Namen `BookResolver` tragen; wir entfernen also das Suffix `Service` aus dem Klassennamen.

Die Ordnerstruktur sieht nun wie folgt aus:

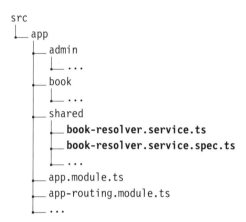

Interface implementieren

Die Klasse muss das Interface `Resolve<T>` implementieren. Der Datentyp, der im Ergebnis erwartet wird, ist `Book`, denn wir wollen ja ein einzelnes Buch abrufen. Wir müssen außerdem die Methode `resolve()` anlegen, damit das Interface korrekt implementiert ist.

Die Methode `resolve()` muss ein Observable/Promise zurückliefern, das zu den gewünschten Daten auflöst. Im vorliegenden Fall ist das schnell erledigt. Im `BookStoreService` existiert die Methode `getSingle()`, die ein Observable zurückgibt. Wir können diese Methode hier also aufrufen und das Ergebnis als Rückgabewert für `resolve()` verwenden. Um Zugriff auf den Service zu erhalten, injizieren wir wie gewohnt die Klasse in den Konstruktor.

Routenparameter im Resolver auslesen

Damit wir ein einzelnes Buch abrufen können, müssen wir beim Aufruf von `getSingle()` eine ISBN angeben. Wir erinnern uns, dass die Methode `resolve()` als erstes Argument ein Objekt vom Typ `ActivatedRouteSnapshot` erhält. Darüber können wir auf die Routenparameter zugreifen und die ISBN auslesen.

Die komplette Resolver-Klasse ist im Listing 14–43 zu sehen.

Listing 14–43
Vollständige Implementierung des BookResolver (book-resolver .service.ts)

```
import { Injectable } from '@angular/core';
import { Resolve, ActivatedRouteSnapshot } from '@angular/router';
import { Observable } from 'rxjs/Observable';

import { Book } from './book';
import { BookStoreService } from './book-store.service';

@Injectable()
export class BookResolver implements Resolve<Book> {

  constructor(private bs: BookStoreService) { }
```

```
  resolve(route: ActivatedRouteSnapshot): Observable<Book> {
    return this.bs.getSingle(route.params['isbn']);
  }
}
```

Resolver als Provider registrieren

Damit wir den Resolver in der Anwendung verwenden können, müssen wir die Klasse als Provider registrieren. Das zentrale `AppModule` ist dafür ein geeigneter Ort, denn hier wird auch der `BookStoreService` registriert und beide Services haben ähnliche Verantwortlichkeiten. Wir fügen also unsere Resolver-Klasse in das `providers`-Array im `AppModule` ein.

```
// ...
import { BookResolver } from './shared/book-resolver.service';

@NgModule({
  // ...
  providers: [
    BookStoreService,
    { provide: LOCALE_ID, useValue: 'de' },
    BookResolver
  ]
})
export class AppModule { }
```

Listing 14–44
BookResolver *als Provider registrieren (app.module.ts)*

Damit ist der Resolver einsatzbereit und kann verwendet werden, um ein Buch abzurufen.

Routenkonfigurationen erweitern

Damit der Resolver wirkt, muss er in die Routenkonfiguration eingetragen werden. Wir wollen den Resolver für die Detailansicht und das Buchformular einsetzen. Das betrifft die folgenden beiden Routen:

- Detailansicht: `:isbn` im `BookModule`
- Formular zum Bearbeiten: `:isbn` im `AdminModule`

Beide Routen erhalten die Eigenschaft `resolve` mit einem Objekt, in dem der Resolver unter einem frei gewählten Namen (`book`) angegeben wird. Die erweiterten Routenkonfigurationen sind in den Listings 14–45 und 14–46 zu sehen.

Listing 14–45
BookResolver *in der Route für die Detailansicht verwenden (book-routing .module.ts)*

```
// ...
import { BookResolver } from '../shared/book-resolver.service';

const routes: Routes = [
  // ...
  {
    path: ':isbn',
    component: BookDetailsComponent,
    resolve: {
      book: BookResolver
    }
  }
];

@NgModule({
  // ...
})
export class BookRoutingModule { }
```

Listing 14–46
BookResolver *in der Route für das Buchformular verwenden (admin-routing .module.ts)*

```
// ...
import { BookResolver } from '../shared/book-resolver.service';

const routes: Routes = [
  // ...
  {
    path: ':isbn',
    component: BookFormComponent,
    resolve: {
      book: BookResolver
    }
  }
];

@NgModule({
  // ...
})
export class AdminRoutingModule { }
```

Wird eine der angepassten Routen aufgerufen, wird nun der Resolver ausgeführt und das Buch-Objekt abgerufen. Im nächsten und letzten Schritt müssen wir noch unsere Komponenten anpassen, sodass sie die Daten aus dem Resolver auch verwenden.

14.4 Resolver: Asynchrone Daten vorladen

Komponenten anpassen

In diesem Schritt müssen wir unsere bestehenden Komponenten ändern, damit sie die Daten aus dem Resolver beziehen. Wir beginnen mit der Detailansicht für ein Buch in der `BookDetailsComponent` (book-details .component.ts). Das Buch-Objekt wird hier in der Methode `ngOnInit()` abgerufen. Den Code der Methode können wir erheblich vereinfachen, denn die asynchrone Operation entfällt. Stattdessen enthält die Methode ab sofort nur noch eine Zeile, die das Buch-Objekt aus dem Routensnapshot in das Klassen-Property schreibt.

Zum Vergleich sind im Listing 14–47 beide Versionen einander gegenübergestellt.

BookDetailsComponent anpassen

```
// VORHER
ngOnInit() {
  const params = this.route.snapshot.params;
  this.bs.getSingle(params['isbn'])
    .subscribe(b => this.book = b);
}
```

*Listing 14–47
Buch-Objekt für die Detailansicht abrufen: ohne und mit Resolver (book-details .component.ts)*

```
// NACHHER
ngOnInit() {
  this.book = this.route.snapshot.data['book'];
}
```

Als Zweites schauen wir uns das Buchformular in der `BookFormComponent` (book-form.component.ts) an. Hier ist die Lage ein wenig komplexer, weil das Formular sowohl zum Anlegen als auch zum Bearbeiten eines Buchs eingesetzt wird.

BookFormComponent anpassen

Wir erinnern uns an die vierte Iteration zurück, in der wir das Formular entwickelt haben. Zur Nachvollziehbarkeit ist der *aktuelle* Stand im Listing 14–48 aufgeführt. Die Eigenschaft `isUpdatingBook` gibt an, in welchem Modus sich das Formular befindet: Anlegen oder Bearbeiten. Soll ein Buch bearbeitet werden, muss es asynchron abgerufen werden. Es gibt also zwei Situationen, in denen das Formular mit `initBook()` initialisiert wird: sofort (beim Anlegen) oder nachdem das Buch-Objekt abgerufen wurde (beim Bearbeiten).

```
ngOnInit() {
  const isbn = this.route.snapshot.params['isbn'];
  if (isbn) {
    this.isUpdatingBook = true;
```

*Listing 14–48
Buch-Objekt für das Buchformular abrufen: ohne Resolver (book-form .component.ts, Ausschnitt)*

```
        this.bs.getSingle(isbn)
          .subscribe(book => {
            this.book = book;
            this.initBook();
          });
      }
      this.initBook();
    }
```

Wenn wir die asynchrone Operation einsparen, wird auch der Code übersichtlicher. Wir müssen lediglich prüfen, ob ein Buch in den Resolver-Daten vorhanden ist. Wenn ja, ist das Formular im Bearbeiten-Modus und das Buch wird in die Komponente übernommen. Anschließend wird einmalig initBook() aufgerufen.

Listing 14–49
Buch-Objekt für das Buchformular abrufen: mit Resolver (book-form.component.ts, Ausschnitt)

```
ngOnInit() {
  let data = this.route.snapshot.data;
  if (data['book']) {
    this.isUpdatingBook = true;
    this.book = data['book'];
  }
  this.initBook();
}
```

Was haben wir gelernt?

- Resolver laden asynchrone Daten vor, bevor eine Komponente geladen wird. In der Komponente sind die Daten dann sofort synchron verfügbar.
- Resolver werden als Methode in einer Klasse notiert.
- Die Klasse implementiert das Interface Resolve<T>, wobei T der Typ der geladenen Daten ist.
- Der Resolver kann auf die Parameter der Route zugreifen. Dazu erhält die Methode resolve() ein Argument vom Typ ActivatedRouteSnapshot.
- Die Klasse trägt den Decorator @Injectable() und muss als Provider registriert werden.
- Resolver werden in den Routendefinitionen zu einer Route notiert. Sie werden in der Eigenschaft resolve in einem Objekt angegeben.
- In der Komponente können wir über ActivatedRoute.snapshot.data auf die geladenen Daten zugreifen.

Demo und Quelltext:
https://ng-buch.de/it6-resolver

14.5 Routing: Wie geht's weiter?

Wir haben in dieser Iteration mit Lazy Loading, Guards und Resolvern drei fortgeschrittene Konzepte des Routers kennengelernt. Damit ist allerdings noch lange nicht alles gesagt, denn der Router bietet noch einige weitere sinnvolle Features.

Wir möchten in diesem Abschnitt einen Ausblick geben und auf drei Themen eingehen. Als weiterführende Literatur sei das Buch[5] von Victor Savkin empfohlen, der den Angular-Router maßgeblich mitentwickelt hat.

Ausblick auf weitere Themen

14.5.1 Routenparameter asynchron laden

Um Routenparameter in einer Komponente auszulesen, haben wir immer einen Schnappschuss der aktuellen Route verwendet. In diesem Objekt sind alle Parameter, aufgelösten Daten usw. enthalten, wie sie zum Zeitpunkt der Initialisierung vorlagen. Ändern sich diese Informationen zur Laufzeit, wird das Objekt allerdings nicht aktualisiert. Das ist in den Konstellationen, die wir bisher kennengelernt haben, auch gar nicht schlimm, denn die Parameter ändern sich ohnehin erst dann, wenn wir eine neue Route laden.

Snapshots werden nicht live aktualisiert.

Diese Eigenschaft wird aber zum Problem, wenn wir von einer Komponente auf *dieselbe* Komponente verlinken. Das kommt z. B. dann vor, wenn wir von einer Detailseite zur nächsten gelangen wollen. In diesem Fall wird die Komponente bei der Navigation nicht neu geladen, sondern die Instanz bleibt bestehen. Obwohl sich der Zustand des Routers dabei ändert, wird der Snapshot nicht aktualisiert!

Um das zu umgehen, können wir die Parameter auf andere Weise auslesen. Das Objekt `ActivatedRoute.params` ist ein Observable, das jeweils die aktuellen Parameter der Route liefert. Wir können diesen

Routenparameter als Observable

---

[5] https://ng-buch.de/x/54 – Leanpub: »Angular Router – The Complete Authoritative Reference«

Datenstrom abonnieren und damit adäquat auf Änderungen an den Parametern reagieren.

Listing 14–50
Routenparameter asynchron auslesen mit Observables

```
constructor(private route: ActivatedRoute) { }

ngOnInit() {
  this.route.params.subscribe(params => {
    const isbn = params['isbn'];
    // ...
  });
}
```

14.5.2 Mehrere RouterOutlets verwenden

In unserer Anwendung haben wir bisher auf einer Ebene immer genau ein RouterOutlet eingesetzt. Das Outlet ist im Template einer Komponente untergebracht und ist dafür zuständig, die geroutete Komponente anzuzeigen. Wir wollen nun ein wenig weiterdenken: Angenommen, unsere Anwendung besitzt noch eine Seitenleiste mit dynamischem Inhalt und soll zusätzlich in einem modalen Overlay Komponenten anzeigen können. Die elegante Lösung dafür ist, mehrere RouterOutlets zu verwenden!

Outlets können einen Namen erhalten.

Wir können in unseren Templates beliebig viele weitere Outlets einsetzen. Zur Identifikation erhält jedes Outlet einen Namen. Das einzige unbenannte Outlet funktioniert weiterhin als Standardziel für geroutete Komponenten.

Listing 14–51
Template mit mehreren RouterOutlets

```
<router-outlet></router-outlet>
<router-outlet name="second"></router-outlet>
```

In den Routenkonfigurationen können wir nun festlegen, in welches Outlet eine Komponente geladen werden soll. Dazu dient der Schlüssel `outlet`, in dem einfach der Name des Ziel-Outlets angegeben wird.

Listing 14–52
Beispiel für eine Routendefinition mit zusätzlichem Outlet

```
{
  path: 'mypath',
  component: MyComponent,
  outlet: 'second'
}
```

Auf ein RouterOutlet verlinken

Die Verlinkung wird etwas kniffeliger, denn auch hier müssen wir angeben, welches Outlet wir bedienen möchten. Das hat allerdings den Vorteil, dass wir mit einem einzigen Link in alle verfügbaren Outlets eine Komponente laden können. primary ist dabei der reservierte Name für das unbenannte Standard-Outlet.

```
<a [routerLink]="[{ outlets: { second: 'mypath' }}]">Link 1</a>
<a [routerLink]="[{ outlets: { primary: 'foo', second: 'mypath'
    ↪ }}]">Link 2</a>
```

Listing 14–53
Beispiele für Links mit mehreren Outlets

Der Zustand des Routers wird natürlich auch bei mehreren parallelen Outlets in der URL abgebildet. Zusätzliche Outlets werden dabei in runden Klammern angegeben:

http://localhost:4200/foo(second:mypath)

Listing 14–54
Beispiel für eine URL mit zusätzlichem Outlet

14.5.3 Darstellung der URLs ändern: LocationStrategies

Der Router von Angular setzt standardmäßig auf pfadbasierte URLs in der Form http://example.org/path/books.

Das hat den Vorteil der guten Lesbarkeit und ist suchmaschinenfreundlich. Wie bereits beschrieben, wird eine Single-Page-Applikation beim Wechseln der Route nicht neu geladen. Stattdessen wird die URL in der Adresszeile des Browsers mithilfe der HTML5 History API umgeschrieben. Diese Eigenschaft bringt aber zwei Schwierigkeiten mit sich:

HTML5 History API

- Es handelt sich um »echte Pfade«, die vom Webserver auch als solche behandelt werden (wie im Kasten auf Seite 135 beschrieben). Wird ein solcher Pfad direkt im Browser aufgerufen, muss der Webserver die Angular-Applikation trotzdem aus dem Webroot ausliefern.
- Die HTML5 History API wird im Internet Explorer erst ab Version 10 unterstützt.

Der Router bietet die Möglichkeit, den Umgang mit den Routenpfaden zu konfigurieren. Das erfolgt über sogenannte LocationStrategys. Ohne weitere Konfiguration verwendet der Router die PathLocationStrategy, mit der die Pfade in der eben beschriebenen Form zusammengesetzt werden.

LocationStrategy

Als Fallback auf ältere Browser (insbesondere der Internet Explorer in der Version 9) und um die besondere Konfiguration des Webservers zu umgehen, können wir die HashLocationStrategy einsetzen. Die Routenpfade werden damit als URL-Fragment hinter dem Hash-Zeichen # angegeben.

HashLocationStrategy

Mit PathLocationStrategy
http://localhost:4200/book/12345

Mit HashLocationStrategy
http://localhost:4200/#/book/12345

Im URL-Fragment werden normalerweise Sprungmarken auf einer Seite angegeben. Dieses Konzept existiert schon seit den frühen Jahren des WWW und wird von allen Browsern unterstützt. Diese Variante hat also den Vorteil, dass immer die richtige HTML-Seite vom Browser angefragt wird. Angular liest das URL-Segment aus und bildet den String auf einen Zustand der Anwendung ab.

Um die `HashLocationStrategy` zu verwenden, überladen wir das Token `LocationStrategy`, sodass die neue Strategie verwendet wird.

Listing 14–55 HashLocationStrategy verwenden

```
import { NgModule } from '@angular/core';
import { LocationStrategy, HashLocationStrategy } from
    '@angular/common';

@NgModule({
  providers: [
    {
      provide: LocationStrategy,
      useClass: HashLocationStrategy
    }
  ]
})
class AppModule { }
```

Die `LocationStrategy` sollte allerdings nur mit einer guten Begründung geändert werden, denn die »echten« Pfade sehen besser aus und sind suchmaschinenfreundlich. Auf die Konfiguration des Webservers gehen wir im Deployment-Kapitel ab Seite 423 noch gezielter ein.

15 Internationalisierung: Iteration VII

> »*Internationalisierung (i18n) in Apps ist heutzutage ein Muss. Ob auf dem Desktop, im Web oder auf mobilen Endgeräten, Apps sollten dem Nutzer die Möglichkeit geben, die Sprache des UI auswählbar zu machen.*«
>
> Pascal Precht
> (Entwickler von angular-translate und Mitgründer von thoughtram)

15.1 i18n: Mehrere Sprachen und Kulturen anbieten

Fast geschafft: Unser BookMonkey hat nun alle Funktionen, die wir geplant haben. Aber ein Feature fehlt noch komplett: Mehrsprachigkeit. Dies wollen wir in diesem letzten kurzen Kapitel ändern. Unsere Anwendung soll auch in Englisch verfügbar sein. Sie werden sehen: Die Aufgabe ist nicht schwer, verlangt jedoch ein wenig Fleiß.

15.1.1 Was bedeutet Internationalisierung?

In der Informatik versteht man unter *Internationalization* die Anpassung von Software für mehrere Sprachen und Kulturen. Der sperrige Begriff wird häufig mit den Buchstaben *i18n*[1] abgekürzt.

Prinzipiell kann man unter den Begriffen *Internationalisierung* und *Lokalisierung* viele Aufgaben zusammenfassen: Texte sollten mehrsprachig vorliegen, Datums- und Zeitformate, Formatierungen von Zahlen und Zeitzonen müssen beachtet werden. Es gilt auch, Währungen oder die Schreibrichtungen nicht zu vergessen. Weiterhin werden unter anderem Farben und Bilder in verschiedenen Kulturkreisen sehr unterschiedlich interpretiert. Eines wird klar: Eine Anwendung für mehrere Länder auszurichten, ist eine große Aufgabe, die definiert und eingegrenzt werden muss. Bei vielen Dingen müssen wir als Entwickler die

i18n umfasst viele Aufgaben.

---

[1] Das Wort *Internationalization* besteht aus 18 Buchstaben zwischen dem ersten Buchstaben *i* und letzten Buchstaben *n*.

Pipes

richtigen Weichen per Code stellen, anderswo helfen uns Pipes weiter. Dies sind unter anderem die `DatePipe`, die `DecimalPipe`, die `Currency-Pipe` und natürlich die `I18nSelectPipe` und die `I18nPluralPipe` (siehe Seite 261). Bei der Realisierung von Mehrsprachigkeit wiederum hilft das i18n-Tooling von Angular.

15.1.2 Nachrichten mit dem i18n-Attribut markieren

Das HTML-Attribut `i18n` hat für Angular eine besondere Bedeutung. Es teilt dem i18n-Tooling mit, dass hier ein übersetzbarer Text zu finden ist. Im nächsten Schritt werden wir ein Extraktionstool einsetzen, um die markierten Nachrichten in den Templates zu identifizieren und in eine neue Datei zu speichern. An der Stelle, wo der Text übersetzt werden soll, müssen wir das Attribut entsprechend platzieren:

Listing 15–1
Nachrichten mit dem i18n-Attribut markieren

```
<h1 i18n>Hallo Welt!</h1>
```

Eine Beschreibung und Bedeutung notieren

Um der übersetzenden Person eine Hilfestellung zu leisten, sollten wir zusätzlich noch die Bedeutung (engl. *meaning*) sowie eine Beschreibung (engl. *description*) für die Nachricht hinterlegen. Bedeutung und Beschreibung werden durch das Pipe-Zeichen getrennt. Ohne das Pipe-Zeichen repräsentiert der gesamte String die Beschreibung. Beide Angaben sind optional.

Listing 15–2
Weitere Metadaten zum i18n-Attribut angeben

```
<h1 i18n="meaning|description">Hallo Welt!</h1>
<h1 i18n="description">Salut!</h1>
```

Steht kein DOM-Element zur Verfügung, so können wir die Markierung auch per `<ng-container>` definieren:

Listing 15–3
Das i18n-Attribut mit dem <ng-container> einsetzen

```
<ng-container i18n="meaning|description">
Meine Nachricht
</ng-container>
```

Der Container `<ng-container>` wird zu einem HTML-Kommentar umgewandelt. Die Umwandlung entspricht der folgenden alternativen Syntax:

Listing 15–4
Die Markierungen als HTML-Kommentar

```
<!--i18n: meaning|description -->
Meine Nachricht
<!--/i18n-->
```

Übersetzbare Inhalte kommen nicht nur im Text eines HTML-Dokuments vor, sondern auch in Attributen verstecken sich Nachrichten. Um etwa ein `title`-Attribut oder ein `placeholder`-Attribut zu markieren, schreiben wir entsprechend `i18n-title` bzw. `i18n-placeholder`.

15.1 i18n: Mehrere Sprachen und Kulturen anbieten

```
<a href="http://example.org" title="Klick mich!" i18n-title>
    ↪ Beispiel</a>
<input placeholder="Vorname" i18n-placeholder>
```

*Listing 15–5
Nachrichten in
Attributen markieren*

15.1.3 Nachrichten extrahieren und übersetzen

Wenn alle Nachrichten markiert sind, können wir das Extraktionstool ng-xi18n einsetzen. Der Befehl ist Bestandteil des Pakets @angular/compiler-cli. In einem Projekt der Angular CLI ist das Paket schon vorhanden, ansonsten müssen wir es manuell installieren:

ng-xi18n

```
$ npm install @angular/compiler-cli --save-dev
```

Die Verwendung ist recht einfach, wir müssen lediglich über den Parameter -p den Pfad zur Datei tsconfig.json angeben. Das folgende Beispiel funktioniert, wenn wir uns im Hauptverzeichnis des Angular-CLI-Projekts befinden.

```
$ "./node_modules/.bin/ng-xi18n" -p src/tsconfig.app.json
```

Als Nutzer der Angular CLI können wir auch folgenden komfortablen Wrapper verwenden:

*Wrapper für die
Angular CLI*

```
$ ng xi18n
```

Es wird eine Datei mit dem Namen messages.xlf im *XML Localisation Interchange File Format (XLIFF)* generiert. Über den Schalter --i18nFormat=xmb generieren wir eine Datei mit dem Namen messages.xmb im Format *XML Message Bundle (XMB)*. Beide Dateiformate erfüllen denselben Zweck. Wir werden im weiteren Verlauf das XMB-Format verwenden, weil dieses vom bekannten Onlinetool POEditor[2] unterstützt wird. Welches Format eingesetzt wird, ist Geschmackssache.[3] Sowohl XLIFF als auch XMB werden von vielen Editoren unterstützt, darunter auch frei verfügbare.

*Extrahierte Nachrichten
als XLIFF oder XMB*

*Editor für
Nachrichtendateien*

Vom Übersetzer erhalten wir eine neue Datei im XLIFF-Format bzw. dem XTB-Format (*External Translation Table*). Diese Datei gehört idealerweise direkt neben die Ausgangsdatei messages.xlf bzw. messages.xmb oder in ein spezielles Verzeichnis. In der offiziellen Angular-Dokumentation empfiehlt man den Ordner 📁src/locale. Für unsere Beispiele haben wir uns direkt für 📁src entschieden.

*Übersetzte Datei als
XTB*

---

[2] https://ng-buch.de/x/55 – POEditor
[3] Der Spezialfall »plural and select« wird momentan nur vom XMB-Format unterstützt.

15.1.4 Feste IDs vergeben

Zufällig generierte IDs

Werfen wir einen Blick in die generierte XMB-Datei, sehen wir, dass das Extraktionstool für jeden Eintrag eine ID anlegt. Diese IDs sind zufällig generiert und leider für einen Menschen komplett unverständlich.

Listing 15–6
Kryptische ID (1)

```
HTML: <h1 i18n>Hello World</h1>
XMB:  <msg id="4584092443788135411">Hello World</msg>
```

Zudem wird bei jeder Textänderung – z. B. bei der Korrektur eines Tippfehlers – eine gänzlich andere Nummer generiert.

Listing 15–7
Kryptische ID (2)

```
HTML: <h1 i18n>Hello World!</h1>
XMB:  <msg id="6947830843539421219">Hello World!</msg>
```

Best Practice:
Feste IDs mit @@

Dies erhört den Wartungsaufwand enorm, da im Übersetzungsprogramm natürlich ein völlig neuer Eintrag erscheint und der alte entsprechend entfernt werden muss. Mit Version 4 von Angular wird dieses Problem zum Glück adressiert. Wir können mittels zweier @-Zeichen selbst eine aussagekräftige ID vergeben.

Listing 15–8
i18n-Attribut mit fester ID verwenden

```
<h1 i18n="meaning|description@@ID">Hallo Welt!</h1>
```

Wir empfehlen dringend, stets feste IDs zu verwenden. Nur so vermeiden wir Mehraufwände nach der Aktualisierung unserer Texte!

Listing 15–9
Feste ID (1)

```
HTML: <h1 i18n="@@HelloWorld">Hello World!</h1>
XMB:  <msg id="HelloWorld">Hello World!</msg>
```

Listing 15–10
Feste ID (2)

```
HTML: <h1 i18n="Meine Bedeutung|Meine Beschreibung@@HelloWorld">
      ↪ Hello World!</h1>
XMB:  <msg id="HelloWorld" desc="Meine Beschreibung" meaning="Meine
      ↪ Bedeutung">Hello World!</msg>
```

15.1.5 JIT: Die App mit Übersetzungsdatei laden

Angular-Compiler

Angular hat zwei unterschiedliche Compiler: den JIT-Compiler und den AOT-Compiler. Beide Varianten betrachten wir im Kapitel zum Deployment ab Seite 418 noch ausführlich. Normalerweise bevorzugen wir die Übersetzungen im AOT-Modus, die wir im nächsten Abschnitt behandeln. Der Vollständigkeit halber zeigen wir hier trotzdem kurz das Vorgehen für JIT.

Im JIT-Modus werden die Übersetzungen während der dynamischen Kompilierung der Templates eingewoben. Das Listing 15–11 verdeutlicht das Vorgehen.

15.1 i18n: Mehrere Sprachen und Kulturen anbieten

```
import { platformBrowserDynamic } from
    '@angular/platform-browser-dynamic';
import { enableProdMode } from '@angular/core';
import { environment } from './environments/environment';
import { AppModule } from './app/app.module';
import { LOCALE_ID, TRANSLATIONS, TRANSLATIONS_FORMAT } from
    '@angular/core';


if (environment.production) {
  enableProdMode();
}

const loadFile = (filePath, done) => {
  const xhr = new XMLHttpRequest();
  xhr.onload = () => done(xhr.responseText);
  xhr.open('GET', filePath, true);
  xhr.send();
};

loadFile('/assets/messages.en.xtb', (translations) => {
  platformBrowserDynamic().bootstrapModule(AppModule, {
    providers: [
      { provide: TRANSLATIONS, useValue: translations },
      { provide: TRANSLATIONS_FORMAT, useValue: 'xtb' },
      { provide: LOCALE_ID, useValue: 'en' }]
    }
  );
});
```

Listing 15–11
Lokalisierung für den JIT-Modus (main.ts)

Die eigentliche Aufgabe besteht darin, die beiden Provider mit den Tokens `TRANSLATIONS` und `TRANSLATIONS_FORMAT` zu registrieren. Bei `TRANSLATIONS` übergeben wir den Inhalt der Übersetzungsdatei (hier: messages.en.xtb). Das Laden des Dateiinhalts geschieht außerhalb der Angular-Welt, daher müssen wir uns eine eigene Lösung einfallen lassen. Wir haben einen simplen AJAX-Request per XMLHttpRequest gewählt. Den Provider für `LOCALE_ID` kennen wir bereits aus Iteration V (Seite 260). Streng genommen ist dies kein Feature vom i18n-Framework, aber wir haben diesen Weg der Vollständigkeit halber mit aufgeführt.

Provider für TRANSLATIONS und TRANSLATIONS_ FORMAT

LOCALE_ID

Einschränkungen im JIT-Modus

Wie wir gesehen haben, können wir vor dem eigentlichen Start der Anwendung die Übersetzungen laden und haben so die Möglichkeit, die

JIT nur für die Entwicklung einsetzen

Sprache zu wechseln. Dieser Sprachwechsel ist jedoch nur durch einen »harten« Neustart der Anwendung möglich. Wir empfehlen die Verwendung des JIT-Modus nur während der Entwicklung, da sonst die Performance der Anwendung nicht beeindruckend ist. Wir besprechen das Thema im Deployment-Kapitel noch einmal dediziert.

15.1.6 AOT: Die App statisch mit Übersetzungsdatei bauen

i18n und AOT mit der Angular CLI

Zugegeben, das JIT-Beispiel ist schon ein wenig umständlich. Die sehr einfache Integration durch den Angular-Compiler (ngc) bzw. die Angular CLI und eine bessere Performance sprechen für den nun vorgestellten Ansatz: Wir können dem AOT-Compiler direkt die Übersetzungsdatei mitgeben, damit dieser für uns eine speziell lokalisierte Version der Anwendung baut. Der Aufruf zum Erzeugen einer übersetzten englischen Version der App lautet wie folgt:

```
$ ng serve --aot --i18n-file=src/messages.en.xlf --locale=en
$ ng serve --aot --i18n-file=src/messages.en.xtb --i18n-format=xtb
    ↪ --locale=en
```

Wir können die gezeigten Parameter von ng serve auch bei ng build einsetzen, mehr dazu später im Kapitel zum Deployment ab Seite 418.
Mehr gibt es nicht zu tun. Das war's bereits!

Einschränkungen im AOT-Modus

Nur eine Sprache gleichzeitig

Es ist klar erkennbar: Wir können immer nur eine Sprache mit einer speziell dafür gebauten Anwendung unterstützen! Wollen wir also unsere Anwendung in mehreren Sprachen anbieten, so müssen wir tatsächlich das Kompilat mehrfach in verschiedenen Verzeichnissen abspeichern und z. B. über unterschiedliche Domains oder über unterschiedliche öffentliche Verzeichnisse anbieten.

Dieses Vorgehen ist sowohl positiv als auch kritisch zu betrachten. Für diesen Weg spricht die Tatsache, dass wir hoch optimierte Anwendungen erhalten. Zur Laufzeit findet keine Übersetzung statt – schneller geht es nicht. Entsprechend negativ ist allerdings der Umstand, dass sich die Komplexität des Deployments entsprechend erhöht. Will man viele Sprachen anbieten, muss man definitiv den Build automatisieren.

Ebenso nachteilig ist die Tatsache, dass jede Textänderung einen neuen Übersetzungsprozess verlangt: Nachrichten extrahieren, übersetzen, neu kompilieren. Für einen dynamischeren Weg könnten wir zwar den Weg über den JIT-Compiler gehen, aber dann hätten wir später

ngx-translate

keine effiziente Anwendung. Wir empfehlen daher an dieser Stelle, ein anderes Framework wie etwa *ngx-translate*[4] zu verwenden. Leser, die bereits das bekannte *angular-translate* mit AngularJS 1.x eingesetzt haben, werden die Konzepte wiedererkennen!

Im nächsten Abschnitt wollen wir das gewonnene Wissen zum i18n-Tooling gleich ausprobieren.

15.1.7 Den BookMonkey erweitern

> **Story – Mehrsprachigkeit**
>
> Als englischsprachiger Leser möchte ich die Anwendung in meiner Sprache präsentiert bekommen, um den angezeigten Text verstehen zu können.

Der BookMonkey soll also Englisch »sprechen«. Hierfür setzen wir das i18n-Tooling von Angular ein, um die Anwendung in einer anderen Sprache anzubieten.

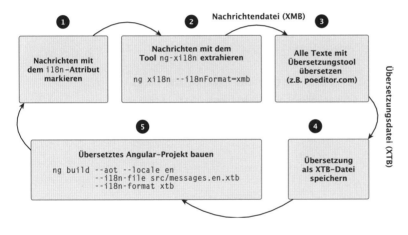

Abb. 15–1
Unser Prozess bei der Übersetzung der Anwendung

Wie immer gehen wir schrittweise vor und halten uns an den folgenden Prozess:

1. Nachrichten mit dem `i18n`-Attribut markieren
2. Nachrichten extrahieren
3. Nachrichten übersetzen
4. Übersetzung abspeichern
5. übersetztes Projekt bauen

---

[4] https://ng-buch.de/x/56 – ngx-translate

Nachrichten per i18n-Attribut markieren

Zunächst müssen wir alle Stellen im HTML-Quelltext finden, die Nachrichten enthalten. Die Homepage ergänzen wir z. B. mit folgendem Markup:

Listing 15–12
Das markierte Template der HomeComponent (home.component.ts)

```
// ...
@Component({
  // ..
  template: `
  <div class="ui container two column grid">

    <div class="ui container column">
      <h1 i18n="@@HomeComponent:header">Home</h1>
      <p i18n="a proud sentence about the
        ↪ project@@HomeComponent:tagline">
        Das ist der BookMonkey.
      </p>
      <a routerLink="../books" class="ui red button">

        <!--i18n: Text of the link to the books
        ↪ screen@@HomeComponent:book list link -->
        Buchliste ansehen
        <!--/i18n-->

        <i class="right arrow icon"></i>
      </a>
    </div>

    <bm-search (bookSelected)="bookSelected($event)"
      ↪ class="column"></bm-search>
  </div>
  `
})
export class HomeComponent {
  // ..
}
```

Wir haben uns entschieden, als ID ein Kürzel wie etwa @@HomeComponent:tagline zu vergeben. Das ist natürlich eine sehr technische Sicht auf die Dinge. Würden wir mit dritten Personen zusammenarbeiten, müssten wir uns ggf. auf ein verständlicheres System einigen. Genauso gehen wir für alle anderen Komponenten vor. Das Template der BookForm-

Component beinhaltet Placeholder-Attribute. Hier sieht unser Template nach der Überarbeitung so aus:

```html
<h1 i18n="@@BookFormComponent:book form">Buchformular</h1>

<!-- ... -->

<div class="field">
  <label
    i18n="@@BookFormComponent:book published date">Autoren</label>
  <div class="fields" formArrayName="authors">
    <div class="fifteen wide field" *ngFor="let control of authors.
    ↪ controls; index as i">
      <input [formControlName]="i" placeholder="Autor"
        i18n-placeholder="@@BookFormComponent:author placeholder">
    </div>
  </div>
</div>

<!-- ... -->
```

Listing 15–13
Das markierte Template der BookFormComponent (book-form.component.html)

Damit wir schneller sehen, welche Nachrichten bereits markiert sind, können wir ein Stylesheet verwenden. Überall dort, wo wir schon eine Markierung gemacht haben, wird das Element mit einem grünen Rahmen angezeigt. Das folgende Snippet binden wir am besten in das globale Stylesheet src/styles.css ein:

```css
[i18n],
[i18n-placeholder],
[i18n-title] {
  border: 1px solid green !important;
}
```

Listing 15–14
CSS: Bereits markierte Elemente sichtbar machen (styles.css)

Nachrichten extrahieren

Sind die Markierungen erfolgt, so starten wir die Extraktion der Nachrichten mit dem Kommando der Angular CLI:

```
$ ng xi18n --i18nFormat=xmb
```

Wir erhalten eine XML-Datei mit unseren Nachrichten: src/messages.xmb. Wie man sehen kann, liegen alle IDs in unveränderbarer Form vor.

XMB-Datei

Listing 15-15
Die Nachrichtendatei im XMB-Format (Ausschnitt) (messages.xmb)

```xml
<messagebundle>
    <msg id="BookFormComponent:book form">Buchformular</msg>
    <msg id="BookFormComponent:book title">Buchtitel</msg>
    <msg id="BookFormComponent:book subtitle">Untertitel</msg>
    <msg id="BookFormComponent:book isbn">ISBN-Nummer</msg>
    <msg id="BookFormComponent:book published
        ↪ date">Erscheinungsdatum</msg>
    <msg id="BookFormComponent:author placeholder">Autor</msg>
    <msg id="BookFormComponent:book description">Beschreibung</msg>
    <msg id="BookFormComponent:book thumbnails">Bilder</msg>
    <msg id="BookFormComponent:book url
        ↪ placeholder">http://bild_Url</msg>
    <msg id="BookFormComponent:book thumbnail placeholder">Bild
        ↪ Titel</msg>
```

Nachrichten übersetzen

POEditor

Es liegt nun an uns, alle Nachrichten in die englische Sprache zu überführen. Wir verwenden den Onlineeditor POEditor. Hierfür haben wir einen extra Powertipp vorbereitet (Seite 363).

Übersetzung abspeichern

XTB-Datei

Nach getaner Arbeit laden wir die Übersetzungsdatei herunter und speichern diese unter 📁src/messages.en.xtb ab.

Listing 15-16
Die Übersetzungsdatei im XTB-Format (Ausschnitt) (messages.en.xtb)

```xml
<translationbundle lang="en">
    <translation id="BookFormComponent:book form">Book
        ↪ Form</translation>
    <translation id="BookFormComponent:book title">Book
        ↪ Title</translation>
    <translation id="BookFormComponent:book
        ↪ subtitle">Subtitle</translation>
    <translation id="BookFormComponent:book isbn">ISBN
        ↪ Number</translation>
    <translation id="BookFormComponent:book published
        ↪ date">Published Date</translation>
    <translation id="BookFormComponent:author
        ↪ placeholder">Author</translation>
    <translation id="BookFormComponent:book
        ↪ description">Description</translation>
    <translation id="BookFormComponent:book
        ↪ thumbnails">Thumbnails</translation>
```

```
<translation id="BookFormComponent:book url
    ↪ placeholder">http://example_Url</translation>
<translation id="BookFormComponent:book thumbnail
    ↪ placeholder">Book Title</translation>
```

Wie man sehen kann, unterscheidet sich das XMB-Format nur geringfügig vom XTB-Format. Aus einem Root-Element `<messagebundle>` mit `<msg>`-Elementen wird das Root-Element `<translationbundle>` mit `<translation>`-Elementen. Kleine Änderungen kann man auch ohne Tooling durchführen.

Übersetztes Projekt bauen

Zum Schluss wollen wir den übersetzten BookMonkey betrachten. Wir führen einen AOT-Build mit den entsprechenden Parametern aus.

```
$ ng serve --aot --locale=en --i18n-file=src/messages.en.xtb
    ↪ --i18n-format=xtb
```

Listing 15–17
Den englischen BookMonkey starten

Abb. 15–2
Die Startseite auf Englisch

Abb. 15–3
Die Detailansicht auf Englisch

Damit wir uns den Aufruf der Befehle später nicht merken müssen, hinterlegen wir diese am besten als *NPM Run Script* in der package.json.

Run-Skripte für NPM

```
"scripts": {
  "extract-i18n": "ng xi18n --i18nFormat=xmb",
  "start-en": "ng serve --aot --locale=en --i18n-file=src/messages.
    ↪ en.xtb --i18n-format=xtb"
},
```

Listing 15–18
Run-Skripte definieren (package.json)

Abb. 15–4
Das Buchformular auf Englisch

Book Form

Book Title

Angular

Subtitle

Grundlagen, fortgeschrittene Techniken und Best Practices mit TypeScript

ISBN Number

9783864903571

Published Date

01.04.2017

Alle hinterlegten Skripte listet uns übrigens der Befehl `npm run` auf. Über `npm run <command>` können wir jetzt komfortabel die beiden neuen Befehle wieder aufrufen.

Listing 15–19
Run-Skripte ausführen

```
$ npm run extract-i18n
$ npm run start-en
```

Was haben wir gelernt?

Wir haben den BookMonkey auf Englisch übersetzt. Das i18n-Tooling von Angular hat uns dabei unter die Arme gegriffen.

- Mit den i18n-Tooling können wir Views in andere Sprachen übersetzen.
- Das Übersetzen von TypeScript-Code ist (noch) nicht möglich.
- Elemente mit übersetzbarem Text werden mit dem Attribut `i18n` bzw. Attributen im Format `i18n-xxx` markiert.
- Angular bringt das Tool `ng-xi18n` mit, um die Nachrichten aus den Templates zu extrahieren.
- Durch den Einsatz von Nachrichtendateien und Übersetzungsdateien können wir die Übersetzung an Experten, etwa ein Übersetzungsbüro, übertragen.
- Es kann immer nur eine Sprache gebaut werden; dies gilt für JIT und AOT. Ein Wechsel der Sprache zur Laufzeit bzw. nach dem Bootstrapping ist nicht vorgesehen.

Demo und Quelltext:
https://ng-buch.de/it7-i18n

16 Powertipp: POEditor

Wir haben für die Übersetzung das Onlinetool POEditor[1] verwendet. Die Oberfläche ist intuitiv zu bedienen, man kann parallel mit mehreren Personen übersetzen und es gibt für den Start einen kostenlosen Zugang[2]. Wir wollen kurz das Vorgehen beschreiben.

Neues Projekt anlegen

Wir loggen uns in unseren Account ein und erstellen ein neues Projekt. Wir werden aufgefordert, eine erste Sprache hinzuzufügen. Dies ist in unserem Fall *German*, für die deutsche Sprache.

Abb. 16-1
POEditor:
Add a language

Nachrichtendatei (XMB) importieren

In der Projektübersicht finden wir rechts eine Menüleiste. Dort wählen wir Option *Import Terms* aus (Symbol: Pfeil nach oben in einem Kreis). Über den *Browse*-Button selektieren wir die generierte Datei messages.xmb. Wir importieren auch gleich die deutschen Übersetzungen, damit wir diese später als Referenz anzeigen lassen können.

---

[1] https://ng-buch.de/x/55 – POEditor
[2] Der »Free Plan« ist auf 1000 Strings limitiert.

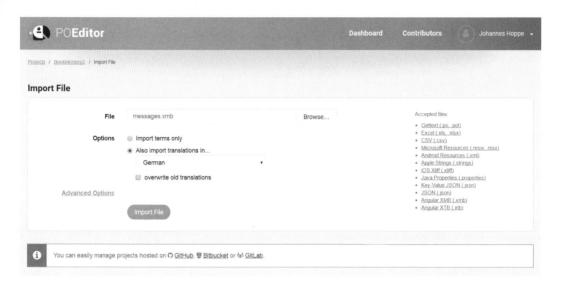

Abb. 16–2
POEditor: Import File

Inhalte verifizieren

Wir sehen nach dem Import die Übersetzungen für die deutsche Sprache. Natürlich gibt es hier nicht mehr viel zu tun, denn wir haben eine deutschsprachige Anwendung als Grundlage. Enthält ein Eintrag eine Bedeutung (engl. *meaning*), so wird diese gleich unterhalb angezeigt. Auch die Beschreibung (engl. *description*) wird berücksichtigt, diese taucht als Kommentar auf (farbige Sprechblase).

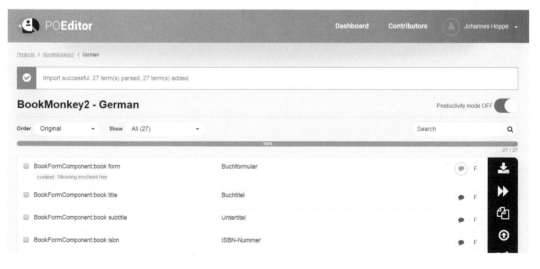

Abb. 16–3
POEditor: Deutsche Übersetzungen

Referenzsprache festlegen

Nun gehen wir von der Projektübersicht aus in die Projekteinstellungen (*Project Settings*, Zahnradsymbol). Wir klicken den Button *Edit Project Details* und stellen dort die *Default Reference Language* ein. Die Referenzsprache ist in unserem Fall *German*.

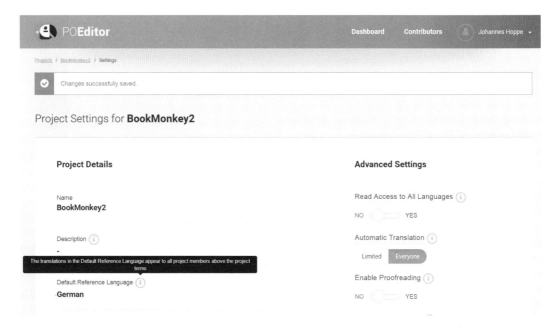

Abb. 16–4
POEditor: Default Reference Language

Eine weitere Sprache anlegen und loslegen

Wir gehen erneut zur Projektübersicht zurück und betätigen aus den Optionen den Plus-Knopf für *Add Language*. Wir wählen *English* aus. Die Sprache erscheint in der Übersicht, und wir klicken auf das Flaggensymbol, um mit der Lokalisierung zu starten.

Sofern wir feste IDs für das i18n-Attribut vergeben und alle Schritte korrekt durchgeführt haben, erhalten wir nun eine hilfreiche Übersicht[3]. Das Übersetzen geht schnell von der Hand, und der Fortschrittsbalken wird in kurzer Zeit grün.

---

[3] Wenn wir die kryptischen IDs verwenden und alle Schritte ignoriert haben, so sehen wir jetzt nur die Nummern. Das ist natürlich überhaupt nicht hilfreich.

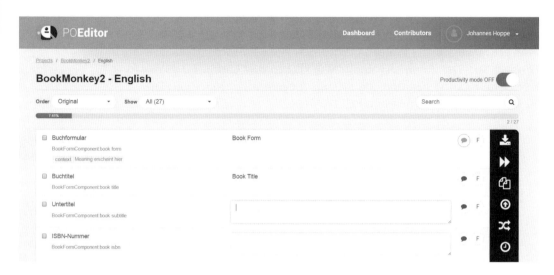

Abb. 16-5
POEditor: Englische Übersetzung

Übersetzungen exportieren (XTB)

Nach getaner Arbeit exportieren wir unser Werk. Auf der rechten Seite sehen wir Optionen. Dort betätigen wir den Knopf mit dem Pfeil nach unten (*Export*). Wir wählen das XTB-Format aus und bestätigen den Export per Klick auf den entsprechenden Button.

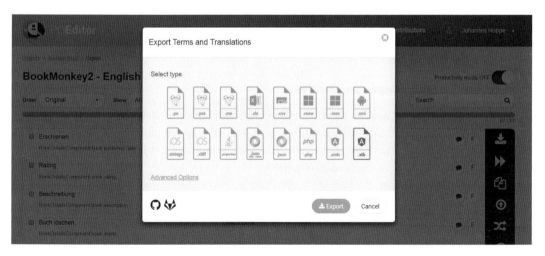

Abb. 16-6
POEditor: Übersetzungen exportieren

Geschafft! Diese Datei gehört unter Versionsverwaltung. Wir speichern diese in unserem Angular-CLI-Projekt unter `src/messages.en.xtb` ab. Unser Angular-Projekt kann nun in englischer Sprache gestartet werden.

Zusammenfassung

Stellt man zuvor alle Optionen korrekt ein, so ist das Tool sehr praktisch und lässt bei uns keine Wünsche offen. Weitere Features wie die GitHub-Integration oder automatische Übersetzungen auf Basis von *Google Translate* und *Microsoft Translate* nehmen uns sogar noch mehr Arbeit ab.

17 Qualität fördern mit Softwaretests

»*People also underestimate the time they spend debugging. They underestimate how much time they can spend chasing a long bug. With testing, I know straight away when I added a bug.*«

Martin Fowler
(Internationaler Sprecher und Buchautor)

17.1 Softwaretests

Wir, die Autoren dieses Buchs, lieben Softwaretests. Es geht uns darum, im hektischen Entwicklungsalltag einen kühlen Kopf zu bewahren und uns stets die notwendige Zeit für eine ordentliche Testabdeckung frei zu halten. Softwaretests geben uns ein gutes Gefühl. Wir wissen am Ende des Tages, dass wir einen guten Job gemacht haben, wenn alle Tests grün sind. Die Software ist dann zu einem hohen Grad fehlerfrei, sodass es später im Live-Betrieb keine bösen Überraschungen gibt. Das sorgt für zufriedene Kunden, ein gutes Karma und bedeutend mehr Spaß bei der Arbeit. Wer will schon Logfiles nach Feierabend auswerten und Bugs in Produktion analysieren? Wir nicht. Daher gehören Tests einfach dazu!

Tests stellen die Softwarequalität sicher.

Wenn wir in diesem Buch von Tests reden, so meinen wir immer *automatisierte Tests*. Wir werden manuelle Tests nicht betrachten – denn mit gutem Willen lässt sich so ziemlich alles automatisieren. Das Tooling rund um Angular hilft uns dabei.

Keine manuellen Tests

17.1.1 Arten von Tests

Wir konzentrieren uns auf funktionale Tests. Nichtfunktionale Aspekte wie Sicherheit oder Performance sind ebenso wichtig, würden aber den Rahmen dieses Buchs sprengen. Auch mit dieser Einschränkung gibt es immer noch eine große Vielfalt an Betrachtungsweisen, die alle das Testen von Software betreffen. Wir wollen an dieser Stelle eine sehr vereinfachte Einordnung vollziehen. Es gibt viele weitere Testarten, die wir ausgelassen haben.

Abb. 17–1
Alles grün: Karma führt mehrere Unit-Tests erfolgreich aus.

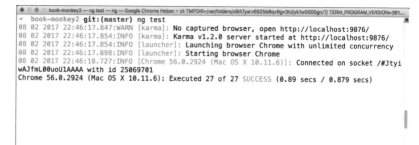

Abb. 17–2
Testarten kennenlernen

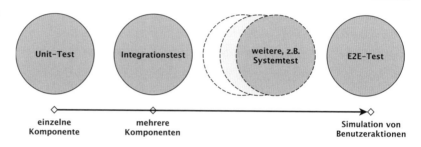

Uns interessieren also vor allem zwei Arten von Tests:

- Unit-Tests und Integrationstests
- End-to-end-Tests (kurz E2E, auch Oberflächentests genannt)

Unit-Tests

Unit-Tests überprüfen die kleinsten Einheiten (Units) einer Software. Dies sind in unserem Fall einzelne Methoden oder Klassen. Es wird ausschließlich eine einzige Unit getestet. Das bedeutet, dass wir alle Abhängigkeiten[1] durch sogenannte *Stubs* bzw. *Mocks* ersetzen müssten.

Integrationstests

Sind mehrere Units involviert, handelt es sich per Definition um einen *Integrationstest*. In einer komplexen Webanwendung kann es allerdings sehr aufwendig sein, alle Abhängigkeiten sauber »auszumocken«. Wir gehen diese Problematik gerne pragmatisch an. Eine scharfe Trennlinie zwischen Unit-Tests und Integrationstests hat für uns nicht höchste Priorität.

Oberflächentests

Oberflächentests ergänzen unsere Unit- bzw. Integrationstests. Wie der Name vermuten lässt, wird mit diesen Tests die grafische Benutzeroberfläche einer Anwendung getestet. Ein echter Browser, wie Chrome, Firefox oder Internet Explorer, wird dabei ferngesteuert und besucht eine vollständige Website. Unit-Tests eignen sich gut dafür, einzelne Anforderungen aus der technischen Sicht des Entwicklers zu beschreiben. Oberflächentests können hingegen komplette fachliche Funktionen

---

[1] Ausnahme: Die meisten Teile der verwendeten Frameworks müssen natürlich nicht ersetzt werden.

der Anwendung spezifizieren. So lässt sich durch E2E-Tests leichter die Perspektive des Endanwenders einnehmen.

17.1.2 Test-Framework Jasmine

Bevor es mit dem Testing losgehen kann, müssen wir ein Testing-Framework wählen. Das bekannteste Framework für JavaScript-Tests ist *Jasmine*. Tests mit Jasmine haben eine verständliche Syntax und erzeugen einen gut lesbaren Output. Die Angular CLI hat bereits Jasmine installiert, sodass wir keine speziellen Anpassungen benötigen. Jasmine hat eine Syntax im Stil des Behaviour Driven Development (BDD). Der BDD-Stil von Jasmine ermöglicht es, Tests in natürlicher Sprache zu definieren.

Behavior Driven Development

```
// SUT - 'system under test'
class DeepThought {
  getAlmightyAnswer() {
    return 42;
  }
}

describe("Deep Thought", () => {

  let deepThought;

  beforeEach(() => {
    deepThought = new DeepThought();
  });

  it("should know the answer to life, the universe and
    ↪ everything", () => {
    let answer = deepThought.getAlmightyAnswer();
    expect(answer).toBeGreaterThan(0);
  });
});
```

Listing 17–1
Ein einfacher Unit-Test mit Jasmine

Im Output liest man später den vollständigen Satz:

```
DeepThought should know the answer to life,
the universe and everything
```

So wollen wir alle unsere Tests definieren – als verständliche Sätze, die sich später wie ein Handbuch lesen lassen!

Die Funktion describe() definiert eine Sammlung (»test suite«) zusammenhängender Tests. Die Funktion erwartet zwei Parameter: Der

Tests als verständliche Sätze
describe()

it()

erste Parameter ist ein String und beschreibt als Wort oder in wenigen kurzen Worten, was gerade getestet wird. Der zweite Parameter ist eine Funktion, die alle Spezifikationen (»specs«) beinhaltet. Die `it()`-Funktion stellt wiederum konkret eine Spezifikation dar. Die Spezifikation hat stets eine oder mehrere Bedingungen (`expect()`), die geprüft werden und die für einen erfolgreichen Durchlauf erfüllt sein müssen. Auch eine Spezifikation benötigt ein paar beschreibende Worte. Describe-Methoden können beliebig tief verschachtelt werden, um die Übersichtlichkeit zu erhöhen. Die Funktionen `beforeEach()` bzw. `afterEach()` laufen, wie der Name vermuten lässt, stets vor bzw. nach jeder Spezifikation ab. Setzt man `describe()` und `beforeEach()` geschickt ein, so lässt sich viel redundanter Code beim Initialisieren vermeiden.

beforeEach() und afterEach()

Tab. 17–1 Die wichtigsten Methoden von Jasmine

Methode	Beschreibung
`describe(description: string, specDefinitions: () => void)`	Definiert eine Sammlung von Tests (»test suite«)
`beforeAll(action: () => void)`	Wird nur einmal vor allen Spezifikationen ausgeführt
`beforeEach(action: () => void)`	Wird vor jeder Spezifikation ausgeführt
`it(expectation: string, assertion: () => void)`	Spezifikation (»spec«)
`expect(actual: any)`	Erwartung, wird zusammen mit einem Matcher (z. B. `toBe()`) verwendet
`afterEach(action: () => void)`	Wird nach jeder Spezifikation ausgeführt
`afterAll(action: () => void)`	Wird nur einmal nach allen Spezifikationen ausgeführt

Jasmine-Matcher

Eine Erwartung wird immer mit einem Matcher kombiniert. So prüft man etwa mit `expect(1).toBe(1)` bzw. mit `expect(1).not.toBe(2)` auf strikte Gleichheit.

Alle eingebauten Matcher von Jasmine finden Sie im Anhang ab Seite 535 aufgelistet. Eine ausführliche Liste ist auf der Homepage von Jasmine zu finden.[2] Dank der Typdefinitionen von TypeScript erhalten wir aber bereits beim Tippen in Visual Studio Code & Co. aussagekräftige Vorschläge. Zudem gibt es im Internet mehrere Sammlungen mit weiteren hilfreichen Matchern für die verschiedensten Anwendungsfälle.

---

[2] https://ng-buch.de/x/57 – Jasmine: Included Matchers

17.1.3 Test-Runner Karma

Um die Unit-Tests auszuführen, verwendet man einen sogenannten *Test-Runner*. Theoretisch würde auch ein ganz normaler Browser hierfür ausreichen. Doch ein normaler Browser lässt sich schwer automatisieren und nur mit Aufwand in den Build-Prozess integrieren. Wir verwenden daher den Test-Runner *Karma*, welcher zusammen mit Angular von Google entwickelt wurde. Karma führt für uns die Unit-Tests aus und verwendet dafür einen eigenen Webserver sowie einen bzw. mehrere Webbrowser (z. B. den Internet Explorer, Firefox, Chrome oder PhantomJS). Der Webserver von Karma vermeidet technische Probleme, die man bei der Ausführung per lokalem Dateisystem hätte. Die Angular CLI hat bereits Karma konfiguriert. Die relevanten Dateien lauten:

Karma wurde von Google entwickelt.

Konfiguration

```
karma.conf.js
src
    test.ts
    tsconfig.spec.json
```

Karma wurde so angepasst, dass alle TypeScript-Dateien mit der Endung *.spec.ts für die Unit-Tests berücksichtigt werden. Jede Testdatei befindet sich idealerweise im selben Verzeichnis wie die getestete Datei. Um die Übersichtlichkeit weiter zu erhöhen, folgen die von der Angular CLI generierten Dateien stets derselben Konvention: `<Name der zu testenden Datei>.spec.ts`

Testspezifikationen

Alle Voreinstellungen aus den Blueprints der Angular CLI sind sehr sinnvoll gewählt, sodass wir für den BookMonkey keine Anpassungen durchführen müssen. Auch hinsichtlich der Dateinamenskonvention haben wir keine Einwände, da sie dem Angular-Styleguide entspricht. Karma wird mit dem folgenden Befehl gestartet:

Karma starten

```
$ ng test <Optionen...>
```

Eine Auswahl der wichtigsten Optionen für den Test-Befehl haben wir im Anhang zusammengestellt (Seite 532). In den meisten Fällen reicht es aus, lediglich `ng test` bzw. `npm test` einzugeben.

17.1.4 E2E-Test-Runner Protractor

Um die Oberflächentests auszuführen, verwenden wir den Test-Runner *Protractor*. Auch dieses Tool stammt ebenfalls von Google und wurde speziell für Angular entwickelt. Protractor basiert auf dem bekannten Browser-Automatisierungstool Selenium.[3] Im Gegensatz zu Karma

Selenium

---
[3] https://ng-buch.de/x/58 – SeleniumHQ

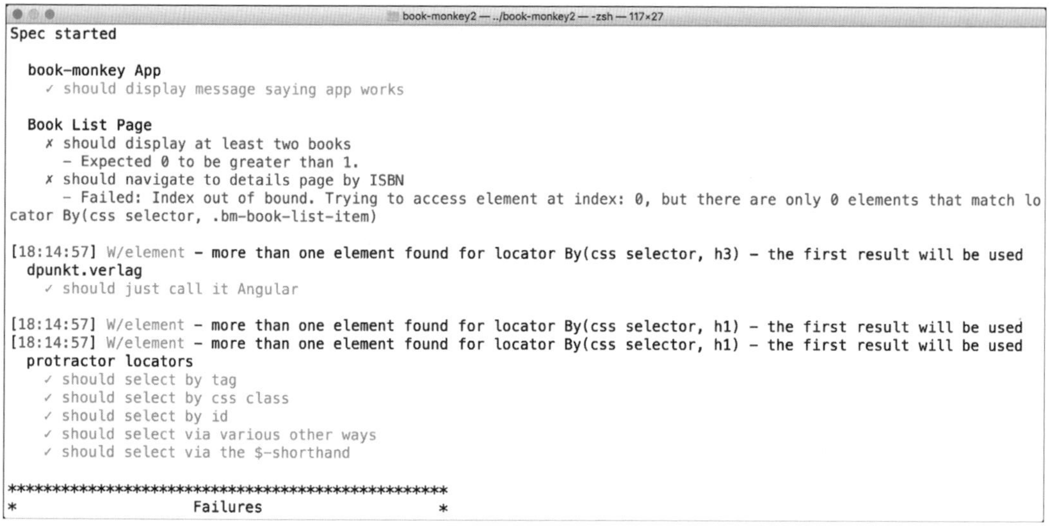

```
● ● ●                    book-monkey2 — .../book-monkey2 — -zsh — 117×27
Spec started

  book-monkey App
    ✓ should display message saying app works

  Book List Page
    ✗ should display at least two books
      - Expected 0 to be greater than 1.
    ✗ should navigate to details page by ISBN
      - Failed: Index out of bound. Trying to access element at index: 0, but there are only 0 elements that match lo
cator By(css selector, .bm-book-list-item)

[18:14:57] W/element - more than one element found for locator By(css selector, h3) - the first result will be used
    dpunkt.verlag
    ✓ should just call it Angular

[18:14:57] W/element - more than one element found for locator By(css selector, h1) - the first result will be used
[18:14:57] W/element - more than one element found for locator By(css selector, h1) - the first result will be used
  protractor locators
    ✓ should select by tag
    ✓ should select by css class
    ✓ should select by id
    ✓ should select via various other ways
    ✓ should select via the $-shorthand

****************************************************
*                    Failures                      *
```

Abb. 17–3
Hier haben wir noch
Arbeit: Zwei E2E-Tests
schlagen fehl.

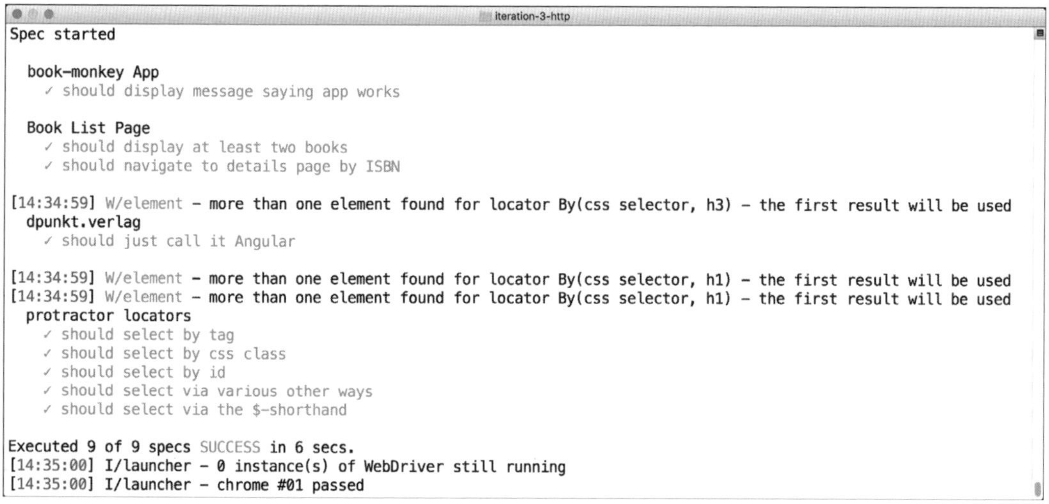

```
● ● ●                              iteration-3-http
Spec started

  book-monkey App
    ✓ should display message saying app works

  Book List Page
    ✓ should display at least two books
    ✓ should navigate to details page by ISBN

[14:34:59] W/element - more than one element found for locator By(css selector, h3) - the first result will be used
    dpunkt.verlag
    ✓ should just call it Angular

[14:34:59] W/element - more than one element found for locator By(css selector, h1) - the first result will be used
[14:34:59] W/element - more than one element found for locator By(css selector, h1) - the first result will be used
  protractor locators
    ✓ should select by tag
    ✓ should select by css class
    ✓ should select by id
    ✓ should select via various other ways
    ✓ should select via the $-shorthand

Executed 9 of 9 specs SUCCESS in 6 secs.
[14:35:00] I/launcher - 0 instance(s) of WebDriver still running
[14:35:00] I/launcher - chrome #01 passed
```

Abb. 17–4
Alles grün: Protractor
führt unsere E2E-Tests
wieder erfolgreich aus.

steht nicht eine einzelne Software-Unit im Fokus, sondern die Website im Ganzen. Mit Protractor können wir richtige Browseraktionen durchführen (das Klicken von Links, das Ausfüllen von Formularen usw.) und anschließend den sichtbaren Output im Browser überprüfen. Als Test-Framework ist erneut Jasmine im Einsatz. Die Angular CLI hat mit der Generierung des Projekts auch den Protractor konfiguriert. Die relevanten Dateien lauten:

Konfiguration

```
 protractor.conf.js
 e2e
     tsconfig.e2e.json
```

Da Protractor auf Selenium basiert, muss die Entwicklungsumgebung zunächst noch für Selenium eingerichtet werden. Hierzu benötigt man:

Selenium einrichten

1. die Java-Laufzeitbibliothek von Sun[4]
2. einen Selenium-Server (hier: Selenium Server Standalone)
3. einen »WebDriver« zum Steuern eines Browsers (hier: ChromeDriver)

Protractor liefert ein eigenes Tool mit, um den richtigen Server sowie den WebDriver für Chrome oder Firefox herunterzuladen. Dieses Tool nennt sich `webdriver-manager`. Sowohl Protractor als auch die Installationsroutine vom WebDriver-Manager werden mit dem folgenden Befehl gestartet:

Protractor starten

```
$ ng e2e <Optionen...>
```

Auch für diesen Befehl haben wir die wichtigsten Optionen im Anhang zusammengestellt (Seite 530). In den meisten Fällen reicht es aus, lediglich `ng e2e` bzw. `npm run e2e` einzugeben.

Entsprechend der Konfiguration (`protractor.conf.js`) steuert Protractor den Chrome-Browser zur URL des Entwicklungs-Webservers. Den Webserver startet die Angular CLI vorab automatisch, wie wir es bereits von `ng serve` kennen. Dabei läuft der Server standardmäßig auf einem zufälligen Port, um Kollisionen mit dem serve-Kommando zu vermeiden.

---

[4] https://ng-buch.de/x/59 – Java Download

17.2 Tests mit Karma

17.2.1 Die Testbibliothek von Angular

Das Unit-Test-Konzept von Angular besteht darin, eine nahtlose Integration mit Jasmine anzubieten. Andere Test-Frameworks wie Mocha sollten theoretisch auch funktionieren – die Angular CLI unterstützt allerdings nur Jasmine. Die Methoden von Jasmine, wie `describe()`, `it()`, `beforeEach()` usw., behalten ihre Gültigkeit. Zusätzlich stehen unter `@angular/core/testing` weitere Methoden und Klassen zur Verfügung. Hier befinden sich Helfer wie `TestBed`, `inject()`, `async()` oder `fakeAsync()`. In den folgenden Abschnitten wollen wir dieser umfangreichen Testbibliothek auf den Grund gehen. Zusätzlich betrachten wir Klassen wie `MockBackend` oder `RouterTestingModule`, welche Bestandteil der jeweiligen anderen Angular-Pakete sind.

Angular-Helfer fürs Testing

Das Erstellen von Unit-Tests ist generell nicht trivial. Dies gilt auch für Unit-Tests bei einer Angular-Anwendung. Wie wir gleich sehen werden, gibt es verschiedene Möglichkeiten und »Schwierigkeitsstufen«. Um dies zu verdeutlichen, werden wir ein und dieselbe Sache – das Anzeigen bzw. asynchrone Laden von Büchern – auf unterschiedliche Art und Weise testen.

17.2.2 Isolierte Unit-Tests (Services und Pipes testen)

Isolierte Tests sind solche Tests, welche möglichst keine Abhängigkeit auf Angular haben. Auch die Testbibliothek von Angular wird nicht benötigt. Notwendige Parameter für die Konstruktoren werden komplett durch Testduplikate ersetzt. Jene isolierten Tests sind idealerweise sehr schnell aufgesetzt und ebenso leicht verständlich. Das funktioniert besonders gut bei Services und Pipes.

Isolierter Test für den BookStoreService

Wir erinnern uns an die erste Version des `BookStoreService` aus Listing 8–15 (Seite 125). Dieser war noch sehr simpel und beinhaltete lediglich mehrere »hartcodierte« Bücher.

Listing 17–2
Rückblick: BookStoreService aus Listing 8–15 (book-store.service.ts)

```
@Injectable()
export class BookStoreService {
  books: Book[];

  constructor() {
    this.books = [
      // ...
    ];
  }
}
```

```
  getAll() {
    return this.books;
  }
}
```

Diesen Service können wir durch folgenden isolierten Test komplettieren:

```
import { BookStoreService } from './book-store.service';

describe('BookStoreService', () => {

  let service: BookStoreService;

  beforeEach(() => {
    service = new BookStoreService();
  });

  it('should hold a hardcoded list of 2 books', () => {
    const books = service.getAll();
    expect(books.length).toBe(2);
  });
});
```

Listing 17–3
Unit-Test für den BookStoreService schreiben (book-store.service.spec.ts)

Auch die `IsbnPipe` aus Listing 13–42 (Seite 280) kann man isoliert von Angular testen. Unsere Pipe besteht lediglich aus einer Klasse, welche ein Interface implementiert und die Methode `transform()` besitzt.

```
import { IsbnPipe } from './isbn.pipe';

describe('IsbnPipe', () => {

  let pipe: IsbnPipe;

  beforeEach(() => {
    pipe = new IsbnPipe();
  });

  it('should ignore unknown values', () => {
    expect(pipe.transform('XXX', true)).toBe(null);
  });
```

Isolierter Test für die IsbnPipe

Listing 17–4
Unit-Test für die IsbnPipe formulieren (isbn.pipe.spec.ts)

```
    it('should add a prefix', () => {
      expect(pipe.transform('3864903572', true))
          ↪ .toMatch(/^ISBN-10: /);
      expect(pipe.transform('9783864903571', true))
          ↪ .toMatch(/^ISBN-13: /);
    });

    it('should not change the format of ISBN-10', () => {
      expect(pipe.transform('3864903572', false)).toBe('3864903572');
    });

    it('should format ISBN-13 with a dash', () => {
      expect(pipe.transform('9783864903571', false))
          ↪ .toBe('978-3864903571');
    });
  });
```

Der gezeigte Test deckt übrigens nur den »Happy Path« ab. Für eine gewissenhafte Implementierung fehlen weitere Spezifikationen für die möglichen Kombinationen der Input-Parameter. Im Idealfall überprüfen unsere Unit-Tests auch Ausnahmefälle, wie etwa ungültige Daten.

Isolierte Tests für Komponenten

Unter Umständen können auch Komponenten isoliert von Angular getestet werden. Da bei isolierten Tests keine Interaktionen mit dem Angular-Framework vorgesehen sind, wird die Komponente natürlich auch nicht gerendert und es wird ebenso kein Komponenten-Lifecycle durchgeführt (z. B. ngOnInit()). So kann nicht überprüft werden, wie die Komponente mit ihrem eigenen Template oder mit anderen Komponenten interagiert. Sofern allerdings die Hauptaufgabe der Komponente auf der Bereitstellung von Geschäftslogik liegt, ist dies nicht von großem Belang. Der folgende isolierte Unit-Test für die BookListComponent aus Listing 6–53 (Seite 110) demonstriert das Vorgehen.

Listing 17–5
Rückblick: BookListComponent aus Listing 6–53 (book-list .component.ts)

```
@Component({
  // ...
})
export class BookListComponent implements OnInit {
  books: Book[];
  @Output() showDetailsEvent = new EventEmitter<Book>();

  ngOnInit() {
    this.books = [
      // ...
    ]
  }
```

```
// im HTML:
// <a *ngFor="let b of books" [book]="b"
  ↪ (click)="showDetails(b)"></a>
showDetails(book: Book) {
  this.showDetailsEvent.emit(book);
}
}
```

```
import { BookListComponent } from './book-list.component';
import { Book } from '../shared/book';

describe('BookListComponent', () => {

  let component: BookListComponent;

  beforeEach(() => {
    component = new BookListComponent();
  });

  it('should hold a hardcoded list of 2 books', () => {
    component.ngOnInit(); // manual call!
    expect(component.books.length).toBe(2);
  });

  it('should trigger an event on "showDetails"', () => {
    const sendBook = new Book('x', 'x', null, new Date());
    let receivedBook: Book;

    component.showDetailsEvent
      .subscribe((book) => receivedBook = book);
    component.showDetails(sendBook);

    expect(sendBook).toBe(receivedBook);
  });
});
```

Listing 17–6
Einen isolierten Test für die BookListComponent ohne Service implementieren (book-list.component.spec.ts)

Die erste Spezifikation ist leicht verständlich. Man erkennt sofort, dass die Komponente eine Liste mit zwei Büchern halten soll. Da die Komponente wie eine normale Klasse behandelt wird, werden auch keine Lifecycle-Hooks ausgeführt. Um die Anzahl an Büchern zu überprüfen, müssen wir daher die Methode ngOnInit() manuell ausführen.

Die zweite Spezifikation ist nicht ideal. Wir erreichen bereits jetzt die Grenzen von isolierten Tests. Im zweiten Teil beweisen wir lediglich, dass die Methode `showDetails()` ein Buch als Parameter akzeptiert und dieses als Event weiterreicht. Das macht allerdings nicht die Hauptaufgabe der Komponente aus. Idealerweise würden wir spezifizieren, dass ein Klick auf den Link ein Event erzeugt. Dies können wir aber nicht mit einem isolierten Test implementieren, da wir hierzu die Interaktion mit der View benötigen.

17.2.3 Shallow Unit-Tests: Einzelne Komponenten testen

Wir wollen von Neuem die einfache `BookListComponent` testen, nur dieses Mal mit einem *Shallow Unit-Test*. Im Gegensatz zu isolierten Unit-Tests können wir hier mehr Dinge prüfen, da uns eine View zur Verfügung steht. Wir wollen den vorhergehenden Test dahingehend verbessern, dass wir tatsächlich prüfen, was nach einem Klick geschieht.

Testing-Module mit TestBed

Wir benötigen zunächst ein sogenanntes Testing-Modul. Dieses Testing-Modul gleicht einer mit `@NgModule()` dekorierten Klasse, über welche wir die benötigte Umgebung konfigurieren und initialisieren können. Mit der API von `TestBed` werden Testing-Module erstellt.

Die wichtigste Methode lautet `TestBed.configureTestingModule()`. Wie der Name vermuten lässt, konfigurieren wir hier das aktuelle Testing-Modul. Wir verwenden dabei dieselben Eigenschaften, die uns bereits aus Abschnitt 14.1 »Module« (ab Seite 301) bekannt sind:

Listing 17–7
Shallow Unit-Test für die BookListComponent ohne Service schreiben (book-list.component .shallow.spec.ts)

```
import { NO_ERRORS_SCHEMA } from '@angular/core';
import { async, ComponentFixture, TestBed } from
    ↪ '@angular/core/testing';
import { BookListComponent } from './book-list.component';
import { Book } from '../shared/book';

describe('BookListComponent', () => {
  let component: BookListComponent;
  let fixture: ComponentFixture<BookListComponent>;

  beforeEach(async(() => {
    TestBed.configureTestingModule({
      declarations: [BookListComponent],
      schemas: [NO_ERRORS_SCHEMA]
    })
    .compileComponents();
  }));
```

```
  beforeEach(() => {
    fixture = TestBed.createComponent(BookListComponent);
    component = fixture.componentInstance;
    fixture.detectChanges();
  });

  it('should emit the showDetailsEvent on click', () => {

    let receivedBook: Book;
    component.showDetailsEvent.subscribe((book) => receivedBook =
    ↪ book);

    fixture.nativeElement.querySelector('a').click();
    expect(receivedBook.title).toBe('Angular');
  });
});
```

Aus Sicherheitsgründen quittiert Angular unbekannte Elemente und Eigenschaften mit einer Fehlermeldung, sobald wir gegen diese binden wollen. (z. B. hier: »*Can't bind to 'book' since it isn't a known property of 'a'*«). Mit der Eigenschaft schemas können wir dieses Verhalten ändern. Bei einem normalen Angular-Modul sollten wir die Standardeinstellung bestehen lassen, aber bei einem Unit-Test ist es legitim, die Prüfung mit NO_ERRORS_SCHEMA zu unterbinden. So ist es möglich, den Test problemlos auszuführen, auch wenn die BookListItemComponent (siehe Seite 99) nicht existiert und das Property Binding gegen book eigentlich nicht möglich sein dürfte. Die Verwendung von NO_ERRORS_SCHEMA macht den Kern eines Shallow Unit-Tests aus. Wir haben zwar keine anderen Komponenten verwenden müssen, aber auch dieser Test stellt kein vollständiges Abbild der realen Umgebung dar. Dies kann nur ein Integrationstest leisten, welchen wir im Anschluss betrachten werden.

NO_ERRORS_SCHEMA

Wir wollen uns noch die beiden Helfer async() und die ComponentFixture näher anschauen. Die Funktion async() verwendet das Framework Zone.js. Im Abschnitt »Change Detection« ab Seite 503 gehen wir noch etwas tiefer auf das Konzept der Zonen ein. Mithilfe von async() erstellen wir eine Zone, welche den Test so lange anhält, bis alle asynchronen Aufrufe abgeschlossen sind. Dies ist sehr hilfreich, um Tests mit asynchronem Code übersichtlicher zu gestalten. Im konkreten Fall muss compileComponents() das Template für unsere Komponente per AJAX nachladen, was dank async() aber kaum auffällt.

Asynchrone Testzone per async()

Die ComponentFixture wiederum bietet uns eine Sammlung an hilfreichen Funktionen, um mit der zu testenden Komponente zu interagieren. In unserem Fall ist es vor allem wichtig, dass wir die Change

Komponenten per ComponentFixture testen

Detection per `fixture.detectChanges()` mindestens einmal anstoßen – sonst schlägt der Test fehl.

17.2.4 Integrationstests: Mehrere Komponenten testen

Der Shallow Unit-Test zeichnet sich dadurch aus, dass zwar eine Testumgebung geschaffen wird, aber weiterhin nur eine einzelne Komponente getestet wird. Idealerweise werden dabei auch weiterhin Abhängigkeiten »ausgemockt«. Der Test aus Listing 17–7 wird per Definition zu einem Integrationstest, wenn zwei oder mehr Komponenten beteiligt sind. Wir können hierfür das `TestBed` entsprechend ändern:

Listing 17–8
Ein Integrationstest mit zwei Komponenten

```
TestBed.configureTestingModule({
    declarations: [BookListComponent, BookListItemComponent],
})
```

Nun ist es uns möglich, auch die Kind-Komponente beim Test zu berücksichtigen. So können wir jetzt auch sicherstellen, dass der konkrete Klick auf das Thumbnail zum gewünschten Ergebnis führt:

Listing 17–9
Das HTML der Kind-Komponente wird mit berücksichtigt.

```
it('should emit showDetailsEvent when clicking the thumbnail', ()
    => {
    let receivedBook: Book;
    component.showDetailsEvent.subscribe((book) => receivedBook =
        book);

    fixture.nativeElement.querySelector('img').click();
    expect(receivedBook.title).toBe('Angular');
});
```

Modul importieren

Es könnte theoretisch vorkommen, dass im tatsächlichen Code nie `BookListComponent` und `BookListItemComponent` in der getesteten Konstellation verwendet werden. Um sicherzugehen, dass alle Komponenten und Services unter »realen« Bedingungen getestet werden, können wir auch einfach deren Modul komplett importieren:

Listing 17–10
Ein Integrationstest mit vollständigem Modul

```
TestBed.configureTestingModule({
    imports: [AppModule]
})
```

Diese Option sollten wir allerdings mit Bedacht wählen. Je mehr Bestandteile das `AppModule` bzw. jedes andere Feature-Modul hat, desto schwerer wird es uns fallen, den Grund für einen fehlschlagenden Test zu ermitteln. Wir sollten nur dann ein komplettes Modul in das Testing-

Modul importieren, wenn der Aufwand für spezifische Deklarationen zu hoch ist oder wir die verwendeten Provider an sich überprüfen wollen.

17.2.5 Abhängigkeiten durch Stubs ersetzen

In den vorherigen Beispielen hatten wir es einfach, denn die getesteten Klassen machten alle keinen Gebrauch vom DI-Framework (siehe Seite 117) und besaßen demnach auch keine weiteren Abhängigkeiten.

Sobald die Klassen mehr Funktionalitäten besitzen, wird dies nicht mehr der Fall sein. Wollen wir diesen komplexeren Code nun testen, müssen wir für die vorhandenen Abhängigkeiten einen Ersatz finden. So wollen wir zum Beispiel nicht, dass unser *System Under Test* (SUT) während eines Unit-Tests tatsächlich einen HTTP-Aufruf zum Server macht! Außerdem gefährden nicht ersetzte Abhängigkeiten die Wartbarkeit unserer Testsammlung. Werden Abhängigkeiten nicht ordentlich durch Testduplikate ersetzt, so können spätere Codeänderungen zu viele Tests gleichzeitig fehlschlagen lassen. Eine strikte Trennung beugt diesem Schlamassel vor.

> **Stubs und Mocks**
>
> In der Welt der Unit-Tests existieren viele unterschiedliche Arten von Testduplikaten (ersetzte Abhängigkeiten). Wir beschränken uns auf folgende zwei Typen:
>
> - Ein **Stub** ist ein kontrollierbarer Ersatz für eine Abhängigkeit. Er zeichnet sich durch vordefinierte Eigenschaften bzw. vordefinierte Rückgabewerte bei Methoden aus.
>   Mit Stubs können wir den Anfangszustand im Vergleich zum End**zustand** unseres System Under Test (SUT) verifizieren.
>
> - Ein **Mock** ist ebenso ein kontrollierbarer Ersatz für eine Abhängigkeit. Er zeichnet sich genau wie der Stub durch vordefinierte Eigenschaften bzw. vordefinierte Rückgabewerte bei Methoden aus. Zusätzlich können wir Erwartungen (expect()) gegen den Mock ausführen. Dies kann z. B. eine Prüfung sein, wie oft eine Methode aufgerufen wurde.
>   Mit Mocks können wir das **Verhalten** unseres SUT verifizieren.

Betrachten wir noch einmal den erweiterten `BookStoreService` aus Listing 10–8 (Seite 178) und Listing 10–10 (Seite 179). Dieser hat eine Abhängigkeit auf die `Http`-Klasse.

Abhängigkeit auf den Http-Service

Listing 17–11
Rückblick: BookStoreService aus Listing 10–8 (book-store.service.ts)

```
@Injectable()
export class BookStoreService {
  // ...

  constructor(private http: Http) {
    // ...
  }

  getAll(): Observable<Array<Book>> {
    return this.http
      .get(`${this.api}/books`)
      .retry(3)
      .map(response => response.json())
      .map(rawBooks => rawBooks
        .map(rawBook => BookFactory.fromObject(rawBook))
      )
      .catch(this.errorHandler);
  }
}
```

Stub für den Http-Service

Anstelle des echten `Http`-Service wollen wir einen Stub verwenden. Dies ist prinzipiell nicht schwer.

Listing 17–12
Unit-Test für den erweiterten BookStoreService unter Verwendung eines Stubs schreiben (book-store.service.stub.spec.ts)

```
import { TestBed, inject } from '@angular/core/testing';
import { Http } from '@angular/http';
import { Observable } from 'rxjs/Observable';
import 'rxjs/add/observable/of';

import { Book } from '../shared/book';
import { BookStoreService } from './book-store.service';

describe('BookStoreService', () => {

  const expectedBooks = [
    new Book('111', 'Book 1', [], new Date()),
    new Book('222', 'Book 2', [], new Date())
  ];

  let httpStub;
```

```
beforeEach(() => {

  httpStub = {
    get: () => Observable.of({
      json: () => expectedBooks
    })
  };

  TestBed.configureTestingModule({
    providers: [
      {
        provide: Http,
        useValue: httpStub
      },
      BookStoreService
    ]
  });
});

it('should GET a list of all books',
  inject([BookStoreService], (service: BookStoreService) => {

    let receivedBooks: Book[];
    service.getAll().subscribe(b => receivedBooks = b);

    expect(receivedBooks.length).toBe(2);
    expect(receivedBooks[0].isbn).toBe('111');
    expect(receivedBooks[1].isbn).toBe('222');
  }));
});
```

Der Stub ist ein simples Objekt, welches nur eine Methode mit dem Namen `get()` besitzt. Diese Methode liefert ein Observable zurück. Dieses Observable per `Observable.of()` wird immer erfolgreich abschließen. Ein Subscriber auf das Observable erhält somit ein Objekt, welches die Methode `json()` besitzt. Wir haben so das spezifische Verhalten des `Http`-Service hinreichend nachgeahmt.

Der Rest der Kür besteht darin, mittels der bereits bekannten Methode `TestBed.configureTestingModule()` ein passendes Testing-Modul zu erzeugen. Wir verwenden den `useValue`-Provider (siehe Seite 121), um anstelle der Klasse `Http` unseren Stub einzusetzen.

> **Testduplikate müssen nicht vollständig sein**
>
> Wenn man aus dem Umfeld von stark typisierten Sprachen kommt, wird das gezeigte Vorgehen überraschen. In Programmiersprachen wie Java und C# arbeitet man häufig mit Interfaces und speziellen Frameworks zum »Ausmocken« von Abhängigkeiten. Für unseren Test war dies hingegen nicht notwendig!
>
> Wir haben nur eine einzige Methode des Http-Service bereitgestellt, obwohl der echte Service viel mehr Funktionen hat. Dies ist der Vorteil an JavaScript bzw. TypeScript. Zur Laufzeit werden Typen nicht geprüft, und ein Objekt vom Typ any ist ein absolut ausreichender Ersatz. Geeignet ist jedes Objekt, das die erwartete Struktur aufweist. Wenn das Objekt aussieht wie eine Ente, schwimmt wie eine Ente und quakt wie eine Ente, dann ist es eine Ente! (Duck Typing)

Verwendung von inject()

Zum ersten Mal sehen wir auch die Methode inject() aus der Testbibliothek von Angular. Wie der Name vermuten lässt, können wir hiermit Abhängigkeiten in die beforeEach()- und it()-Blöcke injizieren. Die Methode inject() wird direkt als Wert für die Methode it() verwendet. Das Listing 17–13 verdeutlicht noch einmal die Verwendung.

Listing 17–13 Dependency Injection für Tests – inject() einsetzen

```
import { Console } from '@angular/core/src/console';
import { inject } from '@angular/core/testing';

describe('inject() creates an injector', () => {

  it('and injects the specified objects into the test',
    inject([Console], (console) => {
      console.log('Hello World!');
    })
  );
});
```

17.2.6 Abhängigkeiten durch Mocks ersetzen

Verhalten verifizieren

Mit dem vorherigen Test stellen wir sicher, dass unser BookStoreService die erwarteten Bücher zurückliefert. Wir können aber mit dem Stub keine Aussagen zum Verhalten des Service machen. Wurde tatsächlich die get()-Methode des Stubs verwendet und wurde auch die korrekte URL genutzt? Wir könnten den Stub entsprechend erweitern und so das Verhalten verifizieren. Doch diese Arbeit ist nicht notwendig, da Jasmine

Jasmine-Spione

bereits praktische Helfer mitbringt. Den Unit-Test aus Listing 17–12 müssen wir hierzu lediglich um einen »Spion« ergänzen. Dies erledigt die Jasmine-Methode spyOn():

```
describe('BookStoreService', () => {
  // ...

  beforeEach(() => {

    httpMock = {
      get: () => Observable.of({
        json: () => expectedBooks
      })
    };

    spyOn(httpMock, 'get').and.callThrough();

    // ...
  });

  it('should GET a list of all books',
    inject([BookStoreService], (service: BookStoreService) => {

      // ...

      expect(httpMock.get).toHaveBeenCalledTimes(1);
      expect(httpMock.get).toHaveBeenCalledWith(
        ↪ 'https://book-monkey2-api.angular-buch.com/books');
    }));
});
```

Listing 17–14
Unit-Test für den erweiterten BookStoreService unter Verwendung eines Mocks schreiben (book-store.service.mock.spec.ts)

Bei Jasmine erzeugt man Mocks mittels sogenannter *Spys* (Spione). Die Spione existieren nur innerhalb einer describe()- oder it()-Methode. Nach der Ausführung werden die Spione wieder entfernt. In diesem Beispiel haben wir die Methode and.callThrough() verwendet, um den ursprünglichen Wert zurückzuliefern. Ebenso ist es möglich, mittels and.returnValue(), and.returnValues(), and.callFake() oder and.throwError() den Rückgabewert zu überschreiben. Die Spione werden durch drei Matcher ergänzt:

- toHaveBeenCalled(): boolean;
- toHaveBeenCalledWith(...params: any[]): boolean;
- toHaveBeenCalledTimes(expected: number): boolean;

17.2.7 HTTP-Requests testen

Besonderheit HTTP: nur tiefer liegende Abhängigkeiten ersetzen

Wir haben gelernt, einen Mock für den Http-Service zu erstellen. Diese Strategie funktioniert allerdings nur so gut, wie der Mock auch das Verhalten der echten Klasse nachahmt. Haben wir den Mock nicht korrekt gebaut, so ist die Aussagekraft des Tests zweifelhaft. Da der Http-Service recht komplex und schwer zu ersetzen ist, liefert Angular für uns eine alternative Möglichkeit zum Testen des BookStoreService. Der Trick besteht darin, den Http-Service unverändert zu verwenden, jedoch die darunterliegenden Abhängigkeiten zu ersetzen. Die zu ersetzenden Abhängigkeiten sind das sogenannte ConnectionBackend sowie die RequestOptions, wie wir in Abbildung 17–5 sehen können.

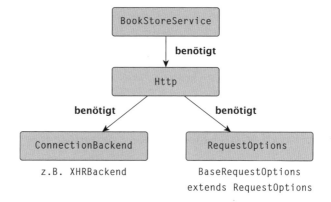

Abb. 17–5 Abhängigkeitsbaum unseres Service

Der Http-Service ist so ausgelegt, dass er unterschiedliche Kommunikationsarten unterstützen kann. Dies wird durch eine konkrete Implementierung der abstrakten Klasse ConnectionBackend abgebildet. Standardmäßig wird das XHRBackend benutzt, welches den XMLHttpRequest (kurz XHR) – auch bekannt als AJAX – verwendet. Im Kapitel 10 (HTTP) haben wir die Anfragen stets per XHR versendet. Die Standardwerte für eine Anfrage sind im Objekt BaseRequestOptions hinterlegt, welches von den geforderten RequestOptions erbt. Für unseren Test müssen wir hier keine Anpassungen vornehmen. Als Ersatz für die reguläre Implementierung des ConnectionBackend finden wir unter @angular/http/testing das MockBackend. Diese Klasse stellt sicher, dass wir nicht versehentlich echte HTTP-Aufrufe erzeugen. Zudem können wir in den Moment eingreifen, in dem der Http-Service glaubt, eine Verbindung aufzubauen. Die API erlaubt es uns, an dieser Stelle eine eigene Antwort zu hinterlegen. Wie dies genau funktioniert, sehen wir in Listing 17–15.

MockBackend verwenden

Listing 17–15
HTTP per MockBackend testen (book-store.service .spec.ts)

```
import { TestBed, inject } from '@angular/core/testing';
import {
  BaseRequestOptions,
  HttpModule,
  Http,
  RequestMethod,
  Response,
  ResponseOptions
} from '@angular/http';
import { MockBackend, MockConnection } from
  ↪ '@angular/http/testing';

import { Book } from '../shared/book';
import { BookStoreService } from './book-store.service';

describe('BookStoreService', () => {

  const expectedBooks = [
    new Book('111', 'Book 1', [], new Date()),
    new Book('222', 'Book 2', [], new Date())
  ];

  beforeEach(() => {

    TestBed.configureTestingModule({
      imports: [HttpModule],
      providers: [
        {
          provide: Http,
          useFactory: (mockBackend, options) => {
            return new Http(mockBackend, options);
          },
          deps: [MockBackend, BaseRequestOptions]
        },
        MockBackend,
        BaseRequestOptions,
        BookStoreService
      ]
    });
  });
```

```typescript
it('should GET a list of all books from /books',
  inject([BookStoreService, MockBackend], (service:
  ↪ BookStoreService, backend: MockBackend) => {

  let connection: MockConnection, receivedBooks: Book[];
  backend.connections.subscribe(c => {
    connection = c;
    c.mockRespond(new Response(new ResponseOptions({
      body: JSON.stringify(expectedBooks)
    })));
  });

  service.getAll().subscribe(b => receivedBooks = b);

  expect(connection.request.method).toBe(RequestMethod.Get);
  expect(connection.request.url).toBe(
      ↪ 'https://book-monkey2-api.angular-buch.com/books');
  expect(receivedBooks.length).toBe(2);
  expect(receivedBooks[0].isbn).toBe('111');
  expect(receivedBooks[1].isbn).toBe('222');
}));

it('should GET a single book from /book/:isbn',
  inject([BookStoreService, MockBackend], (service:
  ↪ BookStoreService, backend: MockBackend) => {

  let connection: MockConnection, receivedBook: Book;
  backend.connections.subscribe(c => {
    connection = c;
    c.mockRespond(new Response(new ResponseOptions({
      body: JSON.stringify(expectedBooks[0])
    })));
  });

  service.getSingle('111').subscribe(b => receivedBook = b);

  expect(connection.request.method).toBe(RequestMethod.Get);
  expect(connection.request.url).toBe(
      ↪ 'https://book-monkey2-api.angular-buch.com/book/111');
  expect(receivedBook.isbn).toBe('111');
}));
```

```
it('should POST a new book to /book',
  inject([BookStoreService, MockBackend], (service:
  ↪ BookStoreService, backend: MockBackend) => {

    let connection: MockConnection;
    backend.connections.subscribe(c => connection = c);

    service.create(expectedBooks[0]).subscribe();

    expect(connection.request.method).toBe(RequestMethod.Post);
    expect(connection.request.url).toBe(
      ↪ 'https://book-monkey2-api.angular-buch.com/book');
    expect(connection.request.getBody()).toEqual(
      ↪ JSON.stringify(expectedBooks[0]));
  }));
});
```

Erneut erstellen wir ein Testing-Modul. Wir verwenden nicht den Standard-Provider für `Http`, sondern erstellen eine Instanz von `Http` per Factory (siehe Seite 122). Entsprechend dem Abhängigkeitsbaum benötigen wir noch ein Backend und die Request-Optionen; diese geben wir per Eigenschaft `deps` an. Bei der »gefälschten« Antwort müssen wir darauf achten, einen String zurückzugeben. Schließlich werden wir nun die echte `json()`-Methode aufrufen. Diese erwartet entsprechend *rohe* Daten.

Et voilà! Der Aufwand hat sich gelohnt! Dank des `MockBackend` können wir nun alle Aspekte der Serverkommunikation abprüfen – etwa welche Header für die Anfrage verwendet wurden. Natürlich ist es auch möglich, das `MockBackend` mit den Jasmine-Spionen zu kombinieren.

17.2.8 Komponenten mit Routen testen

Mit der Iteration zum Routing (Abschnitt 8.2, Seite 128) haben wir die `BookListComponent` deutlich verschlankt. Mit der anschließenden Einführung von HTTP erhielten wir auch erstmals echte Daten von einer API. Die Komponente sah zu dem Zeitpunkt wie folgt aus:

```
@Component({
  // ...
})
export class BookListComponent implements OnInit {
  books: Book[];

  constructor(private bs: BookStoreService) { }
```

Listing 17–16
Rückblick:
BookListComponent
mit Routing und HTTP aus Listing 10–15
(book-list
.component.ts)

```
// im HTML:
// <a *ngFor="let b of books" [book]="b"
  ↪ [routerLink]="b.isbn"></a>
ngOnInit() {
  this.bs.getAll().subscribe(res => this.books = res);
}
}
```

Sobald wir für diese Komponente einen Integrationstest erstellen, erhalten wir allerdings eine Fehlermeldung:

Can't bind to 'routerLink' since it isn't a known property of 'a'.

Der Grund ist offensichtlich: Die Direktive `RouterLink` fehlt in unserem Test-Setup. Ähnlich wie beim HTTP-Modul hat uns das Angular-Team auch beim Routing einen hilfreichen Begleiter für die Unit-Tests bereitgestellt. Unser Unit-Test wird erfolgreich durchgeführt, sobald wir ein Routing-Modul per `RouterTestingModule` erzeugen. Wie das funktioniert, zeigt der passende Unit-Test aus Listing 17–17.

Testing-Modul für den Router

Listing 17–17
Unit-Test für die BookListComponent mit Routing und HTTP umsetzen (book-list.component.spec.ts)

```
import { Component, Input } from '@angular/core';
import { Location } from '@angular/common';
import { Router } from '@angular/router';
import { Observable } from 'rxjs/Observable';
import 'rxjs/add/observable/of';

import { async, inject, ComponentFixture, TestBed } from
    ↪ '@angular/core/testing';
import { RouterTestingModule } from '@angular/router/testing';

import { AppComponent } from '../app.component';
import { BookListComponent } from './book-list.component';
import { BookStoreService } from '../shared/book-store.service';
import { Book } from '../shared/book';

@Component({ template: '<router-outlet></router-outlet>' })
class DummyOutletComponent { }

@Component({
  selector: 'a.bm-book-list-item',
  template: 'Dummy'
})
class DummyBookListItemComponent {
  @Input() book: Book;
}
```

```
@Component({ template: 'Dummy' })
class DummyDetailsComponent { }

describe('BookListComponent', () => {
  let component: BookListComponent;
  let fixture: ComponentFixture<BookListComponent>;

  const expectedBooks = [
    new Book('111', 'Book 1', [], new Date()),
    new Book('222', 'Book 2', [], new Date())
  ];

  beforeEach(async(() => {

    TestBed.configureTestingModule({
        declarations: [
          DummyOutletComponent,
          BookListComponent,
          DummyBookListItemComponent,
          DummyDetailsComponent],
        providers: [{
          provide: BookStoreService,
          useValue: { getAll: () => Observable.of(expectedBooks) }
        }],
        imports: [
          RouterTestingModule.withRoutes([
            { path: ':isbn', component: DummyDetailsComponent }
          ])
        ]
      })
      .compileComponents();
  }));

  beforeEach(async(() => {
    TestBed.createComponent(DummyOutletComponent);
    fixture = TestBed.createComponent(BookListComponent);
    component = fixture.componentInstance;
    fixture.detectChanges();
  }));
```

```
it('should display books', () => {

  expect(component.books.length).toBe(2);
  expect(component.books[0].isbn).toBe('111');
  expect(component.books[1].isbn).toBe('222');
});

it('should navigate to details page by ISBN',
   ↪ async(inject([Location], (location) => {

  fixture.nativeElement.querySelector('a').click();

  fixture.whenStable().then(() => {
    expect(location.path()).toEqual('/111');
  });
})));
});
```

Zugegeben, das Test-Setup ist recht lang geworden. Das liegt zum einen daran, dass wir alle Abhängigkeiten ersetzt haben – es handelt sich demnach um einen Unit-Test und nicht um einen Integrationstest. Zu diesem Zweck haben wir eine Reihe von Dummy-Komponenten erstellt. Zum anderen haben wir noch eine Spezifikation hinzugefügt, welche das korrekte Navigieren zur Detailseite verifiziert.

17.2.9 Asynchronen Code testen

In den vorherigen Beispielen haben wir die Methode `async()` bereits gesehen. Wir wollen diese zum Abschluss noch einmal detaillierter betrachten.

JavaScript ist asynchron.
In der JavaScript-Welt basiert nahezu jede Interaktion auf Ereignissen. Da kann unter anderem die Antwort auf eine HTTP-Anfrage sein, wie es auch unsere Anwendung bei den Buchdaten tut. Um Ereignisse abzubilden, verwendet man üblicherweise *Callbacks*, *Promises* oder *Observables*. Alle Herangehensweisen haben gemeinsam, dass der ausgeführte Code asynchron abläuft. Jasmine bietet von Haus aus eine Möglichkeit an, um asynchronen Code zu testen. Dies geschieht über ein Callback, das man `done()` nennt. Ist bis zum Aufruf von `done()` keine Erwartung fehlgeschlagen, so gilt der Test als bestanden:

```
describe('async tests', () => {
  it('require a signal that execution has been finished', (done)
      => {

    setTimeout(() => {
      expect(true).toBeTruthy();
      done();
    }, 500);
  });
});
```

*Listing 17–18
Beispiel für die
Verwendung von
done()*

Mit der Hilfe von Zone.js vereinfacht Angular dieses Konstrukt noch einmal. Hierfür wird der Test in einer Zone ausgeführt. Wenn alle asynchronen Aufrufe abgearbeitet sind, wird der Test automatisch abgeschlossen. Das Callback done wird nicht mehr benötigt:

Testzone

```
import { async } from '@angular/core/testing';

describe('async tests', () => {
  it('can be simplified via async()', async(() => {

    setTimeout(() => {
      expect(true).toBeTruthy();
    }, 500);
  }));
});
```

*Listing 17–19
Beispiel für die
Verwendung von
async()*

Innerhalb einer Testzone können wir noch tiefer in die Trickkiste greifen. Verwenden wir die Methode fakeAsync(), so steht uns der Kompagnon tick() zur Verfügung. Die Methode tick() simuliert das asynchrone Voranschreiten der Zeit. Weiterhin werden alle vorhandenen Einträge aus der *Microtasks-Warteschlange* (das sind alle noch ausstehenden asynchronen Aufgaben) abgeschlossen. Dadurch können wir unseren Testcode »synchron« aussehen lassen:

fakeAsync() und tick()

```
import { fakeAsync, tick } from '@angular/core/testing';

describe('async tests', () => {
  it('can be also simplified via fakeAsync() and tick()',
      fakeAsync(() => {

    let flag = false;
```

*Listing 17–20
Beispiel für die
Verwendung von
fakeAsync() und tick()*

```
    setTimeout(() => {
      flag = true;
    }, 500);

    tick(500);
    expect(flag).toBeTruthy();
  }));
});
```

17.2.10 Fazit

Etablierte Test-Patterns

Wir haben die wichtigsten Grundlagen zu Unit-Tests bzw. Integrationstests für Angular kennengelernt. Das Framework ist mächtig, und so gibt es noch viele weitere Details zu erfahren. Über die Zeit haben sich für AngularJS 1.x viele hochwertige Sammlungen an *Test-Patterns* herausgebildet. Eine ähnliche Fülle an fertigen Lösungen erwarten wir in Zukunft auch für Angular. Eine größere, zum aktuellen Stand leider auch recht unübersichtliche Sammlung finden wir zum Beispiel auf der offiziellen Website von Angular.[5]

Rückblick

An einigen Stellen werden Sie sicher über das umfangreiche Test-Setup erschrocken gewesen sein. Wir sind da ganz bei Ihnen: Der Unit-Test für das Routing-Beispiel (Listing 17–17) war definitiv zu lang. An dieser Stelle empfehlen wir ganz klar den Einsatz eines Oberflächentests. Mehr dazu im folgenden Abschnitt.

TDD: Testgetriebene Entwicklung

Weiterhin empfehlen wir eine testgetriebene Entwicklung. Versuchen Sie dabei stets, den Test vor der eigentlichen Implementierung zu schreiben. Wird der Test zu lang, ist womöglich die zu testende Unit ebenso zu komplex?! Das Aufspalten in kleinere Einheiten (Stichwort: *Separation of Concerns*) macht das Testing viel einfacher und sorgt ganz nebenbei für bedeutend übersichtlicheren Code. Versuchen Sie zudem, doppelten Code zu vermeiden. Das gilt auch für Softwaretests. Aus Gründen der Verständlichkeit sind die Codebeispiele im Buch stets vollständig. In Ihrem konkreten Projekt muss das natürlich nicht gelten.

Helferfunktionen

Erstellen Sie sich Ihre eigene Sammlung an Helfern für Ihre spezifischen, wiederkehrenden Aufgaben.

---

[5] https://ng-buch.de/x/60 – Angular Docs: Testing Guide

Mit folgendem Helfer⁶ können Sie starten:

*Listing 17–21
Dummy-Komponenten schneller erstellen*

```
/**
 * Helper function to easily build a component Fixture
 * using the specified template
 */
function createTestComponent(template: string):
ComponentFixture<Type<any>>
{
  return TestBed
    .overrideComponent(MyComponent, {set: {template: template}})
    .createComponent(MyComponent);
}
```

17.3 Tests mit Protractor

17.3.1 Auf die Balance kommt es an

Eine hilfreiche Ergänzung zu unseren Unit- bzw. Integrationstests sind die Oberflächentests (auch E2E-Tests genannt). Bei dieser Art von Tests wird die gesamte Applikation in den Browser geladen und getestet. E2E-Tests wirken zunächst sehr charmant. Das initiale Setup ist sehr gering und man muss nur wenige Methoden erlernen. Allerdings sollten wir nicht der Versuchung unterliegen und verstärkt E2E-Tests anstatt Unit-Tests schreiben. Idealerweise lässt eine geänderte Unit nur wenige Tests fehlschlagen. Bei Oberflächentests ist dies häufig nicht der Fall. Eine Änderung innerhalb der Applikation kann aufwendige Korrekturen der gesamten E2E-Testsammlung erfordern. Wir sollten daher stets die Balance halten.

Unit-Tests und Oberflächentests ausgewogen verwenden

Wir haben festgestellt, dass sich mit E2E-Tests sehr gut ganze User-Storys und deren Akzeptanzkriterien testen lassen. In einem Online-Shop sollte man z. B. immer automatisiert prüfen, dass die Bestellung wie erwartet funktioniert. Unser BookMonkey sollte immer Bücher anzeigen – egal in welcher Iteration wir uns befinden. Unser Tipp: Führen Sie vor jedem Deployment in die Produktion nicht nur die Unit- und Integrationstests, sondern auch die Oberflächentests aus. Das spart bares Geld!

---

⁶ Quelle: https://ng-buch.de/x/61 – thoughtram: »Testing Angular Directives with Custom Matchers«

17.3.2 Protractor verwenden

Wer bereits mit AngularJS 1.x und Protractor gearbeitet hat, der wird sich auch unter Angular sofort zurechtfinden. Die öffentliche API von Protractor musste für Angular kaum geändert werden. Lediglich die AngularJS-spezifischen »Locators« wie `by.binding`, `by.model` oder `by.repeater` werden (aktuell) nicht mehr unterstützt.[7] Folgender Test prüft beispielsweise, ob unser Buch auf der Verlagswebsite auch wirklich »Angular« und nicht etwa »Angular 2« heißt.

Beispiel: Verlagswebsite

Listing 17–22
Ein erster E2E-Test mit Protractor (dpunkt.e2e-spec.ts)

```
import { browser, element, by } from 'protractor';

describe('dpunkt.verlag', () => {

  // does not wait for on angular on a non-angular page
  beforeAll(() => browser.ignoreSynchronization = true);

  it('should just call it Angular', () => {
    browser.get('http://
      dpunkt.de/buecher/12400/9783864903571-angular.html');
    const heading = element(by.tagName('h3'));
    expect(heading.getText()).toEqual('Angular');
  });

  afterAll(() => browser.ignoreSynchronization = false);
});
```

Protractor unterstützt Angular besonders gut.

Protractor ist für den Einsatz mit Angular ausgelegt. So wartet das Framework unter anderem darauf, dass die Anwendung das Bootstrapping durchgeführt hat. Da es sich bei dem Beispiel um eine klassische Website handelt, müssen wir per `browser.ignoreSynchronization` die Synchronisation mit der Seite unterbinden. Andernfalls wartet Protractor bis zu einem Timeout auf das nicht vorhandene Angular und quittiert dies mit einer Fehlermeldung.

Die Imports `browser`, `element` und `by` werden am häufigsten verwendet. Über das globale Objekt `browser` können wir die unterliegende WebDriver-Instanz und damit den Browser steuern. So startet `browser.restart()` den Browser neu. Die Methode `browser.pause()` kann übrigens sehr hilfreich sein: Sie stoppt die Ausführung des Tests und startet den Debugger, sodass wir Fehler im Test leichter aufspüren können.

browser

by

Das globale Objekt `by` stellt uns diverse Strategien zum Auffinden von HTML-Elementen bereit. Jede der Methoden von `by` liefert hier-

---

[7] Spezielle Locators für Angular ab Version 2 werden momentan nicht unterstützt, sind aber auf der Aufgabenliste.[8]

für einen sogenannten *Locator* zurück. Die Locators sind anschließend der Input für die globalen Funktionen `element()` beziehungsweise `element.all()`. Der Rückgabewert dieser Funktionen ist schlussendlich ein Objekt vom Typ `ElementFinder`. An einem `ElementFinder` finden wir diverse Aktionen, die wir mit dem HTML-Element durchführen können. Dies sind unter anderem `click()`, `sendKeys()` oder in unserem Beispiel `getText()`. Auf die Ergebnisse der Aktionen können wir unsere Erwartungen spezifizieren. Beim Listing 17–22 selektieren wir somit auf alle Überschriften dritter Ordnung (wobei nur die erste verwendet wird) und prüfen anschließend den Textinhalt (`innerText`) gegen den erwarteten Buchtitel.

element

17.3.3 Elemente selektieren: Locators

Im vorherigen Beispiel haben wir schon `by.tagName` kennengelernt. Eine Auswahl an weiteren Locators haben wir im Folgenden zusammengestellt. Standesgemäß haben wir dies natürlich per Test getan!

```
import { browser, element, by, $ } from 'protractor';

const html = `
  <h1 id="myId" class="myClass">Heading</h1>
  <h1 class="anotherClass">Another Heading
    <span>with child</span>
  </h1>`;

describe('protractor locators', () => {

  beforeAll(() => {
    browser.ignoreSynchronization = true;
    browser.get('data:text/html,' + encodeURIComponent(html));
  });

  it('should select by tag', () => {
    expect(element(by.css('h1')).getText()).toBe('Heading');
    expect(element(by.tagName('h1')).getText()).toBe('Heading');
  });

  it('should select by css class', () => {
    expect(element(by.css('.myClass')).getText()).toBe('Heading');
    expect(element(by.className('myClass')).getText())
        .toBe('Heading');
  });
```

Listing 17–23
Protractor-Locators kennenlernen (locators.e2e-spec.ts)

```
it('should select by id', () => {
  expect(element(by.css('#myId')).getText()).toBe('Heading');
  expect(element(by.id('myId')).getText()).toBe('Heading');
});

it('should select via various other ways', () => {
  expect(element(by.cssContainingText('h1', 'Another
    ↪ Heading')).getText()).toBe('Another Heading with child');
  expect(element(by.css('h1 span')).getText()).toBe('with
    ↪ child');
});

it('should select via the $-shorthand', () => {
  // is the same as element(by.css('\#myId'));
  expect($('#myId').getText()).toBe('Heading');
});

afterAll(() => browser.ignoreSynchronization = false);
});
```

17.3.4 Aktionen durchführen

Die von der Funktion `element()` zurückgegebenen `ElementFinder`-Objekte wissen, wie man ein DOM-Element lokalisiert.

Aber solange keine der Action-Methoden ausgeführt wird, passiert nichts. Da die Kommunikation mit dem Browser und die Durchführung der Aktion Zeit in Anspruch nehmen, sind alle Aktionen asynchron.

Das nachfolgende Beispiel zeigt, wie wir ein Element auffinden und in der Variable `el` speichern.

```
let el = element(locator);
```

Tabelle 17–2 zeigt eine Übersicht der verschiedenen Zugriffsmethoden auf das Element.

17.3.5 Asynchron mit Warteschlange

Die Asynchronität wird versteckt. Der bislang gezeigte Code sah ziemlich synchron aus. Das ist in Wirklichkeit nicht der Fall, die Asynchronität ist nur sehr gut versteckt worden. Der zugrunde liegende Webdriver basiert durchweg auf Promises[9],

---

[9] https://ng-buch.de/x/63 – Promises/A+

17.3 Tests mit Protractor

Tab. 17–2 Verschiedene Aktionen auf einem Element

Methode	Beschreibung
`el.getText();`	Liest den sichtbaren Text aus, inklusive des Tests von Kind-Elementen.
`el.click();`	Führt einen Klick auf dem Element durch.
`el.sendKeys('Text');`	Sendet Tastenanschläge an das Element (z. B. bei einem `<input>`-Element).
`el.clear();`	Löscht den Text eines Elements (z. B. bei einem `<input>`-Element).
`el.getAttribute('value');`	Liest ein HTML-Attribut aus (z. B. bei einem `<input>`-Element).
`el.submit();`	Versendet das Formular (wenn das Element ein Formular ist) oder versendet das Formular des Elements oder macht nichts, wenn das Element nicht Teil eines Formular ist.
`el.takeScreenshot(opt_scroll?:` `    boolean);`	Erzeugt einen Screenshot von der sichtbaren Region des Elements. Der optionale Parameter gibt an, ob zum Element hingescrollt werden soll (Standard: *false*).

und Protractor »erbt« damit alle Vor- und Nachteile, die mit asynchroner Programmierung verbunden sind. Jede Methode zur Interaktion mit dem Browser wird demnach nicht sofort ausgeführt, sondern liefert eine Promise zurück:

```
let el = element(locator);

el.getText().then(function(text) {
  console.log(text);
});
```

Listing 17–24 Auf die Erfüllung der Promise warten

Normalerweise gibt es bei Promises keine Garantie dafür, dass die Aktionen in der gewünschten Reihenfolge ablaufen und beenden. Jede Promise startet üblicherweise sofort und läuft parallel zu anderen Promises ab. Bei der Fernsteuerung eines Browsers ist dies nicht sehr hilfreich. Die Reihenfolge aller Aktionen muss stets gleich bleiben, sonst wäre der Test unvorhersagbar. Daher müssten wir im Prinzip alle Promises sequenziell verketten – was recht umständlich ist. Bei der Verwendung von Protractor ist jedoch keine Verkettung von Promises notwendig!

Protractor verwendet eine versteckte Warteschlange, welche die korrekte Abarbeitung in Reihenfolge garantiert.

Zusätzlich zu dem Warteschlangen-Trick wird die expect()-Methode von Protractor »heimlich« »gepatcht«. Die Methode versteht neben normalen Werten nun auch Promises. Weiterhin reihen alle expect()-Aufrufe ihre Prüfbedingungen ebenso in die Warteschlange ein. Im Endeffekt sorgen die Modifikationen von Protractor dazu, dass wir die Methode then() nur sehr selten verwenden müssen.

17.3.6 Redundanz durch Page Objects vermeiden

Bei der Erstellung von Oberflächentests bilden sich schnell wiederkehrende Muster heraus. So müssen wir z. B. immer zunächst eine Seite ansurfen, anschließend ein Login-Formular ausfüllen und die erste Überschrift prüfen.

Hilfsklassen für wiederkehrende Aufgaben

Haben wir nur eine Datei, so können wir den sich daraus ergebenden doppelten Code durch beforeEach()- bzw. beforeAll()-Blöcke vermeiden. Früher oder später müssen wir die Tests aber auf mehrere Dateien verteilen. Wir sollten die Standardaufgaben im Zuge dessen sammeln und in eine oder mehrere Hilfsklassen auslagern.

In der Protractor- bzw. generell in der Selenium-Welt nennt man solche Hilfsklassen *Page Objects*. Page Objects sollten als Services verstanden werden, die uns bei der Interaktion mit der Seite helfen. Ein gut geschriebenes Page Object versteckt die Komplexität der HTML-Struktur und darf keine technischen Details anbieten. Besonders eleganten Code erhalten wir, wenn wir an passenden Methoden das eigene Page Object (return this) oder ein anderes Page Object zurückgeben:

Listing 17–25
Ein Fluent Interface mit Page Objects bereitstellen

```
export class HomePage {
    public getWelcomeMessage(): ElementFinder {
        //
    }
}

export class LoginPage {
    public loginAs(username: string, password: string): HomePage {
        // ...
        return new HomePage();
    }
}

// Verwendung:
let page = new LoginPage();
let element = page.loginAs('user', 'pass').getWelcomeMessage();
```

So bleibt unser eigentlicher Testcode gut lesbar, und Änderungen an den HTML-Vorlagen beeinflussen nur die Datei mit dem jeweiligen Page Object.

17.3.7 Eine Angular-Anwendung testen

Wir wollen nun alle gezeigten Bausteine zusammenfügen und einen Test der Benutzeroberfläche für den BookMonkey schreiben. Wir erinnern uns: Der Unit-Test für die `BookListComponent` mit Routing und HTTP aus Listing 10–15 war zu lang und sperrig. Hierfür wollen wir einen äquivalenten Oberflächentest schreiben.

Der Test soll zwei Dinge verifizieren: Zum einen soll die Buchliste stets mindestens zwei Bücher beinhalten. Zum anderen soll sichergestellt werden, dass ein Klick auf den ersten Link zur Detailseite führt. Wir gehen davon aus, dass die BookMonkey-API vor dem Test in ihren initialen Zustand gebracht wurde. Wir können daher sicher sein, dass das erste Buch in der Liste bekannt ist und wir auf Titel und ISBN reproduzierbar prüfen können.

Oberflächentest für die BookListComponent

Zunächst benötigen wir zwei Page Objects, eines für die Detailseite (`BookDetailsPage`) und eines für die Listenansicht (`BookListPage`):

```
import { browser, element, by } from 'protractor';

export class BookDetailsPage {

  getHeaderText() {
    return element(by.css('h1.header')).getText();
  }

  getUrl() {
    return browser.getCurrentUrl();
  }
}

export class BookListPage {

  navigateTo() {
    browser.get('/books');
    return this;
  }

  getBookItems() {
    return element.all(by.css('.bm-book-list-item'));
  }
}
```

Listing 17–26
Zwei Page Objects für Detailseite und Listenansicht implementieren (book-list.po.ts)

```
          clickOnFirstBook() {
            this.getBookItems().first().click();
            return new BookDetailsPage();
          }
        }
```

Nun ist alles bereit, um die beiden Spezifikationen mit Oberflächentests auszudrücken:

Listing 17–27
E2E-Test für die Listenansicht mit Detailseite umsetzen (book-list.e2e-spec.ts)

```
import { BookListPage } from './book-list.po';

describe('Book List Page', function() {
  let listPage: BookListPage;

  beforeEach(() => listPage = new BookListPage());

  it('should display at least two books', () => {
    const bookItems = listPage.navigateTo().getBookItems();
    expect(bookItems.count()).toBeGreaterThan(1);
  });

  it('should navigate to details page by ISBN', () => {
    const detailsPage = listPage.navigateTo().clickOnFirstBook();
    expect(detailsPage.getUrl()).toContain('/books/9783864903571');
    expect(detailsPage.getHeaderText()).toBe('Angular');
    const details = listPage.navigateTo().clickOnFirstBook();
  });
});
```

Et voilà! Mit wenigen Zeilen Code ist der BookMonkey jetzt hinsichtlich der beiden Spezifikationen getestet. Wir wissen nun, dass von der Datenbank zur API bis hin zur Angular-Anwendung alle Schichten korrekt funktionieren.

17.3.8 Fazit

Entsprechend ihrem Namen prüfen Ende-zu-Ende-Tests alle Komponenten eines Systems gemeinsam: die eigentliche Anwendung, den Browser, den Webserver, die Datenbank sowie jegliche sonstige Infrastruktur. Das gesamte System ist von Natur aus recht fragil: Egal welche Komponente defekt ist bzw. sich unerwartet verhält – der Test schlägt fehl. Von einem fehlgeschlagenen Oberflächentest auf die Ursache zu schließen, kann daher sehr schwierig werden. Bei einem Unit-Test ist dies anders. Kompiliert der Quelltext, so wird der Test immer entwe-

Oberflächentests sind fehleranfällig.

der erfolgreich oder eben nicht erfolgreich durchgeführt. Es gibt keine Grauzone wie bei den E2E-Tests. Zudem müssen wir bedenken, dass kleine Änderungen große Auswirkungen haben können. Benennen wir in unserem Beispiel die CSS-Klasse um, so funktioniert nichts mehr – obwohl die Anwendung in der Realität weiterhin wunderbar funktioniert.

Wenn wir Oberflächentests allerdings als Ergänzung der Unit- bzw. Integrationstests verstehen, dann haben wir ein wertvolles Werkzeug zur Steigerung der Softwarequalität im Repertoire!

Teil IV

**Das Projekt ausliefern:
Deployment**

18 Das Projekt ausliefern: Deployment

»AoT in Angular effectively stops the possibility of script injections.
Oh, and it's wicked fast.«

Philippe De Ryck
Experte für Web-Security

Mit der Entwicklung der Anwendung ist die Arbeit theoretisch abgeschlossen. Praktisch ist unser Weg mit der Angular-App noch nicht zu Ende, denn bis die Anwendung in Produktion gehen kann, sind noch einige Schritte nötig.

Wir lernen deshalb in diesem Kapitel, wie wir unsere Anwendung für die Auslieferung vorbereiten. Das betrifft die Konfiguration der Umgebung, den finalen Build und letztendlich das Deployment auf einen Webserver.

18.1 Umgebungen konfigurieren

Bisher haben wir unser Projekt in unserer lokalen Entwicklungsumgebung ausgeführt. Hier gelten bestimmte Einstellungen innerhalb der Anwendung, z. B. URLs für Server-Endpunkte, Debug-Optionen und Logging. Auf einem Produktivsystem wird hingegen meist eine andere Konfiguration gewünscht: Es werden andere Endpunkte angesprochen, Debug-Ausgaben sollten nicht sichtbar sein und vieles mehr.

Verschiedene Anforderungen an die Umgebungen

Um solche Unterscheidungen nicht manuell implementieren zu müssen, können wir *Umgebungen* konfigurieren. In einer Umgebung werden beliebige Einstellungen festgelegt. Beim Build der Anwendung wird per Kommandozeilenoption die gewünschte Zielumgebung angegeben, sodass das jeweilige Set von Einstellungen im finalen Code eingewoben wird. Das ist vor allem sinnvoll, um zwischen Entwicklungs- und Produktivsystemen zu unterscheiden.

> **Wichtig: Angular CLI verwaltet Umgebungen**
>
> Umgebungen sind kein Feature vom Angular-Framework, sondern werden durch die Angular CLI bzw. von einem Webpack-Plugin realisiert. Konkret wird während des Builds eine Datei durch eine andere ersetzt und damit das finale Bundle manipuliert.

Ordner environments

Im src-Ordner unseres Projekts befindet sich der Ordner environments, den wir bisher noch nicht betrachtet haben.

```
src
 └─environments
    ├─environment.prod.ts
    └─environment.ts
 └─...
```

Es sollten bereits zwei Dateien für jeweils zwei Umgebungen exemplarisch vorliegen. Weitere Umgebungen können wir nach demselben Namensschema environment.<name>.ts erstellen. Ohne weitere Veränderungen finden wir in einer solchen Datei ein Objekt mit einer einzigen Eigenschaft.

*Listing 18–1
Inhalt der Datei environment.prod.ts*

```
export const environment = {
  production: true
};
```

Hier können wir beliebige weitere Inhalte angeben, denn die Konfiguration für die jeweilige Umgebung wird nach und nach immer mehr Einträge benötigen. Für Anwendungslogik ist hier allerdings nicht der richtige Platz, sie sollte weiterhin in Komponenten und Services untergebracht werden. Wichtig ist, dass in allen Umgebungen die Eigenschaften übereinstimmen, sonst schlägt ggf. der Build fehl.

Umgebung mit Eigenschaften füllen

*Listing 18–2
Beispiel für eine Umgebung mit weiteren Eigenschaften*

```
export const environment = {
  production: true,
  mySetting: 3,
  foo: 'bar'
};
```

Umgebungen registrieren

Damit wir die Umgebungen verwenden können, müssen wir der Angular CLI mitteilen, welche Umgebung durch welche Datei abgebildet wird. Dazu existiert ein Abschnitt in der Datei .angular-cli.json, wo wir einem Umgebungsnamen eine Environment-Datei zuweisen. Wir müssen nichts weiter tun, denn die beiden Umgebungen dev und prod sind bereits fertig eingerichtet:

```
"environmentSource": "environments/environment.ts",
"environments": {
  "dev": "environments/environment.ts",
  "prod": "environments/environment.prod.ts"
}
```

Listing 18–3
Umgebungen konfigurieren (.angular-cli.json)

Eine besondere Rolle spielt die Source-Datei `environment.ts`, die in der Eigenschaft `environmentSource` angegeben ist. Sie wird beim Build durch die ausgewählte Zielumgebung ausgetauscht, sodass das fertige Bundle die gewünschten Einstellungen enthält. Im Quelltext geben wir immer nur diese Datei an und können von dort die Eigenschaften aus der Umgebung auslesen.

Eigenschaften aus der Umgebung auslesen

```
import { environment } from '../environments/environment';
// ...
this.setting = environment.mySetting;
```

Listing 18–4
Einstellungen aus einer Umgebung auslesen

Wie im Listing 18–3 zu sehen ist, wird die `dev`-Umgebung ebenfalls aus `environment.ts` bezogen und nicht aus einer separaten Datei. So ist sichergestellt, dass wir zur Entwicklungszeit keine Warnungen vom TypeScript-Compiler erhalten und z. B. die Autovervollständigung im Editor weiterhin funktioniert.

Beim Aufruf des Build-Befehls mit `ng serve` oder `ng build` (diesen Befehl werden wir gleich näher betrachten) können wir jetzt die gewünschte Zielumgebung angeben. Dazu dient der Parameter `--environment` bzw. die Kurzform `--env`.

Zielumgebung auswählen

```
$ ng serve --environment=prod
$ ng serve --env=prod
```

Listing 18–5
Umgebung beim Build auswählen

Wenn wir keine Umgebung angeben, wird automatisch `dev` ausgewählt.

> **Abhängigkeit zur Umgebung vermeiden**
>
> Die Angular CLI sorgt dafür, dass in der Datei `environment.ts` immer die jeweils ausgewählte Umgebung vorliegt. Wir haben gelernt, dass wir auf die Umgebungsvariablen zugreifen können, indem wir die Datei importieren. Das führt dazu, dass unsere Komponenten und Services eine direkte Abhängigkeit zur `environment.ts` besitzen. In unserem Beispiel ist das kein Problem. Sobald die Anwendung allerdings unabhängig von der Angular CLI eingesetzt werden soll, funktioniert der Mechanismus nicht mehr. Das ist besonders beim Unit-Testing problematisch, wo wir möglichst jede Komponente eigenständig testen wollen. Praktischer wäre es, die Abhängigkeit zur Umgebung zu abstrahieren, sodass die Komponenten und Services nicht direkt auf `environment.ts` zugreifen.
>
> Um das zu erreichen, können wir die Einstellungen aus der Umgebung mittels Dependency Injection in der Komponente bereitstellen. Wir registrieren dazu für jede Einstellung ein Token im Injector. Das kann direkt in der Datei `main.ts` erfolgen, denn die Funktion `platformBrowserDynamic()` nimmt praktischerweise als Argument ein Array von Providers entgegen.
>
> ```
> platformBrowserDynamic([
>   {
>     provide: 'MY_SETTING',
>     useValue: environment.mySetting
>   }
> ]).bootstrapModule(AppModule);
> ```
>
> In einer Komponente oder einem Service können wir den Wert wie folgt anfordern:
>
> ```
> export class MyService {
>   constructor(@Inject('MY_SETTING') private mySetting: string) { }
> }
> ```

18.1.1 Umgebungen am Beispiel: BookMonkey

Lokale API bei der Entwicklung

Um das Konzept zu vertiefen, wollen wir die Umgebungen an einem konkreten Beispiel betrachten. Bislang war die URL zur BookMonkey-API stets fest hinterlegt. Es bietet sich hingegen an, während der Entwicklung direkt die lokale Adresse `http://localhost:3000` anzusprechen. So ist man während der Arbeit vom Internet unabhängig und manipuliert keine echten Daten. Für den Produktiveinsatz bleibt weiterhin die Adresse im Internet bestehen.

18.1 Umgebungen konfigurieren

Zunächst müssen wir die Umgebungsdateien anpassen:

```
export const environment = {
  production: false,
  apiUrl: 'http://localhost:3000'
};
```

Listing 18–6
Dev-Umgebung
(environment.ts)

```
export const environment = {
  production: true,
  apiUrl: 'https://book-monkey2-api.angular-buch.com'
};
```

Listing 18–7
Prod-Umgebung
(environment.prod.ts)

Damit die Anwendung möglichst wenige Referenzen zur Umgebung hat, wollen wir die Einstellung über den Injector in die Anwendung bringen. In der Datei main.ts registrieren wir also ein Token für die API-URL:

Umgebungseinstellungen über den Injector in die Anwendung bringen

```
import { environment } from './environments/environment';
// ...
platformBrowserDynamic([
  {
    provide: 'API_URL',
    useValue: environment.apiUrl
  }
]).bootstrapModule(AppModule);
```

Listing 18–8
Injector-Token für die Umgebungseinstellung registrieren

Zuletzt passen wir den `BookStoreService` an und verwenden dort das Injector-Token anstatt des fest eingebauten Werts. Das Property api deklarieren wir nicht mehr manuell, denn es wird ja bei der Konstruktor-Injection automatisch angelegt.

Einstellung im Service verwenden

```
// ...
export class BookStoreService {
  private headers: Headers = new Headers();

  constructor(
    @Inject('API_URL') private api: string,
    private http: Http
  ) {
      // ...
  }
  // ...
}
```

Listing 18–9
BookStoreService mit API-URL aus der Umgebung

Je nachdem, welche Umgebung beim Build ausgewählt wird, bezieht die Anwendung ihre Buchdaten nun von der lokalen oder entfernten API.

18.2 Produktivmodus aktivieren

Manchen Lesern ist sicher bereits der folgende Code in der Datei main.ts aufgefallen:

Listing 18–10 enableProdMode() in der Datei main.ts

```
// ...
import { environment } from './environments/environment';

if (environment.production) {
  enableProdMode();
}
// ...
```

enableProdMode()

Mit dem Wissen über Umgebungen können wir diesen Aufruf in einen Kontext bringen. Ist die Eigenschaft production aus der Umgebung *true*, so wird die Funktion enableProdMode() aufgerufen. Das könnte man etwa lesen wie: Befinden wir uns in einer Produktionsumgebung, so aktiviere den Produktivmodus der Anwendung.

Die Funktion enableProdMode() ist Bestandteil von Angular. Sie deaktiviert den Entwicklungsmodus und damit interne Abläufe, die im Produktivbetrieb nicht benötigt werden. Dazu zählen diverse interne Prüfungen und Fehlerausgaben. Beispielsweise können wir die Anwendung nicht mehr mit Augury debuggen, wenn der Produktivmodus aktiviert ist.

18.3 Build erzeugen

Wir haben bis jetzt stets den Befehl ng serve eingesetzt, um die Anwendung zu bauen und den lokalen Webserver zu starten. Für die Entwicklung ist das sehr gut, allerdings werden wir auf einem produktiven Server nicht die Angular CLI als Webserver verwenden. Stattdessen kompilieren wir die Anwendung mit der Angular CLI und liefern sie dann mit einem anderen Webserver aus.

Zum Bauen der Anwendung verwenden wir den folgenden Befehl:

```
$ ng build
```

Wir können auch hier eine Zielumgebung angeben, die dann beim Build in die Anwendung »eingebaut« wird. Die Parameter sind die gleichen wie für ng serve. Wird keine Umgebung angegeben, wird automatisch dev gewählt.

Build-Umgebung auswählen

```
$ ng build --environment=prod
$ ng build --env=prod
```

Zusätzlich können wir die Option --target verwenden. Sie legt fest, mit welchem Profil der Build durchgeführt wird. Standardmäßig wird das Profil development ausgewählt. Das Target production ist sinnvoll, um den Build für Produktionsbedingungen zu optimieren.

Build-Target

```
$ ng build --target=production
```

Es gibt eine Kurzform, die --env und --target zusammenfasst. Die folgenden Befehle sind jeweils gleichbedeutend:

```
$ ng build --env=prod --target=production
$ ng build -prod

$ ng build --env=dev --target=development
$ ng build -dev
```

Die fertige Anwendung befindet sich nach dem Build im Ordner 📁 dist. Hier sind nun alle Bestandteile der Anwendung verpackt, und die Inhalte des Ordners können später über einen Webserver an den Client geliefert werden.

Ordner 📁 dist

Werfen wir einen Blick in den Ordner, können wir erkennen, dass die ehemalige Dateistruktur unserer Anwendung nicht mehr vorhanden ist. Stattdessen wurden alle Bestandteile der App in Bundles gepackt:

Bundles

- **Main:** Quellcode unserer Anwendung
- **Vendor:** eingebundene Bibliotheken, also z. B. Angular und RxJS
- **Styles:** CSS-Styles der Anwendung (als .css oder .js)
- **Inline:** Logik zum Laden der Bundles, wird direkt in index.html eingebunden

Alle »lazy« geladenen Module sind in *Chunks* verpackt, damit sie asynchron geladen werden können. Die TypeScript-Dateien wurden automatisch in JavaScript (ES5) umgewandelt, damit der Browser sie verarbeiten kann.

> **Sourcemaps**
>
> Beim Build mit dem Target dev wird für jedes Bundle zusätzlich eine Sourcemap (.map) angelegt. Mit diesen Informationen kann ein Debugging-Tool einen Teil des minifizierten Bundles auf einen Teil der Originaldateien abbilden. Das bedeutet, wir können z. B. im Browser in den unminifizierten Quelldateien navigieren und die Anwendung so viel effizienter debuggen.
>
> Allerdings geben wir damit auch jedem Außenstehenden direkten Einblick in unseren Sourcecode. Daher sind die Sourcemaps beim Prod-Build standardmäßig deaktiviert. Sollen sie trotzdem generiert werden, können wir die Option --sourcemaps verwenden:
>
> ```
> $ ng build -prod --sourcemaps
> ```

Abb. 18–1
dist-Ordner nach dem Bauen der Anwendung mit ng build

Name	Größe	Art
favicon.ico	5 KB	Windows-Symbolbild
flags.9c74e172f87984c48ddf.png	28 KB	PNG-Bild
icons.1dc35d25e61d819a9c35.ttf	153 KB	TrueType®-Schrift
icons.25a32416abee198dd821.eot	77 KB	Dokument
icons.c8ddf1e5e5bf3682bc7b.woff	90 KB	Dokument
icons.d7c639084f684d66a1bc.svg	392 KB	Scalable Vect...raphics Image
icons.e6cf7c6ec7c2d6f670ae.woff2	72 KB	Dokument
index.html	611 Byte	HTML Document
inline.bundle.js	6 KB	Reine Textdatei
inline.bundle.js.map	6 KB	Dokument
main.bundle.js	62 KB	Reine Textdatei
main.bundle.js.map	46 KB	Dokument
polyfills.bundle.js	164 KB	Reine Textdatei
polyfills.bundle.js.map	200 KB	Dokument
styles.bundle.js	797 KB	Reine Textdatei
styles.bundle.js.map	994 KB	Dokument
vendor.bundle.js	2,4 MB	Reine Textdatei
vendor.bundle.js.map	2,9 MB	Dokument

Inhalt der Bundles im Detail

Die Bundles schauen wir uns am Beispiel des BookMonkeys einmal genauer an. Wir wählen dazu den Stand nach dem Modul-Kapitel von Iteration VI (Seite 309). Hier sind bereits mehrere Module vorhanden, die aber alle synchron geladen werden. Für unsere Betrachtung hat das den Vorteil, dass alle Teile der Anwendung im Main-Bundle liegen und nicht in Chunks aufgeteilt sind.

Wir führen den Befehl ng build aus und schauen uns anschließend die Datei main.bundle.js an. Hier ist der gesamte Code unserer Anwendung untergebracht. Die Komponenten und Klassen sind wiedererkennbar, nur eben in JavaScript (ES5).

Der Code ist allerdings nicht minifiziert und verfügt über Kommentare. Hier ist noch Potenzial zur Optimierung, um Traffic und Ladezeit zu sparen. Gerade das Vendor-Bundle ist sehr groß, denn hier ist das gesamte Angular-Framework verpackt.

18.3 Build erzeugen

```
11      /* harmony export (binding) */ __webpack_require__.d(exports, "a", function() { return BookStoreService; });
12      var __decorate = (this && this.__decorate) || function (decorators, target, key, desc) {
13          var c = arguments.length, r = c < 3 ? target : desc === null ? desc = Object.getOwnPropertyDescriptor(target, key) : desc, d;
14          if (typeof Reflect === "object" && typeof Reflect.decorate === "function") r = Reflect.decorate(decorators, target, key, desc);
15          else for (var i = decorators.length - 1; i >= 0; i--) if (d = decorators[i]) r = (c < 3 ? d(r) : c > 3 ? d(target, key, r) : d(target, key)) || r;
16          return c > 3 && r && Object.defineProperty(target, key, r), r;
17      };
18      var __metadata = (this && this.__metadata) || function (k, v) {
19          if (typeof Reflect === "object" && typeof Reflect.metadata === "function") return Reflect.metadata(k, v);
20      };
21
22
23
24      var BookStoreService = (function () {
25          function BookStoreService(http) {
26              this.http = http;
27              this.api = 'https://book-monkey2-api.angular-buch.com';
28              this.headers = new __WEBPACK_IMPORTED_MODULE_1__angular_http__["a" /* Headers */]();
```

Abb. 18–2
Ausschnitt aus dem Main-Bundle nach ng build

Unsere Bundles haben die folgende Dateigröße:

- main.bundle.js: 62 KB
- vendor.bundle.js: 2,4 MB

Wir führen als Nächstes den Build-Befehl mit dem Parameter -prod aus. Durch das Target prod wird der Build wird zusätzlich für die Produktion angepasst. Das umfasst unter anderem:

- **Minifizierung:** Es werden Kommentare und Zeilenumbrüche entfernt und Variablennamen gekürzt.
- **Tree-Shaking:** Nicht benötigte Bestandteile werden automatisch entfernt.
- (AOT-Kompilierung)

Standardmäßig wird automatisch die AOT-Kompilierung ausgeführt. Dieses Verfahren schauen wir uns gleich noch im Detail an. Für die jetzige Betrachtung wollen wir AOT deaktivieren und setzen deshalb zusätzlich den Parameter --aot=false:

```
$ ng build -prod --aot=false
```

Das Ergebnis im ⌹dist-Ordner ist wieder ähnlich. Die Bundles tragen nun einen zufälligen String im Dateinamen, um Cacheprobleme im Browser zu umgehen. Ein Blick in das Main-Bundle zeigt auch den Effekt der Minifizierung (Abbildung 18–3). Der Code ist nun für Menschen nur noch schwer lesbar, ist aber durch das »Zusammenschrumpfen« wesentlich kleiner geworden.

Die Bundles haben nun die folgende Größe:

- main.b5a1d029cdd502cb20ff.bundle.js: 27 KB
- vendor.e032b2c047b422700ac7.bundle.js: 917 KB

Gegenüber dem ersten Build haben sich die Dateigrößen drastisch verringert. Besonders das Vendor-Bundle hat durch Tree-Shaking und

Abb. 18–3
Ausschnitt aus dem Main-Bundle nach ng build -prod --aot=false

```
webpackJsonp([1,4],{"+bcz":function(t,e,n){"use strict";var o=n("3j3K");n.d(e,"a",
function(){return s});var i=this&&this.__decorate||function(t,e,n,o){var i,
r=arguments.length,s=r<3?e:null===o?o=Object.getOwnPropertyDescriptor(e,n):o;if
("object"==typeof Reflect&&"function"==typeof Reflect.decorate)s=Reflect.decorate
(t,e,n,o);else for(var a=t.length-1;a>=0;a--)(i=t[a])&&(s=(r<3?i(s):r>3?i(e,n,s):i
(e,n))||s);return r>3&&s&&Object.defineProperty(e,n,s),s},r=this&&this.__metadata||
function(t,e){if("object"==typeof Reflect&&"function"==typeof Reflect.metadata)
return Reflect.metadata(t,e)},s=function(){function t(t,e){this.templateRef=t,
this.viewContainerRef=e}return t.prototype.ngOnInit=function(){var t=this;
setTimeout(function(){t.viewContainerRef.createEmbeddedView(t.templateRef)},
this.bmDelay)},t}();i([n.i(o.Input)(),r("design:type",Object)],s.prototype,
"bmDelay",void 0),s=i([n.i(o.Directive)({selector:"[bmDelay]"})],r
```

Minifizierung an Größe verloren, sodass unsere App insgesamt noch kleiner ist.

> **Tipp: Bundles verschmelzen**
>
> Main- und Vendor-Bundle werden normalerweise separat angelegt. Um im Produktivbetrieb eine HTTP-Anfrage einzusparen, können wir die beiden Bundles verschmelzen, sodass sie in einer gemeinsamen Datei liegen. Die Angular CLI bietet dafür die Option --no-vendor-chunk:
>
> ```
> $ ng build -prod --no-vendor-chunk
> ```

18.4 Die Templates kompilieren

In den Templates unserer Anwendung haben wir stets die Angular-Syntax verwendet. Obwohl es sich dabei um valides HTML handelt, kann der Browser diese Ausdrücke nicht verarbeiten, denn er kennt keine Property Bindings, keine Pipes, keine Elementreferenzen usw. Bevor die Anwendung dargestellt wird, müssen die Templates also umgewandelt werden, damit der Browser sie verarbeiten kann. Dafür ist der *Angular-Compiler* zuständig.

Angular-Compiler

Diese Umwandlung ist allerdings nicht trivial, denn die meisten Ausdrücke sind keine HTML-Features, die ohne Weiteres in »Standard-HTML« übertragen werden können. Angular geht deshalb einen besonderen Weg: Die HTML-Templates werden vollständig in programmatische Anweisungen umgesetzt, die beschreiben, wie der DOM-Baum strukturiert ist. Im Browser wird der sogenannte DomRenderer von Angular verwendet, um aus dem JavaScript-Code den DOM-Baum aufzubauen. Das ist praktisch, weil Angular für jede Plattform geeignet sein soll, nicht nur für den Browser. Wir sind also grundsätzlich gar nicht an HTML und den DOM gebunden, sondern könnten Angular sogar

HTML-Templates werden in JavaScript umgesetzt.

Angular ist nicht nur für den Browser geeignet.

18.4 Die Templates kompilieren

auf eingebetteten Systemen ausführen.[1] Der Compiler ist Bestandteil von Angular und wird in einem Projekt der Angular CLI automatisch mitgeliefert.

18.4.1 Just-In-Time-Kompilierung (JIT)

Wir schauen uns den Code des minifizierten Bundles aus dem letzten Schritt (nach `ng build -prod --aot=false`) noch einmal genauer an. Es ist erkennbar, dass die HTML-Templates in den JavaScript-Code eingebettet sind. Das HTML ist allerdings unverändert und trägt weiterhin die Angular-Syntax.

Die Umwandlung der Templates passiert dynamisch im Browser. Aus diesem Grund wird übrigens beim Bootstrapping in der Datei `main.ts` die Plattform `platformBrowserDynamic` verwendet. Die Templates werden zur Laufzeit kompiliert, weshalb diese Variante *Just-In-Time-Kompilierung (JIT)* genannt wird.

Templates zur Laufzeit kompilieren

Die Abbildung 18–4 zeigt den typischen Ablauf bei der JIT-Kompilierung: Auf dem Server wird der TypeScript-Code zu JavaScript (ES5) transpiliert, in Bundles verpackt und minifiziert. Diese Schritte passieren direkt nach der Entwicklung, wenn wir den Befehl `ng build -prod --aot=false` ausführen.

Die generierten Dateien werden vom Browser heruntergeladen und verarbeitet. Es wird zunächst das Bootstrapping mit der Plattform `platformBrowserDynamic` durchgeführt. Anschließend werden die HTML-Templates zur Laufzeit in JavaScript umgewandelt, sodass der Browser die Template-Syntax verstehen kann. Aus diesen Informationen wird schließlich die Anwendung gerendert und dargestellt. Diese Schritte funktionieren automatisch, wir müssen uns nicht weiter darum kümmern.

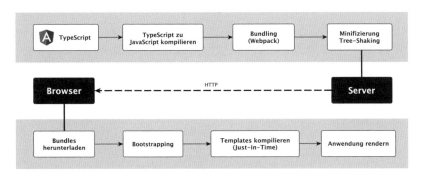

Abb. 18–4
JIT: Schritte der App von der Entwicklung bis zum Browser

---

[1] Angular auf eingebetteten Systemen ist nicht nur Theorie: https://ng-buch.de/x/64 – Uri Shaked: »Building Simon with Angular2-IoT«.

18.4.2 Ahead-Of-Time-Kompilierung (AOT)

Die Kompilierung ist vollkommen unabhängig vom Nutzer oder Browser, und tatsächlich passiert in diesem Prozess stets das Gleiche. Es ist also naheliegend, die Templates schon zu kompilieren, *bevor* die Anwendung zum Nutzer gelangt. Das hat vor allem den Vorteil, dass der Browser diese Aufgabe nicht übernehmen muss und deshalb die Anwendung schneller geladen wird.

Template vor der Auslieferung kompilieren

Das Verfahren nennt sich *Ahead-Of-Time-Kompilierung (AOT)*, denn der Code wird schon *vor* der Laufzeit kompiliert. In der Abbildung 18–5 ist der komplette Weg unserer Anwendung skizziert, wenn wir AOT-Kompilierung verwenden. Im ersten Schritt nach der Entwicklung werden die Templates umgewandelt. Ein großer Unterschied zu JIT ist, dass in diesem Schritt wieder TypeScript generiert wird. Bei JIT werden die Templates natürlich in JavaScript umgesetzt. Ansonsten ist der Ablauf auf dem Server genau so, wie wir ihn schon kennengelernt haben. Alle Schritte auf dem Server werden *einmalig* nach der Entwicklung ausgeführt.

Im Browser muss die Anwendung jetzt nur noch gebootstrappt und gerendert werden. Daraus ergeben sich zwei große Vorteile:

- Der Compiler muss nicht mehr an den Browser ausgeliefert werden. Das Vendor-Bundle wird erheblich kleiner.
- Die aufwendige Kompilierung wird nicht mehr zur Laufzeit ausgeführt. Die Ladezeit der App wird weiter verkürzt.

AOT-Kompilierung bringt den großen Vorteil mit sich, dass der Code statisch analysiert wird. Dadurch können Fehler in den Templates schon bei der Entwicklung erkannt werden und nicht erst zur Laufzeit im Browser.

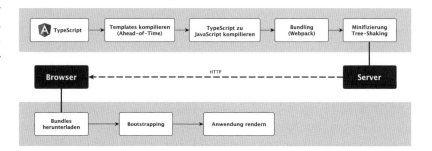

Abb. 18–5
AOT: Schritte der App von der Entwicklung bis zum Browser

18.4 Die Templates kompilieren

AOT mit der Angular CLI

Wenn wir die Angular CLI verwenden, ist es sehr einfach, die Anwendung »ahead of time« zu kompilieren. Wir müssen dazu lediglich das Flag `--aot` für den Build-Befehl einsetzen. Mit dem Parameter `-prod` wird AOT schon automatisch aktiviert, aber wir können auf Nummer sicher gehen und das aot-Flag trotzdem angeben:

```
$ ng build -prod --aot
```

Alle weiteren Schritte erfolgen automatisch! Die Templates werden kompiliert und die fertigen Bundles werden im Ordner `dist` abgelegt.

Die Ordnerstruktur ist gleich geblieben, nur der Inhalt der Bundles hat sich verändert. Was dort genau passiert ist, schauen wir uns im nächsten Abschnitt im Detail an. Wir wollen zunächst einen Blick auf die Größe der Bundles werfen:

- `main.e1effa54e0767390aa08.bundle.js`: 69 KB
- `vendor.7832fe10ea6f88ab6828.bundle.js`: 490 KB

Zum Vergleich sind in Tabelle 18–1 die Bundle-Größen für alle drei Varianten einander gegenübergestellt:

Bundle-Größen im Vergleich

1. JIT-Kompilierung im Dev-Modus: `ng build`
2. JIT-Kompilierung im Prod-Modus: `ng build -prod --aot=false`
3. AOT-Kompilierung im Prod-Modus: `ng build -prod --aot`

Durch die AOT-Kompilierung ist das Main-Bundle größer geworden. Das liegt daran, dass die HTML-Templates in JavaScript umgesetzt wurden, wodurch mehr Overhead entsteht. Dafür ist allerdings das Vendor-Bundle erheblich kleiner, weil der Compiler nicht mehr mitgeliefert wird.

Bei einer komplexen Anwendung wird die Größe des Main-Bundles wahrscheinlich die Einsparungen am Vendor-Bundle übersteigen. Wir sparen dennoch viel Ladezeit ein, weil die Kompilierung nicht mehr im Browser durchgeführt werden muss.

Bundle	JIT Dev	JIT Prod	AOT Prod
Main	62 KB	27 KB	69 KB
Vendor	2,4 MB	917 KB	490 KB
Gesamtgröße	2,5 MB	944 KB	559 KB

Tab. 18–1
Bundle-Größen im Überblick

AOT im Detail

Um die Hintergründe der AOT-Kompilierung zu verstehen, schauen wir uns einmal genauer an, wie der Angular-Compiler die Templates umwandelt. Bitte beachten Sie, dass wir die folgenden Schritte nicht machen müssen, wenn wir die Angular CLI nutzen.

Compiler über NPM installieren

Der Compiler für die Offline-Nutzung kann über NPM installiert werden. In einem Projekt der Angular CLI ist das Paket schon vorhanden.

```
$ npm install @angular/compiler-cli --save-dev
```

ngc

Der Compiler `ngc` ist danach im Ordner 🗀node_modules installiert und kann von dort direkt aufgerufen werden. Der Parameter `-p` gibt das Verzeichnis an, in dem die Datei `tsconfig.json` liegt, denn der `ngc` ist ein Überbau des TypeScript-Compilers `tsc`.

```
$ "./node_modules/.bin/ngc" -p src/tsconfig.app.json
```

NgFactory

Der Compiler durchläuft das gesamte Projekt und erstellt für alle Module und Komponenten eine Datei `*.ngfactory.ts`. Die Factorys bestehen nur aus TypeScript-Code (kein HTML), der die Templates beschreibt. Im Browser wird aus diesen Befehlen der DOM-Baum aufgebaut.

```
66  function View_BookDetailsComponent_4():import0.eViewDefinition {
67    return import0.eviewDef(0,[
68      import0.eelementDef(0,(null as any),(null as any),4,'span',([] as any[]),(null as any),(null as any),(null as any)
69      import0.etextDef((null as any),['\n           ']),
70      import0.eanchorDef(256,(null as any),(null as any),1,(null as any),View_BookDetailsComponent_5),
71      import0.edirectiveDef(1,(null as any),0,import2.DelayDirective,[
72        import0.TemplateRef,
73        import0.ViewContainerRef
74      ]
75      ,{bmDelay: [
76        0,
77        'bmDelay'
78      ]
79    },(null as any)),
80      import0.etextDef((null as any),['\n         '])
81    ]
82    ,(check,view) => {
83      var comp:any = view.component;
84      const currVal_0:any = (500 + (view.context.index * 200));
85      check(view,3,0,currVal_0);
```

Abb. 18–6
NgFactory der AppComponent (app.component.ngfactory.ts)

Werfen wir einen Blick in eine der Komponenten-Factorys, können wir die Templates gut wiedererkennen. Es wird der Angular-Renderer verwendet, um das Dokument aus einzelnen Teilen zusammenzusetzen. Dazu werden unter anderem die Funktionen `viewDef()`, `elementDef()` und `textDef()` aufgerufen.

Die Factorys enthalten alle Informationen über unsere Komponenten. Der ursprüngliche Code wird also im Build-Prozess ab sofort nicht mehr benötigt.

Damit ändert sich auch das Bootstrapping unserer Anwendung. Wir müssen nun eine andere Plattform wählen, denn die Templates werden nicht mehr dynamisch im Browser kompiliert. In der Datei main.ts wird die Plattform platformBrowser eingesetzt und damit die Factory des AppModule geladen.

Bootstrapping mit platformBrowser

```
import { platformBrowser } from '@angular/platform-browser';
import { AppModuleNgFactory } from './app.module.ngfactory';
// ...

platformBrowser().bootstrapModuleFactory(AppModuleNgFactory);
```

Listing 18–11
Bootstrapping der Anwendung mit AOT

Wenn wir die Angular CLI verwenden, werden diese und alle weiteren Schritte im Build-Prozess automatisch erledigt. Eine ausführliche Anleitung zur manuellen Einrichtung der AOT-Kompilierung finden Sie in der offiziellen Angular-Dokumentation.[2]

18.5 Webserver konfigurieren und die App ausliefern

Auf einem Produktivsystem werden wir nicht den eingebauten Webserver der Angular CLI verwenden, um die Anwendung zum Client auszuliefern. Für die Entwicklung ist dieses Feature gut, allerdings ist der Server nicht für die Bedürfnisse eines Produktivsystems ausgelegt. Deshalb haben wir in den letzten Abschnitten geklärt, wie wir die Anwendung schon direkt nach der Entwicklung kompilieren können. Die generierten Bundles können wir dann mit einem beliebigen Webserver ausliefern.

Hier eignet sich tatsächlich jeder Webserver, denn wir müssen ja nur statische Dateien an den Client übertragen. Die kompletten Inhalte des dist-Ordners müssen wie üblich im Webroot des Webservers abgelegt werden.

Grundsätzlich funktioniert unsere Anwendung damit schon. Wir müssen uns allerdings noch mit einem konzeptionellen Problem beschäftigen. Eine Single-Page-Applikation besteht aus einer einzelnen HTML-Seite, und die tatsächlichen Inhalte werden zur Laufzeit nachgeladen. Klicken wir auf einen Link, sorgt der Router dafür, dass die Ansicht gewechselt wird. Die Seite wird allerdings nicht »hart« neu ge-

---
[2] https://ng-buch.de/x/65 – Angular Docs: AOT Compilation Cookbook

laden. Damit eine Ansicht durch eine URL identifizierbar ist, verwendet der Router die History API, um die Adresszeile umzuschreiben. Dort steht dann eine URL wie z. B. /books/1234567890.

Rufen wir die Seite unter dieser URL auf, wird der Webserver standardmäßig versuchen, die Datei 1234567890 im Ordner books aufzusuchen – und wird dabei fehlschlagen, denn die Angular-Anwendung startet immer von der index.html aus.

> **Probieren Sie es aus!**
>
> Laden Sie die Inhalte des ⌥dist-Ordners einmal auf einen Webserver und rufen Sie die Seite auf. Navigieren Sie zu einer Route und laden Sie dann die Seite neu. Höchstwahrscheinlich werden Sie einen Fehler 404 erhalten, weil für die URL keine Datei gefunden wurde.

Alle Anfragen an die index.html weiterleiten

Wir müssen an der Konfiguration unseres Webservers schrauben. Ziel ist es, dass alle Anfragen auf die Datei index.html abgebildet werden, allerdings nicht für die URLs, für die tatsächlich eine Datei existiert (die tatsächlichen Inhalte des ⌥dist-Ordners). Das klingt zunächst kompliziert, allerdings bieten die verbreiteten Webserver allesamt Lösungen für dieses Problem.

Wir haben im Folgenden für verschiedene Webserver die entscheidenden Zeilen zusammengestellt.

express.js

Unter Node.js mit dem *express*-Paket liefern wir zunächst den ⌥dist-Ordner statisch aus. Für alle Anfragen, die damit nicht abgedeckt werden können, wird die nächste Route ausgewählt, die immer auf die index.html verweist.

Listing 18–12 express.js

```
const express = require('express');
const path = require('path');

const app = express();
let ngPath = path.join(__dirname, 'dist');

app.use(express.static(ngPath));
app.get('/*', (req, res) => {
  res.sendFile(path.join(ngPath, 'index.html'));
});

app.listen(3000);
```

Apache

Im *Apache*-Webserver müssen wir die Vhost-Konfiguration anpassen. Das Modul mod_rewrite erledigt die Abbildung auf index.html, wenn für die URL keine Datei existiert. Unter Umständen muss das Rewrite-Modul erst aktiviert werden. Die Konfiguration können wir auch über die Datei .htaccess vornehmen, müssen dann allerdings das umgebende <Directory> weglassen.

```
<Directory /var/www/html>
  <IfModule mod_rewrite.c>
    RewriteEngine On
    RewriteBase /
    RewriteRule ^index\.html$ - [L]
    RewriteCond %{REQUEST_FILENAME} !-f
    RewriteCond %{REQUEST_FILENAME} !-d
    RewriteRule . /index.html [L]
  </IfModule>
</Directory>
```

Listing 18–13
Apache

nginx

Bei *nginx* wird in der Serverkonfiguration angegeben, in welcher Weise die URL einer eingehenden Anfrage ausgewertet wird. Wir fügen dort den Wert index.html an, sodass diese Datei aufgerufen wird, wenn für die URL keine Datei gefunden wird.

```
location / {
  try_files $uri $uri/ /index.html;
}
```

Listing 18–14
nginx

Internet Information Server – IIS

Webseiten, die auf Microsofts *Internet Information Server (IIS)* betrieben werden, konfigurieren wir mithilfe der Datei web.config. Um Requests auf die index.html umzuleiten, muss die Erweiterung *URL Rewrite* installiert sein.[3]

---

[3] https://ng-buch.de/x/66 – Download URL Rewrite Module 2.0

Listing 18–15
IIS

```xml
<?xml version="1.0"?>
<configuration>
  <system.webServer>
    <rewrite>
      <rules>
        <rule name="Angular Routes" stopProcessing="true">
          <match url=".*" />
          <conditions logicalGrouping="MatchAll">
            <add input="{REQUEST_FILENAME}" matchType="IsFile"
↪ negate="true" />
            <add input="{REQUEST_FILENAME}" matchType="IsDirectory"
↪  negate="true" />
            <add input="{REQUEST_URI}" pattern="^/(api)" negate="
↪ true" />
          </conditions>
          <action type="Rewrite" url="/" />
        </rule>
      </rules>
    </rewrite>
  </system.webServer>
</configuration>
```

lighttpd

Die Konfigurationsdatei für *lighttpd* bietet für unseren Zweck einen eigenen Konfigurationsschlüssel an. Wenn die aufgerufene Datei nicht existiert, wird direkt auf index.html verwiesen.

Listing 18–16
lighttpd

```
url.rewrite-if-not-file = ( "(?!\.\w+$)" => "/index.html" )
```

GitHub Pages

Wollen wir unsere Angular-Anwendung auf GitHub Pages anbieten, können wir den Server leider nicht entsprechend konfigurieren. Wir müssen daher einen Workaround wählen. Wird eine Datei nicht gefunden, wird automatisch die Datei 404.html geladen. Wir können also die index.html duplizieren und umbenennen zu 404.html, damit auch im vermeintlichen Fehlerfall die Anwendung geladen wird. Diese Aufgabe kann übrigens ein Build-Service für uns erledigen.

GitHub Pages für Nutzer der Angular CLI

Zum Ausliefern der App auf GitHub Pages haben wir für Sie ein Kommandozeilentool entwickelt. Das Tool nennt sich angular-cli-ghpages und ist auf NPM verfügbar. Unser Angular-Projekt muss zunächst gebaut werden, anschließend können wir durch Eingabe des Befehls angular-cli-ghpages den dist-Ordner nach gh-pages »pushen«.

```
$ npm i -g angular-cli-ghpages
$ ng build
$ angular-cli-ghpages
```

Listing 18–17
Verwendung von angular-cli-ghpages

Wir verwenden das Tool, um die verschiedenen Versionsstände des BookMonkeys automatisch nach GitHub zu deployen. Das Tool bietet viele Möglichkeiten zur Konfiguration, sodass wir z. B. das verwendete Ziel-Repository, die Commit-Message und den Branch einstellen können. Eine Liste aller möglichen Optionen finden Sie auf der Projektseite.

https://ng-buch.de/ngh

18.6 Ausblick: Automatisches Deployment

In der Praxis des Entwickleralltags werden wir das Deployment meist nicht manuell erledigen. Stattdessen führt ein Build-Service diese Schritte automatisch für uns aus. Die Lösungen dafür sind vielfältig, und es würde den Rahmen dieses Buchs sprengen, auf einen spezifischen Build-Dienst einzugehen. Wir wollen deshalb an dieser Stelle dafür sensibilisieren, welche Schritte in der Deployment-Pipeline *mindestens* durchlaufen werden sollten.

- TSLint ausführen
  - `ng lint`

- Unit-Tests ausführen
  - `ng test`

- Oberflächentests ausführen
  - `ng e2e`

- Build erzeugen
  - `ng build -prod --aot --no-vendor-chunk`

- App ausliefern
  - Inhalt des `dist`-Ordners auf den Webserver übertragen

Teil V

Weiterführende Themen

19 NativeScript: Mobile Anwendungen entwickeln

»You know Angular. Now you know mobile.«

Sebastian Witalec
(Technical Evangelist bei Progress)

Wir haben Angular bisher stets dafür eingesetzt, Webanwendungen zu entwickeln, die in einem Webbrowser laufen. Der Browser ist allerdings nur eine von vielen Plattformen, in der Angular arbeiten kann.

NativeScript ist eine Toolsammlung, mit der wir native Apps für Android, iOS und Windows Phone entwickeln können. Das HTML-Markup wird allerdings nicht von einem Webbrowser gerendert, sondern in native View-Elemente umgesetzt.

Native Mobile-Apps mit Angular

In diesem Kapitel stellen wir die Konzepte von NativeScript vor. Wir werden dabei erfahren, wie sich Angular nahtlos auch in andere Umgebungen integriert. Außerdem wollen wir den BookMonkey auf NativeScript portieren.

19.1 Mobile Apps entwickeln

Die Anforderungen an moderne Apps sind unter anderem eine ansprechende Ästhetik, ein plattformspezifisches Nutzererlebnis und natürlich bestmögliche Performance. Normalerweise werden hierzu eigenständige Apps für die beiden großen mobilen Betriebssysteme erstellt. Doch parallele Entwicklungen erzeugen gleichzeitig erhöhte Kosten. Eine Antwort darauf sind hybride Apps auf Basis von HTML und JavaScript. Das bedeutet aber automatisch ein paar technische Beschränkungen. Durch NativeScript ist es möglich, direkt mit JavaScript native Apps zu entwickeln. Diese Apps sind nicht mehr von Lösungen unterscheidbar, die klassisch auf Basis von Objective-C bzw. Swift oder Java entwickelt worden sind. NativeScript bietet eine vergleichbare Performance wie eine native App und verwendet die normalen Bedienelemente des jeweiligen mobilen Betriebssystems.

Eigenständige Apps für jede Plattform

Hybride Apps mit HTML

Native Apps ohne HTML

*Abb. 19–1
Zwei
NativeScript-Screens
unter iOS*

19.2 Was ist NativeScript?

Framework für mobile Apps

NativeScript[1], auch häufig als {N} abgekürzt, ist ein Open-Source-Framework zur Entwicklung von mobilen Apps. Neben der Programmiersprache JavaScript wird auch die JavaScript-Obermenge TypeScript direkt unterstützt. Aktuell stehen als Zielplattform sowohl Android als auch iOS zur Verfügung. Seit neuestem ist auch ein Support für universelle Windows-Plattform-Apps (UWP) hinzugekommen. Jene universellen Apps sind auf Windows Phone 10 und Windows 10 ausführbar. Zum aktuellen Zeitpunkt wird der produktive Einsatz allerdings nur für Android und iOS empfohlen.

Auf den ersten flüchtigen Blick scheint das Framework eine weitere Variante des hybriden Ansatzes auf Grundlage von HTML zu sein. Doch dem ist nicht so: NativeScript reiht sich in eine völlig neue Disziplin ein. In dieser Disziplin geht es darum, JavaScript (bzw. TypeScript) als vollwertige Programmiersprache für Apps zu etablieren. Weitere Frameworks, die native Apps auf Grundlage von JavaScript ermöglichen, sind React Native von Facebook und Appcelerator Titanium. Bei allen drei Lösungen fällt der Umweg über HTML und den DOM schlicht weg. Die Frameworks ermöglichen die direkte Verwendung

Native Apps mit JavaScript

---

[1] https://ng-buch.de/x/67 – NativeScript

von nativen UI-Elementen aus der JavaScript-Umgebung heraus. Bei NativeScript für Android ist diese Umgebung Googles V8 Engine.[2] Unter iOS sowie unter Windows kommt JavaScriptCore[3] zum Einsatz.

19.3 Warum NativeScript?

Die technische Grundlage mag zwar spannend sein, doch im Projektalltag zählen praktische Gründe. Eine Reihe von Gegebenheiten spricht für den Einsatz von NativeScript.

Wiederverwendung von bestehenden Skills

Das Erlernen einer neuen Programmiersprache zum Zwecke der App-Entwicklung ist anstrengend und aufwendig. Der Erwerb von Grundlagen einer Programmiersprache ist dabei noch das kleinere Problem. Der eigentliche Aufwand liegt im Detail. Es ist ein mühsamer und intensiver Prozess, bis ein Neueinsteiger tatsächlich alle Aspekte einer Programmierwelt kennt und sicher beherrschen kann. Während dieser Einarbeitung steht der Programmierer natürlich nicht mehr mit dem gewohnten Potenzial und der üblichen Kapazität zur Verfügung.

Erlernen neuer Technologien kostet Zeit.

Durch die Kenntnisse um Angular steht uns bereits ein großer Teil des notwendigen Wissens zur Verfügung. Wir können ganz einfach weiter in TypeScript entwickeln und das bekannte Tooling (wie etwa Visual Studio Code) weiter verwenden.

Wiederverwendung von bestehendem Code

Durch den Einsatz der Programmiersprache TypeScript bietet es sich an, bestehende Geschäftslogik oder Bibliotheken aus dem Internet weiterzuverwenden. Mit dem Repository NPM steht ein großer Fundus aus kurzen Schnipseln bis hin zu ganzen Bibliotheken zur Auswahl.

Wenn wir zum Beispiel ein Datum formatieren wollen, dann können wir dafür die bekannte Bibliothek *moment* nutzen. Nach einer Installation per `npm install moment --save` steht uns die Funktionalität wie üblich zur Verfügung:

NPM-Pakete

```
import moment from 'moment';
let formattedTime = new moment().format('HH:mm:ss');
```

Listing 19–1 Verwendung eines NPM-Pakets

---

[2] https://ng-buch.de/x/14 – Google V8
[3] https://ng-buch.de/x/68 – JavaScriptCore

Hier ist allerdings etwas Vorsicht geboten, denn NativeScript bietet keinen DOM und kennt auch die Schnittstellen von Node.js nicht. Es funktionieren also nicht alle NPM-Pakete uneingeschränkt in NativeScript.

Native Bibliotheken

Neben JavaScript-Bibliotheken ist es übrigens auch möglich, bestehende native Fremdbibliotheken für Android und iOS anzusprechen. Das bedeutet, dass wir nicht in der JavaScript- bzw. NativeScript-Welt gefangen sind. Wenn es notwendig ist, können wir auch sehr plattformspezifischen Code aufrufen. Von diesem Prinzip macht auch die Komponentensammlung »UI for NativeScript«[4] Gebrauch. Die bestehenden Komponentensammlungen sind hier vom Hersteller mit einem JavaScript-Wrapper vereinheitlicht worden.

Direkter Zugriff auf native APIs

Manchmal werden wir einfach nicht drum herumkommen und müssen tief in das darunterliegende Betriebssystem einsteigen. Für diese Fälle bietet NativeScript den direkten Zugriff auf native APIs aus JavaScript heraus an. Das ist ein großer Vorteil gegenüber React Native und Appcelerator, wo dies nicht so einfach möglich ist. Diesen Aspekt werden wir gleich noch einmal näher beleuchten.

Open Source

Apache License 2.0

Die Gretchenfrage in Sachen Software lässt sich bei NativeScript ohne Bauchschmerzen beantworten. Ja, das Framework ist Open Source! Es steht unter der *Apache License, Version 2.0* (ASLv2), welche die Kombination mit proprietärem Code erlaubt. Es ist problemlos möglich, einen kompletten NativeScript-Workflow mittels der offenen *NativeScript CLI*[5] aufzubauen. Zusätzlich existieren kommerzielle Angebote für komplexe Widgets und Enterprise Support.

19.4 Hinter den Kulissen

Core-Module abstrahieren die nativen APIs.

Wie ist es möglich, unter Verwendung einer einzigen Codebasis mehrere Plattformen anzusprechen? Die Grundlage hierfür bietet das NPM-Paket *Telerik NativeScript Core Modules* (kurz: `tns-core-modules`). Die darin enthaltenen Module bilden eine Abstraktionsschicht, die spezifische Implementierungen für die unterstützten Plattformen enthält. Hier finden sich Module für die unterschiedlichen Aspekte der mobilen Ent-

---

[4] https://ng-buch.de/x/69 – Telerik UI for NativeScript
[5] https://ng-buch.de/x/70 – NPM: NativeScript CLI

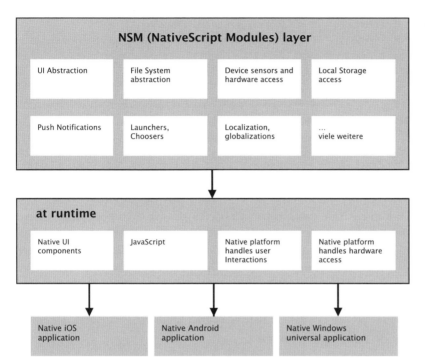

Abb. 19–2
Die Abstraktionsschicht von NativeScript in einer Übersicht

wicklung, von UI-Abstraktion zu Gerätesensoren bis hin zum Hardwarezugriff (siehe Abbildung 19–2).

Eigene Module können wir im selben Stil erstellen und das Software-Ökosystem erweitern.[6]

19.5 Plattformspezifischer Code

Es gibt Situationen, in denen der Aufruf von plattformspezifischem Code notwendig wird. Das kann zum Beispiel der Fall sein, wenn eine Funktionalität tatsächlich nur auf der jeweiligen Plattform existiert, wenn eine native Fremdbibliothek eingebunden werden soll oder das gewünschte Feature tatsächlich einfach noch nicht über ein Core-Modul implementiert wurde. Hier kommt der Zugriff auf die Native API ins Spiel. Die native Welt kann dabei so aufgerufen werden, als ob es sich um normale JavaScript-Methoden handeln würde.

Native API

Als Beispiel soll das Datum der letzten Modifikation einer Datei ermittelt werden. Diese Funktionalität wird für Android und iOS gänzlich anders umgesetzt.

---

[6] https://ng-buch.de/x/71 – Telerik Developer Network: »Building Your Own NativeScript Modules for npm«

Listing 19-2
Zugriff auf das Datum der letzten Modifikation unter iOS

```
let fileManager = NSFileManager.defaultManager();
let attributes = fileManager.attributesOfItemAtPathError(path);
let lastModifiedDate =
    ↪ attributes.objectForKey(this.keyModificationTime);
```

Listing 19-3
Zugriff auf das Datum der letzten Modifikation unter Android

```
let javaFile = new java.io.File(path);
let lastModifiedDate = new Date(javaFile.lastModified());
```

Native Methoden transparent in JavaScript verwenden

Das Beste an der gezeigten Syntax ist die Tatsache, dass sowohl Namespaces als auch Attribute und Typen sowie die gesamten Konventionen bei der Benennung dem Pendant aus der Android- bzw. iOS-Dokumentation entsprechen. Dasselbe gilt für Fremdbibliotheken. So bringen wir mit geringem Aufwand ein Codefragment aus den Dokumentationen oder dem Netz per Copy and Paste zum Laufen. Hinter den Kulissen verwendet NativeScript *Reflection*, um beim Build eine Liste von APIs aufzubauen, die auf der aktuellen Plattform zur Verfügung stehen und zum globalen Gültigkeitsbereich hinzugefügt werden. Die Details zu der verwendeten Technik können Sie in einem detaillierten Artikel[7] nachvollziehen.

UI-Abstraktion

Die Oberflächen der Anwendung müssen natürlich nicht durch eine Aneinanderreihung von JavaScript-Befehlen realisiert werden. Mit NativeScript können wir die UI auch bequem über ein spezielles Markup definieren. Dazu verwenden wir Elemente wie `Button`, `TextField`, `DatePicker` usw. Diese werden in die jeweiligen nativen Oberflächenelemente umgewandelt. Im Folgenden ist ein einfaches Beispiel für *NativeScript Core*, d. h., wir sehen die originale NativeScript-Syntax ohne die Template-Syntax von Angular (`doSomething` hat keine Funktionsklammern):

Oberflächen werden per Markup definiert.

Listing 19-4
Eine einfache Seite mit Text und Button

```
<Page>
  <StackLayout>
    <Label text="Name"></Label>
    <TextField text="{{nameAttribute}}"></TextField>
    <Button text="Press Me" tap="doSomething"></Button>
  </StackLayout>
</Page>
```

---

[7] https://ng-buch.de/x/72 – Telerik Developer Network: »How NativeScript Works«

Beim Build der Anwendung wird jedes Element durch das jeweilige native Äquivalent ersetzt. So wird etwa aus dem `TextField` je nach Plattform `android.widget.EditText` (bei Android) bzw. `UITextField` (bei iOS).

19.6 Widgets und Layouts

Die Elemente im Markup repräsentieren UI-Views. Die meisten UI-Views sind lediglich Wrapper für ein entsprechendes natives View der jeweiligen Plattform. Statt des Begriffs *UI-View* spricht man häufig auch einfach nur von *Widgets*. NativeScript kennt im Auslieferungszustand folgende Widgets:

- ActivityIndicator
- Button
- DatePicker
- Dialogs
- HtmlView
- Image
- Label
- ListPicker
- ListView
- Progress
- SearchBar
- SegmentedBar
- Slider
- Switch
- TabView
- TextField
- TextView
- TimePicker
- WebView

Der *Button* etwa ähnelt seinem Äquivalent aus der HTML-Welt. Wichtig ist allerdings, dass es kein `click`-Event gibt – schließlich bedienen wir das Gerät nicht mit einer Maus. Stattdessen binden wir in der mobilen Welt folgerichtig gegen das `tap`-Event.

(tap)-Event für den Button

```
<Button text="Tap me!" (tap)="myMethod()"></Button>
```

Weiterhin stellt NativeScript ein rekursives Layout-System zur Verfügung. Sogenannte Layout-Container, die beliebig verschachtelt werden können, bestimmen die Größe und Position ihrer enthaltenen Widgets.

Layout-Container

Abb. 19–3
Darstellung der verschiedenen Layouts

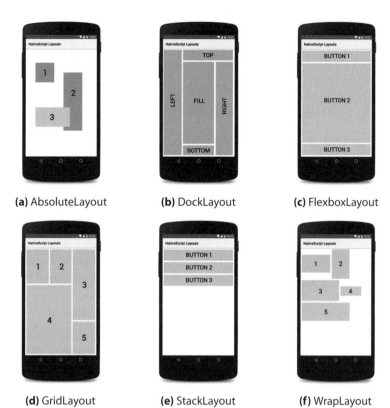

(a) AbsoluteLayout (b) DockLayout (c) FlexboxLayout

(d) GridLayout (e) StackLayout (f) WrapLayout

19.7 Styling

Bei der Gestaltung von Webseiten trennen wir stets Struktur (HTML) und Design (CSS). Das direkte Styling von Elementen würde viel zu unübersichtlich sein und zu redundanten Deklarationen führen. Ganz ähnlich verhält es sich bei der Gestaltung einer NativeScript-App. Das Framework folgt hierbei den Spezifikationen von CSS und verwendet die bekannte Syntax, das Prinzip der kaskadierten Regeln und eine Auswahl an Selektoren und Deklarationen.

Native View-Elemente mit CSS-Regeln stylen

Mittels CSS lassen sich einfache Dinge wie Hintergrundfarbe und Schriftgröße bis hin zu komplexen Animationen realisieren, wie die folgenden beiden Listings zeigen.

Listing 19–5
Hintergrundfarbe und Schriftgröße mit CSS anpassen

```
.small-label {
  font-size: 20;
  color: #284848;
  horizontal-align: center;
}
```

```
.button1:highlighted {
  animation-duration: 1s;
  animation-name: test;
}

@keyframes test {
  from { transform: none; }
  20% { transform: rotate(45); }
  50% { transform: rotate(50) scale(1.2, 1.2) translate(50, 0); }
  100% { transform: rotate(0) scale(1.5, 1.5) translate(100, 0); }
}
```

Listing 19–6
Einen Button per CSS animieren

Das Styling per CSS ist bei NativeScript im Vergleich zum Browser jedoch sehr limitiert. Es handelt sich hierbei um eine übersichtliche Teilmenge des bekannten Browser-CSS. Das liegt nicht zuletzt auch darin begründet, dass die verfügbaren Eigenschaften dem gemeinsamen Nenner aller unterstützten Plattformen entsprechen müssen.

Eingeschränkter Befehlssatz für CSS

19.8 NativeScript und Angular

NativeScript wurde als reines JavaScript-Framework geschaffen, das User-Interfaces per XML definiert und mit CSS formatiert. In der Kombination mit Angular ergibt sich ein großes Potenzial. Das wurde frühzeitig auch von Google und Progress, der Firma hinter NativeScript, erkannt. Seit Mitte 2015 arbeiten das Angular-Team und das NativeScript-Team zusammen, um beide Frameworks eng aufeinander abzustimmen. Dabei ist es eine gute Fügung, dass beide Projekte auf TypeScript setzen. Das Ergebnis der Zusammenarbeit beider Teams ist die *Angular Rendering Architecture*[8], welche stark durch NativeScript 2 geprägt ist. Vereinfacht ausgedrückt ist die Angular-Architektur hierbei in zwei Teile aufgeteilt:

Angular Rendering Architecture

- **plattformunabhängiger Teil:** Hier wird das Markup durch einen DOM-Adapter geparst und in sogenannte *Proto Views* kompiliert. Dieser Prozess ist nicht spezifisch für eine Zielplattform, und die meisten Funktionen können in den verschiedenen Plattformen genutzt werden.
- **plattformspezifischer Teil:** Hier geschieht die Magie. Es werden plattformspezifische Renderer verwendet, um die unterschiedlichen Zielplattformen abzubilden. Jene Renderer haben die Aufgabe, aus den *Proto Views* einen *Visual Tree* zu generieren. Dieser kann dann verwendet werden, um die Oberfläche anzuzeigen. Der Renderer

---

[8] https://ng-buch.de/x/73 – Google Docs: Angular Rendering Architecture

ist ebenso dafür verantwortlich, Änderungen und Events zwischen *Proto Views* und *Visual Tree* auszutauschen.

Durch diese offene Architektur ist es möglich, neue Plattformen zu definieren. Es müssen nur die notwendigen Erweiterungen implementiert werden. Hier wird es für uns aus architektonischer Sicht interessant. Mehr zu Plattformen und Renderern finden Sie im Abschnitt »Wissenswertes« auf Seite 499.

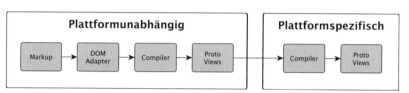

Abb. 19–4
Die Rendering-Architektur von Angular

19.9 Angular als Native App

Auf Grundlage der plattformunabhängigen Architektur kann NativeScript sich nahtlos integrieren. Die Lösung besteht darin, dass das bereits bekannte NativeScript-Markup in HTML-Dokumenten definiert wird und der *DOM Adapter* sowie der *Renderer* ausgetauscht werden. Das NativeScript-Markup profitiert dabei von der prägnanten Template-Syntax von Angular. Jenes Markup kann dann vom DOM-Adapter *parse5* geparst werden. Den größten Anteil an der Umsetzung nimmt der *NativeScript Renderer* ein. Er garantiert nicht zuletzt den Austausch zwischen *Proto Views* und den nativen UI-Komponenten der jeweiligen Plattform:

NativeScript Renderer

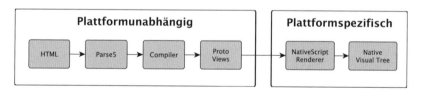

Abb. 19–5
Die Rendering-Architektur von Angular mit NativeScript

Wir können also unser Wissen zu Angular im Allgemeinen und die Template-Syntax im Speziellen auf eine NativeScript-App übertragen. Es wäre natürlich möglich, direkt mit purem JavaScript eine NativeScript-App zu entwickeln. Allerdings möchte man den Komfort von Angular in Sachen Template-Syntax, Dependency Injection oder Change Detection nicht mehr missen.

19.10 Den BookMonkey mit NativeScript umsetzen

Die NativeScript-Dokumentation ist sehr umfangreich und gut gepflegt. Dort finden wir ein detailliertes Tutorial, das sowohl Angular als auch NativeScript erläutert und die Entwicklung einer einfachen App beschreibt.[9] Wir wollen an dieser Stelle das Rad nicht neu erfinden und einen anderen Weg beschreiben: Unser Ziel ist es, den BookMonkey mit HTTP und Routing aus Iteration 3 (Abschnitt 10.1, Seite 169) mit möglichst wenig Aufwand nach NativeScript zu portieren. So können wir uns auf die notwendigen Unterschiede und Besonderheiten konzentrieren.

BookMonkey nach NativeScript portieren

19.10.1 NativeScript installieren

NativeScript benötigt ein neues Build-Tool. Statt der Angular CLI verwenden wir die NativeScript CLI. Das wird sich in Zukunft womöglich ändern, denn die Integration von NativeScript in die Angular CLI ist bereits in Entwicklung.

Build-Tool für NativeScript

Die NativeScript CLI kümmert sich um viele Aspekte, unter anderem können wir das Projekt kompilieren, die Plattformen verwalten und die Anwendung in die App-Stores publizieren. Auch die NativeScript CLI ist über NPM zu beziehen:

```
$ npm install -g nativescript
$ tns --help
```

Der Kommandozeilenbefehl lautet tns – was für *Telerik NativeScript* steht.

Weiterhin benötigen wir noch das iOS SDK und/oder das Android SDK, je nachdem, auf welchen Zielplattformen wir die Anwendung ausgeben wollen. Die Installation und Einrichtung eines SDK ist leider traditionell ziemlich zeitintensiv und nervenraubend. Das liegt nicht an NativeScript, sondern an den beiden Herstellern. Wir empfehlen hier die Website von NativeScript, wo eine stets aktuell gehaltene Installationsanleitung für macOS, Windows und Linux zu finden ist.[10]

Wenn alles korrekt eingerichtet ist, wird der TNS-Doktor keine Beschwerde mehr haben:

TNS-Doktor

```
$ tns doctor
```

---

[9] https://ng-buch.de/x/74 – NativeScript Getting Started Guide
[10] https://ng-buch.de/x/75 – NativeScript: Set Up Your System

19.10.2 Ein neues Projekt generieren und starten

Die Ordnerstruktur eines Angular-NativeScript-Projekts ist ein wenig anders organisiert, als wir es bisher gewohnt sind. Der Einstieg ist dennoch schnell geschafft, wenn wir uns ein leeres Projekt generieren lassen:

Listing 19–7 Neues Projekt anlegen mit der NativeScript CLI

```
$ tns create book-monkey-mobile --ng
```

Es entsteht folgende Ordnerstruktur im Projekt:

```
book-monkey-mobile
├── package.json
├── references.d.ts
├── tsconfig.json
├── app
│   ├── app.component.html
│   ├── app.component.ts
│   ├── app.css
│   ├── app.module.ts
│   ├── main.aot.ts
│   ├── main.ts
│   ├── package.json
│   ├── App_Resources
│   │   ├── Android
│   │   │   └── ...
│   │   └── iOS
│   │       └── ...
└── platforms
    └── ...
```

Wichtig ist, dass es auch hier einen 🗁 app-Ordner gibt, in dem wir unseren Angular-Code platzieren können. Nun müssen wir noch eine Plattform hinzufügen:

Listing 19–8 Plattform zum Projekt hinzufügen

```
$ tns platform add <PLATFORM>
```

Folgende Plattformen können eingesetzt werden:

- android (steht unter macOS, Windows und Linux zur Verfügung)
- ios (steht nur macOS zur Verfügung)

Listing 19–9 Die Android-Plattform zum Projekt hinzufügen

```
$ tns platform add android
```

Anschließend können wir die App bauen und ausführen. Steht uns ein Mobilgerät für die Entwicklung zur Verfügung, so können wir dieses per USB-Kabel verbinden und die App direkt auf dem Gerät testen:

```
$ tns run <PLATFORM>
```

Listing 19–10
Anwendung auf einer Mobilplattform ausführen

Das Projekt wird automatisch auf Änderungen überwacht. Durch das sogenannte *LiveSync*-Feature entfällt die Notwendigkeit, das Projekt während der Entwicklung permanent neu zu bauen und neu auf ein Gerät zu deployen. Hier werden nur die benötigten Änderungen übertragen, während die Anwendung weiter läuft. Das Prinzip funktioniert wie der Live-Reload mit der Angular CLI.

Alternativ zur Entwicklung mit einem echten Gerät ist es ebenso möglich, einen Emulator zu verwenden.

```
$ tns run <PLATFORM> --emulator
```

Listing 19–11
Projekt im Emulator starten

Der *AVD Manager* stellt eine grafische Oberfläche zur Verfügung, um ein Android Virtual Device (AVD) zu erzeugen und verwalten. AVD-Dateien werden durch den Android-Emulator ausgeführt. Wir rufen den AVD Manager auf, wählen ein konfiguriertes Gerät aus und starten es (Abbildung 19–6).

Abb. 19–6
Android SDK: AVD Manager

Anschließend können wir folgenden Befehl ausführen und damit die NativeScript-Anwendung auf dem virtuellen Gerät starten:

```
$ tns run android --emulator
```

19.10.3 Bisherigen Code übernehmen

Wir wollen mit wenig Aufwand von der Webanwendung zur mobilen App migrieren. Daher kopieren wir alle Dateien aus dem 🗀app-Ordner des Repositorys für Iteration III[11] in den 🗀app-Ordner des

app-Ordner kopieren

---

[11] https://ng-buch.de/it3-http

Die Geschäftslogik bleibt unverändert.

NativeScript-Projekts. Wir übernehmen unsere gegebenenfalls vorhandenen *.spec.ts-Dateien für dieses Beispiel nicht.[12]

Bemerkenswert ist die Tatsache, dass wir die Geschäftslogik unverändert übernehmen können. Das bedeutet, dass alle Dateien im Ordner 🗀 app/shared[13] und book.ts ohne Anpassungen funktionieren. Wir sollten die Geschäftslogik in einer späteren Iteration per Shared Module (siehe Seite 307) wiederverwendbar machen. Für eine vollständige Demonstration wollen wir uns allerdings nicht an ein paar doppelten Dateien stören.

19.10.4 Das Bootstrapping anpassen

Nun stellt sich die Frage, an welcher Stelle die Weichenstellung zwischen einer »normalen« Webanwendung und einer nativen Anwendung genau geschieht. Die Antwort lautet: gleich beim *Bootstrapping*. Das passiert in der bereits bekannten Startdatei main.ts. Eine Web-Angular-Anwendung startet üblicherweise durch die Methode platformBrowserDynamic().bootstrapModule(AppModule). Um die native Welt zu betreten, müssen wir hingegen die spezielle Methode platformNativeScriptDynamic().bootstrapModule(AppModule) verwenden (Listing 19–13).

Bootstrapping mit platformNativeScriptDynamic()

*Listing 19–12
Das Bootstrapping für den Browser durchführen (main.ts)*

```
import { platformBrowserDynamic } from
    '@angular/platform-browser-dynamic';
import { AppModule } from './app/app.module';

platformBrowserDynamic().bootstrapModule(AppModule);
```

*Listing 19–13
Das Bootstrapping mit NativeScript durchführen (main.ts)*

```
import { platformNativeScriptDynamic } from
    'nativescript-angular/platform';
import { AppModule } from './app.module';

platformNativeScriptDynamic().bootstrapModule(AppModule);
```

Die NativeSript-CLI generiert die Datei main.ts, in der auch die Klasse AppModule enthalten ist. Uns gefällt allerdings die Variante besser, in der das Root-Modul in einer separaten Datei vorliegt. Letztendlich handelt es sich hier aber um eine reine Geschmacksfrage.

---

[12] Befehl: tns test init, es müssen ggf. Anpassungen durchgeführt werden, da wir keine Website mehr entwickeln und Unit-Tests für NativeScript aufgrund einer anderen Konvention immer im Ordner 🗀 app/tests abgelegt werden.

[13] Keine Änderungen notwendig: thumbnail.ts, book-store.service.ts, book-factory.ts

19.10.5 Das Root-Modul und Routing anpassen

Das bisherige Root-Modul (AppModule) können wir so gut wie unverändert übernehmen. Wir müssen lediglich ein paar Imports ändern, da es für diese ein spezielles NativeScript-Gegenstück gibt.

NativeScript-Module verwenden

- BrowserModule wird zu NativeScriptModule.
- FormsModule wird zu NativeScriptFormsModule (nicht verwendet).
- HttpModule wird zu NativeScriptHttpModule.

Zusätzlich müssen wir den Parser noch per NO_ERRORS_SCHEMA milde stimmen. Die vollständige Datei sehen wir in Listing 19–14.

Listing 19–14
Das migrierte Root-Modul (app.module.ts)

```
import { NgModule, NO_ERRORS_SCHEMA } from '@angular/core';
import { NativeScriptModule } from
    'nativescript-angular/nativescript.module';
import { NativeScriptHttpModule } from
    'nativescript-angular/http';

import { AppComponent } from './app.component';
import { HomeComponent } from './home/home.component';
import { BookListComponent } from
    './book-list/book-list.component';
import { BookListItemComponent } from
    './book-list-item/book-list-item.component';
import { BookDetailsComponent } from
    './book-details/book-details.component';

import { BookStoreService } from './shared/book-store.service';
import { AppRoutingModule } from './app-routing.module';

@NgModule({
    declarations: [
        AppComponent,
        HomeComponent,
        BookListComponent,
        BookListItemComponent,
        BookDetailsComponent
    ],
    imports: [
        NativeScriptModule,
        NativeScriptHttpModule,
        AppRoutingModule
    ],
```

```
    providers: [
        BookStoreService
    ],
    bootstrap: [AppComponent],
    schemas: [NO_ERRORS_SCHEMA]
})
export class AppModule { }
```

Das Routing ist ebenso schnell angepasst. Statt des `RouterModule` importieren wir nun das `NativeScriptRouterModule`:

Listing 19–15
Das Routing anpassen (app-routing.module.ts)

```
import { NativeScriptRouterModule } from
    ↪ 'nativescript-angular/router';
```

19.10.6 Die Hauptkomponente migrieren

Die erste Komponente (`AppComponent`) ist schnell umgeschrieben. Der TypeScript-Quelltext kann unverändert übernommen werden.

Listing 19–16
Unverändert: AppComponent (app.component.ts)

```
import { Component } from '@angular/core';

@Component({
    selector: 'bm-root',
    templateUrl: './app.component.html'
})
export class AppComponent { }
```

XML-Template entwickeln

Wir müssen lediglich die HTML-Elemente durch passende Widgets ersetzen. Weiterhin sollten wir uns noch für einen Layout-Container entscheiden.

Wir nehmen am besten das `StackLayout` und kombinieren es mit einem `GridLayout`. So werden die beiden enthaltenen `Buttons` gleich groß nebeneinander angezeigt. Den meisten Teil der Oberfläche nimmt das `RouterOutlet` ein. Hier werden später die Startseite (`HomeComponent`), die Buchliste (`BookListComponent`) bzw. die Detailansicht (`BookDetails-`

Andere Direktiven für den Router

`Component`) gezeigt. Es ist zu beachten, dass der NativeScript-Router eigene Direktiven mitbringt. Statt `routerLink` müssen wir deshalb jetzt `nsRouterLink` verwenden.

```
<div class="ui two item tabs menu">
  <a routerLink="home" routerLinkActive="active"
     class="item">Home</a>
  <a routerLink="books" routerLinkActive="active"
     class="item">Bücher</a>
</div>
<router-outlet></router-outlet>
```

Listing 19–17
Vorher: HTML-Template für die AppComponent (app.component.html)

```
<StackLayout>
  <GridLayout verticalAlignment="top" columns="*,*" rows="auto">
    <Button col="0" row="0" text="Home" nsRouterLink="home"
        nsRouterLinkActive="active"></Button>
    <Button col="1" row="0" text="Bücher" nsRouterLink="books"
        nsRouterLinkActive="active"></Button>
  </GridLayout>
  <router-outlet></router-outlet>
<StackLayout>
```

Listing 19–18
Nachher: NativeScript-Template für die AppComponent (app.component.html)

> **Zur Dateiendung `.html`**
>
> Eigentlich müssten wir die Dateiendung der Templates auf *.xml ändern, denn das Markup beschreibt natürlich keine richtigen HTML-Elemente. Aus technischen Gründen spricht nichts dagegen, die Dateiendung wird unterstützt. Andererseits handelt es sich auch nicht um valides XML, denn unsere Datei besitzt keine notwendige XML-Deklaration. Um die Verwirrung weiter zu erhöhen, ist der verwendete Parser (parse5[a]) ein HTML5-Parser, der z. B. keine Self-Closing-Tags erlaubt – was in XML möglich wäre. Im Endeffekt ist das Markup nur ein Zwischenschritt, um die Oberflächenelemente zu beschreiben, denn zu keinem Zeitpunkt existiert ein HTML-DOM. Wie man es dreht und wendet: Es handelt sich nicht um »richtiges« HTML, es handelt sich auch nicht um valides XML. Daher können wir es auch einfach bei der bestehenden Dateiendung belassen und weiter komfortabel in unserem Editor arbeiten.
>
> [a] https://ng-buch.de/x/76 – GitHub: parse5

19.10.7 Die Startseite migrieren

Die Startseite (`HomeComponent`) wurde von uns sehr einfach gehalten. Sie zeigt nur den Begrüßungstext und einen Button an. Das Template ist direkt in der Komponente notiert. Wir behalten diese Struktur bei und ändern lediglich wiederum das Template. Wir nutzen das einfache Stack-Layout und die `HomeComponent` mit zwei Labels und einem Button.

Listing 19-19
Vorher:
HomeComponent
für das Web
(home.component.ts)

```
import { Component } from '@angular/core';

@Component({
  selector: 'bm-home',
  template: `
    <div class="ui container">
      <h1>Home</h1>
      <p>Das ist der BookMonkey.</p>
      <a routerLink="../books" class="ui red button">
        Buchliste ansehen
        <i class="right arrow icon"></i>
      </a>
    </div>
  `
})
export class HomeComponent { }
```

Listing 19-20
Nachher:
HomeComponent
für NativeScript
(home.component.ts)

```
import { Component } from '@angular/core';

@Component({
  selector: 'bm-home',
  template: `
    <StackLayout>
      <Label class="heading" text="Home"></Label>
      <Label text="Das ist der BookMonkey"></Label>
      <Button nsRouterLink="../books" text="Buchliste ansehen"
        ↪ class="ui red button"></Button>
    </StackLayout>
  `
})
export class HomeComponent { }
```

Wenn wir anschließend noch etwas CSS hinzufügen, sieht der erste Screen schon gar nicht schlecht aus!

Unsere vollständige CSS-Datei finden Sie in Listing 19–21 bzw. direkt unter auf GitHub[14] zum Download.

---

[14] https://ng-buch.de/x/77 – GitHub: Quelltext von app.css

19.10 Den BookMonkey mit NativeScript umsetzen

Abb. 19-7
Die Startseite

```
/*
In NativeScript, the app.css file is where you place CSS rules
that you would like to apply to your entire application.

For example, the following CSS rule changes the font size of all
UI components that have the btn class name.
*/
.btn {
  font-size: 18;
}
```

Listing 19–21
Styles für die App
definieren (app.css)

```css
.ui.tiny.image {
  width: 60px;
  margin-right:5;
  height: auto;
  font-size: 0.85714286rem;
}
.ui.large.image {
  width: 100px;
  margin-right:5;
  height: auto;
  font-size: 0.85714286rem;
}
.ui.red.button {
  background-color: #DB2828;
  color: white;
}
.book-details {
  padding: 8;
}
.active {
  background-color: gray;
  color:white;
}
.content .header{
  line-height: 1.3em;
  font-weight:bold;
}
.content .metadata{
  color:darkgray;
}
.item {
  background-color: #fcfcfc;
  padding:5;
  margin-top: 5;
  margin-bottom: 5;
}
.heading {
  line-height: 1.2857em;
  font-size: 20;
  font-weight: normal;
}
```

```
.ui.grid .ui.header{
  line-height: 1.2857em;
  font-size: 20;
  font-weight: bold;
}
.ui.grid .ui.subheader{
  line-height: 1.2857em;
  font-size: 16;
  font-weight: normal;
}
.ui.grid label {
  font-size: 12;
}

/*
In many cases you may want to use the NativeScript core theme
instead of writing your own CSS rules.
*/
@import 'nativescript-theme-core/css/core.light.css';
```

19.10.8 Die Buchliste migrieren

Bei der Umstellung der Buchliste (`BookListComponent` und `BookList-`
`ItemComponent`) stolpern wir über einen kleinen Unterschied im Build-
System. Verwenden wir relative Pfade bei den Templates – was wir
bislang stets getan haben –, so ist eigentlich etwas Hilfestellung für Angular notwendig. Hierfür muss man das Property `moduleId` in den Metadaten der Komponente befüllen[15] – eine Aufgabe, die die Angular CLI
komplett vor uns versteckt. Alternativ können wir auch den vollständigen Pfad angeben. Genau dies tun wir für die `BookListComponent` sowie
für alle anderen Komponenten.

Relative Pfade für die Templates

```
@Component({
  selector: 'bm-book-list',
  templateUrl: './book-list/book-list.component.html'
})
```

Listing 19–22
Den templateUrl-*Pfad anpassen* (book-list
.component.ts)

Das Template ist schnell umgesetzt. Wir verwenden ein `ScrollView` und
iterieren per `ngFor` über ein `StackLayout`. So kann der Inhalt gescrollt
werden, auch wenn er größer ist als die zur Verfügung stehende Fläche.

---

[15] https://ng-buch.de/x/78 – Angular Docs: Component-relative Paths Cookbook

Listing 19–23
NativeScript-Template für die BookListComponent anlegen (book-list.component.html)

```
ScrollView>
  <StackLayout>
    <!-- WARNING!
    This uses ngFor which does not result in an optimised
    native component. If you need to display hundreds of items,
    better use a ListView.
    -->
    <StackLayout class="bm-book-list-item item"
        *ngFor="let b of books"
        [book]="b"
        [nsRouterLink]="b.isbn">
    </StackLayout>
    <ActivityIndicator [busy]="!books"></ActivityIndicator>
    <Label *ngIf="books && !books.length" text="Es wurden noch
    ↪ keine Bücher eingetragen."></Label>
  </StackLayout>
/ScrollView>
```

> **Bessere Performance mit dem ListView**
>
> Der Ansatz von `ngFor` muss mit Bedacht gewählt werden. Die Direktive hat eine schlechte Performance bei vielen Einträgen, denn alle Widgets müssen im Speicher vorgehalten werden – auch wenn sie nicht sichtbar sind. Dasselbe Problem kennen wir auch bei HTML, wo man den DOM nicht beliebig füllen darf. Man sollte bei einer größeren Zahl an Einträgen besser das optimierte `ListView`-Widget verwenden. Die `ListView` kann unter anderem Daten »lazy« laden und beherrscht das Performance-Feature der Virtualisierung.

Da wir keine Link-Tags mehr verwenden, müssen wir natürlich auch den Selektor der `BookListItemComponent` leicht anpassen:

```
@Component({
  selector: 'StackLayout.bm-book-list-item',
  // ...
})
```

Das Image-Widget

Erneut geschieht die meiste Arbeit beim Layout. Wir verwenden jetzt zum ersten Mal das Image-Widget, um das Buchcover anzuzeigen.

Listing 19–24
NativeScript-Template für die BookListItemComponent anlegen (book-list-item.component.html)

```
<GridLayout columns="auto,*" rows="auto,auto,auto,auto"
  ↪ class="content">
  <Image col="0" rowSpan="4" *ngIf="book.thumbnails" class="ui
  ↪ tiny image" [src]="book.thumbnails[0].url"></Image>
  <Label col="1" row="0" [text]="book.title"
  ↪ class="header"></Label>
```

19.10 Den BookMonkey mit NativeScript umsetzen

```
  <Label col="1" row="1" [text]="book.subtitle"
    ↪ class="description"></Label>
  <StackLayout col="1" row="2" orientation="horizontal"
    ↪ class="metadata">
    <Label  *ngFor="let author of book.authors; last as l"
    ↪ [text]="author + (!l ? ', ' : '')"></Label>
  </StackLayout>
  <Label col="1" row="3" [text]="'ISBN ' + book.isbn"
    ↪ class="metadata"></Label>
</GridLayout>
```

Die Mühe hat sich gelohnt, unsere Listenansicht kann sich sehen lassen:

Abb. 19–8
Die Listenansicht

19.10.9 Die Detailansicht migrieren

Es fehlt noch die Detailansicht (BookDetailsComponent) – dann ist die Anwendung vollständig mit NativeScript umgesetzt. Das Vorgehen ist erneut dasselbe: Die templateUrl muss angepasst werden und wir müssen ein Layout mit den NativeScript-Widgets umsetzen. An dieser Stelle wollen wir nicht noch einmal das gesamte Template präsentieren, es besteht wie bisher aus ScrollView, StackLayout, Image, Label, GridLayout und dem Button. Stattdessen verweisen wir auf das GitHub-Repository, wo die gesamte App zu finden ist.

Oder Sie probieren ein eigenes Layout aus. Es fehlt in unserem Beispiel ganz offensichtlich noch die DatePipe, um das Datum richtig darzustellen! Man könnte auch eine Komponentensammlung (z. B. die

Abb. 19–9
Die Detailansicht

UI for NativeScript) verwenden, um etwa mit dem `SideDrawer` die Detailseite elegant hereingleiten zu lassen. Die Möglichkeiten sind vielfältig, und wir wünschen viel Spaß beim Ausprobieren!

Was haben wir gelernt?

- NativeScript ist ein Open-Source-Framework zur Entwicklung von nativen mobilen Apps.
- Wir kennen nun die wichtigsten Bausteine, um mit NativeScript-Apps für mobile Endgeräte zu entwickeln.
- Wir verwenden die kostenlose NativeScript CLI statt der Angular CLI.
- Als Programmiersprache kann JavaScript oder TypeScript verwendet werden.
- Es können native APIs und native Fremdbibliotheken aus JavaScript/TypeScript heraus aufgerufen werden.
- Es werden hauptsächlich Apps für Android und iOS unterstützt. Die Universal Windows Platform (UWP) befindet sich im Preview-Stadium.
- Mithilfe eines Renderers integriert sich NativeScript nahtlos in Angular. Bestehendes Wissen zu Angular kann übertragen werden.
- Die Geschäftslogik kann zwischen Web und nativen Anwendungen geteilt werden.
- Der größte Unterschied besteht in einem anderen Layout-System und neuen UI-Komponenten (Widgets).

Demo und Quelltext:
https://ng-buch.de/bm-native

20 Powertipp: Android-Emulator Genymotion

Ob eine mobile App wirklich funktioniert, kann man erst dann mit Sicherheit sagen, wenn man sie auf einem mobilen Endgerät ausprobiert hat. Daher sieht man einen App-Entwickler häufig mit einer Vielzahl von verschiedenen Geräten arbeiten. Doch diese Herangehensweise hat mehrere Grenzen. Zum einen muss man viele Geräte vorhalten, was ein Kostenfaktor ist. Trotzdem wird man nie alle Kombinationen aus Displaygröße, Betriebssystem und Betriebssystem-Version besitzen können – dafür ist der Markt zu stark fragmentiert. Außerdem wollen wir zum Testen unter anderem den Akkustand, die GPS-Position oder das Bild der Kamera komfortabel manipulieren können.

Ein Emulator erleichtert die Arbeit mit mobilen Plattformen.

Aus diesen und vielen weiteren Gründen benötigt man einen Emulator, der uns virtuelle Endgeräte zur Verfügung stellt. Der originale Android-Emulator ist leider recht schwerfällig. Man kann und sollte zwar den *Intel Hardware Accelerated Execution Manager* (HAXM)[1] zur Beschleunigung installieren, aber eine flüssige Arbeitsweise erfordert dann immer noch High-End-Hardware.

Wir empfehlen deshalb, einen alternativen Emulator einzusetzen. Mit *Genymotion* haben wir gute Erfahrungen gemacht. Der Emulator ist bedeutend schneller und bietet – je nach Lizenz – eine Vielzahl weiterer Funktionen für das Testing und die Qualitätssicherung. Für den persönlichen Gebrauch ist Genymotion in der kleinsten Edition kostenlos erhältlich.[2]

Alternativer Emulator

Die Namen der verfügbaren Geräte erhalten wir über die *Genymotion Shell* (Abbildung 20–2).

Wenn wir nur die Gerätenamen benötigen, können wir die *Genymotion Shell* auch über die normale Shell anstoßen:

```
$ genyshell -c "devices list"
```

---

[1] https://ng-buch.de/x/79 – HAXM, ein Chipsatz mit der Intel Virtualization Technology (VT) ist erforderlich.

[2] https://ng-buch.de/x/80 – Genymotion for fun (Personal Edition)

Abb. 20–1
Genymotion mit zwei virtuellen Geräten

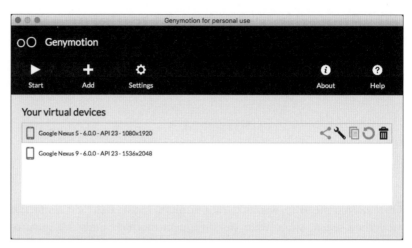

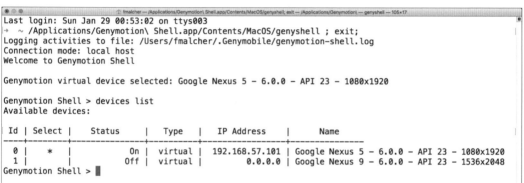

Abb. 20–2
Die Genymotion Shell

Passend zu Abbildung 20–2 würde man die NativeScript-App auf einem der gestarteten Nexus-Geräte wie folgt ausführen:

```
$ tns run android --emulator --geny="Google Nexus 5 - 6.0.0 - API
↪ 23 - 1080x1920"
```

Nach wenigen Augenblicken ist die App sichtbar, und unsere Entwicklung geht schnell von der Hand. Jetzt aber los! Der Entwicklung von Apps ist kein Hexenwerk (mehr).

20 Powertipp: Android-Emulator Genymotion

Abb. 20–3
Unser BookMonkey in einem virtuellen Gerät

21 Redux: Den Application State verwalten

»*React is a scalpel, Angular is an operating room.*«

Corinna Cohn
(Sprecherin und Beraterin für Angular)

Wer dieses Kapitel liest und gut mitarbeitet, kann sich zu den fortgeschrittenen Angular-Entwicklern zählen. Der Werkzeugkasten Angular wurde in den vorangegangen Kapiteln ausgiebig behandelt. Wir sind in der Lage, Anwendungen mit Angular zu entwickeln. Wir können Komponenten untereinander kommunizieren lassen, Daten von entfernten Quellen nutzen und wissen, wie wir für den Nutzer einen Leitfaden zur Verfügung stellen können, damit er sich komfortabel innerhalb der App bewegen kann.

Geladene Daten und temporär eingeblendete Nachrichten oder Animationen repräsentieren hierbei den Gesamtzustand unserer Anwendung (*Application State*). Derzeit ist dieser Zustand über diverse Komponenten und Services hinweg zerstreut. Je komplexer das Angular-Projekt wird, umso schwieriger wird es, diese Status genau an der richtigen Stelle bereitzustellen. Mitunter entstehen Kopplungen zwischen Services und Komponenten, die eigentlich unerwünscht sind. Zum Teil werden auch Hilfsservices eingeführt, um fehlende Kommunikationswege zu ergänzen.

Anwendungsstatus ist komplex.

An diesem Punkt ist es hilfreich, eine Art Datenbank zu haben, die den Anwendungsstatus *zentral* verwaltet. Der Charme dieses Ansatzes ist, dass Bestandteile in der App über die gleichen Statusinformationen verfügen, weil es nur noch einen *Single Point of Truth* gibt. Eine Synchronisation unter den Komponenten oder zusätzliche Hilfsservices sind nicht mehr erforderlich.

Die zentrale Verwaltung des Anwendungsstatus verspricht Besserung.

Das Architekturmuster *Redux* bietet hierfür einen Ansatz.

21.1 Was ist Redux?

Begriffsklärung

Mithilfe von Redux kann der Status einer JavaScript-Anwendung zentral verwaltet werden. Das wird durch einen *Store* erreicht, der alle getätigten Aktionen der Anwendung speichert. Die Summe aller Aktionen repräsentiert den aktuellen Zustand der App. Aktionen können in der Oberfläche unter anderem durch eine Eingabe, einen Klick oder eine Geste ausgelöst werden. Ein *Dispatcher* leitet sie zum Store weiter, wo jede Aktion verarbeitet wird und einen neuen Anwendungsstatus erzeugt. Der neue Status wird automatisch an die Oberfläche übermittelt. Wurden Daten verändert, wird die Anzeige neu gezeichnet. Dazu wird Angulars Change Detection eingesetzt. Das weist darauf hin, dass Redux gut mit Angular umgesetzt werden kann, weil Angular schon das nötige Werkzeug zur Implementierung dieser Architektur mitbringt.

Redux folgt dem Prinzip der zugrunde liegenden Architektur Flux[1] und arbeitet mit einem in eine Richtung fließenden Datenstrom (*Unidirectional Dataflow*).

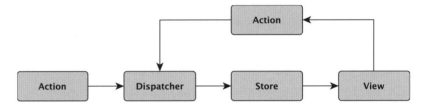

Abb. 21–1
Unidirektionaler Datenfluss mit Redux

Redux und Flux

Im Gegensatz zu Flux arbeitet Redux mit nur einem *Store* (unsere zentrale Anwendungsdatenbank). Dessen Zustand kann lediglich gelesen werden und wird durch das Anwenden auftretender Ereignisse innerhalb der App errechnet (oder »reduziert«).

Redux-Implementierungen für Angular

Es existieren zwei populäre Implementierungen von Redux für Angular:

- *ngrx*: Reactive Extensions for Angular – https://ng-buch.de/x/82
- *angular-redux*: Angular 2+ bindings for Redux – https://ng-buch.de/x/83

Es kann nicht gesagt werden, welches der beiden Projekte besser oder schlechter ist. Das Projekt *angular-redux* nutzt die bestehende Implementierung von *React*[2], wohingegen *ngrx* eine eigene Umsetzung vorantreibt, die auf RxJS basiert. Prinzipiell ist es empfehlenswert, beide Projekte zu studieren.

---

[1] https://ng-buch.de/x/81 – Flux
[2] https://ng-buch.de/x/84 – GitHub: React Community

21.2 Was sind Reducer?

In unserem Beispiel nutzen wir *angular-redux*. Es hat eine einfache API, um auf Daten im Store zuzugreifen. Außerdem können wir ohne zusätzlichen Eigenaufwand die Entwickler-Tools einsetzen, die aus der React-Welt bekannt sind (Beispiel: Redux DevTools[3]).

Wir nutzen angular-redux.

Weiterführende Quellen

- Redux-Dokumentation: https://ng-buch.de/x/86
- Getting Started with Redux: https://ng-buch.de/x/87
- *@angular-redux/store*: Angular bindings for Redux: https://ng-buch.de/x/88
- Angular Redux Starter Kit: https://ng-buch.de/x/89

21.2 Was sind Reducer?

Ein unverzichtbarer Bestandteil von Redux sind die Reducer-Funktionen. In JavaScript gibt es dafür bereits einen gleichnamigen Vertreter `Array.reduce()`.

Ein Reducer geht alle Elemente einer Liste durch und fasst diese zu einem einzigen Ergebnis zusammen. Reducers sind sogenannte *Pure Functions*. Sie zeichnen sich dadurch aus, dass sie keine Seiteneffekte haben.

Aufgabe eines Reducers

Bei einem Zugriff auf eine externe Ressource (z. B. API-Call, Logging, Authentifizierungsdienst) wird von Seiteneffekten gesprochen.

Seiteneffekte

Reducer-Funktionen haben folgende Signatur: `(accumulator: T, item: U) => T`. Eine Summenfunktion ist ebenfalls ein Reducer.

```
let x = [0,1,2].reduce((value, state) => value + state, 0)
// x == 3
```

*Listing 21–1
Eine einfache Reducer-Funktion*

21.3 Reducer verwalten den Anwendungsstatus

Die Idee ist, einen Reducer eine Serie von Ereignissen abspielen zu lassen. Die Summe aller Ereignisse ist der aktuelle Zustand der Anwendung. Diesen Vorgang kann man sich wie das Abspielen einer Kassette im Kassettenrekorder vorstellen. Erst nachdem man sich alles angehört hat, kennt man die ganze Geschichte. Wenn wir alle relevanten Ereignisse (oder auch *Actions*) verarbeitet haben, kennen wir den Zustand unserer App.

Reducer und Kassettenrekorder

---
[3] https://ng-buch.de/x/85 – GitHub: Redux DevTools extension

In Redux wird ein Status nie verändert. Auf Basis eines eintreffenden Ereignisses wird ein neuer Status erstellt und zurückgegeben. Diese Vorgehensweise birgt eine signifikante Performance-Verbesserung für die Change Detection, die wir später ab Seite 503 noch einmal detaillierter betrachten werden.

Innerhalb unserer Anwendung sieht ein Reducer wie folgt aus:

Listing 21–2
Beispiel für eine Reducer-Funktion

```
export function counterReducer(state = 0, action) {
  switch (action.type) {
    case 'INCREMENT_COUNT':
      return state + action.payload;
    default:
      return state;
  }
}
```

Aufbau eines Reducers

Wir übergeben dem Reducer einen initialen Status und eine *Action*. Über ein `switch`-Statement werten wir aus, welche Aktion durchgeführt werden soll, um einen neuen Status zu erzeugen. Falls kein passender `action.type` existiert, wird der ursprüngliche `state` zurückgegeben.

> **Es gibt nicht nur einen Reducer!**
>
> In einer Redux-Anwendung können mehrere Reducer zum Einsatz kommen. Jeder von ihnen ist für ein bestimmtes Szenario zuständig. Beispielsweise kann eine Reducer-Funktion für Bestellungen und eine andere für die Verwaltung von Produkten zuständig sein. Wenn eine Action ausgelöst wird, durchläuft sie jeden Reducer. Dieser entscheidet selbst, ob er tätig werden muss.

Es ist wichtig, noch einmal zu wiederholen, dass Reducer seiteneffektfrei sein sollten. Sie verändern nichts, was außerhalb ihres Zuständigkeitsbereichs liegt. Wenn eine Änderung in einer entfernten Ressource durchgeführt wird, wie das Schreiben in eine Datenbank, sollte diese Logik an einer anderen Stelle gehalten werden. Dafür kommen sogenannte *Action Creators* zum Einsatz. Sie kapseln das Erstellen von Actions, die an den Reducer geschickt werden sollen. Damit eignen sie sich gut für das Abbilden asynchroner Prozesse.

Beispiel: Suchfunktion mit Action Creator

Um das Prinzip des Datenflusses in Redux zu verstehen, führen wir ein kurzes Gedankenexperiment durch, das durch Abbildung 21–2 gestützt wird. Nehmen wir an, wir implementieren eine Suchfunktion mithilfe von Redux.

In Abbildung 21–2 sehen wir eine schematische Darstellung, die zeigt, wie eine Suchfunktion in Redux modelliert werden kann. In der `SearchComponent` wird über ein Eingabefeld der Suchbegriff eingegeben. Daraufhin wird der Action Creator aufgerufen. Nun geschehen zwei

21.4 Actions

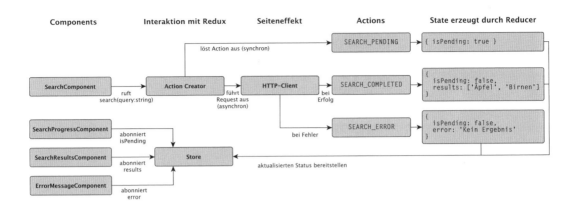

Abb. 21–2
Unidirektionaler
Datenfluss mit Redux

Dinge: Sofort wird die Action SEARCH_PENDING ausgelöst, um im State die Eigenschaft isPending zu setzen (synchrone Operation). Darüber hinaus wird mithilfe des *HTTP-Clients* ein Request versendet, um Suchergebnisse zu laden (asynchrone Operation).

Die SearchProgressComponent kann isPending aus dem Store abrufen und wird automatisch informiert, sobald das Property einen neuen Wert annimmt. Für die Kommunikation zwischen Store und Komponente kommen Observables zum Einsatz. Das heißt: Immer wenn isPending verändert wird, kann SearchProgressComponent eine Ladeanimation anzeigen oder ausblenden.

Synchrone Actions

Sobald die Ergebnisse des HTTP-Requests verfügbar sind, löst der Action Creator erneut eine Action aus. War die Suche erfolgreich, führt SEARCH_SUCCESSFUL dazu, dass im State die Suchresultate gesetzt werden (siehe Feld results), die in einer beliebigen Komponente zur Anzeige gebracht werden können. In diesem Beispiel ist die SearchResultsComponent dafür zuständig.

Asynchrone Actions

Das gleiche Vorgehen kommt zur Anwendung, wenn der HTTP-Request einen Fehler verursacht.

Dieses Beispiel soll verdeutlichen, wie die Ereignisse in einer Anwendung mithilfe von Redux zentralisiert werden. Die Logik wird von Komponenten zu den *Action Creators* und *Reducer Functions* verlagert.

21.4 Actions

In der Regel sind *Redux Actions* einfache Objekte. Sie können serialisiert und beliebig oft abgespielt werden, um den Status der Anwendung wiederherzustellen. Es ist durchaus denkbar, in einem Fehlerfall die Actions zu protokollieren und in Form eines Fehlerberichts zum Entwick-

Actions sind JSON-Objekte.

lerteam zu senden. Die Entwickler sind in der Lage, die Anwendung 1:1 in den Zustand zu replizieren, bei dem der Fehler aufgetreten ist.

Synchrone Actions

Um Actions zu erstellen und auszulösen, nutzen wir Action Creators.

Listing 21–3
Beispiel für einen Action Creator

```
import { Injectable } from '@angular/core';
import { NgRedux } from '@angular-redux/store';

@Injectable()
export class CounterActions {
  constructor(private redux: NgRedux<number>) {}

  increment() {
    this.redux.dispatch({ type: 'INCREMENT_COUNT' });
  }
}
```

Ein Action Creator ist eine Funktion, die optional Parameter übernimmt. Sie erstellt die Action gemäß dem Interface und löst sie schließlich aus. Die folgenden Parameter können übergeben werden:

Propertys einer Action

- `type` – Ein String, der die Action repräsentiert
- `payload?` – Daten, die durch den Reducer verarbeitet werden sollen
- `error?` – Gibt an, ob die Action durch einen Fehler hervorgerufen wurde
- `metadata?` – Zusätzliche Informationen

Asynchrone Actions

Das Pattern der Action Creators lässt sich komfortabel für asynchrone Operationen in der Anwendung einsetzen. Angenommen, wir führen einen API-Call aus, kann je nach Ergebnis eine Action ausgelöst werden, die den Reducer anweist, einen neuen Anwendungsstatus zu produzieren.

Listing 21–4
Asynchroner Action Creator

```
import { Injectable } from '@angular/core';
import { Observable } from 'rxjs/Observable';
import { NgRedux } from '@angular-redux/store';
```

```
@Injectable()
export class CounterActions {
  constructor(private redux: NgRedux<number>) { }
  incrementAsync() {
    Observable.timer(2000).subscribe(() => {
      this.redux.dispatch({ type: 'INCREMENT_COUNT' });
    });
  }
}
```

Listing 21–4 demonstriert, dass der Einsatz asynchroner Operationen kein Problem für Redux darstellt. Wir haben volle Kontrolle darüber, wann eine Action ausgeführt und ein neuer *App State* produziert wird.

21.5 Angular-Services und Actions

Action Creators sind aus Sicht von Angular ganz normale Services. Dank des Angular-Injectors sind wir in der Lage, bestehende Services weiterhin zu nutzen und mit der Redux-Architektur zu verbinden.

Action Creators

```
import { Injectable } from '@angular/core';
import { NgRedux } from '@angular-redux/store';

import { Book } from '../shared/book';
import { BookStoreService } from '../shared/book-store.service';

@Injectable()
export class BookActions {
  constructor(
    private redux: NgRedux<any>,
    private bs: BookStoreService) { }

  getBooks() {
    this.bs.getAll().subscribe((books: Book[]) => {
      this.redux.dispatch({ type: 'BOOKS_LOADED', payload: books
        ↪ });
    });
  }
}
```

Listing 21–5
Ein Action Creator nutzt einen Angular-Service.

21.6 Redux im Projekt einbinden

Nachdem wir Actions und Reducers besprochen haben, können wir Redux in unsere Angular-Anwendung integrieren. Dazu müssen die folgenden Schritte ausgeführt werden:

- *angular-redux* im `AppModule` registrieren
- einen Root-Reducer erstellen
- den Store konfigurieren

angular-redux integrieren

Um Redux in einem Angular-Projekt einzusetzen, bedarf es zweier Pakete: `@angular-redux/store` und `redux`.

```
$ npm install --save @angular-redux/store redux
```

Danach muss das `NgReduxModule` im gewünschten Angular-Modul importiert werden. In diesem Beispiel wird die Konfiguration im `AppModule` durchgeführt. Action Creators müssen dem *Injector* bekannt gemacht werden (siehe `BookActions`).

Listing 21–6
@angular-redux/store in die App integrieren

```
import { NgModule } from '@angular/core';
import { NgReduxModule } from '@angular-redux/store';

import { AppComponent } from './app.component';
import { BooksActions } from './actions';

@NgModule({
  declarations: [
    AppComponent,
  ],
  imports: [
    /* andere Imports */
    NgReduxModule.forRoot()
  ],
  providers: [
    BooksActions,
  ],
  bootstrap: [AppComponent]
})
export class AppModule { }
```

Reducer-Funktionen bereitstellen

Wie bereits angekündigt, können mehrere Reducer existieren. Darum werden die Reducer-Funktionen zu einem *Root Reducer* aggregiert.

Root Reducer erzeugen

```
import { combineReducers } from 'redux';

import { aReducer as a } from './a-reducer';
import { bReducer as b } from './b-reducer';

export const reducer = combineReducers({ a, b });
```

Listing 21–7
Der Root Reducer

Das Framework Redux stellt die Methode `combineReducers()` zur Verfügung, mit der wir beliebig viele Reducers zusammenfassen können. Der entstandene Root Reducer wird dem Redux Store zur Verfügung gestellt, um die künftig ausgelösten Actions zu verarbeiten.

combineReducers()

Den Store konfigurieren

Schließlich wird der Store im App-Einstiegspunkt (hier `AppModule`) konfiguriert. Neben dem Root Reducer muss ein initialer Status übergeben werden, mit dem die App nach dem Start arbeiten soll. In unserem Beispiel enthält er keine Daten und ist ein leeres Objekt.

```
// ...

import { NgReduxModule, NgRedux } from '@angular-redux/store';

@NgModule({
  // ...
  imports: [
    // ...
    NgReduxModule
  ],
  bootstrap: [AppComponent]
})
export class AppModule {
  constructor(private ngRedux: NgRedux<any>) {
    this.ngRedux.configureStore(reducer, {});
  }
}
```

Listing 21–8
Den Store konfigurieren

21.7 Components mit Redux verwenden

Nun sind alle Mechanismen von Redux bereit für den Einsatz. Wie können nun die Components mit dem Store verknüpft werden?

Komponenten rufen Informationen aus dem Store ab

Das Select-Pattern — Um den aktuellen Status aus dem Store abzurufen, bietet *angular-redux* das sogenannte *Select-Pattern* an. Hierbei handelt sich um einen Decorator (@select), der für einen komfortablen Zugriff auf die Eigenschaften des Anwendungsstatus sorgt. @select bietet eine Vielzahl von Möglichkeiten an, mit denen der Store abgefragt werden kann. Rufen wir uns den Root Reducer in Erinnerung, der im Listing 21–7 erstellt wurde.

Listing 21–9
Struktur des Root Reducers

```
import { aReducer as a } from './a-reducer';
import { bReducer as b } from './b-reducer';

const reducer = { a, b };
```

Auf Reducer a kann beispielsweise über eine Konvention zugegriffen werden. Der Ausdruck @select() a: Observable<any> sucht automatisch nach einem Reducer mit der Bezeichnung a. Auch die Schreibweise @select() a$: Observable<any> kann durch den Decorator ausgelesen werden.

> **Woher kommt das $-Zeichen?**
>
> In der RxJS-Community ist es üblich, alle Eigenschaften vom Typ Observable oder Subject mit einem $ zu versehen. So kann man auf einen Blick sehen, dass es sich bei dem Property um einen *Stream* handelt.

Darüber hinaus ist es möglich, Reducers gezielter abzufragen. Es ist nicht notwendig, sich den gesamten Reducer zurückgeben zu lassen. Mithilfe von Expressions können Eigenschaften »scheibchenweise« selektiert werden. Man kann den Pfad zur gewünschten Information als String-Array oder Arrow-Funktion angeben. Letzteres bietet die höchste Zuverlässigkeit, da wir typsicher arbeiten können.

```
@select(['a', 'property']) a$: Observable<any>;

// ... ist gleichbedeutend mit ...

@select(state => state.a.property) a$: Observable<any>;
```

Anpassung für den AOT-Build

Wenn wir den @select-Decorator nutzen und ihm eine *Arrow-Funktion* übergeben, schlägt die Kompilierung mit AOT fehl.

```
// funktioniert mit AOT nicht
@select((state: IAppState) => state.books.all);
```

Die Ursache dafür ist, dass der AOT-Modus keine Arrow-Funktionen auswerten und optimieren kann. Wenn wir die AOT-Kompilierung nutzen möchten, können wir dieses Problem mit einer kleinen Änderung im Code aus dem Weg räumen.

```
export function allBooks(state: IAppState) {
    return state.books.all;
}

// Innerhalb der DashboardComponent
@select(allBooks) books$: Observable<Book[]>;
```

Wir können die Arrow-Funktion in eine benannte Methode auslagern und exportieren. Der Compiler kann sie auswerten und der AOT-Build wird erfolgreich ausgeführt.

Listing 21–10
Statusinformationen aus dem Store abfragen

```
import { Observable } from 'rxjs/Observable';
import { Component, ChangeDetectionStrategy } from '@angular/core';

import { select } from '@angular-redux/store';

@Component({
  selector: 'my-component',
  templateUrl: './my.component.html',
  changeDetection: ChangeDetectionStrategy.OnPush
})
export class MyComponent {

  /* Einen Reducer selektieren */

  @select() a: Observable<any>;
  // oder
  @select() a$: Observable<any>;
  // oder
  @select('a') a$: Observable<any>;
  // oder
  @select(state => state.a) a$: Observable<any>;
```

```
/*
 * Statusinformationen eines Reducers
 * über Pfade selektieren.
 */

@select(['a', 'property']) a$: Observable<any>;
// oder
@select(state => state.a.property) a$: Observable<any>;
}
```

Jetzt wissen wir, wie Daten mithilfe von Redux in die Komponenten hineinfließen. Um den Kreislauf zu schließen, benötigen wir noch eine Möglichkeit, mit der wir Komponenten-Actions zum Store senden können.

Komponenten lösen Actions aus

Indirekte Kommunikation mit dem Reducer

Jede Action stellen wir über Services bereit. Darum müssen wir uns hier kein neues Konzept einprägen. Aus Sicht der Komponente ist die Kommunikation mit der Reducer-Funktion völlig transparent.

Listing 21–11 Action Creator in einer Komponente verwenden

```
import { Component, ChangeDetectionStrategy } from '@angular/core';
import { BooksActions } from '../actions';
import { Book } from '../shared/book';

@Component({
  selector: 'bm-dashboard',
  templateUrl: './dashboard.component.html',
  changeDetection: ChangeDetectionStrategy.OnPush
})
export class DashboardComponent {
  constructor(private books: BooksActions) { }

  addBook(book: Book) {
    this.books.addSingle(book);
  }
}
```

21.8 Container und Presentational Components

Listing 21–11 zeigt eine sogenannte *Container Component*. In manchen Artikeln wird auch von einer *Smart Component* gesprochen. Diese Komponente hat Kenntnis über die Infrastruktur von Redux. Sie koordiniert das Zusammenspiel der sogenannten *Presentational Components*, die in ihrer Gesamtheit den vorherrschenden Status der Anwendung widerspiegeln. Presentational Components werden auch als *Dumb Components* bezeichnet, da ihr Fokus auf der Anzeige liegt. Ihre Orchestrierung übernehmen die *Container Components*.

Klassifikation von Komponenten

Die folgende Tabelle hilft dabei, die Zuständigkeiten der Komponentenarten voneinander abzugrenzen.

	Container Components	Presentational Components
Verwendung	Einstiegskomponente	Kind-Komponente
Abhängigkeit zu Redux	Ja	Nein
Datenzugriff	Abonnieren von Eigenschaften des Redux Stores	Lesen von Daten via `@Input()`-Decorator
Datenänderung	Auslösen von Redux Actions	Ausführen von Callbacks via `@Output()`-Decorator

Tab. 21–1 Unterschied Container und Presentational Components

21.9 Weiterführendes

Sie haben nun die Grundkonzepte von Redux kennengelernt. Das Ökosystem um Redux ist größer, als es in der Einführung dieses Buchs beschrieben werden könnte. Aus diesem Grund sollen folgende Links ein Anknüpfpunkt sein, um sich tiefgreifend mit dieser Architektur zu beschäftigen.

Der Anfang einer langen Reise

angular-redux

Redux kann durch *Middlewares* erweitert werden, die das Entwickeln produktiver gestaltet.

- *Redux DevTools* ist ein Entwicklerwerkzeug zur Analyse von Redux-Anwendungen: https://ng-buch.de/x/90

- *redux-observable* abstrahiert Seiteneffekte (zum Beispiel API-Calls): https://ng-buch.de/x/91
- *@angular-redux/router* stellt Bindungen für den Angular-Router bereit, um mit dem Redux Store zu interagieren: https://ng-buch.de/x/92

ngrx

Auch wenn in diesem Buch *angular-redux* zum Einsatz kam, empfiehlt sich stets der Blick über den Tellerrand hinaus. Es folgen nützliche Links zum Projekt *ngrx*.

- *@ngrx/store* ist die alternative Redux-Implementierung des NgRx-Teams: https://ng-buch.de/x/93
- *@ngrx/store-devtools* ist ein Entwicklerwerkzeug zur Analyse von Redux-Anwendungen: https://ng-buch.de/x/94
- *@ngrx/effects* abstrahiert Seiteneffekte (Bsp.: API-Calls): https://ng-buch.de/x/95
- *@ngrx/router-store* verbindet den Angular-Router mit *ngrx/store*: https://ng-buch.de/x/96

Eine weitere vorbereitete Demo ist *AngularQuotes*. Hier demonstrieren wir den Einsatz eines unveränderlichen Stores auf Basis von *Immutable.js*[4] sowie *seamless-immutable*[5].

Abb. 21–3
AngularQuotes mit Redux DevTools

---

[4] https://ng-buch.de/x/97 – Immutable.js
[5] https://ng-buch.de/x/98 – GitHub: seamless-immutable

Demo und Quelltext:
https://ng-buch.de/quotes

Um über dieses Thema informiert zu bleiben und weitere interessante Artikel und Literaturempfehlungen zu erhalten, wollen wir Ihnen auch an dieser Stelle die Website zum Buch ans Herz legen.

21.10 Den BookMonkey mit Redux umsetzen

Damit das Konzept von Redux in der Praxis erprobt werden kann, erstellen wir eine Beispielanwendung. Mit ihr können Bücher erzeugt und bei Bedarf einem Warenkorb hinzugefügt werden. In Abbildung 21–4 ist die Anwendung zu sehen, die wir nun gemeinsam mit der Redux-Architektur programmieren.

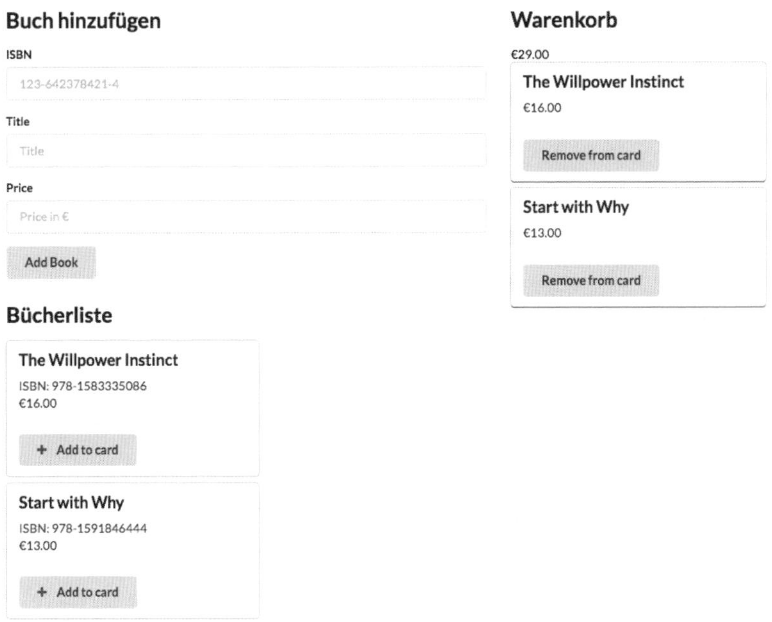

Abb. 21–4
Beispielanwendung

Wir nutzen die Angular CLI, um ein neues Projekt zu erzeugen, und installieren zusätzlich @angular-redux/store und redux.

Listing 21–12
Projekt anlegen und Abhängigkeiten installieren

```
$ ng new book-monkey-rdx -p bm
$ cd book-monkey-rdx
$ npm install --save @angular-redux/store redux
```

21.10.1 Vorstellung der Projektstruktur

Die von der Angular CLI erzeugte Projektstruktur können wir auch für eine Redux-Anwendung nutzen. Es gibt allerdings einige Erweiterungen, die nun kurz erklärt werden.

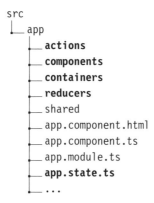

Neue Ordnerstruktur

Im Verzeichnis ⌸app werden in einem Ordner ⌸actions alle Redux Actions hinterlegt. Das Gleiche gilt für die Reducers. Unsere Komponenten werden in zwei Ordnern organisiert. Die Container Components werden im Verzeichnis ⌸containers und die Presentational Components im Ordner ⌸components hinterlegt. Die Datei app.state.ts beschreibt den Aufbau des Stores. Über Interfaces wird deklariert, welche Statusinformation der Store zur Verfügung stellt.

21.10.2 Erläuterungen zu IAppState

In diesem Projekt arbeiten wir wieder mit der Klasse Book, die aus den vorangegangenen Kapiteln bekannt ist. Allerdings benötigen wir lediglich eine vereinfachte Version davon.

Listing 21–13
Vereinfachte Klasse Book (app/shared/book.ts)

```
export class Book {
  constructor(public isbn: string,
              public title: string,
              public price: number) { }
}
```

21.10 Den BookMonkey mit Redux umsetzen

Für unsere Anwendung bietet der Store die Status für die Bücherliste und den Warenkorb an.

```
import { Book } from './shared/book';

export interface IAppState {
  books: IBookState;
  cart: ICartState;
}

export interface IBookState {
  all: Book[];
}

export interface ICartState {
  items: Book[];
  total: number;
}
```

Listing 21–14
Deklaration des Anwendungsstatus (app.state.ts)

Das Listing 21–14 zeigt, dass der Gesamtstatus der App eine Menge von Kindstatus beinhaltet.

Statuskomposition

Der Status `IBookState` stellt eine Liste aller Bücher zur Verfügung. Damit wird die Buchliste befüllt. Der `ICartState` enthält eine Liste aller Bücher, die im Warenkorb liegen, und eine Eigenschaft `total`, die den Gesamtpreis aller Bücher zurückgibt.

Die App beinhaltet zwei Container Components, die `Dashboard-Component` und die `CartComponent`.

Beide Komponenten erstellen wir bereits jetzt und fügen sie der `App-Component` hinzu, damit wir uns später nicht mehr um das Layout der Anwendung kümmern müssen.

```
$ ng g component containers/dashboard
$ ng g component containers/cart
```

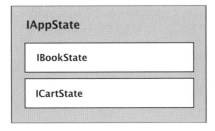

Abb. 21–5
Abrufbare Status im Store

> **Hinweis**
>
> Durch den Einsatz der Angular CLI wird die Komponente automatisch im App-Module unter declarations registriert. Wenn Sie die Datei manuell anlegen, müssen Sie diesen Schritt selbst durchführen.

Styling mit Semantic UI

Das Dashboard und der Warenkorb werden in einem Zwei-Spalten-Layout angezeigt. Für das Styling verwenden wir Semantic UI. Die Installation des CSS-Frameworks ist im Kapitel ab Seite 59 beschrieben.

Listing 21–15
Das Template der AppComponent (app.component.html)

```html
<div class="ui two column doubling stackable grid container">
  <div class="column">
    <bm-dashboard></bm-dashboard>
  </div>
  <div class="column">
    <bm-cart></bm-cart>
  </div>
</div>
```

Vorgehen

Bei der folgenden Entwicklung der Anwendung gehen wir nach einem festen Muster vor. Zuerst wird die Funktionalität der Buchliste und danach der Warenkorb umgesetzt.

1. Action entwickeln
2. Reducer entwickeln
3. Reducer registrieren
4. Container Component entwickeln
5. Zugehörige Presentational Components entwickeln

21.10.3 Das Buch-Dashboard

Über das Dashboard wollen wir Produkte für den Warenkorb anlegen und anzeigen. In unserem Fall ist jedes Produkt ein Buch.

BooksActions implementieren

Wir beginnen mit den `BooksActions`. Diese beinhalten eine Aktion, mit der wir ein neues Buch in die Buchliste einfügen können.

Listing 21–16
Actions für Books (actions/books.ts)

```typescript
import { Injectable } from '@angular/core';

import { NgRedux } from '@angular-redux/store';

import { IAppState } from '../app.state';
import { Book } from '../shared/book';
```

```
export const ADD_BOOK = 'ADD_BOOK';

@Injectable()
export class BooksActions {
  constructor(private redux: NgRedux<IAppState>) {}

  addSingle(book: Book) {
    this.redux.dispatch({ type: ADD_BOOK, payload: book });
  }
}
```

Um sicherer gegen Tippfehler zu sein und das »Rename Refactoring« zu vereinfachen, wird der Name der Aktion in der Variable `ADD_BOOK` gespeichert. Die `BookActions` erhalten eine Instanz des Redux Stores über Constructor Injection. Die Methode `addSingle()` löst schließlich die Aktion aus, damit ein passender Reducer die erhaltenen Daten verarbeiten kann.

Die Klasse `BooksActions`, die aus Sicht von Angular ein Service ist, ermöglicht es, in den Container Components entkoppelt vom Store zu arbeiten. Bevor wir zu diesem Punkt kommen, wird der Reducer benötigt.

> **Provider nicht vergessen!**
>
> Die `BookActions` müssen im `AppModule` registriert werden, damit sie einsetzbar sind.
>
> ```
> // ...
> providers: [BookActions]
> // ...
> ```

booksReducer implementieren

Der Reducer wertet den Typ einer übergebenen Action aus. Wenn der Reducer diesen Typ verarbeitet, wird die dafür vorgesehene Logik ausgeführt. In unserem Fall soll ein Status mit einem neuen Buch erzeugt werden.

```
import { IBookState } from './../app.state';
import { ADD_BOOK } from '../actions/books';

const INITIAL_STATE: IBookState = {
  all: []
};
```

Listing 21–17
Reducer für Books (reducers/books.ts)

```
export function booksReducer(state = INITIAL_STATE, action):
  IBookState {
  switch (action.type) {
    case ADD_BOOK:
      return { all: [...state.all, action.payload] };
    default:
      return state;
  }
}
```

Dieser Code hat zwei Merkmale: den initialen Zustand (siehe `INITIAL_STATE`) und die Reducer-Funktion `booksReducer`. Für den Start der Anwendung wird ein Zustand benötigt, der von Beginn an verfügbar ist. In diesem Beispiel stellt er ein Objekt zur Verfügung, das eine leere Liste von Büchern enthält.

So arbeitet unser Reducer. Wenn nun eine Action vom Typ `ADD_BOOK` eintrifft, wird im `switch`-Statement die dazugehörige Logik ausgeführt. Hierbei wird die bestehende Bücherliste allerdings nicht um ein Element ergänzt. Es wird eine neue Liste angelegt, die alle Elemente des vorhergehenden Zustands enthält. Dazu wird das neue Buch ergänzt und ein neues State-Objekt erzeugt. Damit bleiben wir dem Prinzip von Redux treu, dass Statusobjekte unveränderlich sein müssen. Wichtig ist auch, dass das vorherige State-Objekt zurückgegeben wird, wenn der übergebene Actiontyp nicht verarbeitet werden kann. Tun wir das nicht, würde der Reducer `undefined` zurückliefern, wodurch wir einen ungültigen Anwendungsstatus erzeugt hätten.

Der Reducer zur Verwaltung der Bücher ist fertig. Jetzt muss er dem Store zur Verfügung gestellt werden.

Den Root Reducer bereitstellen

Um den Reducer in der Anwendung zu verwenden, setzen wir einen Root Reducer ein, der alle Reducer-Funktionen der Anwendung bündelt. Dieser wird ebenfalls im Ordner 🗁 reducers hinterlegt. Dafür bietet sich die Datei `index.ts` an.

Listing 21–18
Den Root Reducer anlegen
(reducers/index.ts)

```
import { combineReducers } from 'redux';

import { IAppState } from './../app.state';
import { booksReducer as books } from './books';

export const reducer = combineReducers<IAppState>({
  books
});
```

21.10 Den BookMonkey mit Redux umsetzen

Wir nutzen die Methode combineReducers() aus dem redux-Framework, um mehrere Reducer miteinander zu kombinieren. Das Resultat wird schließlich an den Redux Store übergeben.

Mehrere Reducers unterstützen

Den Store konfigurieren

```
import { BrowserModule } from '@angular/platform-browser';
import { NgModule } from '@angular/core';
import { FormsModule } from '@angular/forms';

import { NgRedux, NgReduxModule } from '@angular-redux/store';

import { AppComponent } from './app.component';
import { BooksActions } from './actions';

import { reducer } from './reducers/index';
import { IAppState } from './app.state';

@NgModule({
  declarations: [AppComponent],
  imports: [
    BrowserModule,
    FormsModule,
    NgReduxModule
  ],
  providers: [BooksActions],
  bootstrap: [AppComponent]
})
export class AppModule {
  constructor(private ngRedux: NgRedux<IAppState>) {
    this.ngRedux.configureStore(reducer, {} as IAppState);
  }
}
```

*Listing 21–19
Den Store konfigurieren
(app.module.ts)*

Um *angular-redux* einsetzen zu können, müssen wir das Modul NgReduxModule in das zentrale AppModule importieren. Außerdem muss der Store im Konstruktor des AppModule initialisiert werden (siehe Listing 21–19). Neben dem Root Reducer wird auch der initiale Anwendungsstatus im Store registriert. Nun können Komponenten die Daten des Stores abonnieren.

Die DashboardComponent implementieren

Container Components

Komponenten, die mit dem Store kommunizieren, heißen Container Components. In unserem Beispiel zählt die DashboardComponent zu dieser Kategorie.

Listing 21–20
Die Container Component DashboardComponent (containers/ dashboard/dashboard .component.ts)

```
import { IAppState } from '../../app.state';
import { Component, ChangeDetectionStrategy } from '@angular/core';

import { select } from '@angular-redux/store';
import { Observable } from 'rxjs/Observable';

import { BooksActions } from '../../actions';
import { Book } from '../../shared/book';

@Component({
  selector: 'bm-dashboard',
  templateUrl: './dashboard.component.html',
  styleUrls: ['./dashboard.component.css'],
  changeDetection: ChangeDetectionStrategy.OnPush
})
export class DashboardComponent {

  @select((state: IAppState) => state.books.all) books$: Observable
    ↪ <Book[]>;

  constructor(private books: BooksActions) { }

  addBook(book: Book) {
    this.books.addSingle(book);
  }
}
```

Aufgaben der Dashboard-Komponente

Die DashboardComponent hat drei Aufgaben. Als Erstes abonniert sie Änderungen über die Buchliste im Store. Dazu wird der @select-Decorator genutzt. Ihm wird eine Methode zur Auswahl des gewünschten Propertys aus dem Store übermittelt. Alle vom Store bereitgestellten Informationen werden über Observables transportiert.

Die zweite Aufgabe besteht darin, Aktionen auszuführen, die eine oder mehrere Reducer-Funktionen ausführen. Daher wird eine Methode addBook() angelegt, die veranlasst, dass ein neues Buch im Store hinzufügt wird.

21.10 Den BookMonkey mit Redux umsetzen

Zuletzt orchestriert die `DashboardComponent` die Container Components, die für das Erstellen eines Buchs und die Anzeige der Buchliste verantwortlich sind.

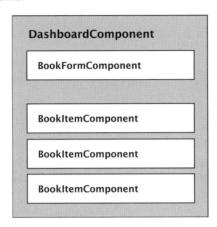

Abb. 21-6
Child Components der DashboardComponent

> **Hinweis zur ChangeDetectionStrategy**
>
> Wenn wir Redux verwenden, sollten alle Komponenten mit der ChangeDetectionStrategy `OnPush` ausgestattet werden, um das Rendering von Änderungen in der App zu optimieren.

Das Erzeugen des Buchs wird durch ein Formular realisiert. Die dazugehörige Komponente benötigt keine Kenntnis von Redux. Sie ist eine Presentational Component, die die Eingabe von Daten ermöglicht und ein Ereignis auslöst, sobald die Eingabe beendet ist. Wir nennen diese Komponente `BookFormComponent`. Das Grundgerüst generieren wir mit der Angular CLI:

Formular zum Anlegen von Büchern

```
$ ng g component components/book-form
```

Die Konzepte zur Erstellung von Formularen haben wir im Kapitel zur Formularverarbeitung (ab Seite 207) kennengelernt. Wir verzichten deshalb an dieser Stelle darauf, die Komponente detailliert zu erläutern, damit wir schneller mit unserem Beispiel vorankommen.

```
import { Component, Output, EventEmitter, ChangeDetectionStrategy }
    from '@angular/core';
import { Book } from '../../shared/book';
@Component({
  selector: 'bm-book-form',
  templateUrl: './book-form.component.html',
  changeDetection: ChangeDetectionStrategy.OnPush
})
```

Listing 21-21
Die Formularkomponente (components/book-form/book-form.component.ts)

```
export class BookFormComponent {

  @Output() created = new EventEmitter<Book>();

  submitted(form) {
    this.created.emit(new Book(
      form.controls['isbn'].value,
      form.controls['title'].value,
      form.controls['price'].value
    ));
  }
}
```

Die Formularkomponente löst das Ereignis created aus, sobald das Formular im Template abgesendet wurde.

*Listing 21–22
Das Template der Formularkomponente
(components/book-form/book-form.component.html)*

```
<form class="ui form" #f="ngForm" (ngSubmit)="submitted(f)">
  <div class="field">
    <label>ISBN</label>
    <input type="text" name="isbn" placeholder="123-642378421-4"
      ↪ ngModel>
  </div>
  <div class="field">
    <label>Title</label>
    <input type="text" name="title" placeholder="Title" ngModel>
  </div>
  <div class="field">
    <label>Price in Euro</label>
    <input type="number" name="price" placeholder="Price in Euro"
      ↪ ngModel>
  </div>
  <button class="ui button" type="submit">Add Book</button>
</form>
```

Komponente für ein Buch

Bevor wir das Formular ins Dashboard einfügen, wollen wir die Komponente implementieren, die ein einzelnes Buch anzeigt: die BookItemComponent.

```
$ ng g component components/book-item
```

Die BookItemComponent nimmt ein Input-Property vom Typ Book entgegen und zeigt dessen Inhalte im Template an. Außerdem bereiten wir das Output-Property added vor, das es später ermöglicht, das Buch in den Warenkorb zu legen.

21.10 Den BookMonkey mit Redux umsetzen

```typescript
import { Component, Input, Output, EventEmitter,
    ChangeDetectionStrategy } from '@angular/core';

import { Book } from '../../shared/book';

@Component({
  selector: 'bm-book-item',
  templateUrl: './book-item.component.html',
  changeDetection: ChangeDetectionStrategy.OnPush,
  styles: ['.ui.card.book { margin-bottom:8px; }']
})
export class BookItemComponent {
  @Input() book: Book;
  @Output() added = new EventEmitter<Book>();
}
```

Listing 21–23
Die Buchkomponente (components/book-item/book-item.component.ts)

Das Template zeigt neben der Aktionsschaltfläche die ISBN und den Titel des Buchs an.

```html
<div class="ui card book">
  <div class="content">
    <div class="header">{{ book.title }}</div>
    <div class="description">ISBN: {{ book.isbn }}</div>
    <div class="description">{{ book.price |
       currency:'EUR':true:'2.2-4' }}</div>
  </div>
  <div class="extra content">
    <button class="ui button" (click)="added.emit(book)">
      <i class="add icon"></i> Add to cart
    </button>
  </div>
</div>
```

Listing 21–24
Das Template der Buchkomponente (components/book-item/book-item.component.html)

Nachdem wir alle nötigen Komponenten für das Dashboard implementiert haben, fügen wir sie dem Template der `DashboardComponent` hinzu. Es ist Halbzeit – die Hälfte der Funktionen wurde umgesetzt. Wir können die Architektur Redux jetzt nutzen, um Bücher zu erzeugen und in einer Liste anzuzeigen.

Das Dashboard zusammensetzen

Listing 21–25
Das Template des Dashboards (containers/ dashboard/dashboard .component.html)

```html
<h2>Add a new book</h2>
<bm-book-form (created)="addBook($event)"></bm-book-form>

<h2>Books</h2>
<bm-book-item [book]="bookItem"
              *ngFor="let bookItem of books$ |
              ↪ async"></bm-book-item>
```

Mit der `AsyncPipe` sparen wir uns den Code für das Abonnieren des Observables `books$`. Nun sollte die Anwendung in etwa so aussehen, wie es Abbildung 21–7 zeigt.

Abb. 21–7
Das Buch-Dashboard

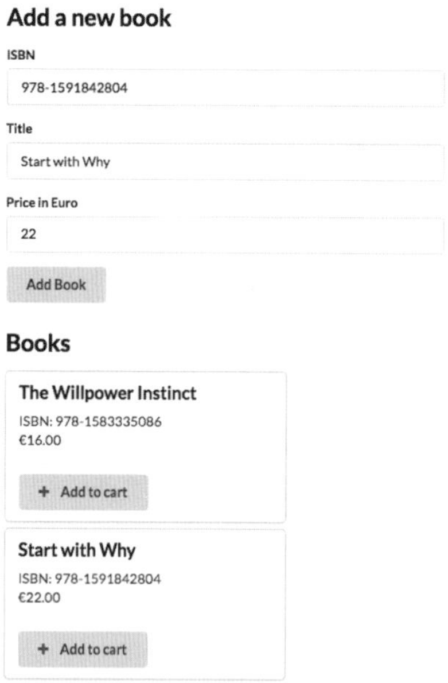

21.10.4 Der Warenkorb

Lose gekoppelte Kommunikation zwischen Komponenten

Durch die Entwicklung des Warenkorbs werden wir lernen, wie zwei Komponenten miteinander kommunizieren können, ohne dass sie etwas voneinander wissen. Das Dashboard wird eine Änderung im Warenkorb hervorrufen, indem es eine Aktion auslöst. Der zentrale App-State macht es möglich.

Wir beginnen mit der Entwicklung der `CartActions`.

CartActions implementieren

Im Rahmen dieser Anwendung werden zwei Actions entwickelt. Die Methode `createSingle()` fügt ein einzelnes Buch dem Warenkorb hin-

21.10 Den BookMonkey mit Redux umsetzen

zu, wohingegen `removeSingle()` das Buch entfernen kann. Beide Actions werden durch die Bezeichner `ADD_ITEM` und `REMOVE_ITEM` repräsentiert.

```
import { Observable } from 'rxjs/Observable';
import { Injectable } from '@angular/core';

import { NgRedux } from '@angular-redux/store';

import { IAppState } from '../app.state';
import { Book } from '../shared/book';

export const ADD_ITEM = 'ADD_ITEM';
export const REMOVE_ITEM = 'REMOVE_ITEM';

import 'rxjs/add/observable/timer';

@Injectable()
export class CartActions {
  constructor(private redux: NgRedux<IAppState>) { }

  createSingle(book: Book) {
    this.redux.dispatch({ type: ADD_ITEM, payload: book });
  }

  removeSingle(book: Book) {
    Observable.timer(2000).subscribe(() => {
      this.redux.dispatch({ type: REMOVE_ITEM, payload: book });
    });
  }
}
```

Listing 21–26
Actions des Warenkorbs
(actions/cart.ts)

Das Löschen eines Eintrags aus dem Warenkorb ist asynchron. Zur Vereinfachung nutzen wir dafür `Observable.timer(delay: number)`. An dieser Stelle kann auch ein HTTP-Request stattfinden. Es soll zeigen, dass asynchrone Operationen mit Redux problemlos möglich sind. Für das Beispiel bedeutet das, dass ein Warenkorbeintrag nach zwei Sekunden wieder gelöscht wird.

Wir simulieren Asynchronität.

Den `cartReducer` implementieren

Die Redux-Architektur gibt vor, dass der Zustand der gesamten Anwendung zentral in einem Store verwaltet werden muss. Ein Zustand ist die Summe aller Aktionen, welche über die Zeit aufgetreten sind.

Listing 21-27
Reducer für den Warenkorb
(reducers/cart.ts)

```typescript
import { ICartState } from '../app.state';
import { ADD_ITEM, REMOVE_ITEM } from '../actions/cart';

const INITIAL_STATE: ICartState = {
  items: [],
  total: 0
};

export function cartReducer(state = INITIAL_STATE, action):
    ICartState {
  switch (action.type) {
    case ADD_ITEM:
      const enhanced = [...state.items, action.payload];

      return {
        items: enhanced,
        total: enhanced.map(i => i.price).reduce((x, y) => x+y, 0)
      };
    case REMOVE_ITEM:
      const filtered = state.items.filter(book => book.isbn !==
          action.payload.isbn);

      return {
        items: filtered,
        total: filtered.map(i => i.price).reduce((x, y) => x+y, 0)
      };
    default:
      return state;
  }
}
```

Löschen durch Filtern

Die Logik für das Hinzufügen eines Warenkorbeintrags ist der des booksReducer sehr nahe. Ein Unterschied ist, dass neben einer Liste auch der Gesamtpreis kalkuliert wird. Das Entfernen eines Elements aus dem Warenkorb realisieren wir mithilfe der Methode filter(). Es werden alle Warenkorbeinträge in eine neue Liste gespeichert bis auf das zu löschende Element. Anschließend wird der Gesamtpreis aktualisiert. Wie beim booksReducer folgen wir dem Paradigma des unveränderlichen Statusobjekts (*Immuatable State*).

21.10 Den BookMonkey mit Redux umsetzen

> **Provider nicht vergessen!**
>
> Die `CartActions` müssen im `AppModule` registriert werden, damit sie einsetzbar sind.
>
> ```
> // ...
> providers: [CartActions, BookActions]
> // ...
> ```

Registrierung im Root Reducer

Um den `cartReducer` in der Anwendung nutzen zu können, muss er dem Root Reducer hinzugefügt werden. Dazu müssen wir ihn lediglich der Methode `combineReducers()` hinzufügen.

```
import { combineReducers } from 'redux';

import { IAppState } from '../app.state';

import { booksReducer as books } from './books';
import { cartReducer as cart } from './cart';

export const reducer = combineReducers<IAppState>({
  books,
  cart
});
```

Listing 21–28
Der komplette Root Reducer (reducers/index.ts)

Die `CartComponent` implementieren

Bevor wir mit der Implementierung beginnen, widmen wir uns kurz einer Frage: Ist die `CartComponent` (der Warenkorb) eine Container oder Presentational Component? Nehmen Sie sich kurz Zeit und denken Sie über die Aufgaben dieser Komponente nach, falls Sie sich unsicher sind.

Wenn Sie Container Component getippt haben, liegen Sie richtig. Diese Komponente lädt alle Elemente des Warenkorbs und den Gesamtpreis aus dem Anwendungsstatus und löst Aktionen aus, mit denen die Einträge aus dem Warenkorb entfernt werden.

```
import { Observable } from 'rxjs/Observable';
import { IAppState } from '../../app.state';
import { Component, ChangeDetectionStrategy } from '@angular/core';

import { select } from '@angular-redux/store';
```

Listing 21–29
Die Warenkorbkomponente (containers/cart/cart.component.ts)

```typescript
import { CartActions } from '../../actions/cart';
import { Book } from '../../shared/book';

@Component({
  selector: 'bm-cart',
  templateUrl: './cart.component.html',
  changeDetection: ChangeDetectionStrategy.OnPush
})
export class CartComponent{
  @select((state: IAppState) => state.cart.total) total$:
    ↪ Observable<number>;
  @select((state: IAppState) => state.cart.items) items$:
    ↪ Observable<Book[]>;

  constructor(private cart: CartActions) { }

  removeItemFromCart(book: Book) {
    this.cart.removeSingle(book);
  }
}
```

Erinnerung an die ChangeDetection-Strategy

Wie bereits zuvor erwähnt, sollten wir immer darauf achten, dass in der Komponente die Einstellung `ChangeDetectionStrategy.OnPush` gesetzt ist.

In der Komponente löst die Methode `removeItemFromCart()` die Aktion zum Entfernen eines Warenkorbeintrags aus. Sie wird durch das Ereignis removed der `CartItemComponent` getriggert. Die Komponente `CartItemComponent` legen wir mithilfe der Angular CLI an:

Komponente für ein Element des Warenkorbs

```
$ ng g component components/cart-item
```

Die Komponente zeigt die Produktinformationen an und bietet eine Schaltfläche, um das Ereignis removed auszulösen.

Listing 21–30
Die CartItemComponent (components/cart-item/cart-item.component.ts)

```typescript
import { Component, Input, Output, EventEmitter,
  ↪ ChangeDetectionStrategy } from '@angular/core';

import { Book } from '../../shared/book';

@Component({
  selector: 'bm-cart-item',
  templateUrl: './cart-item.component.html',
  changeDetection: ChangeDetectionStrategy.OnPush,
  styles: ['.ui.red.card.item { margin-bottom:8px; }']
})
```

```
export class CartItemComponent {
  @Input() item: Book;
  @Output() removed = new EventEmitter<Book>();
}
```

Da in dieser Komponente keine weitere Logik benötigt wird, wird des Ereignis direkt im Template ausgelöst (siehe Listing 21–31). Dieser Stil ist kein Muss. Es sollte im Team diskutiert werden, ob man diese Schreibweise verwenden möchte, um den Code in der Komponente gering zu halten.

Ereignisse im Template auslösen

```
<div class="ui red card item">
  <div class="content">
    <div class="header">{{ item.title }}</div>
    <div class="description">{{ item.price |
       currency:'EUR':true:'2.2-4' }}</div>
  </div>
    <div class="extra content">
      <button class="ui button"
       (click)="removed.emit(item)">Remove from cart</button>
    </div>
</div>
```

Listing 21–31
Das Template der CartItemComponent (components/cart-item/cart-item.component.html)

Nun haben wir alle Bestandteile zusammen, um das Template der Cart-Component zu komplettieren.

```
<h2>Cart</h2>
<bm-cart-item [item]="cardItem"
           (removed)="removeItemFromCart($event)"
           *ngFor="let cardItem of items$ | async">
</bm-cart-item>
<h4 class="ui header">Total: {{ total$ | async |
    currency:'EUR':true:'2.2-4' }}</h4>
```

Listing 21–32
Das Template der Warenkorbkomponente (containers/cart/cart.component.html)

Die Gestaltung des Warenkorbs ist Ihrer Kreativität überlassen. Die Abbildung 21–8 zeigt einen Vorschlag für die Umsetzung.

Abb. 21–8
Vorschlag für die Gestaltung des Warenkorbs

21.10.5 Bücher aus dem Dashboard zum Warenkorb hinzufügen

Damit der Warenkorb mit Büchern befüllt werden kann, müssen dem Dashboard noch die CartActions hinzugefügt werden.

Listing 21–33
Dashboard für den Warenkorb erweitern (containers/ dashboard/dashboard .component.ts)

```
// ...
import { BooksActions, CartActions } from '../../actions';
@Component({
  selector: 'bm-dashboard',
  templateUrl: './dashboard.component.html',
  styleUrls: ['./dashboard.component.css'],
  changeDetection: ChangeDetectionStrategy.OnPush
})
export class DashboardComponent {

  constructor(private books: BooksActions,
              private cart: CartActions) { }
  // ...
  addBookToCart(book: Book) {
    this.cart.createSingle(book);
  }
}
```

Anschließend nutzen wir das Event added der BookItemComponent, um ein Buch dem Warenkorb hinzuzufügen.

Listing 21–34
Dashboard für den Warenkorb erweitern (containers/ dashboard/dashboard .component.html)

```
<!-- <bm-book-form> -->
<bm-book-item [book]="bookItem"
              (added)="addBookToCart($event)"
              *ngFor="let bookItem of books$ |
  ↪ async"></bm-book-item>
```

Was haben wir gelernt?

Damit haben wir die Einführung in Redux abgeschlossen. Wir konnten die Konzepte dieser Architektur studieren und haben uns mit funktionaler Programmierung auseinandergesetzt. Herzlichen Glückwunsch zur Fertigstellung Ihrer ersten App mit Redux!

- Wir kennen die Bestandteile der Architektur Redux und wissen, wie sie miteinander verbunden sind.
- In einer Redux-Anwendung wird der Zustand zentral in einem Store verwaltet.
- Der Anwendungszustand ist die »Summe« aller Aktionen, die im Verlauf der Zeit auftreten.
- Der Store verwaltet zentrale Anwendungsstatus (`AppState`) und ist ein konsistenter Datenspeicher, der von allen Komponenten der Anwendung verwendet werden kann.
- Jedes Auslösen einer Action erzeugt einen neuen, unveränderlichen `AppState`.
- Actions werden durch Container Components ausgelöst.
- Reducer-Funktionen beinhalten die auszuführende Logik der Anwendung. Sie sind *Pure Functions*.
- In einer Redux-Anwendung werden mehrere Reducer mithilfe von `combineReducers()` kombiniert.
- Jede Action wird durch jeden Reducer geprüft und gegebenenfalls verarbeitet.
- Der Store wird einmal in der Anwendung konfiguriert.
- Der Decorator `@select` sorgt für einen komfortablen Zugriff auf Statusinformationen des Stores.
- Presentational Components sind für die Anzeige und Manipulation von Daten zuständig. Sie haben keine Kenntnis von der Redux-Infrastruktur.
- Container Components koordinieren das Zusammenspiel der Presentational Components und lösen Actions aus.

Demo und Quelltext:
https://ng-buch.de/bm-rdx

22 Powertipp: Redux DevTools

Wenn wir Redux einsetzen, kommen wir in den Genuss neuer Developer Tools, die eigens für diese Architektur entwickelt wurden. Sie ermöglichen uns, den *AppState* über eine Oberfläche zu analysieren. Wir können *Actions* einsehen und verändern. Jede von uns getätigte Operation wirkt sich direkt auf die Anwendung aus.

Den AppState analysieren

Die DevTools installieren

Die *Redux DevTools* sind eine Erweiterung für Google Chrome. Um sie zu installieren, besuchen wir den Webstore und tippen in die Suche *redux* ein.[1] Unter den ersten Suchergebnissen sollte das Plugin angezeigt werden (siehe Abbildung 22–1). Wir klicken auf »Hinzufügen« und sind nach kurzer Zeit einsatzbereit.

Erweiterung für Google Chrome

Abb. 22–1
Die Redux DevTools installieren

Die DevTools in der App registrieren

Um Informationen aus unserem *Store* mit dem Entwicklerwerkzeug zu teilen, müssen wir die `DevToolsExtension` in das `AppModule` unserer Redux-Anwendung importieren.

`DevToolsExtension` *im* `AppModule`

---

[1] https://ng-buch.de/x/99 – Chrome Web Store

Listing 22–1
DevTools in der Anwendung aktivieren

```
// ...
import { NgReduxModule, DevToolsExtension, NgRedux } from
    '@angular-redux/store';

@NgModule({
  // ...
  imports: [
    // ...
    NgReduxModule
  ],
  providers: [
    // ...
    DevToolsExtension
  ]
})
export class AppModule {
  constructor(private ngRedux: NgRedux<IAppState>,
              private devTools: DevToolsExtension) {
    let enhancers = [];

    if (environment.production === false &&
        devTools.isEnabled()) {
      enhancers = [...enhancers, devTools.enhancer()];
    }

    this.ngRedux.configureStore(
      reducer,
      {} as IAppState,
      [],
      enhancers
    );
  }
}
```

Enhancer

Nur im Entwicklungsmodus einsetzen

Die `DevToolsExtension` ist ein Service, der dem *Store* als Erweiterung dient. Solche Erweiterungen werden auch *Enhancer* genannt. Wir wollen die `DevToolsExtension` nur einsetzen, solange die App nicht für den Produktionsbetrieb bereitgestellt wird. Aus diesem Grund prüfen wir mit `environment.production === false`, ob wir uns noch im *Developer-Modus* befinden. Wenn dem so ist, wird dieser *Enhancer* im *Store* registriert. Nun kann unsere Redux-App mit den *Redux DevTools* kommunizieren.

Die DevTools nutzen

Um die *Redux DevTools* in Chrome einzusetzen, öffnen wir die *Chrome Developer Tools*. Nach der Installation der Erweiterung finden wir hier einen neuen Reiter *Redux* (siehe Abbildung 22–2).

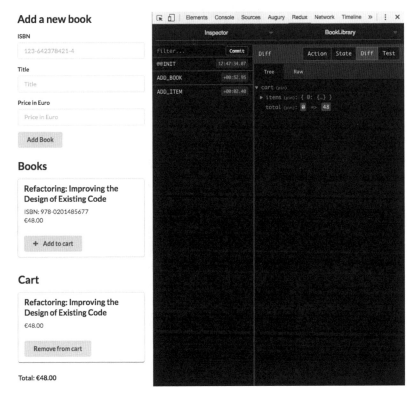

Abb. 22–2
Aktionen in den DevTools anzeigen

In Abbildung 22–2 sind die Redux-Anwendung und die *DevTools* abgebildet. Es ist zu erkennen, dass das Entwicklerwerkzeug drei *Actions* anzeigt. @@INIT repräsentiert die Initalisierung des *Stores* mit dem initialen Status. Danach folgen die Aktionen ADD_BOOK und ADD_ITEM. Anhand dieser Liste kann genau nachvollzogen werden, was bisher geschehen ist: Es wurde der Buchliste ein Buch hinzugefügt und danach wurde es in den Warenkorb gelegt.

Die Actions werden grafisch dargestellt.

Auf der rechten Seite der *Redux DevTools* werden die Änderungen zum vorangegangenen Status visualisiert. Nachdem ein Buch dem Warenkorb hinzugefügt wurde, hat sich die Gesamtsumme auf €48.00 erhöht.

Mit den Aktionen kann auch interagiert werden. In Abbildung 22–3 wurde die Aktion ADD_ITEM mit der Schaltfläche *Skip* übersprungen. Nun ist links in der Anwendung zu sehen, dass kein Buch im Waren-

Mit Actions interagieren

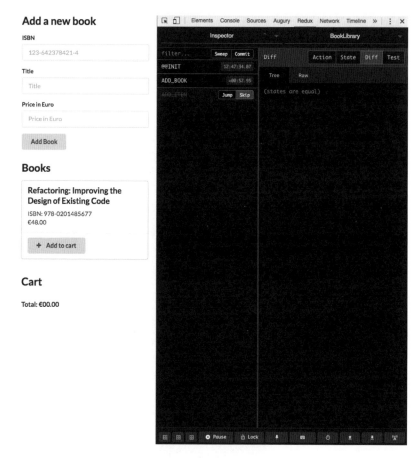

Abb. 22–3
Aktionen mit den DevTools manipulieren

korb liegt. Wir sehen, dass die *Redux DevTools* und die App in einer wechselseitigen Beziehung stehen.

Actions exportieren

Es gibt auch weitere interessante Möglichkeiten, die wir nutzen können. Unter anderem können die *Actions* als JSON-Datei im- und exportiert werden. Beispielsweise kann die Datei an ein anderes Teammitglied übergeben werden, das mit dem Export den gleichen Anwendungsstatus erzeugen kann wie wir. Die Schaltflächen dafür befinden sich in der unteren rechten Ecke der Redux-Erweiterung.

Tests generieren

Es gibt auch einen Reiter *Test*, der automatisch generierte Tests für unterschiedliche Test-Frameworks anzeigt. Darunter befinden sich auch *Jasmine* und das *Mocha*-Framework.

Die *Redux DevTools* werden aktiv weiterentwickelt und betreut. Es gibt immer etwas Neues zu entdecken. Viel Spaß beim Ausprobieren!

23 Wissenswertes

Dieses ist ein Einsteiger-Buch, und ganz bewusst haben wir auf bestimmte Themen verzichtet. Auf manche Dinge wollen wir dennoch eingehen, auch wenn sie in den bisherigen Kapiteln keinen Platz gefunden haben. Wir haben deshalb in diesem Abschnitt einige weiterführende Themen gesammelt, die wir Ihnen kurz vorstellen möchten.

23.1 Plattformen und Renderer

Wir haben in diesem Buch schon häufiger die Begriffe *Plattform* und *Renderer* verwendet, ohne im Detail darauf einzugehen. Eines der Ziele von Angular ist, nicht auf den Browser und den DOM beschränkt zu sein. Das bedeutet, dass wir Angular theoretisch auf jeder Plattform einsetzen können. Ein repräsentatives Beispiel wird in dem Artikel »Building Simon with Angular2-IoT« gezeigt.[1]

Die Komponenten einer Angular-Anwendung sind grundsätzlich unabhängig vom DOM und wir haben es bisher auch gewissenhaft vermieden, die DOM-Elemente direkt anzusprechen. Dadurch ist es möglich, die Komponenten für beliebige Plattformen zu verwenden, z. B. NativeScript. Eine Plattform ist die Systemumgebung, in der die Anwendung ausgeführt wird. Die Schnittstellen zur Plattform werden abstrahiert und können mit Angular bedient werden.

Angular ist unabhängig vom DOM.

Plattformen

Die Zielplattform wird beim Bootstrapping in der Datei `main.ts` ausgewählt. Auf der Plattform wird das Root-Modul »gebootstrappt«. Wir haben bisher drei Plattformen kennengelernt: `platformBrowserDynamic` für den Browser mit JIT, `platformBrowser` für den Browser mit AOT und schließlich `platformNativeScriptDynamic` für NativeScript mit JIT. In einer Anwendung ist immer genau eine Plattform aktiv. Für eine Plattform können hingegen auch mehrere Root-Module gestartet werden.

Der Baustein, der die Angular-Anwendung für die konkrete Plattform aufbereitet, nennt sich *Renderer*. Beispielsweise ist der `DomRenderer`

Renderer

---

[1] https://ng-buch.de/x/64 – Uri Shaked: »Building Simon with Angular2-IoT«

dafür verantwortlich, aus HTML-Templates die DOM-Elemente zu generieren. Im Kapitel zu Direktiven (Seite 287) haben wir den Renderer bereits verwendet, um CSS-Klassen auf einem Element zu setzen. Außerdem haben wir bei der AOT-Kompilierung (Seite 420) gesehen, wie der Renderer unter der Haube von Angular verwendet wird.

Das modulare Prinzip von Angular erlaubt uns, beliebige eigene Plattformen und Renderer zu entwickeln und in das Ökosystem einzubinden.

23.2 Lifecycle-Hooks

Lebenszyklus von Komponenten und Direktiven

Komponenten und Direktiven durchlaufen einen festen Lebenszyklus (engl. *lifecycle*). Ein solcher Zyklus beginnt immer damit, dass die Direktive bzw. Komponente initialisiert wird. Im weiteren Verlauf können sich die Eigenschaften von Direktiven bzw. Komponenten verändern. Dabei werden verschiedene Status durchlaufen. Schlussendlich endet der Lebenszyklus mit der Zerstörung der Komponente (engl. *destroy*), wenn die Route gewechselt wird.

Hooks greifen in den Lebenszyklus ein.

Angular stellt eine Reihe von Methoden zur Verfügung, mit denen wir in die einzelnen Lebensabschnitte eingreifen können. Diese Methoden werden als *Lifecycle-Hooks* bezeichnet. Einen Hook haben wir im Verlauf dieses Buchs schon kennengelernt: `ngOnInit`.

In diesem Kapitel werden wir erfahren, welche Lifecycle-Hooks uns Angular zur Verfügung stellt. Wir werden darauf eingehen, wie die Hooks implementiert werden und wie wir sie gezielt einsetzen können.

Die Abarbeitung der Lifecycle-Hooks

Insgesamt stellt Angular acht verschiedene Lifecycle-Hooks zur Verfügung. Für jeden Hook existiert eine passende Methode, die in der Komponentenklasse implementiert wird. Wenn eine Methode existiert, wird sie zum entsprechenden Zeitpunkt aufgerufen.

Methode für jeden Hook

Beim Laden der Komponente wird der Lebenszyklus nacheinander durchlaufen. Abbildung 23–1 zeigt die Aufrufreihenfolge der Hooks, nachdem der Inhalt des Konstruktors abgearbeitet wurde.

Jeder dieser Hooks dient einem anderen Zweck. Während in Direktiven nur `ngOnChanges`, `ngOnInit`, `ngDoCheck` und `ngOnDestroy` verwendet werden können, lassen sich in Komponenten alle Lifecycle-Hooks implementieren. Dies liegt daran, dass sich die vier Hooks `ngAfterContentInit`, `ngAfterContentChecked`, `ngAfterViewInit` und `ngAfterViewChecked` auf das Template beziehen, das bekanntermaßen nur in Komponenten verfügbar ist.

23.2 Lifecycle-Hooks

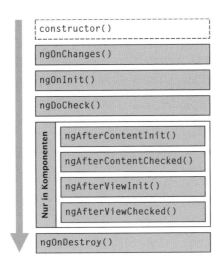

Abb. 23–1
Initiale Aufrufreihenfolge der Lifecycle-Hooks

Einige der Lifecycle-Hooks werden zusätzlich ausgeführt, wenn die Change Detection eine Änderung registriert. Die nachfolgende Abbildung zeigt die Aufrufreihenfolge der Lifecycle-Hooks für diesen Fall.

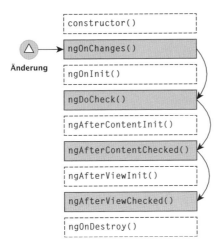

Abb. 23–2
Aufrufreihenfolge der Lifecycle-Hooks bei Änderungen

Lifecycle-Hooks verwenden

Damit wir die Lifecycle-Hooks nutzen können, müssen wir die entsprechende Methode in unserer Komponenten-/Direktivenklasse implementieren. Damit wir dabei keine Fehler machen, stellt Angular uns für jeden Hook ein Interface zur Verfügung.

Interfaces für alle Hook-Methoden

Einer der meist genutzten Hooks ist OnInit, den wir über das gleichnamige Interface erhalten. Jedes Interface stellt genau eine Methode zur

Verfügung, die den Namen des Interface und das Präfix ng besitzt. Für OnInit lautet die bereitgestellte Methode also ngOnInit().

Listing 23–1
Implementierung eines Lifecycle-Hooks

```
import { Component, OnInit } from '@angular/core';

@Component({ /* ... */ })
export class MyComponent implements OnInit {
  // ...
  ngOnInit() { /* ... */ }
}
```

Alle anderen Lifecycle-Hooks werden analog zu diesem Beispiel implementiert.

Theoretisch könnten wir die Implementierung der Interfaces auch weglassen. Das liegt daran, dass Angular automatisch nach den Hook-Methoden sucht und sie entsprechend verwendet, sobald sie existieren. Dieser Weg wäre jedoch keine gute Praxis, da man nicht mehr auf den ersten Blick sieht, dass eine Schnittstelle des Frameworks verwendet wird. Außerdem hat die explizite Implementierung der Interfaces den Vorteil, dass IDE und Compiler feststellen können, ob die Methoden korrekt implementiert sind.

Die Methoden und deren Verwendungszweck

Für einen detaillierten Einblick in die Verwendung der aufgeführten Hooks empfehlen wir die Beispiele in der offiziellen Angular-Dokumentation.[2]

---

[2] https://ng-buch.de/x/100 – Angular Docs: Lifecycle Hooks

Methode	Beschreibung
ngOnChanges	Diese Methode wird aufgerufen, sobald ein Input-Property gesetzt oder verändert wird. Die Methodensignatur enthält zwei Parameter. Im ersten Parameter befindet sich der Wert des Propertys vor der Änderung. Der zweite Parameter enthält den geänderten Wert.
ngOnInit	Diese Methode wird zur Initialisierung der Komponente/Direktive verwendet. Es werden Input-Propertys gesetzt, bevor diese in der Anzeige dargestellt werden.
ngDoCheck	Dieser Hook dient zur Erkennung bzw. Reaktion auf Änderungen, die von Angular nicht durch die automatische Change Detection erkannt werden. Die Methode wird mit jedem Durchlauf der Change Detection ausgeführt.
ngAfterContentInit	Die Methode wird aufgerufen, nachdem Angular den Inhalt in der Komponenten-View dargestellt hat.
ngAfterContentChecked	Der Aufruf der Methode erfolgt, nachdem Angular den Inhalt der View der Komponenten geprüft hat.
ngAfterViewInit	Der Hook wird aufgerufen, nachdem Angular den Inhalt des Templates und aller Kind-Komponenten verarbeitet hat.
ngAfterViewChecked	Der Aufruf dieses Hooks erfolgt, nachdem der Inhalt des Templates und aller Kind-Komponenten geprüft wurde.
ngOnDestroy	Der Aufruf des Hooks erfolgt kurz bevor Angular eine Komponente oder Direktive zerstört. Hier sollte ein unsubscribe() auf Observables durchgeführt und Event Handler, Timer usw. sollten abgemeldet werden.

Tab. 23–1
Die Lifecycle-Hooks im Überblick

23.3 Change Detection

Um alle Konzepte von Angular zu nutzen und zu verstehen, ist es sinnvoll, sich ein wenig mit Details über den Aufbau des Frameworks vertraut zu machen. Wir wollen also hinter die Fassade schauen und uns mit der *Change Detection*, einem der Kernkonzepte von Angular beschäftigen.

Wie wir wissen, werden HTML-Seiten zunächst statisch ausgeliefert. Weiterhin ist uns bekannt, dass wir mittels JavaScript den DOM einer solchen Seite manipulieren können. Somit haben wir die Möglichkeit, asynchron geladene Daten zu verarbeiten. Wir können diese Daten zu unserer Seite hinzufügen oder auf Ereignisse reagieren und die HTML-Seite zur Laufzeit editieren.

Warum nicht der gesamte DOM aktualisiert werden sollte

Wir könnten bei jeder Änderung von Daten den kompletten DOM aktualisieren. Dieser Vorgang würde jedoch viel Zeit und Aufwand in Anspruch nehmen (vergleichbar mit dem Neuladen einer Seite). Aus diesem Grund sollen möglichst wenig Zugriffe auf den DOM an genau den Stellen erfolgen, wo geänderte Daten repräsentiert werden. Doch wie erkennen wir, an welcher Stelle und zu welchem Zeitpunkt Elemente des DOM in unserer Anwendung aktualisiert werden müssen?

Die Change Detection erkennt Änderungen und aktualisiert nur Teile des DOM.

Angular nutzt dazu einen Mechanismus, der den Status unserer Anwendung und entsprechend zugehörige Anzeigeelemente verwaltet. Dieser Mechanismus wird als Change Detection bezeichnet. Im folgenden Abschnitt erfahren wir, was sich hinter der Change Detection verbirgt und wie Angular diese umsetzt. Wir lernen, welche Vorteile sich für uns daraus ergeben und wie wir mittels manueller Anpassung unsere Anwendung weiter optimieren können.

Warum ist es wichtig zu verstehen, wie die Change Detection funktioniert?

Die Change Detection ist standardmäßig aktiviert.

Bauen wir zunächst eine simple Anwendung mit Angular auf, so müssen wir uns wenig Gedanken darüber machen, was hinter den Kulissen passiert. Das liegt daran, dass Angular eine Standardstrategie für die Erkennung von Statusänderungen einer Anwendung implementiert hat.

Manuell in die Change Detection eingreifen

Interessant wird es bei komplexeren Sachverhalten. Anwendungen mit einer komplexen Struktur müssen oft eine Vielzahl von Statusänderungen verarbeiten können. An dieser Stelle kann es vorkommen, dass aufgrund der eintreffenden Events viele Funktionen abgearbeitet werden und die Anwendung nicht mehr performant genug ist. Mit dem Wissen darüber, wie die Change Detection funktioniert und wie wir manuell in den Prozess eingreifen, können wir die Performance der Anwendung optimieren. Für solche Fälle bietet uns Angular die Möglichkeit, Anpassungen an der Statuserkennung vorzunehmen. Wir können somit unserer Anwendung manuell mitteilen, wann bzw. auch für welche Teile der App sich der Status ändert.

Statusänderungen überwachen

Projektion von Daten auf den DOM

Die Change Detection sorgt für eine permanente Überwachung des Status unserer Anwendung und ihrer Komponenten. Auf diese Weise werden Änderungen im Datenmodell registriert. Anschließend wer-

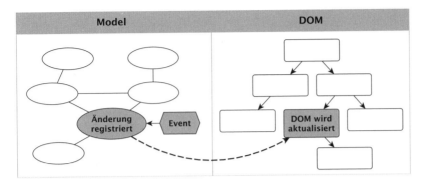

Abb. 23–3
Datenprojektion vom Model auf den DOM

den diese Änderungen auf zugehörige DOM-Elemente projiziert. Abbildung 23–3 verdeutlicht diese Funktionsweise.

Der DOM wird zunächst beim Laden der Anwendung vollständig aufgebaut. Zur Laufzeit kann es nun zu Statusänderungen kommen. Eine Statusänderung wird grundlegend durch eine der folgenden Aktionen herbeigeführt:

Was verursacht Statusänderungen?

- asynchrone Anfragen auf entfernte Ressourcen (XML HTTP Request (XHR))
- Aktionen innerhalb eines Timers oder Intervalls
- Events

Nach Änderung des Status der Anwendung müssen die DOM-Elemente ausfindig gemacht werden, die die betreffenden Daten beinhalten. Anschließend werden die identifizierten Elemente aktualisiert.

> **Asynchrone Funktionen hinter der Browserfassade**
>
> Events, Timer und asynchrone Funktionen haben die Besonderheit, dass sie vom Browser zunächst beim Aufruf nur auf den Call Stack gelegt werden. Anschließend werden sie an die sogenannten *Web Worker* übermittelt, sodass JavaScript mit der Abarbeitung des Call Stacks fortfahren kann. Die Web Worker wiederum fügen die Funktionen (z. B. nach Ablauf des Timers oder Beantwortung der Serveranfrage) einer Warteschlange des Browsers hinzu (*Callback Queue*). Mittels einer Event-Schleife (engl. *Event Loop*) überprüft der Browser stetig, ob der Call Stack abgearbeitet wurde und Funktionen zur Ausführung in der Callback Queue liegen. Erst wenn dies der Fall ist, werden diese Funktionen erneut auf den Call Stack gelegt und anschließend abgearbeitet.
>
> Um sich dieses Verhalten vor Augen zu führen und zu verstehen, was hinter den Kulissen der Browsers beim Aufruf asynchroner Funktionen geschieht, hat Phil Roberts das Tool *Loupe*[3] entwickelt, das diese Arbeitsweise veranschaulicht.

Change Detection am Beispiel

Schauen wir uns dazu ein Beispiel an. Im Listing 23–2 sehen wir, wie zunächst in dem Array tasks kein Element vorhanden ist. Nachdem der Button angeklickt wurde, soll von einer entfernten Ressource ein Array mit Aufgaben bezogen werden.

Listing 23–2 Änderung des Status in einer Komponente

```
// ...
@Component({
  // ...
  template: `
    <button (click)="getNewTasks()">Hole neue Aufgaben</button>
    <ul><li *ngFor="let t of tasks">{{t}}</li></ul>
  `
})
class TasksComponent {
  tasks: string[] = [];

  constructor(private http: Http) { }

  getNewTasks() {
    this.http.get('/tasks')
      .map(res => res.json())
      // Antwort vom Server: ['Aufgabe1','Aufgabe2','AufgabeX']
      .subscribe(t => this.tasks = t);
  }
}
```

Wir wollen uns den Ablauf nach dem Button-Klick im Detail anschauen. Abbildung 23–4 verdeutlicht den Prozess.

1. Die Methode getNewTasks() wird durch Button-Klick aufgerufen und auf den Call Stack gelegt.
2. Die Http-Methode wird durch die Web API verarbeitet und somit zunächst vom Call Stack entfernt.
3. Die Web API greift mittels XHR auf die Ressource eines Servers zu und fragt nach den entsprechenden Daten.
4. Der Server verarbeitet die Daten und sendet eine Antwort. Anschließend wird die Funktion in die Callback-Warteschlange verschoben.
5. Sobald keine weiteren Funktionen zur Abarbeitung auf dem Call Stack liegen, wird die Callback-Warteschlange durch den Browser abgearbeitet. Die Funktion mit der Response des Servers wird wieder auf den Call Stack gelegt.
6. Die Serverantwort wird mittels map()-Operator als JSON interpretiert.
7. Die Daten werden in das angelegte Array geschrieben.

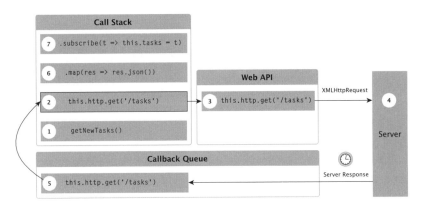

Abb. 23–4
Ablauf im Call Stack des Browsers

An dieser Stelle hat sich der Status unserer Anwendung geändert, und somit muss das entsprechende DOM-Element zur Anzeige aktualisiert werden. Hier kommt nun die Change Detection von Angular ins Spiel und sorgt für die Identifizierung und Aktualisierung der entsprechenden DOM-Elemente.

Die Umsetzung der Change Detection durch Angular

Angular verwendet das Framework *Zone.js*[4], mit dem Applikationslogik in *Zonen* geschachtelt werden kann. Ein Aufruf einer solchen Zone könnte wie folgt aussehen:

Zone.js

```
zone.run(() => {
  foo();
  setTimeout(doSth, 0);
  bar();
});
```

Es ist außerdem möglich, von Zonen abzuzweigen (engl. *fork*) und somit die Funktionen vor und nach der Ausführung des eigentlichen Funktionsblocks zu erweitern. Genau diesen Weg geht auch Angular. Es erweitert die Zonen um zusätzliche Logik in der eigenen Angular-Zone (*NgZone*).

In Angular besitzt jede Komponente eine Referenz auf die Change Detection (der sogenannte *Change Detector*), die von der NgZone abonniert wird. Observables informieren alle abonnierten Komponenten über Änderungen. Die Komponenten ihrerseits reichen diese Information anschließend über den Change Detector an die NgZone weiter.

Change Detector

---

[4] https://ng-buch.de/x/102 – GitHub: Zone.js

```
this.zone.onTurnDone
  .subscribe(() => {
    this.zone.run(() => this.tick() })
  })
tick() {
  this.changeDetectorsRefs
    .forEach((ref) => ref.detectChanges())
}
```

Durch den Change Detector ist es also möglich, jeder Komponente individuell mitzuteilen, wann und wie die Change Detection vonstatten gehen soll.

Change Detection im Baum

Dabei baut Angular intern einen Abhängigkeitsbaum zwischen den Komponenten auf, der als gerichteter Graph organisiert ist. Registriert ein Change Detector eine Änderung, so reicht er diese als Event an die übergeordnete Komponente weiter. Anschließend werden die Datenänderungen von der Hauptkomponente aus in Richtung der Kind-Komponenten projiziert. Demzufolge durchläuft die Change Detection immer alle Komponenten, sofern es nicht explizit anders konfiguriert wurde (siehe Abbildung 23–5).

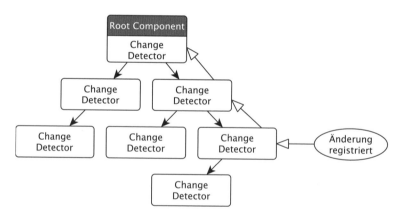

Abb. 23–5
Standardablauf der Change Detection

Wir wollen uns dieses Standardverhalten an einem Beispiel mit zwei Komponenten ansehen. Die Hauptkomponente AppComponent beinhaltet eine Liste von Aufgaben (TaskComponent) (Abbildung 23–6).

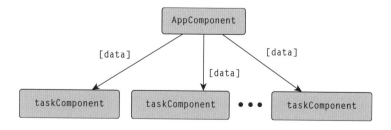

Abb. 23–6
Beispiel: Aufgaben-App mit einer Liste von Elementen

Führen wir diesen Quellcode (Listing 23–2) nun aus, so wird unser Array `tasks` im Konstruktor der Komponente initialisiert. Anschließend iteriert die Direktive `ngFor` durch die Array-Elemente. In jeder Iteration wird der aktuelle Wert als Input an die Komponente `TaskComponent` mit dem Host-Element `<task>` gegeben. Weiterhin existiert eine Methode `changeTasks()`, die den Wert des Aufgaben-Arrays überschreibt. An dieser Stelle ist wichtig zu verstehen, dass lediglich der Wert von `tasks` geändert wird, jedoch nicht die Referenz.

Veränderlichkeit von Objekten

In JavaScript unterscheiden wir veränderliche und unveränderliche Objekte. Die Eigenschaft der Veränderlichkeit hat Auswirkungen auf das Verhalten der Change Detection. Angenommen, es wird durch ein Event die Methode `changeTasks()` aufgerufen. Sie fügt einen neuen Wert in das Arrays `tasks` ein. Anschließend werden die neuen Werte der Komponente `TaskComponent` übergeben. Vergleicht man das tasks-Array vor und nach der Veränderung der Werte, so stellt man fest, dass die Referenz weiterhin dieselbe ist wie zuvor. Es haben sich lediglich die Werte im Array geändert. Man spricht an dieser Stelle von *veränderlichen Objekten* (engl. *mutable objects*). Angular würde also mit dem Change-Detection-Prozess beginnen. Es würde dabei der gesamte Komponentenbaum durchlaufen und aktualisiert werden.

Mutable Objects

```
// ...
@Component({
  // ...
  template: '<task *ngFor="let t of tasks" [data]="t"></task>'
})
class AppComponent {
  tasks: string[] = [];

  constructor() {
    this.tasks = ['foo'];
  }

  changeTasks() {
    this.tasks.push('bar');
  }
}
```

Listing 23–3
Änderung des Status in einer Komponente

Schauen wir uns dazu das Gegenbeispiel an. *Unveränderliche Objekte* (engl. *immutable objects*) zeichnen sich dadurch aus, dass wir ihren Wert nicht direkt verändern können. Zugriff auf solche Werte haben

Immutable Objects

wir trotzdem, jedoch erhalten wir beim Ändern eine neue Referenz, die nicht der vorherigen Referenz gleicht.

*Listing 23–4
Unveränderliche
Objekte*

```
// ...
@Component({
  // ...
  template: '<task *ngFor="let t of tasks" [data]="t"></task>'
})
class AppComponent {
  private initTasks: any;

  constructor(private api: ExampleAPI) {
    this.tasks = api.create({
      t: ['foo']
    });
  }

  changeTasks() {
    this.newTasks = this.tasks.set('t', ['bar', 'baz']);
    this.tasks === this.newTasks; // false
  }
}
```

Immutable Objects sind ein wichtiger Bestandteil, um Optimierungen an der Change Detection durchführen zu können. Im Folgenden werden wir erfahren, wie wir uns deren Eigenschaft zunutze machen.

Die Change Detection optimieren

Bei komplexen Anwendungen kann es oft von Vorteil sein, wenn nicht immer alle Änderungen in der gesamten Anwendung kundgetan werden. Dazu lässt sich das Standardverhalten ändern, sodass die Change Detection nur auf einem Teil des Komponentenbaums ausgeführt wird. Das sorgt dafür, dass die durchzuführenden Änderungen schneller verarbeitet werden. Abbildung 23–7 zeigt exemplarisch die Ausführung der Change Detection für einen Teil des Abhängigkeitsbaums.

*Strategien für die
Change Detection*

Es gibt verschiedene Strategien der Change Detection, die vom Standardverhalten abweichen. Im Listing 23–5 haben wir die Strategie On-Push dargestellt. Mit OnPush wird die Change Detection nicht ausgeführt, sofern sich nur der Inhalt einer Referenz ändert. Erst wenn ein neues Objekt erzeugt wird und sich die Referenz ändert, sorgt Angular dafür, dass Werte im DOM aktualisiert werden.

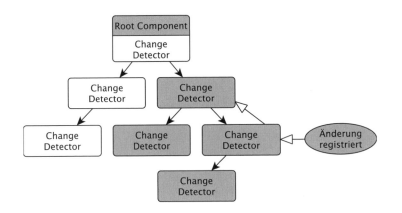

Abb. 23–7
Ausführung der Change Detection auf einen Teil der Komponenten

```
import { Component, Input, ChangeDetectionStrategy } from
    '@angular/core';
@Component({
  selector: 'app-foo-bar-baz',
  template: `<p><label>Data:</label>
    <span>{{data.content}}</span></p>`,
  changeDetection: ChangeDetectionStrategy.OnPush
})
export class FooBarBazComponent {
  @Input() data: {};
}
```

Listing 23–5
Die OnPush-Strategie

Die Komponente `FooBarBazComponent` soll eine Kind-Komponente der `AppComponent` sein. Sie erhält als Input ein Objekt. In der `AppComponent` legen wir zum Vergleich zwei Buttons an, die jeweils eine andere Methode aufrufen (Listing 23–6). In der Methode `changeProperty()` überschreiben wir den initialen Wert mit dem neuen Wert bar. Die Methode `changeObject()` überschreibt nicht den einzelnen Wert, sondern speichert ein neues Objekt in der Klasseneigenschaft data.

Führen wir die Anwendung aus und klicken zunächst den Button *Change Properties* im Browser, wird sich der Text nicht aktualisieren. Es wird lediglich eine *Wert*änderung erkannt, und der DOM wird nicht aktualisiert, denn wir verwenden ja die `OnPush`-Strategie. Führen wir hingegen die Methode `changeObject()` aus, wird der Text im Browser aktualisiert, da das gesamte Objekt eine neue Referenz erhalten hat.

Listing 23–6
Vergleich: Eigenschaft aktualisieren vs. Objektreferenz aktualisieren

```
import { Component } from '@angular/core';

@Component({
  selector: 'app-root',
  template: `
    <button type="button" (click)="changeProperty()">Change
    ↪ Properties</button>
    <button type="button" (click)="changeObject()">Change
    ↪ Object</button>
    <app-foo-bar-baz [data]="data"></app-foo-bar-baz>`
})
export class AppComponent {
  data: { content: string } = { content: 'foo'};

  changeProperty(): void {
    this.data.content = 'bar';
  }

  changeObject(): void {
    this.data = { content: 'baz' };
  }
}
```

Deep Dive

OnPush ist nur eine der möglichen Strategien zur Implementierung und Änderung der Change Detection. Dieses Kapitel sollte Ihnen lediglich einen Blick hinter die Kulissen des Angular-Frameworks geben. Wenn Sie sich näher mit den verschiedenen Strategien und Umsetzungsmöglichkeiten beschäftigen wollen, können wir Ihnen den Artikel »*Angular Change Detection Explained*« von Pascal Precht ans Herz legen.[5] Dort werden die Strategien miteinander verglichen und Sie finden weitere Codebeispiele und Anwendungsmöglichkeiten.

---

[5] https://ng-buch.de/x/103 – thoughtram: »Angular Change Detection Explained«

23.4 Transklusion: Inhalt des Host-Elements verwenden

Komponenten besitzen ein Host-Element, das durch einen CSS-Selektor ausgewählt wird. Wir haben das Element im Template bisher immer ohne Inhalt zwischen dem öffnenden und schließenden Tag notiert. Natürlich können wir dort auch Inhalte angeben, sie werden allerdings durch das Template der Komponente ersetzt und sind dann nicht mehr sichtbar.

```
<my-component>Lorem ipsum dolor</my-component>
```

Listing 23–7
Host-Element mit Inhalt

In manchen Fällen ist es sinnvoll, auf diese Inhalte trotzdem zuzugreifen, wenn Komponenten benutzerdefinierte HTML-Inhalte erhalten sollen. Ein solcher Fall sind UI-Komponenten wie Buttons, Cards, ...

Wir können deshalb den ursprünglichen Inhalt des Host-Elements in das Template einsetzen. Das Konzept nennt sich *Transklusion*. Verwenden wir die Direktive `NgContent` in unserem Template, wird sie durch den ehemaligen Inhalt des Host-Elements ersetzt.

```
<ng-content></ng-content>
```

Listing 23–8
Die Direktive NgContent *im Einsatz*

Besteht der Inhalt aus HTML-Tags, können wir sogar einzelne Elemente gezielt »herauspicken« und an verschiedenen Stellen im Template einsetzen. Wir sprechen dabei von *Multi-Slot-Transklusion*. Die Direktive `NgContent` erhält dafür das Attribut `select`. Hier wird ein CSS-Selektor angegeben, mit dem das Quellelement ausgewählt wird. Der Inhalt dieses Elements wird an dieser Stelle eingesetzt.

Multi-Slot-Transklusion

Angenommen, wir binden eine Komponente an ein Host-Element mit Inhalt ...

```
<my-component>
  <div foo>Lorem ipsum dolor</div>
  <div class="bar">sit amet consectetur</div>
</my-component>
```

Listing 23–9
Host-Element mit HTML-Inhalt

... so können wir die einzelnen Elemente gezielt auswählen und an verschiedenen Stellen im Template der `MyComponent` einsetzen:

```
<ng-content select="[foo]"></ng-content>
<ng-content select=".bar"></ng-content>
```

Listing 23–10
Direktive NgContent *mit Selektor*

Achtung: Es wird hierbei das gesamte ausgewählte Element eingesetzt, nicht nur dessen Inhalt.

23.5 Eigenes Two-Way Binding

Im Kapitel zur Formularverarbeitung haben wir Two-Way Bindings mit `ngModel` kennengelernt. Dort haben wir ein Formularfeld an eine Eigenschaft der Komponente gebunden. Ändert sich der Inhalt des Feldes oder der Eigenschaft, wird das jeweils andere automatisch aktualisiert. Das Binding erfolgt in zwei Richtungen.

```
<input type="text" [(ngModel)]="myValue">
```

Langform für Two-Way Bindings

Tatsächlich ist diese Mikro-Syntax eine Kombination von Property Binding und Event Binding. Genau so funktioniert die Zwei-Wege-Bindung, denn sie ist nur eine Kurzform für:

```
<input type="text" [ngModel]="myValue"
  ↪ (ngModelChange)="myValue=$event">
```

ngModelChange

Die Eigenschaft `myValue` wird über ein Property Binding an das Element gebunden. Änderungen »von innen« werden über das Event `ngModelChange` in die Eigenschaft zurückgeschrieben. Angular kümmert sich im Hintergrund automatisch darum, dass `ngModel` immer auf den Inhalt des Formularfelds zugreift.

Eigene Two-Way Bindings bauen

Mit diesem Hintergrundwissen können wir auch eigene Two-Way Bindings für unsere Komponenten bauen. Dazu benötigen wir Folgendes:

- Property Binding, z. B. `[myBinding]`
- Event Binding mit dem gleichen Namen und dem Suffix `Change`, z. B. `(myBindingChange)`

Eingehende Daten

Wir entwickeln als Beispiel eine Komponente `SubComponent`, die nach außen über ein Two-Way Binding kommunizieren soll. Die eingehenden Daten empfangen wir über ein Input-Property. Mit einer Getter-Methode schreiben wir die Daten in das Hilfsproperty `myBindingValue`.

```
// ...
export class SubComponent {
  myBindingValue: any;

  @Input() get myBinding {
    return this.myBindingValue;
  }
}
```

Ausgehende Daten

Als Nächstes legen wir das Event `myBindingChange` an. Wir müssen sicherstellen, dass es immer ausgelöst wird, wenn sich der Wert des Propertys ändert. Dafür verwenden wir eine Setter-Methode, die sich um diese Schritte kümmert.

```
// ...
export class SubComponent {
  // ...

  @Output() myBindingChange = new EventEmitter<any>();

  set myBinding(val: any) {
    this.myBindingValue = val;
    this.myBindingChange.emit(this.myBindingValue);
  }
}
```

Wir können diese Komponente nun mit einem Two-Way Binding verwenden. Ändert sich der Inhalt des Models von außen oder innerhalb der Komponente, wird der Wert auf beiden Seiten aktualisiert.

Neues Two-Way Binding verwenden

```
<my-sub [(myBinding)]="myValue"></my-sub>
```

Wir haben ein vollständiges Beispiel angelegt, in dem Sie das eigene Two-Way Binding in Aktion sehen können.

Beispiel mit Demo

> **Für Formulare: Eigene Form-Controls bauen**
>
> Wenn wir Komponenten für eigene Formularfelder entwickeln, sollten wir dafür keine eigenen Two-Way Bindings verwenden. Stattdessen verwenden wir einen sogenannten *Value Accessor*, um ein eigenes Form-Control zu implementieren. Das hat den Vorteil, dass sich unser eigenes Formularfeld nahtlos in den Lebenszyklus der Angular-Formulare einfügt. Wir können es dann mit Template Driven und Reactive Forms verwenden und sogar Validierungen durchführen.
>
> Mehr zu *Custom Form Controls* finden Sie in einem Blogpost von thoughtram.[a]
>
> ---
> [a] https://ng-buch.de/x/104 – thoughtram: »Custom Form Controls in Angular«

Demo und Quelltext:
https://ng-buch.de/two-way

23.6 Else-Block für die `ngIf`-Direktive

Die Strukturdirektive `ngIf` sorgt dafür, dass Teile des Templates abhängig von einer Bedingung angezeigt werden. Dabei werden die betreffenden Elemente des DOM nicht einfach aus- oder eingeblendet, sondern komplett entfernt bzw. wieder hinzugefügt.

Listing 23–11 zeigt den einfachsten Einsatz der Direktive. Es wird lediglich überprüft, ob der Wert des Propertys `show` wahr ist. Im positiven Fall wird das Element dem DOM hinzugefügt und gerendert.

Listing 23–11
ngIf nutzen

```
import { Component } from '@angular/core';

@Component({
  selector: 'ng-if-simple',
  template: `
    <button (click)="show = !show">
      {{ show ? 'Ausblenden' : 'Einblenden' }}
    </button>
    <p *ngIf="show">
      Bedingung wahr, Text wird angezeigt.
    </p>
  `
})
export class NgIfSimpleComponent {
  show: boolean = true;
}
```

Die Schreibweise `*ngIf` ist dabei nur eine Kurzform. Eine ebenso gültige Schreibweise ist die folgende:

```
<ng-template [ngIf]="show">
  <p>Bedingung wahr, Text wird angezeigt.</p>
</ng-template>
```

Angular nutzt unter der Haube ein `<ng-template>`-Element. Ist die Bedingung der Direktive wahr, wird das komplette Element durch den Inhalt ersetzt, der sich zwischen dem öffnenden und schließenden Tag befindet. Um dieses Verhalten im Detail zu verstehen, sollten sie sich den Abschnitt zu Strukturdirektiven ab Seite 290 durchlesen. Dort erfahren Sie mehr über das Verhalten von Strukturdirektiven und welche verschiedenen Möglichkeiten Sie für die Umsetzung haben. Zunächst reicht es aber auch, wenn Sie wissen, dass das Template-Element durch seinen eigenen Inhalt ersetzt wird.

Der else-Block

Mit Einführung von Angular ab der Version 4 wurde ein else-Block für die Direktive geschaffen. Er kann genutzt werden, um ein alternatives Template einzublenden, wenn die angegebene Bedingung in ngIf negativ ist. Dabei muss sich das alternative Template innerhalb eines <ng-template>-Containers befinden. Der Container wird über eine lokale Elementreferenz adressiert (in diesem Fall elseTempl). Anschließend wird im ngIf der else-Zweig mit diesem Template verknüpft: else elseTempl. Ist nun die Prüfbedingung negativ, so wird der Inhalt des angegebenen Templates geladen und dargestellt.

Alternatives Template einblenden

Listing 23–12
ngIf mit else-Block nutzen

```
import { Component } from '@angular/core';
@Component({
  selector: 'ng-if-else',
  template: `
    <button (click)="show = !show">
      {{ show ? 'Alternativtemplate' : 'Haupttemplate' }} anzeigen
    </button>
    <p *ngIf="show; else elseTempl">
      Bedingung wahr, Text wird angezeigt.
    </p>
    <ng-template #elseTempl>
      <p>Bedingung unwahr, Alternativtemplate wird angezeigt.</p>
    </ng-template>
  `
})
export class NgIfElseComponent {
  show = true;
}
```

Der then-Block

Weiterhin kann der then-Block genutzt werden. Darüber können wir weitere Templates als Varianten der Verzweigung angeben. Ein solches Template kann wieder über eine Elementreferenz oder als Property der Komponente angegeben werden.

Fallunterscheidungen

Im folgenden Beispiel wird ngIf mit einem then-Block genutzt. Der Ausdruck then bezieht sich auf das Property activeTemplate der Komponente. Dieses beinhaltet eine Referenz auf ein Template. Dabei werden zu diesem Zweck die zwei Templates thenTemplateA und thenTemplateB referenziert. Initial wird activeTemplate mit thenTemplateA verknüpft. Über einen Button lässt sich nun die Methode switchActiveTemplate() aufrufen. Diese sorgt dafür, dass zwischen thenTemplateA und then-

TemplateB hin- und hergewechselt wird. Weiterhin existiert das else-Template, das angezeigt wird, wenn das Property show auf *false* gesetzt wird.

Listing 23–13
ngIf *mit* then-*Block nutzen*

```
import { Component, OnInit, TemplateRef, ViewChild } from
    '@angular/core';
@Component({
  selector: 'ng-if-then-else',
  template: `
    <button (click)="show = !show">
      {{ show ? 'Alternativtemplate' : 'Haupttemplate' }} anzeigen
    </button>
    <button (click)="switchActiveTemplate()">
      Haupttemplate wechseln
    </button>
    <p *ngIf="show; then activeTemplate; else elseTemplate">
      Dieser Text wird nie angezeigt
    </p>
    <ng-template #thenTemplateA>
      <p>Bedingung wahr, Template A wird angezeigt.</p>
    </ng-template>
    <ng-template #thenTemplateB>
      <p>Bedingung wahr, Template B wird angezeigt.</p>
    </ng-template>
    <ng-template #elseTemplate>
      <p>Bedingung unwahr, Alternativtemplate wird angezeigt.</p>
    </ng-template>
  `
})
export class NgIfThenElseComponent implements OnInit {
  activeTemplate: TemplateRef<any>;
  show = true;

  @ViewChild('thenTemplateA') templA: TemplateRef<any>;
  @ViewChild('thenTemplateB') templB: TemplateRef<any>;

  switchActiveTemplate() {
    this.activeTemplate = this.activeTemplate === this.templA ?
      this.templB : this.templA;
  }
```

```
ngOnInit() {
  this.activeTemplate = this.templA;
}
}
```

23.7 Upgrade von Angular 1.x

Viele Webentwickler haben bereits mit dem Framework AngularJS gearbeitet. Angular ab der Version 2 basiert auf dem Wissen um die Schwächen aus AngularJS sowie den Stärken von React und anderen SPA-Frameworks. Eine gute Entscheidung ist die Einbindung der Frameworks RxJS und Zone.js. Hier wurde das Rad aus gutem Grund nicht neu erfunden. Durch den Einfluss dieser Frameworks sowie durch die Umstellung von JavaScript (ES5) auf TypeScript unterscheidet sich das Framework relativ stark von seinem Vorgänger AngularJS. Ein Upgrade ist daher recht anspruchsvoll.

Angular unterscheidet sich stark von seinem Vorgänger AngularJS.

Aufgrund der großen Umstellung zwischen den Versionen des Frameworks wurde bei der Entwicklung von Angular von Beginn an ein Migrationsleitfaden entwickelt. Ein wichtiger Weg dabei ist die Enwicklung einer hybriden Angular-Applikation. Damit können AngularJS-Anwendungen schrittweise auf Angular umgestellt und migriert werden. Um dies zu ermöglichen, stellt das Angular-Framework den *Upgrade Adapter* bereit. Dieses Tool ermöglicht die beidseitige Wandlung von Features zwischen Angular und AngularJS. Auf der offiziellen Website von Angular wird dieser im Detail vorgestellt und es werden Wege zur hybriden Verwendung der Frameworks dargelegt.[6]

Beide Frameworks hybrid verwenden

Ein weiterer Ansatz zur parallelen Nutzung von AngularJS und Angular ist, die Angular-Dekoratoren auch in AngularJS zu verwenden. Zu diesem Zweck wurde das Projekt *ng-metadata*[7] ins Leben gerufen. Damit können zunächst viele Funktionalitäten aus der neueren Framework-Version in älteren AngularJS-basierten Applikationen verwendet werden.

Angular-Dekoratoren in AngularJS einsetzen

Wir möchten Ihnen jedoch ans Herz legen, nach Möglichkeit davon abzusehen, beide Frameworks parallel in einem Projekt zu betreiben. Da Angular ab Version 2 grundlegend überarbeitet und neu durchdacht wurde, gab es auch Wechsel bei den darunterliegenden Frameworks und Standards. Das hat zu einer großen Veränderung hinsichtlich der Implementierung und der Workflows geführt. Die Integration älterer

Parallele Verwendung beider Frameworkversionen vermeiden

---

[6] https://ng-buch.de/x/105 – Angular Docs: Upgrading from AngularJS
[7] https://ng-buch.de/x/106 – GitHub: ng-metadata (Angular 2 decorators for Angular 1.x)

Komponenten und Direktiven in die neue Welt geht oft mit Altlasten einher. Der Wechsel zum neuen Angular bietet Ihnen die Chance, diese Altlasten zu beseitigen und auf neue zukunftsorientierte Technologien aufzubauen. Das erspart Ihnen außerdem viel Arbeit beim Debugging und bei der späteren Performanceoptimierung.

Im nachfolgenden Kapitel werden wir Ihnen einen Leitfaden geben, der Sie auf eine Migration vorbereitet. Dafür werden wir Vorkehrungen aufzeigen, die Sie bereits in AngularJS treffen können, um eine einfachere Migration durchzuführen.

Allgemeine Vorbereitungen für die Migration

Um AngularJS-Anwendungen in Angular zu überführen, sollten zunächst einige Vorbereitungen getroffen werden. Diese Schritte können durchgeführt werden, ohne das AngularJS-Framework zu entfernen. Sie helfen Ihnen später bei der Überführung von Funktionalitäten in die neue Angular-Welt.

Den Styleguide befolgen

Im Kapitel Powertipp »Styleguide« auf Seite 115 haben wir etwas über Coderichtlinien bei der Entwicklung mit Angular erfahren. Auch für AngularJS gibt es einen solchen Styleguide, der unbedingt befolgt werden sollte.[8] Vor der Migration sollte also der vorliegende Anwendungscode einer AngularJS-Anwendung so modifiziert werden, dass er die Anforderungen des Styleguides erfüllt. Dieser Schritt ist selbstverständlich auch zu empfehlen, wenn nicht auf Angular umgestellt werden soll. Zwei Regeln des Styleguides sind für die Migration einer Anwendung unabdingbar, deshalb möchten wir sie hier noch einmal aufgreifen:

Klare Coderichtlinien dank Styleguide

- **Rule of One:** Jede Komponente (Direktive), jeder Controller, jeder Service und jeder Filter sollten in jeweils einer einzelnen Datei untergebracht werden.
- **»Folders-by-Feature«-Struktur:** Jedes Modul der gesamten Angular-Anwendung sollte in einem separaten Feature-Ordner untergebracht werden.

Der Angular-Styleguide ist nicht nur eine Richtlinie, die sich zwingend auf die Entwicklung von Angular-Anwendungen bezieht. Er ist vielmehr eine Sammlung und Zusammenfassung von Best Practices in der Webentwicklung und sorgt für eine saubere und klare Codestruktur.

---

[8] https://ng-buch.de/x/107 – GitHub: Angular 1 Style Guide

JavaScript-Bootstrapping

Eine gute Voraussetzung für die spätere Migration ist das Bootstrapping im JavaScript. Viele AngularJS-Anwendungen werden über die ngApp-Direktive initialisiert, indem wir das Attribut ng-app im Template verwenden.

```
<!doctype html>
<html ng-app="myApp">
  <body>
    ...
    <script src="angular.js"></script>
  </body>
</html>
```

Listing 23–14
Bootstrapping der AngularJS-Anwendung im Template

In Angular existiert diese Möglichkeit des Bootstrappings nicht mehr. Aus diesem Grund sollten Sie auch vorab in Ihrer AngularJS-Anwendung den Bootstrapping-Prozess im JavaScript durchführen.

Angular kennt kein Template-Bootstrapping mehr.

```
<!doctype html>
<html>
  <body>
    ...
    <script src="angular.js"></script>
    <script>
        (function() {
          angular.bootstrap(document, ['myApp']);
        })();
    </script>
  </body>
</html>
```

Listing 23–15
Bootstrapping der AngularJS-Anwendung im JavaScript

Diese Änderung hat keinerlei Auswirkungen auf das Verhalten der Anwendung, wir verlagern den Bootstrap-Vorgang lediglich vom Template ins JavaScript. Denken Sie daran, das Attribut ng-app aus dem Template zu entfernen.

Komponentendirektiven bzw. Components nutzen

Eine Angular-Anwendung besteht aus einer Vielzahl von Komponenten, die zusammen den Komponentenbaum bilden. Ein Äquivalent zu diesen Komponenten stellen die Komponenten aus AngularJS[9]

Komponenten in AngularJS verwenden

---

[9] https://ng-buch.de/x/108 – AngularJS: Components

(ab Version 1.5) bzw. die sogenannten Komponentendirektiven[10] (Version < 1.5) dar. Dabei handelt es sich um AngularJS-Direktiven bzw. -Komponenten, die eigene Templates, Controller sowie Input und Output Bindings besitzen. Die Migration solcher Direktiven ist wesentlich einfacher zu handhaben, da sie bereits den Komponenten von Angular stark ähneln. Um für eine einfache Migration vorbereitet zu sein, sollten sie die folgende Konfiguration besitzen:

- `restrict: 'E'` – notwendig
- `scope: {}` – notwendig
- `bindToController: {}` – notwendig
- `controller` und `controllerAs` – notwendig
- `template` bzw. `templateUrl` – notwendig
- `transclude: true` – optional
- `require` – optional

Weiterhin gibt es Attribute, die von Angular nicht mehr unterstützt werden:

- `compile`
- `replace: true`
- `priority`
- `terminal`

Was diese Attribute im Detail bewirken, soll nicht Teil dieses Buchs sein. Als Nachschlagewerk dieser Attribute und deren Eigenschaften bzw. Funktionen dient die offizielle AngularJS-Dokumentation.

Verwenden eines Modul-Loaders

Abhängigkeiten laden

Existieren viele kleine Dateien mit einzelnen Controllern, Services usw., müssen die Abhängigkeiten zwischen den Dateien berücksichtigt werden. Dabei ist es oft wichtig, in welcher Reihenfolge diese geladen werden, da sie Abhängigkeiten untereinander aufweisen. Wird eine Datei geladen und will auf eine Funktion einer anderen Datei zugreifen, die erst später geladen wird, können Fehler auftreten. Modul-Loader sorgen dafür, dass diese Abhängigkeiten zueinander aufgelöst und Dateien zum richtigen Zeitpunkt geladen werden. Die frühzeitige Einführung eines Modul-Loaders in ein bestehendes AngularJS-Projekt erleichtert die spätere Migration auf Angular und macht den Umstieg nicht ganz so kompliziert.

Bei der Wahl des Modul-Loaders stehen dem Entwickler viele Türen offen. Es haben sich jedoch im Laufe der Zeit einige Modul-Loader

---

[10] https://ng-buch.de/x/109 – AngularJS: Directives

als sehr populär erwiesen. Unsere Empfehlungen seien an dieser Stelle Webpack sowie SystemJS, die wir auch für die Entwicklung mit Angular in diesem Buch verwendet haben.

Migration zu TypeScript

In diesem Buch konzentrieren wir uns auf die Entwicklung von Angular-Anwendungen mit TypeScript. TypeScript bietet bei der Entwicklung von Webanwendungen einige Vorteile. Mehr Details dazu befinden sich im Kapitel »Einführung in TypeScript« ab Seite 27.

TypeScript bietet auch Vorteile in AngularJS.

Da es sich bei TypeScript um eine Obermenge von JavaScript handelt, lässt sich eine Umstellung hier mit relativ wenig Aufwand durchführen. Die Schritte belaufen sich im Wesentlichen auf die folgenden:

- TypeScript-Compiler installieren
- `*.js`-Dateien in `*.ts` umbenennen
- Imports und Exports verwenden
- Funktionsparameter und Variablen typisieren
- `let` und `const` verwenden
- Services und Controller als Klassen definieren

Fazit und Ausblick

Die Umstellung von AngularJS zu Angular ab Version 2 brachte viele Veränderungen mit sich. Es wurden viele Ansätze neu überdacht, und etablierte Frameworks wie Zone.js und RxJS wurden fester Bestandteil von Angular. Dies hat zur Folge, dass die Migration zunächst etwas kompliziert erscheint. Stellt man jedoch vorab seine AngularJS-Anwendung bereits auf die Component-API um, wird die spätere Migration erleichtert. Weiterhin lässt sich TypeScript auch bereits in einer bestehenden AngularJS-Anwendung nutzen.

Es existieren aktuell mehrere Ansätze, die eine hybride Ausführung der alten und neuen Framework-Versionen ermöglichen. Welcher Ansatz für das eigene Projekt der richtige ist, hängt von den Anforderungen und der Komplexität der Anwendung ab. Sofern es möglich ist, sollten Sie bevorzugt eine komplette Migration anstreben, anstatt beide Framework-Versionen im Hybridbetrieb zu verwenden.

Wenn Sie auch weiterhin zu diesem Thema auf dem Laufenden bleiben wollen, können wir Ihnen unsere Begleitwebsite zum Buch empfehlen. Dort werden wir Ihnen im Laufe der Zeit weitere Informationen bereitstellen und auf Artikel zum Thema Upgrade verweisen.

24 Nachwort

Wir möchten Sie herzlich beglückwünschen: Sie haben das Buch von vorne bis hinten gelesen! Gemeinsam mit uns haben Sie eine große, erfolgreiche Reise durch das Angular-Universum abgeschlossen. Mit dem erlernten Wissen können Sie jetzt moderne Anwendungen für das Web und für mobile Geräte entwickeln. Wir wünschen viel Spaß und sind gespannt auf Ihre Anwendungsfälle. Besuchen Sie die Website zum Buch und stellen Sie dort Ihr Angular-Projekt der Welt vor!

Als Reiseleiter mussten wir eine Auswahl treffen und so haben es nicht alle möglichen Themen in dieses Buch geschafft. Folgende Inhalte hätten wir ebenso gern mit Ihnen besprochen:

Manche Themen haben es nicht ins Buch geschafft.

- Server-Side Rendering (unter anderem für Suchmaschinenoptimierung)
- Animationen (@angular/animations)
- Angular Material – Design-Komponenten (@angular/material)
- Authentifizierung/Autorisierung (z. B. per Auth0)
- Ionic 2 (ein weiteres mobiles Framework)
- Third Party Components: ng-bootstrap, PrimeNG, KendoUI, …
- und vieles mehr!

Stattdessen möchten wir Sie auf die Website verweisen, wo wir Ihnen kontinuierlich mit Neuigkeiten und Tutorials zu Angular aufwarten werden:

https://angular-buch.com

Anhang

A Befehle der Angular CLI

Wir haben eine Auswahl der wichtigsten Parameter der Angular CLI zusammengestellt. Zusätzlich lohnt sich auch ein Blick in die offizielle Dokumentation.

Befehl		Alias
ng build <Optionen...>		b
Beschreibung:	Transpiliert den TypeScript-Code und erzeugt die auslieferbare App im 📁dist-Verzeichnis	
Optionen:		
--aot	Verwendet den AOT-Compiler anstelle des JIT-Compilers (mit -prod automatisch aktiviert)	
--app=<Wert>	Sind in der .angular-cli.json unter "apps":[...] mehrere Apps konfiguriert, können sie mit dem Schalter --app separat kompiliert werden.	-a
--environment=<Wert>	Gibt die Zielumgebung an. Es können folgende Werte genutzt werden: dev: Die App wird mit Map-Files und erweiterten Debugging-Funktionen ausgeliefert (Entwicklungsumgebung). prod: Die App wird für den Produktiveinsatz ausgeliefert (Minifizierung, Tree-Shaking, AOT).	-dev -prod
--no-vendor-chunk	Verschmelzen des Main- und Vendor-Bundles zu einer gemeinsamen Datei	
--output-path <Pfad>	Gibt ein abweichendes Ausgabeverzeichnis an	-op <Pfad>
--sourcemaps	Sorgt dafür, dass Sourcemaps generiert werden	sm
--stats-json	Erzeugt zusätzlich die Datei dist/stats.json. Die Datei enthält Infos zur Zusammensetzung der Bundles und kann mit Tools wie *webpack-bundle-analyzer*[1,2] analysiert werden.	

---

[1] https://ng-buch.de/x/110 – NPM: webpack-bundle-analyzer
[2] https://ng-buch.de/x/111 – webpack analyse (Online-Version)

Befehl	Alias
ng **doc** <Schlagwort>	
Beschreibung: Öffnet die offizielle Angular-Dokumentation und sucht nach dem angegebenen Schlagwort	
ng **eject** <Optionen...>	
Beschreibung: Exportiert die *Webpack*-Build-Konfiguration in das Projektverzeichnis. Der eject-Befehl ist nützlich, wenn der Build-Prozess angepasst werden muss, weil die Angular CLI die gewünschten Anforderungen nicht erfüllt. Dieses Kommando kann einmalig ausgeführt werden, ist aber über die Angular CLI nicht rückgängig zu machen.	
Optionen:	
--app=<Wert> Sind in der .angular-cli.json unter "apps":[...] mehrere Apps konfiguriert, kann die jeweilige *Webpack*-Build-Konfiguration einzeln exportiert werden.	-a
ng **e2e** <Optionen...>	e
Beschreibung: Führt mithilfe von **Protractor** Ende-zu-Ende-Tests aus	
Optionen:	
--config <Pfad> Gibt eine abweichende Konfigurationsdatei für Protractor an	-c <Pfad>
--specs [<Pfade>] Gibt explizite Testdateien zur Durchführung der E2E-Tests an	-sp [<Pfade>]
--element-explorer Startet den Webdriver-Element-Explorer, um den DOM mittels Protractor auf der Konsole interaktiv zu untersuchen (Standard: false).	-ee
--webdriver-update Führt vor Start der Tests ein Update des Webdriver-Managers durch (Standard: true).	-wu
ng **generate** <Vorlage> <Optionen ...>	g
Beschreibung: Erzeugt neue Dateien aus einer Vorlage. Eine Liste der Vorlagen befindet sich in der Tabelle auf Seite 533.	
ng **help** <Kommando>	
Beschreibung: Zeigt Hilfe-Informationen zu einem Kommando der Angular CLI an. Wird kein Kommando angegeben, werden Hilfe-Informationen zu allen Kommandos aufgelistet.	
ng **lint**	
Beschreibung: Führt TSLint aus	

A Befehle der Angular CLI

Befehl		Alias
`ng new <app-name> <Optionen ...>`		
Beschreibung:	Legt ein neues Projekt in einem neuen Ordner an	
Optionen:		
`--inline-style`	Aktiviert, dass Stylesheets direkt in der Komponente angelegt werden	`-is`
`--inline-template`	Aktiviert, dass Templates immer direkt in der Komponente angelegt werden	`-it`
`--prefix=<string>`	Gibt das Selektor-Präfix für Komponenten und Direktiven an	`-p`
`--routing`	Aktiviert Routing für neue Anwendung	
`--skip-commit`	Verhindert das Anlegen eines initialen Git-Commits	`-sc`
`--skip-git`	Überspringt die Initialisierung eines neuen Git-Repositorys	`-sg`
`--skip-install`	Überspringt die NPM-Paketinstallationen	`-si`
`--style=<string>`	Gibt an, in welchem Format die Stylesheets notiert werden (Standard: `css`)	
`ng serve <Optionen ...>`		`servers`
Beschreibung:	Erzeugt die App durch Ausführung von `ng build`. Die resultierende App wird anschließend über einen Webserver ausgeliefert. Bei Änderungen am Quellcode wird die App im Browser automatisch neu geladen (Live-Reload).	
Optionen:		
`--app=<Wert>`	Sind in der `.angular-cli.json` unter `"apps":[...]` mehrere Apps konfiguriert, können sie mit dem Schalter `--app` separat gestartet werden.	`-a`
`--aot`	Nutzt den AOT-Compiler anstelle des JIT-Compilers (mit `-prod` automatisch aktiviert)	
`--environment=<Wert>`	Gibt die Zielumgebung an. Es können folgende Werte genutzt werden: `dev`: Die App wird mit Map-Files und erweiterten Debugging-Funktionen ausgeliefert (Entwicklungsumgebung). `prod`: Die App wird für den Produktiveinsatz ausgeliefert (Minifizierung, Tree-Shaking, AOT).	`-dev` `-prod`
`--port`	Gibt den Port an, auf dem der Webserver laufen soll (Standard: 4200)	`-p`

Befehl			Alias
ng **test** <*Optionen* ...>			t
Beschreibung:	Führt mithilfe von **Karma** die Unit-Tests der App aus		
--code-coverage	Erzeugt mittels des Tools *Istanbul* einen HTML-Report zur Testabdeckung. Der Report wird im Verzeichnis `coverage` abgelegt (Standard: `false`).		-cc
--port	Gibt den Port an, auf welchem der Webserver von Karma laufen soll (Standard: `9876`)		
--watch	Aktiviert/deaktiviert das automatische Kompilieren und Ausführen der Tests, wenn sich eine Datei ändert. Wird die Option deaktiviert, so endet Karma nach Durchführung aller Tests. Andernfalls bleibt die Testumgebung bis zum Abbruch durch den Benutzer aktiv (Standard: `true`).		-w
ng **version** <*Optionen* ...>			v
Beschreibung:	Zeigt Informationen zur Version der Angular CLI an		
Optionen:			
--verbose	Zeigt detaillierte Informationen an		
ng **xi18n** <*Optionen* ...>			
Beschreibung:	Extrahiert Text, der mit dem `i18n`-Attribut versehen wurde aus dem Quellcode		
--i18n-format	Gibt das Ziel-Dateiformat für die generierten Übersetzungsdateien an. Zur Auswahl stehen: *xmb*, *xlf* und *xliff* (Standard: *xlf*).		-f <format> -xmb -xlf -xliff
--output-path <Pfad>	Gibt den Zielpfad der Übersetzungsdateien an		-op
--verbose=<boolean>	Zeigt ausführliche Meldungen auf der Konsole an (Standard: `false`)		
ng generate **class** <Name> <*Optionen* ...>			cl
Beschreibung:	Erzeugt eine neue Klasse mit dem angegebenen Namen		
Optionen:			
--spec=<boolean>	Wird der Wert auf `false` gesetzt, wird keine Datei für den zugehörigen Unit-Test angelegt.		

Befehl	Alias
`ng generate component <Name> <Optionen ...>`	c
Beschreibung: Erzeugt eine neue Komponente mit dem angegebenen Namen	
Optionen:	
`--inline-style` Es wird keine zusätzliche CSS-Datei angelegt. Style-Definitionen erfolgen in den Metadaten der Komponente.	-is
`--inline-template` Es wird keine zusätzliche HTML-Datei angelegt. Template-Definitionen erfolgen in den Metadaten der Komponente.	-it
`--prefix=<boolean>` Wird der Wert auf `false` gesetzt, wird kein Präfix für den Komponenten-Selektor verwendet.	
`--spec=<boolean>` Wird der Wert auf `false` gesetzt, wird keine Datei für den zugehörigen Unit-Test angelegt.	
`ng generate directive <Name> <Optionen ...>`	d
Beschreibung: Erzeugt eine neue Direktive mit dem angegebenen Namen	
`--prefix=<boolean>` Wird der Wert auf `false` gesetzt, wird kein Präfix für den Komponenten-Selektor verwendet.	
`--spec=<boolean>` Wird der Wert auf `false` gesetzt, wird keine Datei für den zugehörigen Unit-Test angelegt.	
`ng generate enum <Name>`	e
Beschreibung: Erzeugt eine neue Enumerierung mit dem angegebenen Namen	
`ng generate guard <Name>`	g
Beschreibung: Erzeugt einen neuen Guard zur Absicherung einer Route	
`ng generate interface <Name>`	i
Beschreibung: Erzeugt ein neues Interface mit dem angegebenen Namen	
`ng generate module <Name> <Optionen ...>`	m
Beschreibung: Erzeugt ein neues Angular-Modul mit dem angegebenen Namen	
`--spec=<boolean>` Wird der Wert auf `false` gesetzt, wird keine Datei für den zugehörigen Unit-Test angelegt.	
`--routing` Legt eine Routenkonfiguration für das neue Modul an	

Befehl	Alias
`ng generate pipe <Name> <Optionen ...>`	p
Beschreibung: Erzeugt eine neue Pipe mit dem angegebenen Namen	
`--spec=<boolean>` Wird der Wert auf `false` gesetzt, wird keine Datei für den zugehörigen Unit-Test angelegt.	
`ng generate service <Name> <Optionen ...>`	s
Beschreibung: Erzeugt einen neuen Service mit dem angegebenen Namen	
`--spec=<boolean>` Wird der Wert auf `false` gesetzt, wird keine Datei für den zugehörigen Unit-Test angelegt.	

B Matcher von Karma

Eine Erwartung (Expectation) wird immer mit einem Matcher kombiniert. Die linke Seite der Überprüfung bezeichnet man als den tatsächlichen Wert (actual), die rechte Seite als den erwarteten Wert (expected).

```
let actual = 'Hallo World';
let expected = /^Hallo/;
expect(actual).toMatch(expected);
```

Listing B–1
Beispiel: Einen String per Regex prüfen

Wird die Bedingung nicht erfüllt, so wirft der Matcher eine Exception und der Test schlägt fehl.

Tab. B–1
Eingebaute Matcher von Jasmine

Matcher	Beschreibung
not	Negiert den folgenden Matcher
toBe(expected: any)	Der tatsächliche Wert muss identisch zum erwarteten Wert sein (strikte Gleichheit per ===).
toEqual(expected: any)	Der tatsächliche Wert muss gleich dem erwarteten Wert sein, wobei auch komplexe Objekte unterstützt werden.
toMatch(expected: string | RegExp)	Der tatsächliche String muss dem erwarteten String entsprechen oder einem regulären Ausdruck genügen.
toBeDefined(expectationFailOutput?: any)	Der tatsächliche Wert darf nicht undefined sein.
toBeUndefined(expectationFailOutput?: any)	Der tatsächliche Wert muss undefined sein.
toBeNull(expectationFailOutput?: any)	Der tatsächliche Wert muss null sein.
toBeNaN()	Der tatsächliche Wert muss NaN sein (*Not a Number*, wenn mathematische Funktionen fehlschlagen).

Matcher	Beschreibung
toBeTruthy(expectationFailOutput?: any)	Der tatsächliche Wert muss bei einer Auswertung *wahr* sein. Er ist also **nicht** false, undefined, null, 0, leerer String oder NaN.
toBeFalsy(expectationFailOutput?: any)	Der tatsächliche Wert muss bei einer Auswertung *falsch* sein. Er ist also false, undefined, null, 0, leerer String oder NaN.
toHaveBeenCalled()	Die Methode eines mit spyOn() überwachten Objekts muss aufgerufen worden sein.
toHaveBeenCalledWith(...params: any[])	Die Methode eines mit spyOn() überwachten Objekts muss mit den gegebenen Parametern aufgerufen worden sein.
toHaveBeenCalledTimes(expected: number)	Die Methode eines mit spyOn() überwachten Objekts muss so oft wie angegeben aufgerufen worden sein.
toContain(expected: any)	Der erwartete String muss im tatsächlichen String enthalten sein oder der erwartete Wert muss im tatsächlichen Array vorhanden sein.
toBeLessThan(expected: number)	Die tatsächliche Zahl muss kleiner als die erwartete Zahl sein.
toBeLessThanOrEqual(expected: number)	Die tatsächliche Zahl muss kleiner als oder gleich der erwarteten Zahl sein.
toBeGreaterThan(expected: number)	Die tatsächliche Zahl muss größer als die erwartete Zahl sein.
toBeGreaterThanOrEqual(expected: number)	Die tatsächliche Zahl muss größer als oder gleich der erwarteten Zahl sein.
toBeCloseTo(expected: number, precision?: any)	Die tatsächliche Zahl muss nahe bei der erwarteten Zahl liegen, wobei die Präzision als zweiter Parameter berücksichtigt wird.
toThrow(expected?: any)	Die Methode muss bei einer Ausführung eine Exception werfen.
toThrowError(message?: string | RegExp)	Die Methode muss bei einer Ausführung eine bestimmte Exception werfen.
toThrowError(expected?: new (...args: any[]) => Error, message?: string | RegExp)	Die Methode muss bei einer Ausführung eine bestimmte Exception werfen.

C Abkürzungsverzeichnis

AOT	Ahead of Time
API	Application Programming Interface
AVD	Android Virtual Device
BDD	Behaviour Driven Development
CDN	Content Delivery Network
CRUD	Create Read Update Delete
CSS	Cascading Style Sheets
DI	Dependency Injection
DOM	Document Object Model
ECMA	European Computer Manufacturers Association
E2E	Ende-zu-Ende
HTML	HyperText Markup Language
HTTP	HyperText Transport Protocol
IDE	Integrated Development Environment
i18n	Internationalization
IIFE	Immediately-Invoked Function Expression
IIS	Internet Information Server
ISBN	Internationale Standardbuchnummer
IoC	Inversion of Control
JIT	Just in Time
JSON	JavaScript Object Notation
NPM	Node Package Manager
URL	Uniform Resource Locator
REST	Representational State Transfer
SUT	System Under Test
TDD	Test-driven Development
VS Code	Visual Studio Code
XML	Extensible Markup Language
XHR	XML HTTP Request
XLIFF	XML Localisation Interchange File Format
XMB	XML Message Bundle
XTB	External Translation Table

D Linkliste

Um Ihnen die Tipparbeit zu ersparen, haben wir die meisten URLs in diesem Buch gekürzt. Geben Sie eine gekürzte URL wie

https://ng-buch.de/x/2

im Browser ein, werden Sie zur tatsächlichen Adresse weitergeleitet. Damit Sie den Überblick behalten, welches Kürzel Sie wohin führt, haben wir alle URLs in einer Tabelle zusammengefasst.

ng-buch.de/…	Weiterleitungs-Ziel
app	https://book-monkey2.angular-buch.com
app-code	https://github.com/angular-buch/book-monkey2
bm-native	https://github.com/angular-buch/book-monkey-nativescript
bm-rdx	https://github.com/angular-buch/book-monkey-rdx
it1-comp	https://github.com/book-monkey2-build/iteration-1-components
it1-evt	https://github.com/book-monkey2-build/iteration-1-event-bindings
it1-prop	https://github.com/book-monkey2-build/iteration-1-property-bindings
it2-di	https://github.com/book-monkey2-build/iteration-2-di
it2-nav	https://github.com/book-monkey2-build/iteration-2-navigation
it3-http	https://github.com/book-monkey2-build/iteration-3-http
it3-rxjs	https://github.com/book-monkey2-build/iteration-3-rxjs
it4-forms	https://github.com/book-monkey2-build/iteration-4-template-driven-forms
it4-reactive	https://github.com/book-monkey2-build/iteration-4-reactive-forms
it4-validators	https://github.com/book-monkey2-build/iteration-4-custom-validation

it5-directives	https://github.com/book-monkey2-build/iteration-5-directives
it5-pipes	https://github.com/book-monkey2-build/iteration-5-pipes
it6-guards	https://github.com/book-monkey2-build/iteration-6-guards
it6-lazy	https://github.com/book-monkey2-build/iteration-6-lazy-loading
it6-modules	https://github.com/book-monkey2-build/iteration-6-modules
it6-resolver	https://github.com/book-monkey2-build/iteration-6-resolver
it7-i18n	https://github.com/book-monkey2-build/iteration-7-i18n
ngh	https://github.com/angular-buch/angular-cli-ghpages
start	https://github.com/angular-buch/schnellstart
two-way	https://github.com/angular-buch/custom-two-way-binding
quotes	https://github.com/angular-buch/angular-quotes/
x/1	http://semver.org/lang/de/
x/2	https://angular.io/docs
x/3	https://code.visualstudio.com/
x/4	https://marketplace.visualstudio.com/VSCode
x/5	https://marketplace.visualstudio.com/items?itemName=steoates.autoimport
x/6	https://marketplace.visualstudio.com/items?itemName=EditorConfig.EditorConfig
x/7	https://marketplace.visualstudio.com/items?itemName=eg2.tslint
x/8	https://palantir.github.io/tslint/
x/9	https://marketplace.visualstudio.com/items?itemName=natewallace.angular2-inline
x/10	https://marketplace.visualstudio.com/items?itemName=robertohuertasm.vscode-icons
x/11	https://google.de/chrome
x/12	https://augury.angular.io/
x/13	https://nodejs.org
x/14	https://developers.google.com/v8/
x/15	https://npmjs.com/
x/16	https://nodejs.org/en/download/

x/17	https://github.com
x/18	https://git-scm.com/
x/19	https://angular.io/docs/ts/latest/quickstart.html
x/20	https://github.com/systemjs/systemjs
x/21	https://webpack.github.io/
x/22	https://github.com/angular/angular-cli
x/23	http://www.typescriptlang.org/
x/24	http://kangax.github.io/compat-table
x/25	http://www.ksimons.de/2011/05/technische-userstories-gehoren-nicht-ins-product-backlog/
x/26	https://www.typescriptlang.org/docs/handbook/tsconfig-json.html
x/27	http://getbootstrap.com/
x/28	http://purecss.io/
x/29	http://semantic-ui.com/
x/30	https://jquery.com/
x/31	https://www.w3.org/TR/html-markup/syntax.html
x/32	https://angular.io/styleguide
x/33	https://www.w3.org/TR/uievents/
x/34	https://github.com/mgechev/codelyzer
x/35	http://www.martinfowler.com/articles/injection.html
x/36	https://angular.io/docs/js/latest/api/core/index/forwardRef-function.html
x/37	https://developer.mozilla.org/en-US/docs/Web/API/Console
x/38	http://reactivex.io/
x/39	https://angularjs.de/artikel/angular2-observables
x/40	https://github.com/angular/angular/blob/986abbe0b2ca0e33078db114637505996fa70bd7/modules/%40angular/http/src/backends/xhr_backend.ts#L91
x/41	http://semantic-ui.com/elements/loader.html
x/42	https://github.com/Netflix/Hystrix
x/43	http://www.reactivemanifesto.org/de
x/44	https://github.com/tc39/proposal-observable
x/45	https://github.com/ReactiveX/rxjs
x/46	https://chrome.google.com/webstore/detail/augury/elgalmkoelokbchhkhacckoklkejnhcd

x/47	https://www.npmjs.com/package/angular-date-value-accessor
x/48	https://netbasal.com/8da0788a8d2
x/49	https://basarat.gitbooks.io/typescript/content/docs/rest-parameters.html
x/50	https://cycle.js.org/basic-examples.html#basic-examples-increment-a-counter-what-is-the-convention
x/51	https://github.com/angular/angular/blob/master/modules/@angular/common/src/directives/ng_if.ts
x/52	http://semantic-ui.com/elements/image.html#size
x/53	https://vsavkin.com/angular-router-preloading-modules-ba3c75e424cb
x/54	https://leanpub.com/router
x/55	https://poeditor.com/
x/56	http://www.ngx-translate.com/
x/57	https://jasmine.github.io/edge/introduction.html#section-Included_Matchers
x/58	http://seleniumhq.org/
x/59	https://java.com/download/
x/60	https://angular.io/docs/ts/latest/guide/testing.html
x/61	http://blog.thoughtram.io/angular/2016/12/27/angular-2-advance-testing-with-custom-matchers.html
x/62	https://github.com/angular/protractor/issues/3205
x/63	https://promisesaplus.com/
x/64	https://medium.com/@urish/building-simon-with-angular2-iot-fceb78bb18e5
x/65	https://angular.io/docs/ts/latest/cookbook/aot-compiler.html
x/66	https://www.iis.net/downloads/microsoft/url-rewrite#additionalDownloads
x/67	https://www.nativescript.org/
x/68	http://trac.webkit.org/wiki/JavaScriptCore
x/69	https://www.npmjs.com/package/nativescript-telerik-ui
x/70	https://www.npmjs.com/package/nativescript
x/71	http://developer.telerik.com/featured/building-your-own-nativescript-modules-for-npm/
x/72	http://developer.telerik.com/featured/nativescript-works/

x/73	https://docs.google.com/document/d/1M9FmT05Q6qpsjgvH1XvCm840yn2eWEg0PMskSQz7k4E/edit
x/74	https://docs.nativescript.org/tutorial/chapter-0
x/75	https://docs.nativescript.org/start/quick-setup.html
x/76	https://github.com/inikulin/parse5
x/77	https://github.com/angular-buch/book-monkey-nativescript/blob/master/app/app.css
x/78	https://angular.io/docs/ts/latest/cookbook/component-relative-paths.html
x/79	https://software.intel.com/en-us/android/articles/intel-hardware-accelerated-execution-manager
x/80	https://www.genymotion.com/fun-zone/
x/81	https://facebook.github.io/flux/
x/82	https://github.com/ngrx
x/83	https://github.com/angular-redux
x/84	https://github.com/reactjs/
x/85	https://github.com/zalmoxisus/redux-devtools-extension
x/86	http://redux.js.org/
x/87	https://egghead.io/series/getting-started-with-redux
x/88	https://github.com/angular-redux/store
x/89	https://github.com/rangle/angular2-redux-starter
x/90	https://github.com/gaearon/redux-devtools
x/91	https://github.com/redux-observable/redux-observable
x/92	https://github.com/angular-redux/router
x/93	https://github.com/ngrx/store
x/94	https://github.com/ngrx/store-devtools
x/95	https://github.com/ngrx/effects
x/96	https://github.com/ngrx/router-store
x/97	https://facebook.github.io/immutable-js/
x/98	https://github.com/rtfeldman/seamless-immutable
x/99	https://chrome.google.com/webstore
x/100	https://angular.io/docs/ts/latest/guide/lifecycle-hooks.html
x/101	http://latentflip.com/loupe/
x/102	https://github.com/angular/zone.js
x/103	http://blog.thoughtram.io/angular/2016/02/22/angular-2-change-detection-explained.html

x/104	https://blog.thoughtram.io/angular/2016/07/27/custom-form-controls-in-angular-2.html
x/105	https://angular.io/docs/ts/latest/guide/upgrade.html
x/106	https://github.com/ngParty/ng-metadata
x/107	https://github.com/johnpapa/angular-styleguide/blob/master/a1/README.md
x/108	https://docs.angularjs.org/guide/component
x/109	https://docs.angularjs.org/guide/directive
x/110	https://www.npmjs.com/package/webpack-bundle-analyzer
x/111	https://webpack.github.io/analyse/

Index

A

ActivatedRoute 136, 142, 235, 340
ActivatedRouteSnapshot 329, 330, 339
Ahead-Of-Time-Kompilierung (AOT) 356, 418, 420, 471, 500
Android 433, 436, 457
Angular CLI 8, 11, 21, 51, 59, 98, 106, 115, 124, 130, 176, 216, 221, 278, 294, 320, 341, 410, 421, 529
    .angular-cli.json 52, 60
    Befehlsübersicht 529
AngularJS viii, ix, 71, 73, 77, 87, 92, 260, 262, 396, 398, 519
AppModule 15, 56, 70, 131, 170, 209, 250, 275, 283, 301, 318, 339, 382, 445
Array
    filter() 488
    map() 171, 179
    reduce() 463
    some() 254
Arrow-Funktion 40
Asynchrone Validatoren 249, 255
Attributdirektiven *siehe* Direktiven, Attributdirektiven
Attribute Bindings 93, 285
Augury 6, 203
    Component Tree 204
    Injector Graph 203
    Router Tree 204

B

BaseRequestOptions 388
Behavior Driven Development 371
Bindings 67, 285
Bootstrapping 15, 56, 301, 419, 423, 444, 499, 521
BrowserModule 305
Build-Service 427
Bundles 318, 415

C

CamelCase 54, 82, 279, 328
CDN 15
Change Detection 74, 204, 262, 273, 291, 462, 464, 501, 503
    detectChanges() 382
    OnPush 510
Change Detector 507
Child Components *siehe* Komponenten, Kind-Komponenten
Chrome Developer Tools 157
ChromeDriver 375
Chunks 321, 415, 416
Class Bindings 93, 285
Codelyzer 115
CommonModule 305
Component (Decorator)
    moduleId 451
    selector 64, 283
    styles 69
    styleUrls 69
    template 64
    templateUrl 66, 147
Component Tree *siehe* Komponentenbaum
confirm() (Dialog) 183, 333
ConnectionBackend 388
Constructor Injection 119
Container Components 473
CRUD 169
CSS 16, 51, 59, 68, 93, 94, 141, 152, 158, 212, 229, 294, 438, 533

D

DateValueAccessorModule 218
Dekoratoren 16, 42, 64
    @NgModule 16
Dependency Injection 117
Deployment 409
Deployment-Pipeline 427
deps 123

Index

Directive (Decorator) 283, 295
    selector 295
Direktiven 247, 282
    Attributdirektiven 77, 282, 285, 293
    Strukturdirektiven 74, 282, 290, 291, 296
disabled 91, 219, 240
DOM-Propertys 92, 95
DomRenderer 422, 500
Duck Typing 386
Dumb Components *siehe* Presentational Components

E
ECMAScript 28
EditorConfig 5
ElementRef 286
    nativeElement 286
Elementreferenzen 74
Emulator 457
enableProdMode() 57, 414
environment 53, 57, 496
Event Bindings 72, 101, 106
Events
    blur 104
    click 104, 110, 112
    contextmenu 104
    copy 104
    dblclick 104
    focus 104
    keydown 104
    keyup 104, 194
    mouseout 104
    mouseover 104
    paste 104
    select 104
    submit 104, 210

F
Feature-Module 304
Filter *siehe* Pipes
FormArray 227, 230
formArrayName 228, 230, 241
FormBuilder 231, 235
FormControl 227, 229, 515
formControlName 228, 229, 240
FormGroup 227, 230
formGroupName 228, 230
FormsModule 209, 216

Formulare 207
    Control-Zustände
        dirty 212
        pending 212
        pristine 212
        touched 212
        untouched 212
        valid 212
    Reactive Forms 208, 227
    Template Driven Forms 208, 209
    zurücksetzen 230, 239
forwardRef 123

G
Genymotion 457
Getter 31, 286, 514
GitHub 9, 48, 175, 427
Google Chrome 6, 203, 495
    Developer Tools 157, 203, 497
Guards 327, 328
    CanActivate 328, 329, 332, 335
    CanActivateChild 328
    CanDeactivate 328, 329
    CanLoad 328

H
HashLocationStrategy 349
History API 128, 135, 349, 424
Host Bindings 285
Host Listener 287
Host-Element 65, 288, 513
HostBinding (Decorator) 286
Http 388
    delete() 172
    get() 172
    head() 172
    patch() 172
    post() 172
    put() 172
    request() 173
HTTP 169
HTTP-Header 181
    Content-Type 177
HttpModule 170, 177

I
i18n 260, 351
    i18n-Attribut 352, 358
Immutable Objects 480, 488, 509
Inject (Decorator) 119
Injectable (Decorator) 119, 125, 329, 338, 341

InjectionToken 121
Injector 301, 328
Inline Styles 51, 69
Inline Templates 66
Input (Decorator) 96, 99, 292, 473, 514
@Input() 284
Interfaces 38
Internationalisierung *siehe* i18n
Interpolation 71
Inversion of Control 16, 118
iOS 433, 436
Isolierte Unit-Tests 376
Iterator-Entwurfsmuster 189

J
Jasmine 371, 375
    afterEach 372
    and.callFake() 387
    and.callThrough() 387
    and.returnValues() 387
    and.throwError() 387
    async() 394
    beforeEach() 372, 376
    describe() 371, 376
    done() 394
    expect() 372
    fakeAsync() 395
    it() 372, 376
    spyOn() 387
JavaScript-Module 13, 17, 302
    export 81
    import 81
Just-In-Time-Kompilierung (JIT) 354, 419

K
Karma 373
    toHaveBeenCalled() 387
    toHaveBeenCalledTimes() 387
    toHaveBeenCalledWith() 387
kebap-case 54, 82
Klassen 34
    Konstruktor 36
    super 37
Komponenten 17, 63, 282
    Hauptkomponente 64, 85, 105
    Kind-Komponenten 89, 291, 503, 508
Komponentenbaum 88, 101, 106, 143, 204, 509, 521

L
Lambda-Ausdruck 40
Lazy Loading 318
Lifecycle-Hooks 500
    ngAfterContentChecked 503
    ngAfterContentInit 503
    ngAfterViewChecked 503
    ngAfterViewInit 189, 503
    ngDoCheck 503
    ngOnChanges 503
    ngOnDestroy 189, 503
    ngOnInit 85, 148, 189, 223, 503
loadChildren 328
LOCALE_ID 260, 275, 355
LocationStrategy 349
Lokalisierung *siehe* i18n
lowerCamelCase 328

M
Matcher 372, 535
Methoden 35
Micro-Syntax 71
Minifizierung 417
Mocks 370, 383, 386
Models 311
Modul-Loader 522
Module 301
Mutable Objects 509

N
Namenskonventionen 82
NativeScript 431, 457
NativeScript CLI 441
ng-container 352
ng-xi18n 353
ngc 356, 422
NgFactory 422
NgFor 83
    Hilfsvariablen 76
    even 76
    first 76
    index 76
    last 76
    odd 76
NgForm 210, 218
    reset() 230, 239
    statusChanges 223
NgIf 184, 290, 292
    else 516, 517
    then 517
NgModel 73, 211, 514

NgModelGroup 211, 218
NgModule (Decorator) 16
    declarations 70, 132, 303
    exports 307
    imports 304
    providers 121, 126, 303
@NgModule() 302
NgStyle 94
NgSubmit 210, 219
NgSwitch 76
NgSwitchCase 76
NgSwitchDefault 76
NgZone 507
Node.js 6
novalidate 218
NPM 6
    package.json 53, 361
    run 53, 361
    start 23

O

Oberflächentests 373, *siehe* Testing, Oberflächentests
Observable Sequences 190
Observable.of() 385
Observables 170, 171, 177, 186, 187, 223, 250, 253, 268, 275, 328, 333, 337, 338, 340, 342, 347, 385, 394, 465, 470, 503, 507
Observer-Entwurfsmuster 187
Output (Decorator) 104, 110, 473, 515

P

package.json *siehe* NPM, package.json
Page Objects 402
PathLocationStrategy 349
pathMatch 145
Pipe (Decorator) 271
    name 272
    pure 272, 273
Pipes 77, 259
    AsyncPipe 261, 268, 275
    CurrencyPipe 261, 265
    Custom Pipes 271
    DatePipe 261, 263, 274
    DecimalPipe (number) 261, 264
    I18nPluralPipe 261, 270
    I18nSelectPipe 261, 269
    JsonPipe 261, 267
    LowerCasePipe 261, 262
    PercentPipe 261, 265
    PipeTransform 271
    SlicePipe 261, 266
    TitleCasePipe 261, 262
    UpperCasePipe 261, 262
platformBrowser 423
platformBrowserDynamic 419
platformNativeScriptDynamic 444
Plattform 499
POEditor 353, 360, 363
Polyfills 13
Präfix 53, 86, 531
Preloading 321, 326
    PreloadAllModules 322
    PreloadingStrategy 322, 326
Presentational Components 195, 473
Promises 170, 187, 269, 328, 333, 338, 342, 394, 400
Property Bindings 72, 88, 89, 96, 285
Propertys 35, 92
Protractor 373
    clear() 401
    click() 401
    getAttribute() 401
    getText() 401
    sendKeys() 401
    submit() 401
    takeScreenshot() 401
Provider 329, 334

R

Reactive Extensions (ReactiveX) *siehe* RxJS
Reactive Forms *siehe* Formulare, Reactive Forms
ReactiveFormsModule 227, 234
Reaktive Programmierung 186, *siehe* RxJS
Redux 461, 468
    Actions 465, 472
    angular-redux 462, 473
    angular-redux/store 468
    Application State 461
    DevTools 495
    Enhancer 496
    ngrx 462, 474
    Reducer 463, 468
    Root Reducer 469, 480
    select (Decorator) 470, 471, 482
    Select Pattern 470
    Store 462, 469, 481
    Unidirectional Dataflow 462

Rekursion *siehe* Rekursion
Renderer 289, 422, 499
RequestOptions 388
Resolver 337
    resolve() 338, 342
Root Component *siehe* Komponenten,
    Hauptkomponente
Root-Modul 301, 304, 445
Root-Route 133
Routendefinitionen 129
    component 129
    loadChildren 319, 323
    path 129, 323
    pathMatch 133
    redirectTo 139
    relativeTo 142
    resolve 339
Routenparameter 342
Routensnapshot 137, 148
Router 141
    navigate() 142, 184
RouterLink 134, 141, 150
RouterLinkActive 141, 152
RouterModule 131, 146, 306, 326
    forChild() 306
    forRoot() 131, 146, 306, 322
RouterOutlet 132
    Mehrere RouterOutlets 348
RouterTestingModule 392
Routing 128
    Router 128
RxJS 170, 171, 177, 186, 187, 193, 519
    Observables *siehe* Observables
    Observer 172
    Operatoren 190
        catch() 177
        debounceTime() 195
        distinctUntilChanged() 196
        do() 198
        filter() 191
        flatMap() 196
        map() 171, 177, 191
        mergeMap() 196
        reduce() 191
        retry() 177
        scan() 190
        share() 269
        subscribe() 172, 182
        switchMap() 196
        throw() 177
        unsubscribe() 172
    Pipeline 195, 197

S
Safe-Navigation-Operator 71, 337
Schnellstart 11
Selektor 17, 65, 82, 86, 107, 149, 295,
    513, 531
Selenium 373
Semantic UI 59, 69, 184, 234, 241, 294,
    478
Service 117, 124, 249, 268, 320, 329, 333,
    376, 461, 534
Setter 31, 292, 515
Shallow Unit-Tests *siehe* Testing, Shallow
    Unit-Tests
Shared Module 307
Shim *siehe* Polyfill
Singleton 320, 333
Smart Components *siehe* Container
    Components
Softwaretests 369, *siehe* Testing
Sourcemaps 416
Specs 372
Spread-Operator 42, 308
Strukturdirektiven *siehe* Direktiven,
    Strukturdirektiven
Stubs 370, 383
Style Bindings 94, 285
Style einer Komponente 68
Style-URL 69
Styleguide 115, 520
    Folders-by-Feature 520
    Rule of One 69, 520
System Under Test 383
SystemJS 13

T
Template Driven Forms *siehe* Formulare,
    Template Driven Forms
Template-String 33, 179
Template-Syntax 70
Template-URL 66
TemplateRef 292
TestBed 382, *siehe* Testing, Angular,
    TestBed
    configureTestingModule() 380,
    385
    schemas 381
Testing
    Angular
        async() 376, 381
        compileComponents() 381
        ComponentFixture 381

Index

fakeAsync() 376
inject() 376
MockBackend 376
NO_ERRORS_SCHEMA 381
RouterTestingModule 376
TestBed 376
tick() 395
automatisierte Tests 369
End-To-End Tests (E2E) 370
Integrationstests 370, 382
Jasmine 498
Mocha 498
Oberflächentests 370, 397, 427
Shallow Unit-Tests 380
Unit-Tests 88, 370, 427
Transklusion 513
Multi-Slot-Transklusion 513
NgContent 513
TRANSLATIONS 355
TRANSLATIONS_FORMAT 355
Tree-Shaking 417
tsconfig.json 353
TSLint 5, 54, 115, 163, 427
tslint.json 54
Two-Way Bindings 73, 514
TypeScript 14, 25, 523
any 34
array 33
boolean 33
const 31
implements 39
let 31
number 32
string 33
tsconfig.json 55
var 30
void 35

U
Umgebungen 409
dev 410
prod 410
Unit-Tests 376, *siehe* Testing, Unit-Tests
Upgrade von 1.x.x 519
ng-metadata 519
Upgrade Adapter 519
useClass 121
useFactory 122
useValue 328, 385
useValueAsDate 218

V
Validatoren 232
Custom Validators 245
Reactive Forms
email 233
maxLength 233
minLength 233
pattern 233
required 233
setValidators() 232
Template Driven Forms
email 214
maxlength 214, 218
minlength 214, 218
pattern 214
required 214
Validierung 207, 214, 232, 245
Vererbung 37
View 64, 380, 503
View Encapsulation 68
ViewChild (Decorator) 189, 222, 235
ViewContainerRef 292
createEmbeddedView() 292
Visual Studio Code 3, 115

W
Web Worker 505
WebDriver 375
Webpack 13, 21, 58, 410, 523
Webserver 18, 135, 349, 373, 414, 423, 531
angular-cli-ghpages 426
Apache 425
express.js 424
GitHub Pages 426
IIS 425
lighttpd 426
nginx 425

X
XHRBackend 388
XML 439
XMLHttpRequest 160, 388, 505, 506

Z
Zone.js 395, 507, 519
Zwei-Wege-Bindungen *siehe* Two-Way Bindings

Literaturverzeichnis

[1] *TypeScript*. http://www.typescriptlang.org, 2016.

[2] Sebastian Eschweiler. *Angular 2 – A Practical Introduction to the new Web Development Platform*. Sebastian Eschweiler, 2016.

[3] Yakov Fain und Anton Moiseev. *Angular 2 Development with TypeScript*. Manning Publications, 2017.

[4] Ari Lerner, Felipe Coury, Nate Murray und Carlos Taborda. *ng-book 2 – The Complete Book on AngularJS 2*. Fullstack.io, 2016.

[5] Oliver Manickum. *What you need to know about Angular 2 – Start building your next projects in Angular 2*. 2016.

[6] Sergi Mansilla. *Reactive Programming with RxJS – Untangle Your Asynchronous JavaScript Code*. Pragmatic Bookshelf, 2016.

[7] Rangle.io. *Rangles's Angular 2 Training Book*. Rangle.io, 2016.

[8] Victor Savkin. *Angular Router*. Packt Publishing, 2016.

[9] Victor Savkin und Jeff Cross. *Essential Angular*. Victor Savkin, Jeff Cross und nrwl.io, 2017.

[10] Ninja Squad. *Become a ninja with Angular2*. Ninja Squad, 2016.